Karin Kneissl

Der Energiepoker
Wie Erdöl und Erdgas die Weltwirtschaft beeinflussen

Folgende Titel sind bisher in der Financial Times Deutschland Bibliothek erschienen:

Bernard Baumohl
Die Geheimnisse der Wirtschaftsindikatoren

Michael Brückner
Uhren als Kapitalanlage

Michael Brückner
Megamarkt Luxus

Rolf Elgeti
Der kommende Immobilienmarkt in Deutschland

Hans Joachim Fuchs
Die China AG

Charles R. Geisst
Die Geschichte der Wall Street

Adrian Gostick / Chester Elton
Zuckerbrot statt Peitsche

Robert L. Heilbroner
Die Denker der Wirtschaft

Leander Kahney
Steve Jobs' kleines Weißbuch

Steffen Klusmann
101 Haudegen der deutschen Wirtschaft

Steffen Klusmann
Töchter der deutschen Wirtschaft

Dr. Karin Kneissl
Der Energiepoker

Jeffrey K. Liker
Der Toyota Weg

Jeffrey K. Liker / David P. Meier
Praxisbuch „Der Toyota Weg"

Jeffrey K. Liker / David P. Meier
Toyota Talent

Paul Millier
Auf dem Prüfstand

Geoffrey A. Moore
Darwins Erben

Howard Moskowitz / Alex Gofman
Selling Blue Elephants

Peter Navarro
Das komplette Wissen der MBAs

Daniel Nissanoff
FutureShop

J. Porras, S. Emery, M. Thompson
Der Weg zum Erfolg

Joachim Schwass
Wachstumsstrategien für Familienunternehmen

www.finanzbuchverlag.de/ftd

Karin Kneissl

FINANCIAL TIMES
DEUTSCHLAND

Der
Energiepoker

**Wie Erdöl und Erdgas
die Weltwirtschaft beeinflussen**

FinanzBuch Verlag

Bibliografische Information der Deutschen Bibliothek:
Die Deutsche Bibliothek verzeichnet diese Publikation in der
Deutschen Nationalbibliografie; detaillierte bibliografische Daten
sind im Internet über **http://dnb.ddb.de** abrufbar.

Gesamtbearbeitung: Druckerei Joh. Walch
Lektorat: Nicole Luzar
Covergestaltung: Angelika Feldwieser
Druck: Druckerei Joh. Walch, Augsburg

2., überarbeitete Auflage 2008
© 2006 FinanzBuch Verlag GmbH
Nymphenburger Straße 86
80636 München
Tel.: 089 651285-0
Fax: 089 652096

Alle Rechte vorbehalten, einschließlich derjenigen des auszugsweisen Abdrucks
sowie der photomechanischen und elektronischen Wiedergabe. Dieses Buch will keine
spezifischen Anlage-Empfehlungen geben und enthält lediglich allgemeine Hinweise.
Autor, Herausgeber und die zitierten Quellen haften nicht für etwaige Verluste,
die aufgrund der Umsetzung ihrer Gedanken und Ideen entstehen.

Die Autorin erreichen Sie unter:
kneissl@finanzbuchverlag.de

ISBN 978-3-89879-448-0

Weitere Infos zum Thema
www.finanzbuchverlag.de
Gerne übersenden wir Ihnen unser aktuelles Verlagsprogramm

Inhaltsverzeichnis

Vorwort... 7

Danksagung 13

Einleitung 15

Kapitel 1
Geografische Fakten: Wissen ist Macht, gerade beim Investieren 23
1.1. Grenzziehungen entlang von Pipelines 26
1.2. Chinas Expansion nach Westen 45
1.3. Alte und neue Begehrlichkeiten: Ansprüche auf Erdöl-
    und Erdgasfelder 47

Kapitel 2
Die OPEC mit 48: weniger mächtig, aber noch immer präsent 53
2.1. Vom unbekannten Dialogforum zum globalen Akteur 54
2.2. Wie funktioniert die OPEC? 72
2.3. Die besondere Allianz der USA mit dem Hause Saud 82

Kapitel 3
**Die Nicht-OPEC-Produzenten: hohe Erwartungen und
schwankende Resultate..** 93
3.1. Russland und die Renationalisierung der Energie 96
3.2. Russlands „nahes Ausland" in Zentralasien und im Kaukasus ... 112
3.3. Byzantinische Machtspiele zwischen Russland und dem Iran ... 119
3.4. Die Nordsee-Lieferanten: teuer, aber verlässlich 123
3.5. Die neue Kolonialisierung Afrikas:
    China, die USA und Europa im Kampf um die Rohstoffe 128

Kapitel 4
Die Nachfrage: Der Durst nach fossilen Energien wächst rasant **143**
4.1. Die USA und ihre Erdölinteressen 148
4.2. Die EU und ihre fehlende Energiepolitik 163
4.3. Die Schwellenländer und ihre neuen Energieallianzen 179

Kapitel 5
Die Erdölkonzerne – zwischen Profiten, Unsicherheit und Kritik **193**
5.1. Investieren ja, aber unter welchen Bedingungen? 196
5.2. Investitionsformen 205
5.3. Aus Ölkonzernen werden Energiekonzerne 211

Kapitel 6
Energie als Faktor der Finanzmärkte **217**
6.1. Termingeschäfte und Energiemarkt: Börsentaktik versus langfristige Strategie 220
6.2. Die Währungsfrage 227
6.3. Welche Auswirkungen hat die Preishausse auf Investitionen in die Energiebranche? 230

Kapitel 7
Strategien angesichts neuer Umweltstandards **237**
7.1. Politik muss handeln 238
7.2. Der Versicherungssektor und Investoren werden Energietrends mitgestalten 242
7.3. Die Transportindustrie braucht einen Neuanfang 247
7.4. Zeit gewinnen 249

Schlusswort **257**

Empfohlene Literatur **265**

Vorwort

Energie ist ein integraler Bestandteil unseres Alltags, mehr noch: Es ist die Quelle allen Lebens. In Zeiten hoher Energiepreise wächst auch die Aktualität dieses Themas. Erdöl und Erdgas sind unsere wesentlichen Energieträger und daher stets im Mittelpunkt aller Energiedebatten. Gerade der Energiesektor – und hier insbesondere der dynamische Erdölmarkt – reflektiert die schnellen wirtschaftlichen und politischen Entwicklungen unseres globalisierten Zeitalters.

Die Ölpreissteigerungen der Jahre 2004-2005 waren ursprünglich durch ein starkes Wachstum der Weltwirtschaft bedingt. In der Folge führten Engpässe in der Erdölverarbeitung und geopolitische Unsicherheiten zu dem anhaltend hohen Preisniveau. Die Sorge um künftige Unterbrechungen in der Energieversorgung ist gewachsen. Hinzu trat eine heftige Diskussion über die Höhe der noch vorhandenen Erdöl- und Erdgasreserven. Parallel läuft eine öffentliche Debatte zur Entwicklung alternativer Energiequellen und zur Steigerung der Energieeffizienz. Während all diese Diskussionen und Entwicklungen bedeutsam sind, so wird Erdöl jedenfalls der wichtigste Energieträger im globalen Energiemix bleiben. Es wird angenommen, dass die vorhandenen Ressourcen die Nachfrage der Konsumenten noch viele Jahrzehnte abdecken werden.

So wie das Erdöl die Entwicklung der Industriestaaten im 20. Jahrhundert entscheidend beeinflusst hat, so spielt es auch in unserem Jahrhundert eine ähnlich wichtige Rolle für die Wirtschaftsexpansion der Entwicklungsländer. Da in den kommenden Jahren eine stark steigende Nachfrage nach

Erdöl und Erdgas erwartet wird, müssen alle Marktteilnehmer an einem Strang ziehen und rechtzeitig in die gesamte Bandbreite des Energieangebots investieren. Diese Investitionen müssen sich an den Erfordernissen des Umweltschutzes und einer nachhaltigen Entwicklung ausrichten.

Dr. Karin Kneissl, die mich in der Vergangenheit mehrfach interviewt hat, gelingt mit dem vorliegenden Buch ein wichtiger Beitrag zur schon dichten Liste an Literatur über Erdöl und Erdgas. Sie behandelt viele interessante Facetten wie den Dialog zwischen Produzenten und Konsumenten, den die OPEC seit ihrer Gründung verfolgt. In einer interdependenten Welt sind Dialog und Kooperation unerlässlich, um die Transparenz der Energiemärkte und ein nachhaltiges globales Wirtschaftswachstum zu ermöglichen.

Da dieses Buch in deutscher Sprache geschrieben wurde, wird es zweifellos innerhalb des deutschen Sprachraums, und vielleicht auch darüber hinaus, seine Leser finden und ihnen nützliche und sehr aktuelle Einblicke in den spannenden Erdöl- und Erdgasmarkt bieten.

Wien, im April 2006

Dr. Adnan Shihab-Eldin,
ehemaliger Interim-Generalsekretär
und Chefökonom der OPEC

Vorwort zur zweiten Auflage

Die Gefahren, die von hoch verschuldeten US-Haushalten für die gesamte Weltwirtschaft ausgehen, waren bereits vor Ausbruch der Krise auf den Finanzmärkten im Sommer 2007 hinlänglich bekannt. Der als „credit crunch", also Kreditklemme, bezeichnete Kollaps zahlreicher US-Hypothekenbanken war die seit Jahren absehbare Folge von Spekulationen auf dem US-Immobilienmarkt. Was erstaunte, war der Umfang der Verwicklung europäischer Banken, die Geld an US-Partner geliehen hatten. Die Notenbanken engagieren sich seither mit hohen Finanzspritzen, um Geldinstitute zu stützen, und setzen auf die Herabsetzung der Zinssätze, um das höchste Gut, nämlich das Vertrauen, wiederherzustellen.

Doch die allgemeine Lage hat sich nun vor dem Hintergrund eines anhaltend hohen Preisniveaus für Erdöl und Erdgas weiter verschärft. Als die letzte große Finanzkrise ausbrach, nämlich jene auf dem asiatischen Bankensektor 1997, waren die Energieträger und Rohstoffe ganz allgemein billig. Das Inflationsrisiko daher auch entsprechend gedämpft. Gegenwärtig sind wir aber mit Energieverknappung und einer weltweiten Krise auf den Finanzmärkten konfrontiert, die sich als veritable Liquiditätskrise mit noch unabsehbaren Folgen entpuppen können. Auf ihrer Frühjahrstagung von Weltbank und des Internationalen Währungsfonds IWF Mitte April 2008 wurde deutlich verkündet, dass es eindeutige Vorzeichen für eine ausgeprägte und lange Wirtschaftskrise gebe. Das Wirtschaftswachstum verlangsame sich, die Perspektiven für 2008 und 2009 würden immer schlechter. Als Gründe für die trostlose Prognose gelten die immer noch weiter hervortretenden Vorfälle auf den Finanzmärkten im Gefolge der

US-Immobilienkrise und hohe Inflationsrisiken, vor allem bei höheren Preisen für Nahrungsmittel, Energie und Konsumartikel.

Schwellen- und Entwicklungsländer sind zwar bisher stark weitergewachsen und haben gegenüber der andauernden Finanzkrise Widerstandskraft gezeigt. Sie werden jedoch umso mehr vom starken Preisanstieg bei Nahrungsmitteln und Energie getroffen. Dies gilt ganz besonders für ein Land wie Indien, wo die Inflation galoppiert und über 60 Prozent der Bevölkerung unter der absoluten Armutsgrenze leben. IWF-Direktor Dominique Strauss-Kahn warnte vor verheerenden Folgen einer andauernden Nahrungsmittelkrise: Sollte Nahrung so teuer bleiben, könnte die Bevölkerung einer sehr großen Zahl von Ländern mit schwierigen Konsequenzen konfrontiert werden. Zu ersten Hungerrevolten war es bereits 2007 in Mexiko gekommen, als infolge des Ethanol Booms in den USA die Maispreise drastisch anstiegen. Neben diesem grauenhaften Szenario weltweiter Brot- und Reisaufstände, die fragile Regierungen stürzen können, wächst auch die Kriegsgefahr.

Denn gekämpft wird nicht nur am Persischen Golf und in Zentralafrika, gar in der Arktis kehren manche Mächte wieder zur alten Kanonenbootdiplomatie zurück und zeigen Flagge. Auch wenn man hierfür erst 5000 Meter zum Meeresgrund reisen muss. Die Konstante der Rohstoffkriege, welche die Menschheit von Anbeginn ihrer Kriege um Wasser, Weiden und später Goldminen oder Erdölfelder begleiteten, manifestiert sich in aller Deutlichkeit: was zählt ist der physische Zugang zu diesen Quellen, ein Rechtstitel in Form von Konzessionen, reicht nicht. Eng damit verbunden ist daher auch die militärische Dimension aller Energiepolitik. Daher rückt die Sicherung des Zugangs zu Energiereserven und der Transitwege, ob der Straße von Hormuz oder der Pipelines auf der Arabischen Halbinsel, immer mehr in den Mittelpunkt der Planung nationaler, aber auch europäischer Außenpolitik.

Am 25. Oktober 2006 veröffentlichte die deutsche Bundesregierung das „Weißbuch zur Sicherheitspolitik Deutschlands und zur Zukunft der Bundeswehr 2006". Die Sicherung des Zugangs zu den Rohstoffen wird als ein wesentlicher Aufgabenbereich beschrieben. Die Prioritäten des Militärbündnisses NATO haben sich ebenso zugunsten der Sicherung der Infrastruktur der Energieversorgung entsprechend verschoben. Die Liste der Seminare und Konferenzen unter dem Titel der „Sicherung der Energieversorgung" wächst. Denn das Thema hat vor dem Hintergrund der Krisen zwischen Europa und Russland, zwischen den USA und dem Iran oder zwischen China und dem Westen auf dem afrikanischen Kontinent Hochkonjunktur. Der Waffenmarkt profitiert von der Aufrüstung der Truppen und privaten Sicherheitsdienste, welche Pipelines und Terminals schützen.

Der Poker um den Zugang zu Erdöl- und Erdgasfeldern in Zentralasien, wobei Moskau seinen Einflussbereich zu Lasten der internationalen Energiekonzerne erfolgreich ausbauen konnte, sowie der Wettlauf um Urankonzessionen angesichts eines Wiedererstarkens der Nuklearenergie und die geopolitisch bedingten Konfrontationen haben das Interesse am Thema Energie nur noch verstärkt. Immer mehr Politiker sprechen von einer Außenpolitik, die von der Energiepolitik geprägt ist. Dabei ist das Thema Energie an sich nichts Neues, es wird nur offensichtlich bei jeder Krise neu entdeckt. Man möge sich der Erdölkrise 1973 entsinnen, der Atomdebatte rund um Tschernobyl 1986 oder eben der angekündigten Erdgaskrise zwischen Russland und der Ukraine zu Neujahr 2006.

Zudem bedingt die allgemeine Debatte um den Klimawandel eine zusätzliche Dynamik, die sich u.a. in ambitionierten aber wohl kaum erreichbaren Zielen zur Emissionsreduzierung durch die Vertragsstaaten des Kyoto-Protokolls erschöpft. Bei aller Sensibilisierung für das Thema sind doch starke Kontroversen erkennbar, die nicht nur quer über den Atlantik verlaufen. Neben der Diagnose der Ursachen und der Folgen, sind die Gegenmaßnahmen zur Emissionsbeschränkung teils fragwürdig und führen eher zu Zahlenkosmetik als ernsten Lösungen. Als besonders heikel erweist sich bereits die Alternative der Biotreibstoffe, welche diese Auflage im Lichte der neuen Erkenntnisse zum Einsatz nachwachsender Rohstoffe behandeln wird.

Die Entwicklungen auf dem Energiesektor sind zwar im Umbruch. Vorhersagen über die Entwicklung von Angebot und Nachfrage lassen sich nur schwer treffen. Denn neben einer schon in der ersten Auflage angesprochenen Rezession der US-Wirtschaft, die in der Folge zu einem Preisverfall von Erdöl und Erdgas führen könnte, ist ebenso die Möglichkeit einer weiteren Preisexplosion aufgrund stetig wachsender Nachfrage gegeben. Ein konsumfreudiger Mittelstand entsteht in allen Schwellenländern, von Vietnam bis Brasilien. Sowohl die Internationale Energieagentur IEA als auch die Organisation Erdöl exportierender Länder OPEC revidieren regelmäßig ihre Prognosen nach oben oder unten. Jede Schwankung um einige Mio. Fass Erdöl oder Kubikmeter Erdgas wirkt sich auf die geplanten Förder- und Raffinierungsprojekte aus. Während die Konsumenten Energieversorgungssicherheit einfordern, plädieren die Produzenten für Nachfragesicherheit, um teure Explorationsprojekte nicht an sinkende Nachfrage zu verlieren. Die Erinnerungen an die Folgen der Preiskrise der 1970er Jahre, nämlich einen Preisverfall, sind in vielen Produktionsstaaten präsent.

Bei allem Interesse am Thema Energie darf doch eines nicht außer Acht gelassen werden: um zu vermeiden, einer Überfütterung mit Weltuntergangsszenarien und Preisprognosen zu erliegen, sollte dieses breite Thema, v.a. mit Blick auf Klimawandel und Investitionen in Alternativen, behutsam und seriös behandelt werden. Weder sollten Regierungen, Konsumenten und Industrie auf bestimmte Interessensgruppen hereinfallen noch kann fossile Energie wie bisher weiter verfeuert werden.

Der Energiesektor ist auf Langfristigkeit angelegt. Das Erfordernis politischer Rahmenbedingungen, unanfechtbarer Gesetze und damit einer Vorhersehbarkeit für Investitionen, ist wesentlich für sinnvolle und nachhaltige Energiepolitik, die diesen Namen verdient. Hiervon sind aber Produzentenstaaten wie Importländer bedauerlicherweise weit entfernt. Für multilaterale Ansätze, wie sie die Europäische Union unternimmt, fehlen zudem der politische Wille und die Mechanismen.

Der Leser möge in dieser überarbeiteten zweiten Auflage aufschlussreiche Informationen finden, die ihm dabei helfen, sich ein eigenes Bild über die vielen Spieler, Karten und hohen Einsätze in diesem weltweiten Energiepoker zu machen.

Seibersdorf, im Frühjahr 2008

Karin Kneissl

Danksagung

Dieses Buch zum Thema Erdöl, Erdgas und Investitionen in die Energiebranche hätte nicht ohne die freundliche Unterstützung der folgenden Personen entstehen können, denen ich hiermit meinen Dank aussprechen möchte. Am Wiener Sitz des OPEC-Generalsekretariats konnte ich nicht nur Recherchen in der Bibliothek, sondern auch viele gute Hintergrundgespräche führen. In diesem Sinne geht mein Dank an den ehemaligen Leiter der Forschungsabteilung der OPEC, Dr. Shukri Ghanem, später Premierminister Libyens, und seinen Nachfolger Dr. Adnan Shihab El-Din. Nona Schlegel von der OPEC-Bibliothek half mir stets mit guten Hinweisen und interessanter Literatur. Nadir Gürer, Monika Psenner und viele andere Analysten in der Organisation widmeten meinen Fragen ihre Aufmerksamkeit und Zeit. Den beiden früheren Generalsekretären Ali Rodriguez Araque und Alvaro Silva Calderon möchte ich ein herzliches „gracias" für die interessanten Interviews aussprechen. Dies gilt auch für Diana Golpashin von der Presseabteilung und all die anderen guten Geister in den Sekretariaten.

Bill Farren-Price vom *Middle East Economic Survey* (MEES) und seine Kollegen wurden mir im Laufe der Jahre zu wichtigen Gesprächspartnern. Neben so manch anderer Fachpublikation, wie *Petroleum Argus* und *Geopolitics of Energy*, lernte ich den MEES als zuverlässige und pünktliche Quelle schätzen. William R. Edwards, *Edwards Energy Consultants*, der als alter Fuchs im texanischen Ölgeschäft viel gesehen hat, half mir, die Tücken der Termingeschäfte besser zu verstehen. Ebenso wertvoll war der Gedankenaustausch mit Thomas Pflanzl von *gas-alive* in Sachen Erdgas. Tanja Schlesinger, Deutsche Bahn, und Christian Sabata, Lufthansa, dürfen in dieser Auflistung an Ratgebern nicht fehlen. Jurrien Westerhof, Greenpeace, hat mich mit nützlichen Einblicken fernab der fossilen Energien versorgt, und der Wiener Finanzanalyst Toni Straka teilte mit mir wertvolle Informationen zum Finanzmarkt.

General Raimund Schittenhelm und seinen Kollegen von der Landesverteidigungsakademie Wien danke ich für ihr Vertrauen, dass sie mich mit Kursen über strategische Rohstoffe für den Generalstab betraut haben. Die Österreichische Militärzeitschrift hat freundlicherweise Grafiken für dieses Buch zur Verfügung gestellt. Besonders wertvoll waren all die Lehrveranstaltungen, die ich an der Diplomatischen Akademie Wien in den letzten Jahren zum Thema Energiemarkt halten durfte. Den Studentinnen und Studenten, mit denen ich bislang zwischen Wien, Beirut, Paris und Innsbruck zum Thema arbeiten konnte, sei an dieser Stelle all meine Wertschätzung für die interessanten Dialoge und ihre vielen Fragen zum Ausdruck gebracht. Der Geist braucht seine Reibeflächen, um nicht im eigenen Bratensaft zu schmoren. Der Unterricht und die Diskussionen mit den Studenten ermöglichen mir stets neue Einsichten.

Stellvertretend für eine Reihe wichtiger Personen, die ihren Anteil an der Entstehung dieses Buches haben, sei Nicole Luzar für das Lektorat, Angelika Feldwieser für das Layout, Stefan Schörner, Matthias Setzler und Axel Müller für den Vertrieb sowie Verlagsleiter Christian Jund für sein Vertrauen in Autorin und Werk und Sybille Marz für die administrative Betreuung ein großes Dankeschön ausgesprochen.

Dieses Dankeswort darf ich mit der besonderen Erwähnung von Botschafter Dr. Peter Hohenfellner schließen. Er hat als formidabler Gesprächspartner, kritischer Leser und Ratgeber von der ersten Stunde an dieses Buch begleitet. Ohne seinen Zuspruch wäre vieles nicht so zügig vorangeschritten. Ihm und Veronika Angerer, seiner ehemaligen Mitarbeiterin in der Politischen Direktion des österreichischen Bundesministeriums für auswärtige Angelegenheiten, sei für alle Ermutigung und sehr konkrete Unterstützung aufrichtig gedankt.

Karin Kneissl, Seibersdorf im März 2006

Einleitung

Will man die Konflikte unserer Zeit verstehen, schiebe man am besten vor das innere Auge der Betrachtung eine Linse, die sich Ölmarkt nennt. Bündnisse und Kriege werden sich im Lichte dieser Linse neu brechen. Um die Achse des Erdöls dreht sich aber nicht nur die Politik, sondern vor allem die Weltwirtschaft. Kaum ein wirtschaftliches Ereignis wird so aufmerksam verfolgt wie die Festlegung der Ölförderquote durch die OPEC. Dabei ist dieser Hebel der einst mächtigeren Förderstaaten relativ stumpf geworden. Denn viele andere Faktoren mischen bei der Preisbildung mit. Krisenprämien, Wetterkapriolen und die hohe Besteuerung der Mineralölprodukte bestimmen neben Angebot und Nachfrage das Preisniveau, das sich vor allem durch eines auszeichnet: seine Volatilität.

So lag etwa Anfang 1999 der Preis für ein Fass Erdöl bei knapp 12 US-Dollar. An einer Produktionsdrosselung und einem damit verbundenen Preisanstieg hatten damals alle ein Interesse. Die Förderstaaten der OPEC ebenso wie jene außerhalb des Kartells, allen voran Russland und Norwegen, die kaum mehr ihre Produktionskosten abdecken konnten. Die USA wollten höhere Preise um der Konzerne willen, aber ebenso aus Sorge um ihre Verbündeten im Golf, deren Regierungen infolge des Preisverfalls seit 1985 in einer Schuldenkrise versanken und instabil wurden. Als ich im Frühjahr 2005 am Entwurf für dieses Buch arbeitete, lag der Preis bereits bei über 40 US-Dollar pro Fass, der dann Ende August die 70 Dollar-Grenze kurz durchbrach. Bei der Vorlage des Manuskripts waren es 57 Dollar pro Fass. Der Preis übersprang die 100 Dollar-Marke Anfang 2008, da die Nachfrage der asiatischen Schwellenländer wächst und der US-Dollar stark an Wert verloren hat. Werden wir in den kommenden Jahren infolge sinkender Nachfrage aufgrund weltweiter Rezession und neuer Förder- und Raffineriekapazitäten einen Preisverfall erleben? Oder dreht sich die Preisspirale wegen verknapptem Angebot und Kriegsgründen nach oben? Beide Entwicklungen sind denkbar. Das Buch kann nur die möglichen Rahmenbedingungen und tiefer liegenden Ursachen aufzeigen, warum es in die eine oder andere Richtung gehen könnte.

Es war und ist ein Hasardspiel, die Erdölpreise prognostizieren zu wollen. Dies gilt analog für die Preisentwicklung des attraktiver werdenden Erdgases. Erdöl wird immer mehr zur Leitenergie, an der sich die Preisgestaltung anderer Energien orientiert. Erdöl ist aber anders als Kaffee oder Zucker kein normaler Rohstoff, sondern ein strategischer Energieträger, in dessen Namen über Krieg und Frieden entschieden wird. Um die Entwicklung dieses für die Weltwirtschaft so wichtigen fossilen Energieträgers besser zu verstehen, hilft eine Betrachtung, die politische und historische Zusammenhänge einbezieht.

Geopolitik, Psychologie und Spekulation mischen auf diesem Energiemarkt ebenso mit wie die Naturgesetze der Preisbildung, nämlich Angebot und Nachfrage. Nicht eine willkürliche, politisch bedingte Verknappung des Angebots, wie dies während der Ölkrisen 1973 und 1979 jeweils der Fall war, sondern eine rasant gestiegene Nachfrage, vor allem seitens der rasch wachsenden Schwellenländer China und Indien, verursacht die Preiskrise auf Raten, die seit Anfang 2004 die Märkte beherrscht. Geopolitische Unsicherheiten mischen jedoch immer wieder mit. Welchen Umfang die Spekulation hat, ist umstritten. Doch Termigeschäfte im Rohstoffsektor spielen eine Rolle, wie nun auch die Preisspirale der Nahrungsmittel zeigt.

Zeigten sich anfänglich noch viele Volkswirte von diesen Preissprüngen unbeeindruckt, so wurden die Finanzminister bei ihren Jahrestreffen im Rahmen des Weltwährungsfonds (IWF) seit dem Frühjahr 2004 immer unruhiger. Die gestiegenen Energiepreise wirken inflationstreibend, dämpfen eine ohnehin schwache Nachfrage nach Konsumgütern und drücken auf die Konjunktur insgesamt. Seit Ende 2003 hat sich der Weltmarktpreis von einem Jahresdurchschnittspreis von damals 25 Dollar pro Fass vervierfacht. Ganz so leicht können die Verbraucher diese Preissprünge nicht mehr absorbieren. Jede Kartoffel wird transportiert, wofür Energie, sprich vor allem Treibstoff, benötigt wird. Die Auswirkungen auf die Inflation wurden seit Sommer 2007 immer deutlicher. Wenn auch seit den Krisen von 1973 und 1979 die Energieeffizienz in der industriellen Produktion gewachsen ist, so erhöhte sich dennoch zugleich die Importabhängigkeit vom Erdöl, denn der Verbrauch im Transportsektor ist stark gewachsen. Wie verwundbar mächtige Industrienationen sind, wenn ihnen ein Hurrikan Ölplattformen wegbläst oder eine Miliz Terminals in Westafrika lahm legt, zeigte sich im Sommer 2005 in aller Deutlichkeit.

Einleitung

Ähnlich wie schon vor 30 Jahren wird der Ruf nach alternativen Energieträgern, nach mehr Diversifizierung und Energieverzicht laut. Selbst der aus der texanischen Ölbranche kommende US-Präsident George W. Bush rief seine Landsleute im September 2005 zum Energiesparen auf. Ein solcher Appell lässt auf eine tiefer liegende Energiekrise und damit verbundene wirtschaftliche Probleme schließen, die uns alle in den kommenden Jahren noch heftig beschäftigen werden. Die spürbaren Auswirkungen eines fortschreitenden Klimawandels veranlassen nicht nur Ökologen, sondern insbesondere auch die Versicherungsbranche, eine massive Reduzierung der Emissionen einzufordern und entsprechend Druck auf die Politik auszuüben. Der Energiemix müsse neu gestaltet werden, haben einzelne Regierungschefs klar bekundet. Ähnliches fordert die Internationale Energieagentur (IEA), welche die Energiepolitik von 27 Staaten koordiniert. Die Rückkehr der Nuklearenergie mit der neuen Generation sicherer Anlagen – aber ohne Lösung für die Endlagerung des Atommülls – ist ebenso bemerkenswert wie die kommerzielle Expansion der erneuerbaren Energien, die für Investoren als Kapitalanlage immer attraktiver werden.

Wir befinden uns zweifellos in einer Umbruchphase, in der das Erdgas als eine Transformationsenergie aufgrund seiner geringeren Emissionswerte weiterhin Erdöl substituieren wird. Besonders deutliche Auswirkungen hat das hohe Ölpreisniveau bereits auf den Transportsektor und betrifft die Automobilindustrie und die Luftfahrt gleichermaßen. Forschung und Entwicklung neuer energiesparender Antriebstechniken haben von Asien ausgehend auch die westlichen Konzerne erreicht.

Weiter stark verändern werden sich die Erdölkonzerne, die sich immer mehr in Energiekonzerne verwandeln. Neben der Förderung und Verarbeitung von Erdöl und Erdgas setzen sie auf andere Energieformen, darunter auch erneuerbare Energien. Die aktuell hohen Profite könnten die Konzerne neben der Erschließung neuer Erdöl- und Erdgasfelder, auch zum dringend notwendigen Bau von Raffinerien motivieren, denn es mangelt vor allem an Erdölprodukten und weniger an Rohöl. Ebenso zeichnen sich verstärkt Investitionen jenseits des traditionellen fossilen Sektors ab. Doch verunsichert sind gegenwärtig sowohl die Regierungen in den wichtigen Förderstaaten, als auch die Entscheidungsträger in den internationalen Erdölkonzernen. Keiner weiß so recht, in welche Richtung sich die Weltwirtschaft, die Energiepolitik und damit die Preise für Erdöl und Erdgas entwickeln.

Wollen Investoren die Unwägbarkeiten des Energiegeschäfts besser einschätzen, so wird ihnen dieses Buch eine Orientierungshilfe bieten. Dazu ist es unerlässlich, die wichtigsten Faktoren für die Preisbildung auf dem Weltmarkt unter die Lupe zu nehmen, insbesondere, da sich das Erdöl- und Erdgasgeschäft aktuell durch politische Umwälzungen und technische Entwicklungen im Bereich Erdgas und erneuerbarer Energien sowie den Handel mit Emissionszertifikaten in einer Phase der Neuorientierung befindet. Ziel dieses Buches ist, ein wenig Übersicht in das Chaos der globalen Erdöl- und Erdgaspolitik zu bringen.

Diese Umbruchphase stellt Investoren vor schwierige Herausforderungen. In der Branche der Investmentbanken, die im Energiegeschäft tätig sind, lassen sich spekulativ binnen Stunden Gewinne oder Verluste machen, doch auf dem Sektor der Infrastruktur benötigen alle Beteiligten einen langen Atem und den „Riecher", um auf das richtige Pferd zu setzen. Die Brisanz dieser Problematik zeigt sich schon in den widersprüchlichen Daten über Erdöl- und Erdgasreserven. Die Analyse wesentlicher geopolitischer und wirtschaftlicher Faktoren soll daher ein wichtiges Hilfsmittel für Investitionsentscheidungen bieten.

„Oil makes and breaks nations" – so umreißt man in der Ölbranche gerne die Geschichte des 20. Jahrhunderts. Dies gilt wohl auch für unser noch junges 21. Jahrhundert: Die Besetzung des Irak, des Landes mit den zweitgrößten Erdölreserven der Welt im April 2003, die Neugestaltung der Regime im Kaukasus entlang strategisch wichtiger Pipelines vom Kaspischen Meer bis zum Mittelmeer und das Venezuela gewidmete Augenmerk sind Fixpunkte der US-Außenpolitik. Analog betreiben China und die Russische Föderation Diplomatie im Namen des Erdöls. Die Russen bieten ihres an, die Chinesen kaufen Reserven vom Sudan bis in den Iran, um die starke Nachfrage zu befriedigen. Nicht zum ersten Mal in der Geschichte der Region findet ein Wettlauf um Zugang zu Ölquellen, Verlegung von Pipelines und Allianzen statt. Der Begriff des „great game" prägte solche diplomatischen und militärischen Planungen und Aktionen schon in den 1920er Jahren. Jüngst kam er angesichts der Umwerbung zentralasiatischer Ressourcen, Erdöl und Erdgas, wieder in Verwendung.

Politik und Markt sind bei den fossilen Energien Erdöl und Erdgas eng verquickt. Die Gesetze von Angebot und Nachfrage greifen nur langfristig. Kurz- und mittelfristig bestimmt die Politik den Preis. Denn Erdöl ist ein strategischer Rohstoff, in dessen Namen Kriege geführt wurden und werden. Das illustrierte bereits der Erste Weltkrieg. Schon vor 1914 war absehbar, dass Erdöl Kohle bald ablösen würde. Erdöl ermöglichte eine höhere Geschwindigkeit und Beschleunigung bei der Fortbewegung. Bereits im Vorfeld des Krieges zeichnete sich im britisch-deutschen Flottenwettlauf ab, dass Diesel der bessere Treibstoff für Kriegsschiffe war. Winston Churchill übernahm 1911 den Posten des obersten zivilen Kommandanten der Marine und setzte sich sogleich für eine Umstellung von Kohle auf Erdöl ein. Marcus Samuel, Begründer von „Shell" und einstiger Muschelhändler, hatte ihn von den vielen Vorteilen des neuen Energieträgers überzeugt: leicht zu lagern und transportieren, unverrottbar und vor allem billig. Grundsätzlich gelten diese von Samuel genannten Eigenschaften weiterhin, denn Erdöl ist nicht so teuer, wie es sein könnte oder vielleicht auch sein sollte, damit wir sinnvoller mit diesem wichtigen Rohstoff umgehen.

An wen richtet sich das Buch?

An all jene, die strategische Investitionsentscheidungen treffen, ob im Banken- und Versicherungssektor, in der Energiebranche, im Transportwesen und im Bereich des Energiekonsums sowie im Wertpapierhandel angesichts des neu zu ordnenden Geschäfts mit den CO_2-Emissionszertifikaten. Anleger in diesen Bereichen sollen aus der Lektüre dieses Buches zusätzliche Informationen für die Gestaltung ihrer Veranlagungen ziehen. Ebenso möchte das Buch Hintergrundinformationen für Führungskräfte der Wirtschaft und Politik bieten; denn bei der Gestaltung der Energiepolitik geht es auch um Bereiche, die nicht unmittelbar mit der Erdölindustrie verbunden sind.

In den folgenden sieben Kapiteln sollen Kenner der Materie genauso wie Einsteiger in den Energiesektor angesichts der größeren Zusammenhänge zwischen Erdöl, Geopolitik und Wirtschaft interessante Impulse für ihre Entscheidungen finden. Ebenso möge das Buch zur Abrundung des Wissens rund um die strategischen Rohstoffe Erdöl und Erdgas dienen.

Die englische Sprache kennt die sieben „C" der Energie:

Concern –	wir kommen nicht ohne Energie aus
Competition –	es gab immer einen Wettlauf um Ressourcen, er ist nur mit neuen Akteuren entbrannt
Conflict –	um Zugang zu Energiequellen werden Kriege geführt
Co-operation –	diese ist unerlässlich, ob zwischen Konsumenten und Produzenten oder innerhalb des jeweiligen Marktes
Consensus –	ohne diesen wäre die OPEC unvorstellbar
Conservation –	die Verbesserung der Energieeffizienz ist das Gebot der Stunde
Confluence –	Nachhaltigkeit ist für die Zukunft entscheidend

Viel Literatur zum Erdöl wurde und wird in englischer Sprache verfasst. Diese Fachpublikationen sind jeweils auf die Bedürfnisse eines US-Marktes oder der angelsächsischen Firmen und Entscheidungsträger zugeschnitten. Um diesem Defizit zu begegnen, sollen in diesem deutschsprachigen Werk auch Themen aufgegriffen werden, die einen europäischen Leser vielleicht mehr interessieren als einen Briten oder US-Amerikaner. Hierzu gehört wohl auch die Frage: Wird der Euro den US-Dollar als Handelswährung am Erdöl- und Erdgasmarkt ablösen? Im Iran und in der Russischen Föderation zeichnen sich bereits Entwicklungen in diese Richtung ab. Angesichts des hochinflationären Dollars mehren sich die Stimmern, mittels neuer Währungskörbe den Rohstoffhandel insgesamt umzugestalten.

Fünf Gründe, warum man dieses Buch lesen muss

Es gibt Antwort auf folgende Fragen:

1. Wohin fährt der Zug der Energiepolitik: Welche Rolle werden Erdöl und Erdgas in Zukunft spielen? Welche Auswirkungen hat die Nachfrage aus China und Indien? Notwendige Folge wird eine Neugestaltung des Energiemix sein, und alternative Energien, ob nuklear oder erneuerbar, werden eine verstärkte Rolle spielen.

2. Welche Folgen hat die Industrietransformation für die fossilen Energien? Wie verändern sich nationale und internationale Erdölkonzerne? Ratsam erscheint jedenfalls eine dynamische Weiterentwicklung der technischen und rechtlichen Bereiche, um der Preishausse der fossilen Energieträger durch eine umfassende Umgestaltung der Energieindustrie zu begegnen.

3. Werden neue Umweltstandards den Energiemix durcheinander wirbeln? Sie führen jedenfalls zu einer verstärkten Sensibilität der Entscheidungsträger, ob in der EU oder in Ostasien.

4. Wie werden sich die Finanzmärkte infolge neuer Energiemärkte verändern? Wie beeinflussen die nationalen und internationalen Trends in Transport und Produktion von Energie die Investitionsentscheidungen von Kleinanlegern in diesen Sektoren?
Es wachsen die Spekulationen im Bereich der Termingeschäfte und wachsende Unsicherheit zur Lage der Reserven, wie die Rückkehr der Debatte zum „peak-oil" zeigt.

5. Wie groß ist die Bedrohung der Energieversorgung aus politischen Gründen?
Mesalliancen im Namen des Erdöls haben die Welt in den letzten 50 Jahren nur unsicherer gemacht. Es zeichnen sich geopolitische Umwälzungen zum Zwecke neuer Energieallianzen ab, bei denen zukünftig nicht mehr die USA, sondern China und Indien das Steuer in der Golfregion oder in Zentralasien übernehmen. Parallel zeichnet sich in den USA die feste Entschlossenheit ab, sich aus der Abhängigkeit von nahöstlichem Erdöl zu lösen.

Immer wieder bricht der latente Konflikt zwischen Orient und Okzident auf. Die Angst vor der westlichen Ausbeutung der Ölquellen dominiert die Menschen im Osten, während im Westen die Kombination von Petrodollars und Terrorismus neue und alte Ängste inspiriert.

Technische Anmerkung zu den Ölsorten

Erdöl ist nicht gleich Erdöl. Die Skala der Ölsorten ist mit der Erschließung neuer Fördergebiete im Laufe der Jahre immer breiter geworden. Die erste industrielle Produktion in Baku im damals zaristischen Russland um 1890 unterschied noch nicht zwischen Erdölsorten, man sprach nur von Petroleum. Es folgten mit neuen Explorationen in den USA, so in Pennsylvania und Texas, in Europa in Rumänien, später auf der Arabischen Halbinsel zahlreiche neue Ölsorten, die sich jeweils in ihrer chemischen Zusammensetzung, sprich vor allem in ihrem Schwefelgehalt und sonstigen Einlagerungen, stark voneinander unterscheiden. Ganz grob gesagt, je „süßer" das Erdöl, je geringer also der Schwefelgehalt ist, desto leichter lässt es sich zu Treibstoffen weiterverarbeiten. Je schwerer das Öl hingegen, desto besser eignet es sich beispielsweise für die Raffinierung zu Heizöl.

Die maßgeblichen Parameter in der Darstellung und Bestimmung des Ölpreises sind

a) Brent Crude Oil Future, der an der Londoner Börse IPE gehandelt wird. Crude Oil bedeutet in jedem Fall Rohöl. Brent bezieht seinen Namen von einem Feld in der Nordsee, das in den 1970er Jahren entwickelt wurde. Tatsächlich ist Brent eine Mischung aus verschiedenen Rohölen ähnlicher Beschaffenheit, die im East Shetland Basin gefördert werden.
b) Light Sweet Crude Oil Future, der in den USA an der NYMEX gehandelt wird
c) West Texas Intermediate (WTI), die maßgebliche US-amerikanische Rohölvariante
d) Der OPEC Oil Basket Price, der Durchschnittspreis diverser Rohölsorten der einzelnen OPEC-Mitgliedsstaaten.

Der Brent Crude Oil Future stellt die Wertentwicklung von 1000 Fässern Nordseeöl dar. Obwohl Brent Crude Oil ein deutlich geringeres Handelsvolumen als andere Rohölsorten hat, wird Brent Oil weltweit als die übergeordnete Benchmark verwendet. Tendenziell laufen die verschiedenen Rohölsorten synchron. Die Auswertung lässt unter anderem Rückschlüsse auf bevorstehende Preisentwicklungen von Heizöl oder Benzin zu. Der englische Begriff des Barrel ist die ursprüngliche und weiterhin gültige Maßeinheit, die exakt 35 imperiale Gallonen oder 158,97 Liter enthält.

Wenn in der Folge vom Erdöl schlechthin die Rede ist, so sollen nicht aus Gründen der Ignoranz die jeweiligen Ölsorten ausgeblendet werden. Vielmehr möge der Leser einen überschaubaren Einblick in die Entwicklung der Erdöl- und Energiemärkte – unter der hoffentlich verzeihbaren Vernachlässigung gewisser technischer Details – gewinnen.

Kapitel 1
Geografische Fakten
Wissen ist Macht, gerade beim Investieren

Klar erkannte Otto von Bismarck die „Geografie als Konstante der Geschichte". Wie eng geografische Gegebenheiten mit politischen Zusammenhängen verknüpft sind, zeigt sich regelmäßig im Ausbruch von alten und neuen Territorialkonflikten. Wenn diese Gebiete rohstoffreich sind, tritt eine zusätzliche wichtige Dimension hinzu. Der Kampf um Ressourcen, sprich in unserem Fall fossile Energieträger, beherrschte das 20. Jahrhundert. Es handelte sich um das „Century of Oil", wie der Ölhistoriker Daniel Yergin in seinem Bestseller „The Prize" treffend beschreibt. Dieser Kampf um Öl, Geld und Macht ging 2003 mit dem Irakkrieg, der für alle Welt ersichtlich ein Krieg ums Öl war und ist, in die nächste Runde. In der Organisation Erdöl exportierender Länder (OPEC) sind die Analysten überzeugt: „Die nächste große Erdölkrise wird aus Gründen der Geopolitik ausbrechen, allein aus Marktdaten wird man sie nicht erklären können."[1]

Der Krieg um Rohstoffe, ob Öl oder in absehbarer Zeit Wasser, tobt bereits. Zwischen den USA und China – deren Energiehunger aufgrund der US-Rezession zwar ein wenig nachließ, aber immer noch gewaltig ist – spielt sich dieser Kampf um die Kontrolle rohstoffreicher Gebiete hinter diplomatischen Kulissen und auf den Kommentarseiten der Wirtschaftszeitungen ab. Doch in absehbarer Zeit könnte der Zugriff auf Erdölreserven durch chinesische Konzerne die ohnehin gespannten Beziehungen zwischen Pe-

---
[1] Interview am 10.5.2005 in der Forschungs- und Analyse-Abteilung des OPEC-Generalsekretariats in Wien.

king und Washington in eine gefährliche Phase steuern. Die nächste Erdölkrise kann zudem an vielen verschiedenen Orten ausbrechen: in einem der bekannten Krisenherde im Nahen Osten von Jordanien bis Irak, durch einen schweren Anschlag auf die saudische Erdölindustrie oder einen Sabotageakt auf die neue Trans-Kaukasus Pipeline Baku-Tiflis-Ceyhan (BTC). Ebenso könnte ein völlig unerwartetes Ereignis, wie ein 11. September, für Aufruhr im Erdölgeschäft, überzogene Panik an den Börsen und die nächste Preisspirale sorgen. Es war übrigens nicht der vielzitierte 11. September, der die gegenwärtige Preishausse auslöste, sondern vielmehr der Krieg im Irak, der ab Ende 2003 zu einem stetig steigenden Ölpreis führte. Die Kriegs- und Terrorgefahren sind gewachsen und die irakische Erdölproduktion liegt weiter unter jener vor Kriegsausbruch.

Sicherheit in der Energieversorgung ist eng mit der Kontrolle geografischer und sicherheitspolitischer Faktoren verbunden. Geopolitik zu verstehen, ist daher entscheidend, um in das Erdöl- und Erdgasgeschäft mit all seinen Unwägbarkeiten ein wenig mehr Vorhersehbarkeit zu bringen. Denn bei allem Chaos in den internationalen Beziehungen bestimmt doch eine gewisse Logik, die auf Fakten der Geografie und der Geschichte beruht, das Geschehen. Man muss sie nur richtig erfassen.

Militärische Erfordernisse bestimmten stets die Geopolitik des Erdöls
Ob es sich nun um den im Frühjahr 2005 heftig entflammten Disput zwischen China und Japan oder um die Bürgerkriege in zahlreichen Staaten Zentralasiens und des Kaukasus dreht, hinter all diesen brodelnden Kriegsherden stehen die Konflikte um Erdöl und Erdgas. Spätestens nach dem Ersten Weltkrieg begann der Wunsch der Großmächte, physischen Zugriff auf Erdölquellen zu erlangen, die Außenpolitik zu dominieren.

Im „Großen Krieg" 1914-1918, wie die Zeitgenossen diese Katastrophe des 20. Jahrhunderts nannten, ging es erstmals um die Mobilität von Truppen. Nicht mehr Eisenbahnen transportierten die Soldaten auf die Schlachtfelder, sondern eine rasche Verlegung der Armeen wurde erforderlich. Paris wäre eventuell schon 1915 von deutschen Truppen okkupiert worden, hätte nicht die famose „Taxi-Armada" unter General Galliena, dem Verteidiger der französischen Kapitale, dies zu verhindern gewusst. Angesichts des herannahenden Feindes und des Mangels an Transportmöglichkeiten, um den Angriff zu stoppen, befahl Galliena sämtliche Pariser Taxis vor das Verteidigungsministerium. Nachdem man sich auf den Fahrpreis geeinigt hatte, chauffierten die Pariser Taxifahrer die Soldaten an die Ostfront. Hier sollte einer der vielen tragischen Stellungskriege beginnen, für den eine Generation von Europäern einen dramatischen Blutzoll bezahlte. Unter dem Eindruck dieser neuen militärischen Erfordernisse erklärte auch der französische Premier Georges Clemenceau den Zugang zu Erdölquellen zur obersten Priorität. Vor 1914 hatte er noch höhnisch gesagt: „Wenn ich Benzin brauche, dann besorge ich mir dies in der Apotheke." Als das Automobil noch eine Rarität war, wurde der Treibstoff bekanntlich von den Pharmazeuten vertrieben.

Der Brite Winston Churchill war seiner Zeit, jedenfalls den Franzosen, insofern voraus, als er noch lange vor dem Ausbruch des Ersten Weltkrieges die Bedeutung des neuen Treibstoffs Diesel erkannte. In seiner Eigenschaft als Staatssekretär im britischen Kolonialministerium ließ er die britische Flotte umrüsten, an die Stelle von Kohle trat der Diesel. Hintergrund war der deutsch-britische Rüstungswettlauf zur See. Mit Diesel betriebene Kriegsschiffe waren schneller und wendiger. Churchill versuchte dadurch, den Vorsprung der deutschen Kriegsmarine aufzuholen. Sehr zum Missfallen einflussreicher Kreise im Militär und in der Wirtschaft, denn das Britische Empire verfügte zwar über ausreichend Kohle direkt auf dem Mutterland, musste aber Diesel importieren.

Als Siegermacht des Ersten Weltkriegs setzte London daher auch in der Folge alles daran, direkt an den strategisch entscheidenden Rohstoff Erdöl heranzukommen. Zielgebiet war das nördliche Mesopotamien, der heutige Irak. Über die großen Erdölreserven von Mossul waren die Briten durch ihre Geologen, die oft auch als Archäologen getarnt in der Spionage wirkten, perfekt informiert. Die physische Kontrolle über Erdölgebiete sollte zum entscheidenden Kriterium in der Aufteilung des Osmanischen Reiches werden. Erdöl war zum strategischen Rohstoff aufgestiegen, denn Erdöl zu haben oder nicht zu haben, war erstmals ein kriegsentscheidender Faktor. Der Erste Weltkrieg brachte binnen weniger Jahre einen gewaltigen Innovationsschub in der Kriegs- und damit auch in der Zivilindustrie. Die ersten Luftschlachten und die deutschen U-Boot-Angriffe – so auf US-Handelsschiffe, die zum Kriegseintritt der USA 1917 führten – hatten ihre Auswirkungen auf die Transportmittel des 20. Jahrhunderts. Ohne den Treibstoff Erdöl ging oder fuhr von nun an nichts mehr.

Frankreich wollte aber ebenso Zugriff auf den essentiellen Rohstoff. Zwischen London und Paris tobte während der Verhandlungen um die Neuordnung des Osmanischen Reiches 1919 in den Pariser Vororten ein wilder Streit. Großbritannien wollte seine Kontrolle der vielversprechenden Erdölfelder von Mossul nicht aufgeben, nicht nur aus wirtschaftlichen Gründen. Frankreich sah sich seinerseits „historisch berufen", die Region zu dominieren. Nach einigen Unstimmigkeiten wurde eine Aufteilung vorgenommen, dass Frankreich 25 Prozent Anteile an der Turkish Petroleum Company, die die Konzessionen in Mesopotamien hatte, erhielt. Im Gegenzug würde Frankreich die Errichtung zweier Pipelines durch das französisch kontrollierte Mandatgebiet Syrien gestatten.

Ob man es mag, oder nicht: Die Grenzen der Staaten des Nahen und Mittleren Ostens basieren auf Abkommen entsprechend ihrer Erdölreserven. Gewissermaßen also nichts Neues unter der Sonne. Die Region wurde Anfang des 20. Jahrhunderts, ebenso wie zu Beginn unseres Jahrhunderts, von der Geopolitik des Erdölhungers geprägt. Für die Völker, insbesondere die Iraker, wurde der Erdölreichtum vom „Geschenk Gottes" zum „Fluch Gottes". Vom Recht auf Selbstbestimmung, das US-Präsident Woodrow Wilson noch 1918 feierlich verkündete, sind die Menschen in dieser Region weit entfernt, solange geopolitische Interessen, wie „Zugang zu billigem Erdöl", über Krieg und Frieden entscheiden.

1.1. Grenzziehungen entlang von Pipelines

> „Wer bestimmen kann, wie die Pipeline-Karte aussieht, wird die Zukunft eines riesigen Teils der Welt bestimmen."
> *(Frederick Starr, Leiter des Kaukasus-Instituts an der Johns-Hopkins-Universität in Baltimore, USA)*

Die Grenzen der Nationalstaaten im Nahen Osten sind großteils gewissermaßen mit dem Lineal gezogene, willkürliche Trennlinien. Die Anhänger des Panarabismus lehnten sie schlicht als „hudud al-mustana'a", als künstliche Grenzen ab, da sie den gemeinsamen arabischen Sprach- und Kulturraum durchschneiden. Die Idee der Arabischen Einheit ist zwar längst begraben, wenngleich die Diktatoren der 22 Mitgliedsstaaten der Arabischen Liga diese Einheit, die „Wahda", regelmäßig auf ihren Gipfeln beschwören. Doch auch für die religiösen Krieger, die so genannten Dschihadisten, ist die Aufteilung der Region ein koloniales Unrecht, das es zu beseitigen gilt. Sie wollen die Einheit der Gemeinschaft aller Muslime, der „Umma Islamiya", jenseits aller territorialen Trennung wiederherstellen. Ihre extremen Forderungen im Namen eines pervertierten Islam sind umso brisanter, als eben diese Gruppen heute heftig in der Weltpolitik mitmischen. Großgezogen wurden diese Gotteskrieger teils von den USA und Saudi-Arabien während des Kalten Krieges. Osama bin Laden wurde 1979 von der CIA für den Untergrundkampf in Afghanistan gegen die Sowjetarmee rekrutiert. Der politische Hintergrund dieses von Washington miterfundenen Dschihad war die Eindämmung des Kommunismus, sprich der „Ungläubigen", durch Förderung der Islamisten. Eine zweite – noch mehr fanatisierte – Generation ist soeben angetreten und beherrscht die internationale Terrorszene. Ihr Trainingslager ist seit 2003 der durch den Krieg und die Okkupation in Anarchie versunkene Irak.

Die Aufspaltung der arabischen, beziehungsweise islamischen Welt durch die Kolonialmächte nach dem Ersten Weltkrieg bewegt weiterhin die

Gemüter. Verfolgt man aufmerksam die Botschaften von Osama bin Laden, die er regelmäßig per Tonband oder Video den Medien zukommen lässt, so ist hierin oftmals vom „Unrecht, das vor 80 Jahren begann" die Rede. Gemeint sind diese Grenzziehungen in den 1920er Jahren und die Abschaffung des Kalifats durch den türkischen Reformer Kemal Atatürk. Glaubt man gewissen Analysen zur langfristigen Strategie der Al Qa'ida, so geht es dem diffusen Terror-Netzwerk um die Auflösung der gegenwärtigen Staatenstruktur in der Region. Die Vertreibung des Hauses Saud von der Arabischen Halbinsel ist bekanntlich das oberste Ziel der Dschihadisten, also der religiösen Krieger, deren Erfolge sich das fundamentalistische saudische Regime selbst zuzuschreiben hat. Nächstes Ziel der Dschihadisten ist die Beseitigung der westlichen Präsenz im Hedschas, wie die Halbinsel vor der Gründung Saudi-Arabiens 1932 hieß. Denn wegen des Erdöls kamen zunächst die Briten und Franzosen, später dann die USA in die Region.

Pipelines bestimmten das Schicksal des Nahen Ostens nach 1918, und sie tun es heute ebenso heftig in Zentralasien. Der Wettlauf um die Ressourcen in diesen rohstoffreichen Binnenstaaten bestimmt die Weltpolitik zwischen Moskau, Peking und Washington. Das neue „great game" ist schon längst im Gange. Das „great game", an dem im 19. Jahrhundert die Russen und Briten beteiligt waren, hat in den letzten Jahren eine dreipolige Neuauflage mit den USA, Russland und China erfahren. Europa mischt zwar am Rande mit, doch ohne echte Hebel bewegen zu können. Während die Europäer versuchen, sich von der russischen Umklammerung in Sachen Erdgas zu lösen, wollen die USA um jeden Preis verhindern, dass internationale Geschäfte zwischen Brüssel und dem erdgasreichen Iran zustande kommen.

Entlang von Pipelines wurden Grenzen gezogen, gestalten sich Einflusszonen internationaler Konzerne, entstehen geradezu exterritoriale Gebiete, bewacht von den Sicherheitskräften der Konsortien. Betrachtet man aufmerksam die Geschichte des 20. Jahrhunderts, so lautet der kleinste gemeinsame Nenner internationaler Interessen in der Region des Nahen und Mittleren Ostens: Erdöl und Erdgas.

Gefahr des Staatenzerfalls: Brennpunkt Irak

Wenn es um die Aufteilung der Konkursmasse des Osmanischen Reiches und die Schaffung britischer und französischer Mandatsgebiete im Nahen Osten 1920 geht, denken die meisten Betroffenen in der Region an das berüchtigte Sykes-Picot Abkommen. Es handelte sich um eine geheime diplomatische Korrespondenz zwischen London und Paris während des Ersten Weltkriegs. Ziel war die Schaffung von Einflusssphären, um die jeweiligen imperialen Interessen zu fördern, meist durch Unterstützung von gewissen Volksgruppen. So sah sich Frankreich als Schutzmacht der arabischen Christen, während Großbritannien mittels der Balfour-Deklaration den zionistischen Plan einer „jüdischen Heimstätte in Palästina" förderte. Wäre es jedoch nach dem Sykes-Picot Abkommen gegangen, sähe der Nahe Osten heute völlig anders aus. Die Franzosen sicherten sich darin aufgrund ihrer ursprünglich durch ein dichtes Netz von Konsulaten, Schulen und Orden fest verankerten Position viel mehr Einfluss als Großbritannien. Das Interesse Londons konzentrierte sich auf die Wasserwege, denn die außenpolitische Doktrin lautete: free passage through Suez to India. Wichtiger war der Golf, wo zahlreiche britische Handelsniederlassungen bestanden. Aus diesen „Trucial States", wörtlich Waffenstillstandsstaaten, sollten später die kleinen Golfemirate von Bahrain bis Kuwait werden.

Doch nicht dieses ominöse Sykes-Picot Abkommen sollte Realität werden;[2] eine andere Karte wurde gezeichnet. Und zwar, wenn die Anekdote stimmt, auf dem Tischtuch des Hotels Londra in San Remo an der italienischen Riviera. Im April 1920 trafen sich britische und französische Unterhändler in diesem Kurort der europäischen Aristokratie vor 1914. Die USA waren von diesem Kuhhandel in der Tradition europäischer Kolonialpolitik völlig ausgeschlossen. So saß der US-Delegierte im Garten des Hotels und konnte nur die Zeitung lesen, während drinnen Briten und Franzosen um die Zukunft des Erdöls feilschten. Im Zentrum der Gespräche stand die Ziehung einer neuen Pipelinetrasse von Mossul nach Haifa. Großbritannien kontrollierte die Mandatsgebiete des soeben geschaffenen Irak, einem willkürlich zusammengesetzten Staatsgebiet aus ethnisch sehr unterschiedlichen Regionen und Palästinas mit der wichtigen Hafenstadt Haifa.

Um Erdöl aus dem Nordirak ans Mittelmeer zu transportieren, musste eine Pipeline errichtet werden. Transitrechte quer durch das französische Mandatsgebiet von Syrien und Libanon wurden vereinbart. Zu diesem Zweck wurde das Ölabkommen von San Remo geschlossen. Die Grenzen zwischen dem Irak, Jordanien und Syrien wurden entlang der Pipeline gezogen. Die Nationalstaaten dieser Region wurden 1920 von den europäischen Mächten in bester neokolonialer Manier geschaffen. Bei Entlassung in die Unabhängigkeit wurden diese Grenzen beibehalten.

Wie fragil jedoch diese Territorien sind, zeigt ihre Geschichte der letzten Jahrzehnte. Zahlreiche Konflikte – jenseits des eigentlichen Kerns der Nahostkrise, nämlich des israelisch-palästinensischen Problems – beherrschen

---

[2] Wäre dies der Fall gewesen, dann wäre vielleicht auch nie die Palästinafrage in aller Brisanz ausgebrochen. Denn weder die Briten noch die Franzosen hatten ein Interesse, dieses Gebiet zu beanspruchen. Vielmehr sollte hier ein alliiertes Kondominium entstehen, wobei für die Heiligen Stätten bereits von einer internationalen Souveränität die Rede war. Interessanterweise wurde eben diese Idee u.a. bei den von US-Präsident Bill Clinton im Juli 2000 vermittelten Gesprächen in Camp David neuerlich diskutiert.

die Beziehungen zwischen den Staaten. Grenzstreitigkeiten reißen seither nicht ab. Die Grenzen sind äußerst umstritten, so zwischen Saudi-Arabien und seinen Nachbarn. Es sollte die Ölimporteure von Japan bis Frankreich, die Ölfirmen und die Börsen nicht erstaunen, wenn wir in den kommenden Jahren in dieser Region noch heftige Grenzverschiebungen erleben. Das 1932 gegründete Saudi-Arabien könnte in ein „Petrolistan" im Nordosten der Arabischen Halbinsel, wo die wesentlichen Ölfelder liegen, und ein „islamisches Naturreservat" rund um die Heiligen Stätten von Mekka und Medina im Südwesten zerfallen. Dieses Szenario mag unglaublich anmuten, doch Pläne für Neuaufteilungen kursieren bereits. Allein die Ankündigung einer Neuordnung der Karten in der Region („reshuffle the Middle East") durch den ehemaligen US-Außenminister Colin Powell im Herbst 2002 reflektiert diese geografischen Ambitionen. Es sei aber den USA und anderen Mächtigen ins Stammbuch geschrieben: Das letzte Mal, dass eine solche Neuordnung von Karten möglich war, ist mit dem Ende des Ersten Weltkrieges zu datieren. Wenngleich es damals noch keinen Palästinakonflikt, keinen global agierenden islamistischen Terror und noch keine Satelliten TV-Sender gab, so taten sich die Kolonialmächte dennoch schwer, ihre politischen Ziele zu verwirklichen. Die Briten zogen infolge des starken Widerstands 1932 ihre Truppen aus dem Irak ab.

Implodiert der Irak – explodiert der Preis

Die von den USA und ihren Verbündeten am 17. März 2003 gestartete Invasion des Irak galt von Anbeginn der Planungen in den USA im Frühjahr 2002 dem Erdöl. Die Kriegsgründe, wie das irakische Arsenal von Massenvernichtungswaffen und die Terrorismusachse zu Osama bin Laden, waren nur vorgeschoben. Dies war den Entscheidungszirkeln in Washington klar, wie zahlreiche Autoren seither bestätigten.[3] Seit Jahresbeginn 2002 bereiteten sich die USA darauf vor, sich durch andere Lieferanten von irakischem Öl unabhängiger zu machen. Die britische Fachpublikation *Petroleum Argus* schrieb schon im August 2000: „Basra Light ist das einzige Rohöl aus dem Golf, das den Kräften des Markts folgt und in Richtung USA fließt." Indes wurde der Irak, bis dato auf Platz Sieben der US-Importliste, aus „sicherheitspolitischen Überlegungen" im Mai 2002 von eben dieser Liste gestrichen.

War es die Ankündigung des irakischen Diktators, irakisches Erdöl nicht mehr in US-Dollar, sondern in Euro zu handeln – wie manche Anhänger von Verschwörungstheorien gerne betonen –, dass die Angelsachsen zum Angriff bliesen? Die Gründe liegen zweifellos tiefer. All jene Menschen, die

---

[3] So der ehemalige Mitarbeiter des Nationalen Sicherheitsrates, Richard Clarke, der *Washington Post* Journalist, Bob Woodward und andere. Alan Greenspan, ehemaliger Notenbankchef, bestätigte in seinen im Herbst 2007 publizierten Memoiren die Rolle des Erdöls als Hauptgrund der Invasion.

mit ihren Tafeln „no blood for oil" gegen die Invasion der USA und ihrer Verbündeten im Irak protestierten, sollten jedenfalls Recht behalten.

Während sich nämlich wesentliche Erdölreserven ihrem Ende neigen, war es nicht nur im Interesse der USA, die Hand auf neue Fördergebiete zu legen. Der Irak mit seinen gesicherten Reserven von 115 Milliarden Fass Rohöl verfügt über die weltweit zweitgrößten Reserven. Zudem lauten die Schätzungen der Erdgasreserven auf 110 Billionen Kubikfuß. Der Irak war und ist ein Objekt der Begierden internationaler Energiekonzerne. Achmed Chalabi, mehrfach wegen Betruges verurteilt, war zum Intimus der US-Regierung geworden. Auf ihn als Führer einer zweifelhaften irakischen Oppositionsgruppe, des in London angesiedelten Iraqi National Congress, bauten die Planer des Feldzugs der Bush-Regierung. Zum einen wurden Chalabis Behauptungen, der Irak verfüge über Massenvernichtungswaffen entgegen geheimdienstlicher Kritik übernommen, zum anderen sollte der säkular orientierte Schiite an der Spitze einer von den USA eingesetzten neuen irakischen Regierung stehen. Chalabi versprach US-Ölkonzernen den Löwenanteil an den irakischen Ölkonzessionen. Russische und französische Firmen waren umso ablehnender gegen einen Irak-Feldzug unter US-Ägide eingestellt, nachdem Chalabi den USA wesentliche Verträge in Aussicht gestellt hatte.[4] Chalabi wurde in der Folge von seinem Arbeitgeber, der US-Regierung, verstoßen. Neben dem Spionagevorwurf war wohl der Hauptgrund für diesen Rausschmiss, dass die von Chalabi vorgebrachten Fakten zu den irakischen Massenvernichtungswaffen frei erfunden waren, wie die Untersuchungen im Auftrag der CIA schließlich feststellen mussten. Die US-Regierung vertraute ohne Prüfung der Sachlage einer ihr genehmen Quelle, um einen ohnehin geplanten Krieg argumentativ zu untermauern.

Die USA sind vom Golföl viel weniger abhängig als Japan oder europäische Importeure. Doch den USA ging es seit dem Ende des britischen Imperiums, das es als regionale Hegemonialmacht im Golf beerbte, stets um eine Doktrin: freie Zufahrt durch den Golf. Waren für die Briten die Wasserwege von Suez bis zum Golf noch im Lichte seiner „free passage to India" von essentieller Bedeutung, so haben die USA diese Forderung im Sinne des Zugriffs auf die Erdölreserven abgewandelt.

---

[4] *The Observer* vom 3.11.2002: "The leader of the London-based Iraqi National Congress, Ahmed Chalabi, has met executives of three US oil multinationals to negotiate the carve-up of Iraq's massive oil reserves post-Saddam." (…) Although Russia, France and China have existing deals with Iraq, Chalabi has made clear that he would reward the US for removing Saddam with lucrative oil contracts, telling the *Washington Post* recently: 'American companies will have a big shot at Iraqi oil.' Indeed, the issue of who gets their hands on the world's second largest oil reserves has been a major factor driving splits in the Security Council over a new resolution on Iraq….. As of last month, Iraq had reportedly signed several multi-billion dollar deals with foreign oil companies, mainly from China, France and Russia."

Welche genaue Rolle das Thema Öl in der Planung und Durchführung des Irakkrieges gespielt hat, sei nun nicht in allen Einzelheiten dargestellt. Die Weltöffentlichkeit konnte sich bereits im Mai 2003 ihren Reim darauf machen, als das Museum von Bagdad mangels Wachpersonal geplündert, das Ölministerium als einziger Ort jedoch sicher bewacht wurde. Uns soll in diesem Zusammenhang viel mehr interessieren, warum das völlig verfehlte Kalkül des Pentagons – ein befreiter Irak würde sich aus eigener Kraft dank Öleinnahmen den Wiederaufbau selbst finanzieren – nicht aufgehen konnte. Es sollte jedem Ölgeschäftsmann klar sein – und Washington ist voll von solchen Experten – dass der Irak, seit 13 Jahren von der internationalen Technologie abgeschnitten, erst wieder den Anschluss an den Markt finden musste. Investitionen in den Wiederaufbau würden sich daher unter der Voraussetzung von Sicherheit und funktionierender Wirtschaft erst nach frühestens drei Jahren amortisieren.[5] Unmittelbar nach der Okkupation begann eine Gewaltperiode den Irak zu erschüttern, die absehbar gewesen war. Der Irak driftete in den Bürgerkrieg ab. Genau aus diesem Grunde hatte übrigens die Regierung von George Bush senior 1991 nach der Befreiung Kuwaits von einem Einmarsch in den Irak Abstand genommen.

Der Irak produzierte vor Kriegsausbruch im März 2003 im Rahmen des „Öl für Lebensmittel"-Programms des UN-Sicherheitsrats rund 2 Mio. Fass pro Tag. Doch die fast täglichen Sabotageakte gegen Pipelines, vor allem gegen jene wesentliche Route Richtung Nordwesten in die Türkei, machten alle Prognosen zur irakischen Ölförderung zunichte. Als Transportroute bleibt nur der Wasserweg. Hier wiederum wird auf dem Fluss Schatt el Arab emsig geschmuggelt. Die bisherigen Prognosen, vor allem seitens der USA im Sinne von Öleinnahmen für den Wiederaufbau, haben sich als falsch erwiesen. Im Gegenteil, das Interesse an Verträgen internationaler Konzerne hat infolge der Entführungen und Hinrichtungen von Ausländern sowie Irakern, die mit den Besatzungstruppen kooperierten, rapide abgenommen. Der große „oil rush" im Irak hat entgegen den Ankündigungen der Politiker nicht stattgefunden. Ebenso wenig ist es bislang zur Privatisierung der Ölindustrie, die Washington ursprünglich gefordert hatte, gekommen.

Der irakische Ölminister Ibrahim Bahr al Ulum, der im April 2005 nach einer Interimsperiode erneut dieses Amt übernahm, wollte die Korruption in seinem Ministerium bekämpfen und die Produktion ankurbeln. Knapp 1,5 Mio. Fass pro Tag produziert das kriegsgeschüttelte Land. Unter normalen Umständen hätte der Irak das Potenzial für 6 Mio. Fass pro Tag. Bahr al Ulum setzte alles daran, sein Ministerium auf Vordermann zu bringen. Ende 2005 wurde er von seinem Posten entfernt. Seine Nachfolger konnten

---

[5] Interview der Autorin mit dem OPEC-Generalsekretär Alvaro Silva-Calderon am 16.3.2005: „Unter den jetzigen Umständen würde ich (Anm.: Alvaro Silva-Calderon) schätzen, dass der Irak frühestens in drei Jahren auf sein Normalniveau zurückkehrt".

aber ebenso wenig ihre Ankündigung zum Wiederaufbau der irakischen Ölindustrie einlösen. Indes streiten sich Provinzen und Zentralregierung um ihre Kompetenzen in Energiefragen. Dieses Chaos haben sie der neuen irakischen Verfassung, die im Herbst 2005 auf US-Druck nach einem Referendum erlassen wurde, zu verdanken. Denn mit der Einführung des Föderalismus in einem rohstoffreichen Land, das keine föderale Tradition hat, wird um die Ressourcenkontrolle erwartungsgemäß gestritten. Ob sich Investoren finden, hängt verständlicherweise vom Ende des Chaos ab. Vorverträge sind gegenwärtig hauptsächlich mit norwegischen Energiekonzernen im Gange.[6] Auf dem irakischen Markt sind zudem iranische und chinesische Unternehmen präsent.

Schon nabelt sich der kurdische Norden dank Erdöl ab

Seit dem Irakkrieg 2003 rückte neuerlich die Frage eines unabhängigen Kurdistan in den Blickpunkt. Denn im kurdisch dominierten Nordirak befinden sich die wichtigen Ölfelder von Mossul, die der Grenzziehung von 1920 zugrunde liegen. Ursprünglich hatte London den Kurden einen eigenen Staat in ihren Siedlungsgebieten im Osmanischen Reich zugesagt. Doch löste Großbritannien dieses noch im Vertrag von Sèvres 1920 wiederholte Versprechen nicht ein. Mit der Gründung der modernen Türkei auf Basis der Verträge von Lausanne war die kurdische Frage offiziell wieder vom Tisch. 70 Jahre später sollten sich die Briten, diesmal unter Führung der USA, wieder mit den Kurden befassen.

Auslöser war der kurdische Exodus im Frühjahr 1991 nach der Operation „Desert Storm" zur Befreiung Kuwaits. Die Kurden im Norden des Irak versuchten die Gunst der Stunde für ihren Aufstand zu nutzen, doch Saddam Husseins Truppen attackierten daraufhin kurdische Dörfer. Die Türkei fühlte sich von den kurdischen Flüchtlingsmassen bedroht und rief den UN-Sicherheitsrat an. Dieser erklärte den Nordirak zur Flugverbotszone. De facto ist der Nordirak seit 1991 nicht mehr unter der Kontrolle von Bagdad. Britische und US-amerikanische Truppen flogen bis zum Einmarsch im März 2003 regelmäßig Einsätze auf Ziele im Irak und stellten zugleich sicher, dass die irakische Armee in bestimmten Teilen des Landes nicht mehr präsent war. Der kurdische Norden erlebte in der Folge einen gewaltigen wirtschaftlichen Aufschwung, der sich unter anderem auf den regen Ölhandel, insbesondere den Ölschmuggel, gründet.

Seit dem Sommer 2004 lösen sich die kurdischen Landesteile immer stärker vom restlichen Irak, der in Anarchie und einen sich abzeichnenden

---

[6] Nach DNO wurde Hydro die zweite norwegische Ölfirma, die sich im Irak engagiert. Vorrangig sind Ausbildungsprogramme für irakische Ingenieure.

Bürgerkrieg versinkt. Die Desintegration des irakischen Territoriums ist voll im Gange. Begonnen hat sie mit der Flugverbotszone 1991 und der wirtschaftlichen Autonomie dank Erdölgeschäft. Es ist auch bereits ernsthaft die Rede von Handelsbeziehungen mit Israel; so wurde in der kurdischen Stadt Suleimaniyah ein israelisches Generalkonsulat eröffnet. Noch zu Kriegsbeginn 2003 hatten US-Regierungskreise von einer Wiedereröffnung der Pipeline Mossul-Haifa gesprochen, eben jener besagten Pipeline, die zur Ziehung der Grenzen zwischen dem Irak, Syrien, Jordanien und dem Mandatsgebiet Palästina in San Remo 1920 geführt hatte. Ob es so weit kommt, ist angesichts der völlig verworrenen Lage im Irak vorerst zu bezweifeln.

Informierte Quellen warnen bereits vor weiterem „reshuffling the maps". Laut einem vielbeachteten Artikel von Seymour Hersh in *The New Yorker* ist Israel zu dem Schluss gekommen, die US-Regierung sei nicht in der Lage, im Irak Stabilität oder Demokratie zu schaffen und benötige daher andere Optionen.[7] Derzeit bilden offenbar Israelis Kurden aus, um sie gegen schiitische Milizen aufzubauen. Israel hatte schon in der Vergangenheit die Kurden als Gegengewicht zu Saddam Hussein unterstützt. Die israelischen Experten sollen nunmehr bei Einsätzen in der Türkei auch die Grenze zum Iran überschritten und dort geholfen haben, Vorrichtungen zu installieren, um das iranische Atomprogramm auszuspionieren.[8] Quelle dieser Informationen sei laut türkischen Medien der türkische Außenminister Abdullah Gul, den Seymour Hersh interviewt hatte. Das Wohlwollen der Türkei in diesem byzantinischen Spiel unterschiedlicher Interessen, die sich aber wiederum um die Erdölachse drehen, hängt jedenfalls davon ab, dass der Irak nicht auseinander fällt. Im Herbst 2007 unternahm Ankara Operationen im Nordirak, um die Nachschublinien für die verbotene kurdische PKK zu durchbrechen. Die PKK hat sich dank des Chaos im Irak und der dortigen starken kurdischen Autonomie von ihren Rückschlägen erholt. Mit Anschlägen begann sie bereits touristische Einrichtungen zu terrorisieren.

Eine Implosion des Irak wird immer wahrscheinlicher. Weder die irakische Übergangsregierung noch die Besatzungstruppen können eine zentrale Kontrolle sichern. Dabei wird die Auflösung des Iraks auf mehreren Ebenen einen Dominoeffekt haben. So wird die schwache, aber dennoch vorhandene irakische Erdölproduktion von ca. 1,5 Mio. Fass pro Tag von keinem der anderen OPEC-Staaten rasch kompensiert werden können. Die Zusatzkapazitäten der OPEC, sprich Saudi-Arabiens, liegen unter 2 Mio. Fass. Aller-

---

[7] www.thenewyorker.com vom 21.6.2004
[8] *Jerusalem Post* vom 18.6.04 berichtet, dass Israel Vorbereitungen für einen Präventivschlag gegen den iranischen Atomreaktor in Buscher durchführt.

dings handelt es sich beim irakischen Rohöl um relativ leichtes Rohöl, das für die Treibstoff-Raffinierung besonders gut geeignet ist. Saudi-Arabien mit seinem schweren Öl wird diesen Ausfall – auch schon wegen der nicht vorhandenen Raffinierungskapazitäten – kaum wettmachen können. Die Folge wird eine weitere Preisexplosion sein. Die geopolitischen Konsequenzen sind auch nicht auszublenden. Denn das Chaos und der Virus des Staatenzerfalls könnte rasch auf weitere Nachbarn in der Region übergreifen. Mit wenigen Ausnahmen – wie Ägypten, Iran und Jemen – sind die meisten Staaten in ihren Grenzen das Ergebnis kolonialer Diktate. Die Pipelines legten die Grenzsteine fest. Die Angst vor einem Zerfall des Irak ist daher begründet. Letztlich kausal hierfür sind die Interventionen seit 1991.

Kontrolliert der Iran bald den Südirak?
Unbehagen löste die Wahl des iranischen Staatspräsidenten Mahmud Ahmadinedschad im Juni 2005 in vielen westlichen Hauptstädten aus. Der ehemalige Bürgermeister von Teheran entstammt der Garde der jungen Revolutionswächter, verfügt über engen Kontakt zum eigentlichen Machtzentrum, Ayatollah Ali Khamenei, dem spirituellen Führer der Revolution seit 1989. Es sei kurz angemerkt, dass der spirituelle Führer der Islamischen Republik und der revolutionäre Wächterrat, die Pasdaran, die Kompetenzen des Staatspräsidenten überlagern. Die beiden letzten iranischen Präsidenten Khatami und Rafsandschani, wurden vom Westen in Verkennung der eigentlichen iranischen Machtverhältnisse oft als Reformer und daher Handelspartner bezeichnet. Gegen den mächtigen Klerus konnten sie sich nicht durchsetzen. Rafsandschani war landesweit als schwer korrupt bekannt, so hatte er einen Großteil seiner Verwandtschaft in der Ölindustrie untergebracht. Der stets milde lächelnde Khatami war zwar beliebter Gast im Westen, doch seine Anhänger, kritische Studenten und Journalisten, konnte er vor Prozessen und Haft nicht bewahren. Mit der neuen politischen Führungsriege, die vor allem aus ehemaligen Revolutionären mit wenig politischer Erfahrung besteht, wird auch eine Wiederbelebung militanter Expansionslust in Richtung Südirak befürchtet. Vor dem Hintergrund des allmählichen Zerfalls des Irak ist ein solches Szenario gegenwärtig fast wahrscheinlicher als während des Iran-Irak-Krieges von 1980 bis 1988. Damals setzte zwar Revolutionsführer Ayatollah Ruhollah Khomeini, der 1989 verstarb, auf ein Überlaufen der Schiiten im Südirak, doch letztere empfanden sich primär als Iraker und Araber und wurden nicht zur Fünften Kolonne der Iraner im Irak.

Ob ihre schiitische Identität diesmal ausschlaggebend sein könnte, um sich mit Teheran zu verbünden, hängt von der weiteren Desintegration des Irak ab. Die beiden US-Kriege in Afghanistan und im Irak haben paradoxerweise vor allem dem Iran geholfen, da seine wesentlichen Gegner, das säkulare Baath-Regime des Saddam Hussein und die Taliban, gestürzt wurden. Der

Iran ist weniger isoliert, als es die USA glauben wollen. Wenn der Südirak unter iranischen Einfluss kommen sollte, wären auch die wesentlichen Öl- und Gasfelder des Südens unter Teherans Kontrolle. Einer der beiden irakischen „Elefanten", wie große Erdölfelder genannt werden, befindet sich im Norden des Landes, in Kirkuk, der andere im Süden in Rumaila. Kirkuk hat eine Förderkapazität von ca. 600.000 Fass pro Tag, Rumaila gar von bis zu 1,3 Mio. Fass pro Tag. Shell und BP haben zwei Machbarkeitsstudien im Auftrag des irakischen Energieministeriums übernommen. De facto übernehmen die beiden Firmen aus Sicherheitsgründen die technischen Daten von den Irakern. Eine komplizierte und ebenso unsichere Form, Explorationen vorzubereiten – abgesehen von den oben beschriebenen geopolitischen Risiken. In welchem Staat werden die beiden Felder liegen? Eventuell nicht mehr innerhalb der Grenzen eines Irak von 1920.

Interessantes Indiz für wachsenden iranischen Einfluss ist das Projekt eines so genannten Barters, das heißt eines Tauschhandels von irakischem Rohöl aus Basra für iranische Ölderivate. Der historische Besuch des irakischen Ministerpräsidenten Ibrahim Jaafari in Teheran Mitte Juli 2005 irritierte die USA. Ergebnis der Gespräche zwischen den beiden ehemaligen Erzfeinden war die Errichtung von drei Pipelines. Irakisches Rohöl soll in den Iran fließen, iranische Ölderivate in die Gegenrichtung. Emsig arbeitet Iran auch an Pipeline-Projekten in Richtung Indien, wobei auch Pakistan erfasst werden soll.[9] Im Frühjahr 2008 kam Irans Präsident Ahmadinedschad in den Irak, um ebenso zahlreiche Handelsverträge abzuschließen. Der Iran benötigt jedenfalls dringend ausländische Direktinvestitionen, für die sich der frühere Erdölminister Bijan Zanganeh gegen den Widerstand der mächtigen Revolutionsgarden stark gemacht hatte. Ohne neue Technologie und Investitionen könnten die iranischen Erdölquellen, die gegenwärtig um bis zu 400.000 Fass pro Tag im Rückgang sind, weiter versiegen. Im Falle der erforderlichen Investitionen könnte der Iran hingegen seine Jahresproduktion um eine Mio. Fass pro Tag steigern. Unter der neuen Präsidentschaft des konservativen Mahmud Ahmadinedschad ist kurzfristig nicht mit einer Öffnung des Energiesektors für ausländische Konzerne zu rechnen. Das iranische Atomprogramm beschäftigt zudem seit 2003 die UNO, die USA und die EU. Das iranische Festhalten an einem eigenständigen Forschungsprogramm zur Urananreicherung, der Ausstieg aus seinen Vertragspflichten und die Aufgabe der Zusammenarbeit mit der Atombehörde IAEO könnten noch zu einer offenen militärischen Konfrontation im Persischen Golf führen. Teheran hat an Selbstbewusstsein gewonnen und möchte seine regionale Führungsrolle ausbauen. Die Kontrolle des Südiraks ist eine Facette dieser Politik. Auch eine gemäßigtere Teheraner Führung, die vielleicht Ahmadinedschad ablöst, würde wohl im Südirak weiter mitmischen.

---

[9] MEES vom 18.7.2005

Erdöl aus dem Kaukasus und Transitland Türkei: der Pipelineausbau und ein EU-Beitritt

Seit dem offiziellen Ausbruch einer längst vor sich hinschwelenden EU-Krise Anfang Juni 2005 infolge Ablehnung der EU-Verfassung und allgemeiner Brüsseler Sinnkrise wird auch der Ruf nach einer Verzögerung, bzw. Ablehnung, von Beitrittsverhandlungen mit der Türkei immer lauter. Diesen möglichen neuerlichen Kurswechsel eines tief zerrissenen Europas verfolgt nicht nur die Türkei, die seit Oktober 2005 offiziell mit der EU über einen Beitritt verhandelt, mit Sorge. Unruhig beobachten auch zahlreiche internationale Erdöl- und Erdgaskonzerne die Entfremdung zwischen Brüssel und Ankara. Bildet doch die Türkei das Transitland schlechthin für die Versorgung Europas mit Erdöl und Erdgas aus dem Iran, Zentralasien und dem Kaukasus, um eine zu starke Abhängigkeit von russischen Erdgasimporten zu reduzieren. Diese Suche nach Alternativen in der Erdgasversorgung via Türkei ist einleuchtend, zumal Berechnungen der Internationalen Energieagentur IEA zufolge bereits 2030 die Abhängigkeit Europas von russischen Energieimporten ca. 80 Prozent betragen könnte.

Ein Meilenstein in der Errichtung eines Versorgungsnetzes, das Russland und auch den Iran umgehen soll, ist die Baku-Tiflis-Ceyhan (BTC) Pipeline, die Ende Mai 2005 feierlich eröffnet wurde. Die Europäische Kommission hatte im Sommer 2004 mit Finanzierungsprogrammen zum Ausbau des türkischen Pipelinenetzes begonnen. Das staatliche Pipeline-Unternehmen Botas soll erweitert werden, um die Türkei als Drehscheibe für Erdöl- und Erdgaslieferungen aus dem zentralasiatischen und nahöstlichen Raum zu stärken. Ein funktionierendes Pipelinenetz ist dringend geboten, um die Strecke durch die Meerenge des Bosporus zu entlasten. 50.000 Schiffe, darunter 5.500 Öltanker, zwängen sich jährlich durch den eine halbe Meile breiten Bosporus. Das bedeutet drei Mio. Fass Rohöl sowie mehrere Hunderttausend Fass Ölderivate täglich. Es ist nur eine Frage der Zeit, bis es hier zu einer Katastrophe kommt, sei es durch menschliches oder technisches Versagen, sei es durch einen Anschlag. Istanbul könnte Opfer eines Infernos werden, wenn es hier zu einem Großbrand kommen sollte. Die türkischen Behörden verhängten 2002 eine Reihe von neuen Auflagen, unter anderem ein nächtliches Transportverbot. Die Wartezeiten für Frachtschiffe durch den Bosporus betragen im Schnitt 20 Tage.

Der Ausbau des Hafens von Ceyhan erfolgte schon lange vor dem ehrgeizigen Projekt der BTC. Denn Ceyhan ist auch Terminal für die irakische Kirkuk-Pipeline, die jedoch seit dem Irakkrieg im Frühjahr 2003 infolge von Anschlägen immer wieder unterbrochen wurde. Parallel zur BTC wird die South Caucasus Pipeline (SCP) zum Transport von Erdgas von den kaspischen Erdgasfeldern von Schah Deniz zum türkischen Gas-Hub in Erzurum verlaufen. Diese Pipeline soll ein anfängliches Volumen von 9 Mrd. Kubikmetern pro Jahr haben. Die Türkei wird 6,6 Mrd. Kubikmeter pro Jahr beziehen. Der Rest wird über Pipelines nach Griechenland und in andere europäische Länder fließen. Der türkisch-griechische Streckenteil verläuft von Karacabey bei Bursa nach Komotini in Nordgriechenland. Das türkische Pipeline-Unternehmen Botas wird mit 250 Mio. Euro den türkischen Streckenteil von 212 km finanzieren. Der griechische Streckenteil von ca. 80 km wird von Athen übernommen. An allen Abschnitten wird sich auch die Europäische Kommission finanziell beteiligen. Das Projekt hat eine wichtige Symbolkraft, um über den Grenzfluss Evros/Meric die beiden ehemals verfeindeten Staaten zu verbinden. Den Versöhnungsprozess lösten zwei Erdbeben 1999/2000 aus. Die Ausdehnung dieser Pipeline auf iranische Gaslieferungen ist im Gespräch, auch die Verlängerung dieser Pipeline über die Adria nach Italien ist möglich.

Ebenso verhandelt wird zwischen der Türkei und anderen Staaten der Region eine Verlängerung der Streckenführung der Arab Gas Pipeline (AGP). Diese Pipeline sollte ursprünglich ägyptisches Erdgas nach Jordanien, Syrien und in den Libanon transportieren. Somit wäre eine Ausdehnung auf die Türkei zwecks weiterer Versorgung des europäischen Erdgasmarktes möglich. Zwischen Ankara und Damaskus gibt es bereits erste schriftliche Vereinbarungen, um im Erdgassektor mit Blick auf die AGP zu kooperieren.

Von politischer Bedeutung ist schließlich das Nabucco-Projekt, eine Erdgaspipeline, die zentralasiatisches und eventuell auch iranisches Erdgas durch die Türkei, Bulgarien, Rumänien, Ungarn und Österreich transportieren soll. Die wesentlichen Teile der Machbarkeitsstudie wurden Ende 2004 positiv abgeschlossen. Das Konsortium strebt eine EU-Kofinanzierung an und plant, ab 2009 in Betrieb zu gehen. Details werden später dargestellt. Aus all diesen Projekten ist klar ersichtlich, dass die Türkei die wesentliche Drehscheibe für die aktuelle und zukünftige Erdöl- und Erdgasversorgung bildet. Das Land stärkt auf diese Weise seine Verhandlungsposition gegenüber der EU, die ihren diplomatischen Eiertanz um die Gestaltung der künftigen Beziehungen zu Ankara weiterführt. Feststeht, dass die Türkei jederzeit ihre geopolitische Karte in der Energieversorgung Europas ausspielen könnte. Die nachstehende Grafik illustriert diese strategische Rolle Türkei als Transitland und damit als Hebel europäischer Energieversorgungssicherheit.

Das politisch, finanziell und technisch größte Unterfangen ist jedenfalls die BTC-Pipeline. Pro Tag sollen 1,5 Mio. Fass Rohöl die fast 1.800 Kilometer lange Strecke vom Kaspischen Meer über Georgien bis an die türkische Mittelmeerküste zurücklegen und dabei sowohl Naturreservate mit wichtigen Grundwasserreserven, als auch Erdbeben gefährdete Gebiete

Geografische Fakten: Wissen ist Macht, gerade beim Investieren

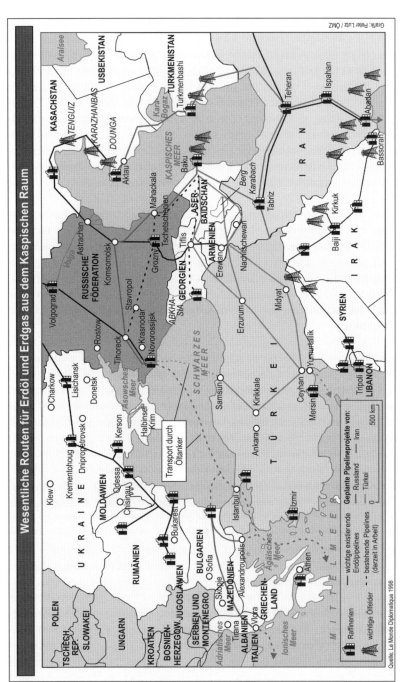

Pipelines in Zentralasien

passieren. Im Falle eines Erdbebens würden nicht nur die Erdöllieferungen unterbrochen, – für das Karstgebiet rund um Erzurum im nördlichen Anatolien hätte dies eine verheerende Umweltkatastrophe zur Folge. Die Wut der teils enteigneten Bauern, denen die Regierung in Ankara und die Verantwortlichen des Konsortiums falsche Zusagen über Entschädigungen machten, sitzt tief. In dem ohnehin krisengeschüttelten Osten des Landes kann ein Funke jederzeit den Volkszorn überschäumen lassen.

Der wichtigste Kunde Aserbaidschans, die USA, will mit dem Projekt seine Unabhängigkeit von Erdöl aus dem Nahen Osten vorantreiben. Die mit Baukosten von fast 4 Mrd. Dollar extrem teure BTC-Pipeline umgeht bewusst auch Russland und den potenziellen Krisenherd Iran. Die Streckenführung von Baku an der georgischen Hauptstadt Tiflis vorbei bis zum türkischen Mittelmeerhafen Ceyhan ist die längste aller Varianten und damit auch die teuerste. Gebaut wurde die BTC-Pipeline von einem internationalen Konsortium, an dem der britische Ölriese BP 34 Prozent hält, sowie unter anderem der US-Konzern Unocal und Turkish Petroleum Inc. Beteiligt ist auch die Europäische Bank für Wiederaufbau und Entwicklung (EBRD), die mehr Auflagen in der Sicherung der Trassenführung auf Basis von bestehenden EU-Standards hätte verlangen können.

Aserbaidschan und das Transitland Georgien erhoffen sich von den Ölexporten vor allem Deviseneinnahmen. Mit zunehmender wirtschaftlicher Unabhängigkeit könnten sie sich noch weiter aus dem Einflussbereich Moskaus lösen. Die im Herbst 2003 durch eine Revolution an die Macht gekommene Führung unter Präsident Michail Saakashvili in Georgien orientiert sich zunehmend an der EU und der NATO, seit 2001 sind auch US-Truppen in dem Kaukasusstaat stationiert. Bis Sommer 2005 hat das Pentagon 100 Mio. US-Dollar für die „Caspian Guard" zur Sicherung der unterirdisch verlaufenden Pipeline zur Verfügung gestellt. Zudem peilen die USA Militärbasen in Aserbaidschan an, was von Russland und dem Iran besonders argwöhnisch beobachtet wird. Ebenso sorgt die geplante Nato-Erweiterung nach Osten für Unruhe.

BTC – ein unrentables Projekt?
Neben Umweltschützern stellen auch Wirtschaftsexperten den Sinn der Pipeline in Frage. Für die russische Diplomatie war die BTC von Anbeginn ganz klar eine Machtdemonstration westlicher Energiekonzerne gegen Moskau. „Warum sonst baut man eine Pipeline, die man dann nicht wirklich füllen kann?", lautet die rhetorische Frage auf russischer Seite. Aserbaidschan, sprich das Azeri, Chirag, Gunashli (ACG) Fördergebiet, verfüge gar nicht über genügend Öl, um die Pipeline für die projektierte Betriebsdauer von 40 Jahren voll auszulasten, so einer der Einwände. Immerhin ist Aserbaidschan das älteste industrielle Ölfördergebiet, das seit über 100 Jahren

intensiv ausgebeutet wird. Was vom schwarzen Gold noch übrig ist, bleibt umstritten. Die Einspeisung von Erdöl aus zentralasiatischen Feldern, so in Kasachstan, ist noch offen.

Schon in der Antike beteten Anhänger des Zarathustrakults die „ewigen Säulen des Feuers", also die leicht entzündbaren Ölfelder am Kaspischen Meer, an. 1873 bestanden hier in einem der unterentwickelten Ausläufer des Zarenreiches bereits 20 kleine Raffinerien. 1880 betrieb Ludwig Nobel, genannt der Ölkönig von Baku, eine effiziente Ölindustrie, von der Förderung über die Verarbeitung bis hin zum Vertrieb. Die Jahresproduktion erreichte 10,8 Mio. Fass. Das wesentliche Problem bildete bereits damals mangels eines Hafen der Transport. Mehrere Eisenbahnrouten wurden angepeilt. Die von den Rothschild-Brüdern geleitete Caspian and Black Sea Petroleum Company entschied sich für die Strecke Baku-Batum, also vom Kaspischen Meer zum Schwarzmeerhafen. Diese rasant wachsende russische Ölindustrie, die nach Europa expandierte, erregte den Zorn der US-Firma Standard Oil, die den internationalen Markt für sich beanspruchte. Es wurde gefeilscht, betrogen und politisiert – ähnlich wie im aktuellen Wettlauf um die Ölressourcen. Die Gründung des Energiekonzerns Shell durch den Muschelhändler Marcus Samuel und der Ölexport von Baku nach Ostasien fallen ebenso in diese Epoche.

1940 sollte das mittlerweile sowjetische Baku neuerlich zum Brennpunkt werden. Adolf Hitlers Einmarsch in die Sowjetunion hatte die kaukasischen Ölfördergebiete zum Kriegsziel. Öl war für Hitler eine Obsession, es ging ihm um die Kontrolle von Grosny und Baku. Doch so weit sollte es nie kommen: Der Kessel von Stalingrad wurde zum Anfang vom Ende von Hitler-Deutschland, und die deutschen Truppen erreichten nie den Kaukasus. Auch der von Süden erfolgende Nordafrika-Feldzug unter General Manfred Rommel scheiterte noch weit vor dem Kaukasus. In beiden Fällen wurde Treibstoffmangel den deutschen Truppen zum Verhängnis.

Baku ist seit über 125 Jahren ein Symbol für Ölreichtum, den strategischen Rohstoff des 20. Jahrhunderts, der noch mehrfach über Sieg oder Niederlage einer Weltmacht entscheiden sollte. Doch entsprechen die von BP im Fördergebiet von Azeri, Chirag, Gunashli (ACG) vermuteten Reserven von 5,4 Mrd. Fass der Realität?

Die divergierenden Schätzungen illustrieren ein Grundproblem im Erdölgeschäft, das der unsicheren Berechnungen über so genannte gesicherte Reserven. Zwar haben Satellitenbilder schon lange Probebohrungen per Echolot abgelöst. Aber auch die moderne Technik oder so mancher Vorstand kann sich gewaltig irren. Man erinnere sich nur an die Fehlkalkulationen des Energiekonzerns Royal Dutch/Shell. Vorstandschef Philipp Watts hatte den Aktionären Reserven prognostiziert, die um 25 Prozent zu hoch lagen. Inwieweit es sich um absichtliche Fehlinformation handelte, wurde zum Gegenstand juristischer Untersuchungen.

Die Euphorie der frühen 1990er Jahre, als Energieexperten von 200 Mrd. Fass Ölreserven im Kaspischen Meer sprachen, ist nüchternen Vorstellungen gewichen. Die Erdölmengen werden inzwischen nur noch auf 17 bis 44 Mrd. Fass geschätzt.[10] Allein diese weite Skala zu den Reserven spiegelt die vielen Unsicherheiten zur Reservenlage wider. Zur Geologie und damit Erdöl- und Erdgasbeschaffenheit des Kaspischen Beckens gibt es viele Veröffentlichungen.[11] Skeptiker meinen, dass auch nach genauer Untersuchung wegen der Gesteinsschichtung und enormen Tiefe keine Ausbeutung erfolgen werde. Es wird neben den technischen und politischen Bedingungen viel vom Weltmarktpreis abhängen. Für die italienische ENI wurde eine solche Fehlkalkulation zum Verhängnis. Ende 2007 ordnete die kasachische Regierung das Konsortium neu. Bei einem anhaltend hohen Preisniveau für Erdöl und Erdgas würden sich Förderungen amortisieren, ähnlich wie bei den gegenwärtig diskutierten Projekten zur Verarbeitung des „shale oil and tar sand", also der verschmutzten Ölsedimente, wie sie zum Beispiel in Kanada und in Schottland vorkommen.

Wie auch immer die unterschiedlichen Schätzwerte liegen, die Ölvorkommen von Aserbaidschan, Kasachstan und Turkmenistan übersteigen die der Nordsee und bilden somit einen entscheidenden Faktor am Erdölmarkt. Als noch interessanter könnten sich die Erdgasreserven, geschätzte 6-8 Prozent der Weltreserven, erweisen, die in einer zur BTC-Pipeline parallel geführten Leitung in den kommenden Jahren exploriert werden sollen. Nicht außer Acht zu lassen bei all diesen ehrgeizigen Planungen sind die schwelenden Grenzkonflikte am Kaspischen Meer. Russland und Iran standen im Sommer 2002 kurz vor einem heißen Grenzstreit, ebenso kreuzen sich die Gebietsansprüche der anderen Anrainer, Aserbaidschan und Turkmenistan. Schiedsgerichte sind auf den Plan getreten, um eine friedliche Beilegung des Streits zu erreichen. Doch Territorialkonflikte können in Zeiten wachsender Ressourcenverknappung jederzeit vom Zaune gebrochen werden, um Gebietsansprüche und damit die Kontrolle von Erdöl- und Erdgasfeldern durchzusetzen.

Zukunftsmarkt Erdgas: Projekt Nabucco
An jenem Abend im Oktober 2002, als der Vertrag unterschrieben war, luden die österreichischen Gastgeber ihre Kollegen aus Ungarn, Rumäni-

---

[10] US-Energy Information Agency: http://www.eia.doe.gov/emeu/cabs/Caspian/Oil.html
[11] Hooman Peimani, The Caspian pipeline dilemma – political games and economic losses. Westport 2001; Uwe Krüger, Der Poker um das Öl im Kaspischen Meer; in *Internationale Politik und Gesellschaft* 4/2003; International Energy Agency, Caspian Oil and Gas. Paris 1998 et al.

en, Bulgarien und der Türkei in die Wiener Staatsoper ein. Die Oper von Verdi sollte zum Namensstifter eines ehrgeizigen Erdgas-Projekts werden: Nabucco. Es geht nicht um die Hebräer in Babylon, sondern um Erdgas aus Aserbaidschan. Konkret um die schon genannten Schah Deniz-Felder sowie um Anschlüsse in Iran und Turkmenistan. Wenn „Wiener Blut" auf dem Programm gewesen wäre, würde das Pipeline-Projekt einen noch dramatischeren Namen tragen. Der Plan ist ohnehin schon spannend genug. Die österreichische OMV hat sich seit 2000 vom kleinen Betreiber eines mitteleuropäischen Tankstellennetzes zum internationalen Akteur gewandelt. Mit dem Erwerb der rumänischen Öl- und Gasgruppe Petrom im Jahr 2004 wurde die OMV zum dominierenden Konzern im Donauraum und tritt entsprechend selbstbewusst auf. Ins Bockshorn jagen lassen sich die Wiener daher auch nicht von US-Diplomaten, die sich gegen eine Förderung in iranischen Gasfeldern aussprechen. Die prompte Reaktion der Österreicher war: „Fragen wir Sie, wo Sie bohren?"

Brisant sind Kooperationen mit dem Iran insofern, als der „Iran and Libya Sanctions Act" (ILSA), ein US-Gesetz, grundsätzlich Investitionen in iranische Öl- und Gasprojekte über 20 Mio. US-Dollar untersagt. Widrigenfalls müsste der Investor mit Sanktionen rechnen. Gegenüber Libyen findet ILSA nach Aufhebung der Sanktionen 2004 keine Anwendung mehr, aber für den Iran gilt es nach wie vor. Aufgrund des sehr kontroversen Rechtscharakters dieses US-Gesetzes, dessen Jurisdiktion nach Völkerrecht nur auf US-Territorium und für US-Firmen gelten kann, wurde es bislang auch nie angewendet. Internationale Investoren sind daher sehr wohl im Iran tätig, vor allem, wenn es um die potenziellen Erdgasprojekte geht. Verfügt doch der Iran nach Russland über die zweitgrößten Reserven weltweit.

Beteiligt sind an diesem Nabucco-Projekt neben der österreichischen OMV AG die türkische Botas, die ungarische MOL Natural Gas Transmission, die bulgarische Bulgargaz und SNTGN Transgaz SA aus Rumänien. Im Frühjahr 2008 trat der deutsche Konzern RWE dem Konsortium bei. Auch diese Allianz von Investoren strebt eine weitere Diversifizierung der europäischen Erdgasimporte an, um die aktuelle russische Dominanz zu brechen. Die Versorgung aus Russland und Großbritannien erfolgt über die Transeuropäische Naturgas Pipeline TENP, eine in den 1970er Jahren gebaute Leitung. Ob es Zufall oder Absicht ist, das Konsortium setzt sich aus eben jenen Staaten zusammen, die im Ersten Weltkrieg Verbündete gegen Russland waren. Schaltstelle dieses Erdgasnetzes wird Wien sein, von wo aus dieses Netz aus Pipelines, das an mehreren Stellen seiner Strecke eingespeist werden kann, den gesamten mitteleuropäischen Raum versorgen soll.

„Nabucco Gas Pipeline International" versteht sich als Transmission System Operator (TSO), das heißt als Vermittler für weitere Erdgaseinspeisungen. Die Verantwortlichen arbeiten nun an den Finanzierungsplänen, wobei es vor allem um eine Beteiligung der Europäischen Kommission geht. Der Energieträger Erdgas gilt als Transformationsenergie. Angesichts der wahrscheinlichen Erschöpfung der Erdölreserven und der strengeren Auflagen für CO_2-Emissionen aufgrund des Kyoto-Protokolls wird Erdgas, das bei der Verbrennung weniger Schadstoffe erzeugt als Erdöl, zunehmend interessanter. Dies wirkt sich bereits auf dem Kraftfahrzeugmarkt aus, auf dem Erdgas betriebene Autos und das begleitende Vertriebsnetz sich langsam ausbreiten. Doch erscheint dieses Projekt abgesehen von den hohen Bau- und Betriebskosten aus mehreren Gründen fraglich: Kann der Iran tatsächlich die zuverlässigere Variante eines Energielieferanten sein, damit sich Europa aus seiner russischen Umklammerung löst? Die Antwort muss „eher nein" lauten. Sollten diese Mittel nicht vielmehr in Forschungsprogramme investiert werden, um Alternativen zu den fossilen Energieträgern aufzubauen? Angesichts der rechtlichen Verpflichtungen, die das seit Februar 2005 geltende Kyoto-Protokoll vorschreibt, müssen sämtliche Vertragsstaaten umfassend ihre Schadstoffemissionen reduzieren. Anstelle von Erdgas wollen viele EU-Regierungen vermehrt auf Atomkraft und erneuerbare Energien setzen. Ein Energiemix, in welchem beide Energieformen mehr Raum einnehmen, ist langfristig zu erwarten. Investitionsprojekte wie Nabucco verpflichten Generationen von Investoren und Kunden. In der aktuellen Umbruchsphase der Energieversorgung und der brisanten internationalen Weltlage könnte sich noch einiges am Markt tun, das zu einer völligen Veränderung der Investitionsbedingungen führt. Es ist daher verständlich, wenn manche zögern. Hauptproblem für Nabucco ist die Frage ausreichender Einspeisung von Erdgas.

Das „Nabucco" Konsortium ist mit inneren und äußeren Problemen konfrontiert. So provozierte im Herbst 2007 der österreichische Vorstoß der OMV, die ungarische MOL gegen deren Willen zu übernehmen, schwere Friktionen mit einem wichtigen Konsortiumsmitglied. Die Türkei will ihre Rolle nicht auf die eines bloßen Drehkreuzes reduziert sehen, sondern will Erdgas importieren und wieder exportieren. Angesichts der vielen offenen Fragen, insbesondere in der Finanzierung dieser Pipeline, wurde ein EU-Koordinator bestellt, dessen Mandat jedoch wenig aussagt.

Bis sich Europa mit der „Nabucco"-Pipeline in Sachen Erdgas ein Stück weit aus der Abhängigkeit von Russland lösen kann, wird noch einige Zeit vergehen. Diese will der russische Energieriese Gazprom offenbar nutzen. So plant Gazprom zudem mit der italienischen ENI eine Pipeline von Libyen nach Europa. Ergebnis wäre die Kontrolle über die Versorgung Südeuropas. Damit zieht Gazprom die strategischen Schrauben noch ein Stück fester, zumal der russische Konzern bereits in Algerien gut verankert ist.

Das Projekt würde der Gazprom, die sich massiv um Einfluss in Europa bemüht, nicht nur weitere Quellen außerhalb Russlands erschließen. Die

Pipeline wäre neben dem South-Stream, welche russisches Erdgas durch das Schwarze Meer an ENI liefert, ein weiteres Konkurrenzprojekt für die geplante „Nabucco"-Pipeline, durch die sich Europa aus der Abhängigkeit von Russland lösen will. „Nabucco" soll ab 2013 Erdgas aus dem kaspischen Raum nach Europa liefern. ENI-Generaldirektor Paolo Scaroni bestätigte im April 2007 „die Umsetzung gemeinsamer Upstream-Projekte in Drittländern", also Exploration und Produktion, umfasst. Konkret soll eine Kooperation in Libyen gemeint sein.[12]

In Algerien verhandelt die Gazprom bereis um Lizenzen, kommt sie auch in Libyen zum Zug, würde das die Kontrolle über die Erdgasversorgung Europas aus dem Süden bedeuten – zusätzlich zu den Plänen für die Errichtung neuer Pipelines nach Nordeuropa. Gaprom kreist somit Europa immer fester ein. Hinzu kommen die neuen langfristigen Lieferverträge, die Russland mit Serbien abgeschlossen hat. Gazprom baut von Südosteuropa bis nach Slowenien neue Partnerschaften auf. Gazprom sieht in den Expansionsplänen lediglich einen normalen Expansionskurs, wie ihn auch andere Unternehmen verfolgen. Libyen, das neue Ziel des russischen Staatskonzerns, verfügt über die viertgrößten Erdgasreserven Afrikas nach Algerien, Nigeria und Ägypten.

Ähnlich dem Nabucco-Projekt verfolgt auch die Ukraine unter dem westlich orientierten Viktor Juschtschenko den Plan, sich an einer Exploration der iranischen Erdgasfelder zu beteiligen. Für die Ukraine, die sehr von russischen Erdgaslieferungen abhängt, ist die Diversifizierung in der Energieversorgung eine Frage nationaler Sicherheit.[13] Die russisch-ukrainische Erdgaskrise, die zum Neujahrstag 2006 die EU und die Ukraine gleichermaßen aufscheuchte, war ein seit langem angekündigter Konflikt. Russland hatte seine Forderung an die Ukraine, Weltmarktpreise für russisches Erdgas zu zahlen, mittels Drosselung seiner Lieferungen nach Westen untermauert. Der Konflikt um die russischen Erdgaslieferungen durch die Ukraine wurde an der Oberfläche mittels seltsamer vertraglicher Konstrukte bereinigt, doch er kann jederzeit wieder ausbrechen.[14]

---

[12] Interview in der International Herald Tribune vom 9. April 2008.
[13] Platts 15.7.2005
[14] Russisches Gas wird in Zukunft zu einem Preis von 230 US-Dollar (194 Euro) an den Zwischenhändler Rosukrenergo verkauft. Die Gashandelsfirma Rosukrenergo exportiert das russische Gas gemeinsam mit billigerem Gas aus Zentralasien zu einem „Mischpreis" von 95 US-Dollar an die Ukraine. Rosukrenergo Aktionäre sind zu gleichen Teilen Gazprom und die österreichische Raiffeisen Investment AG (RIAG). Binnen 24 Stunden floss wieder die normale Gasmenge durch die Pipelines. Doch wie lange hält der Kompromiss? Warum sollte Turkmenistan auf lange Sicht sein Erdgas billig verkaufen? Auch Erdgas aus dem Nordirak und Ägypten soll einbezogen werden. Parallel hat aber Moskau sowohl mit Turkmenistan im Mai 2007 als auch mit Italien neue Erdgasverträge abgschlossen.

1.2. Chinas Expansion nach Westen

China, das vor zehn Jahren noch ein Netto-Ölproduzent war, ist in Folge seines atemberaubenden Wirtschaftswachstums zum zweitgrößten Rohölverbraucher der Welt aufgestiegen. Die boomende chinesische Wirtschaft steigerte 2004 den Ölbedarf des Landes um 16 Prozent und trug damit wesentlich dazu bei, dass der Ölpreis auf neue Rekorde stieg. Die staatlichen chinesischen Energiekonzerne gehen weltweit auf Einkaufstour. Peking scheiterte zwar am Erwerb des US-Konzerns Unocal, für den es mehr bot als die Mitbewerber. Doch die US-Regierung verhielt sich protektionistisch und lehnte das chinesische Angebot zugunsten eines US-Bieters ab. China hat daraus seine Lektionen gezogen und sieht sich nach anderen Akquisitionen in der Energiebranche um. Zu einem besonders wichtigen Akteur könnte China in Indonesien werden. Bedingt durch die geografische Nähe, eine wichtige chinesische Diaspora und den dringenden Bedarf Indonesiens an Kapital und Technologie, könnten chinesische Unternehmen neben australischen und US-amerikanischen Energiekonzernen hier ebenfalls einen Wettlauf um Zugriff auf Ressourcen unternehmen.

Vergessen scheinen die Jahrzehnte der Spannungen zwischen den sowjetischen und chinesischen Rivalen, wessen Kommunismus der wahre sei, welche Einflusszonen wem zustünden. Um des Erdöls und Erdgases willen scheinen Peking und Moskau zu neuen Allianzen bereit, die die geopolitischen Bedingungen noch heftig durcheinander wirbeln könnten. Dies zeigt sich sehr konkret in ihrer Kooperation innerhalb der Shanghai Cooperation Organisation. Diese Organisation umfasst neben den fünf zentralasiatischen Staaten, China und Russland auch Indien und den Iran jeweils als Beobachter. Zentral ist die Energiefrage.

Russland und das energiehungrige China ergänzen sich nahezu ideal, denn Russland wiederum ist der viertgrößte Exporteur von Rohöl und verfügt in Sibirien über weitere gewaltige Öl- und Gasvorräte. Auch wenn Russland eine geplante Pipeline nach China 2004 dann doch anders verlegte. China sicherte sich elegant umfangreiche Öllieferungen bis ins Jahr 2010: Der staatliche chinesische Ölkonzern CNPC (China National Petroleum Company) lieh Anfang 2005 der russischen Firma Rosneft jene 6 Milliarden Dollar, die diese zur Übernahme der lukrativen Yukos-Tochter Yuganskneftegas benötigte. Der saudische Erdölminister Ali al Naimi zitiert sich gerne selbst mit der Prognose: „Das letzte Fass Öl auf dieser Erde wird von Saudi-Arabien produziert werden." Über die Nationalität des Käufers sagt er nichts. Nach heutigem Trend würde es sich wohl um einen Chinesen handeln. Das zweitgrößte Ölverbraucherland der Welt nach den USA begann 2005 mit dem Aufbau der strategischen Reserven, unterbrach dieses Programm aber infolge des hohen Weltmarktpreises. Das Anlegen strategischer Reserven durch die chinesische Regierung

könnte Experten zufolge die bereits hohen Ölpreise weiter nach oben drücken.

China wird trotz aller Diversifizierung seiner Energiequellen und Bezugsländer in zunehmendem Umfang von nahöstlichem Öl abhängig. Die Kontakte zum Iran wachsen. Mit Sorge beobachtet die US-Regierung die Annäherungen Chinas an diesen Golfstaat. Eine Arbeitsgruppe des US-Kongresses, die U.S.-China Security Review Commission, warnte vor dieser neuen wechselseitigen Abhängigkeit: *"A key driver in China's relations with terrorist-sponsoring governments is its dependence on foreign oil to fuel its economic development. This dependency is expected to increase over the coming decade."* (zu deutsch: Ein wesentlicher Faktor bei den Beziehungen Chinas zu Terror fördernden Regierungen ist die Abhängigkeit Chinas von Ölimporten als Treibstoff für die wirtschaftliche Entwicklung des Landes. Diese Abhängigkeit wird voraussichtlich im Laufe des nächsten Jahrzehnts weiter zunehmen.) Ein kurios anmutender Vorwurf, sind doch die USA mit dem saudischen Regime seit 1947 in enger strategischer Allianz um des Erdöls willen verbunden. Die Rolle saudischer Finanzierungen im internationalen islamistischen Terrorismus wird auch von den USA seit dem 11. September 2001 unter die Lupe genommen. Die Allianz dauert aber fort. Der Besuch von Abdallah Jumaah, dem Präsidenten des Ölkonzerns Saudi Aramco in Peking im Sommer 2005 und alle weiteren hochrangigen diplomatischen Kontakte reflektieren diese neue enge Beziehung zwischen China und Saudi-Arabien, die zu großen geopolitischen Umwälzungen hinsichtlich der wechselseitigen Energieabhängigkeiten führen könnte. Saudi-Arabien ist bereits jetzt der wichtigste Energielieferant für China, außerdem bestehen einige Kooperationsprojekte im Raffinierungsbereich. Somit dreht sich Saudi-Arabien klar in Richtung Osten und versichert seinem wichtigsten Abnehmer, China, dass das Königreich seine Förderkapazitäten von gegenwärtig ca. 9 Mio. Fass auf bis zu 15 Mio. Fass pro Tag ausbauen will. Ein hoher Prozentsatz soll an chinesische Kunden gehen. Derartige Garantien erhält der Westen gegenwärtig nicht. Das Handelsvolumen zwischen Saudi-Arabien mit China ist weit größer als jenes mit der USA.

Ebenso misstrauisch beäugen die USA die Verträge und Konzessionen, die das Reich der Mitte mit Venezuela abschloss oder im Sudan erwarb. Doch wirklich interessant im Zusammenhang mit der strategischen Verlegung von Pipelines sind die Pläne Chinas in Zentralasien, die Verbindungen zu Kasachstan, zu Russland und in der Folge auch zum Iran. Interesse an den kaspischen und zentralasiatischen fossilen Rohstoffen haben nicht nur die Europäer, sondern auch China. So unterzeichneten die Präsidenten von China und Kasachstan, Hu Jintao und Nursultan Nasarbajew, am 4. Juli 2005 die Vorverträge für eine Erdgaspipeline. Eine solche Erdgaspipeline entlang der historischen Handelsroute der Seidenstraße soll die westliche Provinz Xinjiang Uigur beliefern.[15] Hier soll eine neue Energiedrehscheibe für den Industrieriesen China entstehen. Kasachstan ist mit seinen geschätzten Erdölreserven von 54 Mrd. Fass und ca. 65 Billionen Kubikmetern Erdgas unter den Zentralasiaten der bedeutendste zukünftige Lieferant für China. Die Pipeline von 3.040 km verläuft weitgehend durch Kasachstan, nur ein Teilstück von 240 km wird auf chinesischem Territorium sein. Die Investitionskosten betragen geschätzte 3 Mrd. US-Dollar. Weitere Pipelines werden Xinjiang vom Norden aus erreichen. Geopolitisch brisant ist diese Region angesichts der Sezessionstendenzen zu dieser mehrheitlich muslimischen Provinz.

1.3 Alte und neue Begehrlichkeiten: Ansprüche auf Erdöl- und Erdgasfelder

Politische Grenzen und die Grenzen von Erdöl- und Erdgasfeldern fallen bekanntlich nicht zusammen. Angesichts zunehmender Kämpfe um Ressourcen werden daher in absehbarer Zukunft auch Grenzkonflikte wegen dieser Bodenschätze zahlreicher werden. Wie rasch ein solcher Disput in einen Krieg ausarten kann, zeigte sich im Sommer 1990 mit der Besetzung

---

[15] *China Daily* vom 17.9.2005

Kuwaits durch den Irak. Hintergrund war unter anderem der Vorwurf aus Bagdad, dass Kuwait aus einem grenzüberschreitenden Ölfeld mehr abzapfe, als ihm rechtlich zustehe. Zudem erhob Saddam Hussein die alte Forderung, dass Kuwait als integraler Bestandteil des irakischen Territoriums anzusehen sei. Das Emirat, das 1970 von seiner Kolonialmacht Großbritannien in die Unabhängigkeit entlassen worden war, bildete bis zur Befreiung im Januar 1991 die 19. Provinz des Irak.

Schwelende Grenzkonflikte

Die Arabische Halbinsel ist reich an Grenzkonflikten, die sich alle um Erdöl- und Erdgasfelder drehen. Von besonderem Interesse ist die neutrale Zone von ca. 6.200 km², die auf Basis eines Abkommens zwischen Kuwait und Saudi-Arabien zu gleichen Teilen aufgeteilt wurde. Diese Zone enthält geschätzte 5 Mrd. Fass Öl sowie interessante Erdgasvorkommen. Die gegenwärtige saudisch-kuwaitische Ölexploration beträgt 600.000 Fass pro Tag. Im Juli 2002 schlossen Kuwait und Saudi-Arabien einen Joint Venture-Vertrag zur Ausbeutung der ihrer offshore-Reserven vor der Küste ab. Diese Form der Zusammenarbeit zwischen zwei Nachbarstaaten soll über die grundsätzliche Problematik dieser Region nicht hinwegtäuschen: Der Status der Grenzen auf der Arabischen Halbinsel ist fragil. Wie schon eingangs dargestellt, können die schwelenden Grenzkonflikte jederzeit ausbrechen. Dies gilt nicht nur für die Neutrale Zone, sondern ebenso für die Grenze zwischen Saudi-Arabien und Katar und die Grenzen von Bahrain. Die schiedsgerichtlichen Vereinbarungen konnten zwar einige Konflikte lösen, doch ein Wiederaufflammen ist jederzeit möglich, wie die Kriege des Iraks mit Kuwait und dem Iran zeigten.

1980 brach Saddam Hussein den Krieg mit dem Iran vom Zaune. Auslöser war die umstrittene Grenze im Fluss Schatt el Arab, der Zusammenfluss von Euphrat und Tigris, der auf einer Länge von knapp 200 km die Grenze zwischen dem Irak und Iran bildet. Er mündet bei Basra in den Golf, der vom Iran als Persischer Golf und von den anderen Anrainern als Arabischer Golf bezeichnet wird. Bis 1975 gehörte der gesamte Fluss an der iranischen Grenze zum Irak. Diese Grenzziehung beruhte noch auf den britischen Entscheidungen nach dem Ersten Weltkrieg. Da der Irak damals unter britischer Kontrolle stand, hatte London ein Interesse, den Fluss direkt zu kontrollieren, iranische Schiffe mussten eine Maut entrichten und einen irakischen Lotsen an Bord nehmen. Im Abkommen von Algier 1975 wurde die Grenzlinie dann nach geltendem Völkerrecht neu in der Mitte des Flusses gezogen. Vorausgegangen war ein heftiger Konflikt um die iranische Unterstützung irakischer Kurden, die der Schah zur Schwächung

---

[15] Krüger, op. cit. S. 75

des Iraks betrieb. Im September 1980 erklärte Saddam Hussein den Grenzvertrag für null und nichtig. Es folgte der blutige Stellungskrieg, wobei das säkulare Baath-Regime von Saddam Hussein sowohl von den arabischen Golfstaaten als auch vom Westen, besonders den USA, militärisch und finanziell unterstützt wurde. Alle fürchteten das neue iranische Regime unter Ayatollah Khomeini, das sich dem Export der islamischen Revolution verschrieben hatte. Die iranische Armee der Revolution übernahm gefüllte Arsenale, denn der 1979 gestürzte Schah war zuvor der beste Rüstungskunde des Westens gewesen. Der Krieg endete 1988 nach einer gewaltigen Materialschlacht mit einer Million toter Menschen, einem vom Westen aufgerüsteten Irak und ungeregelten Grenzen. Bis heute ist der Grenzkonflikt nicht gelöst. Neue iranische Einflussnahme könnte im Irak vor dem Hintergrund einer Desintegration des seit 2003 okkupierten Landes auch diesen latenten Konflikt wieder zum Ausbruch bringen.

Einer der vielen Kriegsgründe, die Saddam Hussein zum Einmarsch in Kuwait im August 1990 bewogen hatten, war die umstrittene Grenze zu Kuwait, bzw. der irakische Vorwurf, Kuwait würde das grenzüberschreitende Ölfeld zu seinem Vorteil ausbeuten, wie schon zuvor kurz beschrieben. Historisch betrachtet sind die Golfemirate, wie Kuwait, britische Handelsniederlassungen, die nach dem Zweiten Weltkrieg allmählich in die Unabhängigkeit entlassen wurden. Von „Stämmen mit Flaggen" sprachen nicht nur die Briten, sondern auch die alteingesessenen Völker der Halbinsel eher abschätzig über diese neu gegründeten souveränen Staaten. Auch hier könnte es jederzeit infolge interner Umwälzungen zu schweren Auseinandersetzungen und damit zu Grenzverschiebungen kommen. Diese Grenzen sind allesamt künstliche Gebilde, von den Kolonialmächten hinterlassen. Doch nicht nur die Briten und Franzosen verhielten sich imperial und vernachlässigten historisch gewachsene Regionen.

Auch der sowjetische Diktator Stalin zog sehr willkürliche Grenzen in den 1930er Jahren, deren schweres Erbe nach dem Zerfall der UdSSR 1991 vom Kaukasus bis Zentralasien spürbar wurde. Die Staaten Zentralasiens wurden von Stalin unter Missachtung gewachsener Siedlungsgebiete so zusammengesetzt, dass der Zentralmacht Moskau keine Gefahr erwachsen sollte. Allein die Lage in Usbekistan und Tadschikistan ist explosiv. Die Gründe sind ethnische Konflikte, die brutale Repression durch die Regime und der islamistische Extremismus.

Ebenso ist der rechtliche Status des Kaspischen Meeres seither umstritten, und die Anrainerstaaten konnten sich nicht auf einen Kompromiss einigen, wie das 370.000 km² große Gewässer aufzuteilen sei. Handelt es sich um einen See, also ein Binnengewässer, oder ein Meer? Wäre demnach internationales Seerecht mit der Bewirtschaftung in Gestalt von Wirtschaftszonen anzuwenden? Russland setzte lange auf Grenzverträge mit dem Iran aus der Zwischenkriegszeit, die das Kaspische Meer als Binnengewässer definieren, das heißt, es darf nur von Anrainerstaaten genützt werden.[15] Unterschiedliche Rechtsauffassungen liegen miteinander im Streit. Während Russland, Aserbaidschan und Kasachstan eine Aufteilung in Sektoren gemäß Küstenanteil fordern, wollen Turkmenistan und der Iran, die Länder mit dem kürzesten Küstenstreifen, eine Aufteilung in gleich große Sektoren. Bei dem Kaspi-Gipfel 2002 in Aschchabad mussten die Verhandlungen ergebnislos abgebrochen werden. Die Regierung von Aserbaidschan stellte die anderen Anrainer ab 1994 vor eine Politik der vollendeten Tatsachen, indem es Verträge mit westlichen Ölkonsortien abschloss. Im Herbst 2007 unternahm Putin einen Staats-

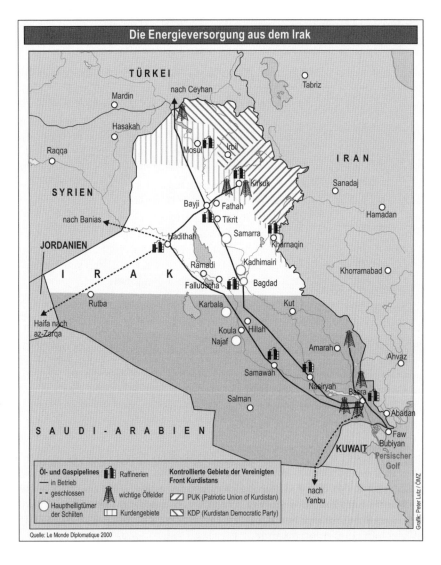

besuch in Teheran, den ersten dieser Art seit dem Zweiten Weltkrieg, um die kaspische Frage neuerlich zu erörtern.

Ebenso könnte das Säbelrasseln zwischen China und Japan, das sich im Frühjahr 2005 rund um einen Streit über ein japanisches Lehrbuch zur Geschichte anbahnte, auch zu einem handfesten Grenzkonflikt um chinesische und japanische Gebietsforderungen werden. Während Japan bislang jegliche Entschuldigung für Kriegsverbrechen während der Okkupation der Mandschurei vor und während des Zweiten Weltkriegs verweigert, hat Peking eben diese Geschichtsepoche neuerlich zur nationalen Frage erhoben. Im April und Mai 2005 verschärfte sich der Ton zwischen den beiden asiatischen Wirtschaftsriesen nicht nur infolge der Proteste chinesischer Demonstranten gegen japanische Einrichtungen, sondern auch infolge der vorgezogenen japanischen Probebohrungen im Chinesischen Meer. Die Zugehörigkeit zahlreicher Inseln und Inselgruppen zwischen China und Japan ist umstritten. Auch andere Staaten wie Indonesien und Malaysia mischen in diesem Poker um Rohstoffinteressen mit. Es geht um riesige unterseeische Vorkommen von Erdöl und Erdgas, damit verbunden sind Streitigkeiten über die Küstengewässer und die jeweilige Wirtschaftszone. Allein im Ostchinesischen Meer werden Reserven von 100 Mrd. Fass Erdöl vermutet. Bei derartigen Schätzungen ist jedoch stets Vorsicht geboten, da wegen zu hoher Förderkosten vielleicht nur ein Bruchteil davon überhaupt realisierbar sein könnte. Die Vorkommen im Ost- und Südchinesischen Meer zählen dennoch zu den größten Energiereserven der Welt. Ihre Bedeutung wird gesteigert durch ihre Nähe zu China und Japan, dem zweit- und drittgrößten Ölverbraucher der Welt. Rechtsexperten organisieren daher bereits Energiekonferenzen, die sich dem Thema der Territorialdispute widmen. Ein Unternehmen, das in der Exploration und Förderung von Erdöl und Erdgas tätig ist, kann sehr rasch mit völkerrechtlichen und vertragsrechtlichen Problemen von Grenzen und Bohrrechten konfrontiert sein.

Fazit

Der Ölmarkt ist wie eine optische Linse, in welcher sich politische Entwicklungen oft dramatisch brechen. Die Geopolitik ist und bleibt ein wesentlicher Faktor. Denn es geht gerade bei den so strategischen Rohstoffen Erdöl und Erdgas um Konflikte beim Zugang zu rohstoffreichen Gebieten.

Ob es sich um das Erbe des Kolonialismus oder weiter in die Geschichte zurückreichende Daten wie die Kreuzzüge oder die Expansion des Osmanischen Reiches handelt: Geografie und Geschichte müssen vor allem seit dem Ende des Kalten Krieges in ihrer Brisanz auf die Regional- und Weltpolitik verstanden und in ihren Auswirkungen auf Investitionsentscheidungen beachtet werden. Zwar ging 1989 mit dem Fall der Berliner

Mauer der Zweite Weltkrieg endgültig zu Ende, doch an den Folgen des Ersten Weltkriegs leidet die Weltpolitik immer noch heftig. Gerade in den orientalischen Gesellschaften, die über längere Zeitbegriffe als die angelsächsische Welt verfügen, ist die Geschichte im kollektiven Bewusstsein noch sehr stark verankert. Dazu gehören vor allem die Grenzziehungen nach der Auflösung des Osmanischen Reiches und die Eroberung ihrer Gebiete durch Erdölkonzerne. Der Aufstieg des politischen Islam seit Ende der 1970er Jahre verschärft zusätzlich das Verhältnis zwischen Orient und Okzident.

Die heutigen Grenzen und damit die Aufteilung von Erdöl- und Erdgasfeldern können mittelfristig starken (kriegerischen) Veränderungen unterliegen. Wir haben zu Beginn der 1990er Jahre erlebt, wie rasch Staaten inmitten von Europa auseinanderbrachen. Noch viel heftiger könnten sich solche Staatenimplosionen im Nahen Osten wiederholen. Der Westen wäre dann nicht nur mit Flüchtlingswellen konfrontiert, wie dies in den Balkankriegen der Fall war, sondern mit gewaltigen Auswirkungen auf die Energieversorgung, die sich nicht mehr so leicht garantieren lässt, wie bisher.

Kapitel 2
Die OPEC mit 48:
weniger mächtig, aber noch immer präsent

Totgesagte leben länger. Dieser alte Spruch trifft auch auf die OPEC zu. Allen Unkenrufen zum Trotz feierte das Ölkartell im September 2005 seinen 45. Geburtstag. Voreilig hatten Marktbeobachter in den letzten 40 Jahren immer wieder angekündigt, die Organisation würde auseinanderbrechen. Zuletzt brodelte die Gerüchteküche im Frühjahr 2003, als die Soldaten der USA und ihrer Verbündeten in Bagdad einmarschierten. Immerhin wurde hier 1960 die OPEC gegründet.

Es sah im ersten Kriegsgetöse ganz danach aus, als würde der Irak in der Zeit nach Saddam Hussein aus dem Ölkartell herausgelöst werden. Denn ein Irak – auf dessen Staatsgebiet die zweitgrößten Ölreserven der Welt vermutet werden – frei von seinen Verpflichtungen als OPEC-Mitglied, würde die Erdölindustrie privatisieren, so lautete das Kalkül der Kriegsplaner in Washington und interessierter Investoren. Letztere erhofften sich, direkt im „upstream", also im eigentlichen Förderbereich, Reserven zu erwerben. Entsprechend unruhig war die Stimmung auf den OPEC-Tagungen im März und Juni 2003. Ist doch das Gründungsmitglied Irak, abgesehen von seinen wichtigen Erdölvorkommen, mit Bagdad als Geburtsstätte der OPEC von besonderer symbolischer Bedeutung für die Organisation. Die teils von Washington indirekt betriebenen Pläne, die OPEC zu stürzen, versanken aber im Chaos, das der Invasion folgte. Die OPEC löste sich nicht auf, wenn auch der Irak weiterhin nicht von der Förderquote des Kartells erfasst ist. Als Damoklesschwert über der nationalen Erdölbewirtschaftung schwebt die geplante Föderalisierung des Landes, die zu einer Verselbstständigung der noch nicht erschlossenen Ölfelder führen könnte. Denn die Provinzgouverneure können laut der neuen Verfassung über diese Erdölfelder, die der Kontrolle der Zentralregierung entzogen sind, verfügen und somit direkte Auslandsinvestitionen ermöglichen.

Anders als noch in den goldenen 1970er Jahren dominiert die OPEC im Jahr 2006 nicht mehr 55 Prozent des globalen Ölmarkts. Ihr Marktanteil ist auf rund 40 Prozent zugunsten der Nicht-OPEC-Produzenten gefallen. Davon profitierten vor allem die Nachfolgestaaten der Sowjetunion, die seit Mitte der 1990er Jahre intensiv den internationalen Markt beliefern. Doch vier Fünftel der weltweit bekannten Reserven befinden sich auf den Staatsgebieten der 13 OPEC-Mitglieder. Da erwartet wird, dass die Ölproduktion in den Nicht-OPEC-Staaten in den nächsten Jahren infolge erschöpfter Reserven zurückgeht, wird die OPEC wohl spätestens ab 2010 bis 2015, dem angekündigten „oil-peak" in Russland, wieder den Markt beherrschen. Darin lag und liegt die Attraktivität des OPEC-Öls: gewaltige Reserven, gute Qualität und sehr niedrige Kosten bei Exploration und Transport dank guter Transportwege. Dieses Kapitel beschreibt sowohl den Aufstieg, den Fall und das Comeback der OPEC und wagt auch einen Ausblick auf das künftige Potenzial dieser Organisation, die sich stets auch als Garant für Energieversorgungssicherheit versteht.

2.1. Vom unbekannten Dialogforum zum globalen Akteur

Als die OPEC am 14. September 1960 in Bagdad gegründet wurde, war diese Meldung keine Schlagzeile wert. Aus heutiger Perspektive ist dies unvorstellbar, wird doch jede Mimik eines Ölministers bei OPEC-Gipfeln von den Medien genau verfolgt und von den Börsen interpretiert. Doch im Herbst 1960 war die politische und korporative Erdöllandschaft ganz anders. Die Förderstaaten und ihre Ölminister spielten kaum eine Rolle. Marktbeherrschend waren die großen internationalen Ölfirmen, die so genannten Seven Sisters, deren Konzerngründer sich in den 1930er und 1940er Jahren großzügige Konzessionen zur Ausbeutung des Erdöls im nahöstlichen und südamerikanischen Raum gesichert hatten.

Den Begriff der „Seven Sisters" prägte der Italiener Enrico Mattei, der mit seiner Agip Gruppe in den exklusiven Klub der angelsächsischen Konzerne aufsteigen wollte und bei einem mysteriösen Flugzeugunglück im Oktober 1962 ums Leben kam. Doch die Seven Sisters, zu denen neben British Petroleum BP und der Royal Dutch/Shell noch die fünf US-Konzerne Texaco, Mobil Oil, Gulf Oil, Standard Oil of California (Socal) und Standard Oil of New Jersey (wurde später zu Exxon) gehörten, blieben unter sich. Ihre Konzessionen erfassten meist das gesamte Staatsgebiet und wären teils bis zum Ende des 20. Jahrhunderts gültig gewesen, wenn sich die Geschichte nicht ganz anders entwickelt hätte. Die Konzerne kontrollierten sowohl das „upstream", also den eigentlichen Förderbereich, als auch das „downstream": Verarbeitung, Transport bis zum Vertrieb. Im Kapitel fünf wird auf die Erdölkonzerne noch genauer eingegangen.

Im Gegenzug für die Förderung des Rohöls leisteten die Konzerne an die Staaten, bzw. an das Herrscherhaus oder die Militärjunta, „Royalties", das heißt einen festgesetzten Förderzins von 20 bis 50 Prozent, je nach Vertrag. Als nach dem ersten Boom des Wiederaufbaus gegen Ende der 1950er Jahre die Ölnachfrage nachließ, verringerte sich prozentual auch diese Abgabe, ohne dass die Förderstaaten darauf Einfluss nehmen konnten. Angesichts der Tatsache, dass das Erdöl den wesentlichen Bodenschatz dieser Staaten darstellt und nicht erneuerbar ist, wuchs der Wunsch, verstärkt auf den Umgang mit diesem Rohstoff, also Abbau, Verarbeitung und Export, einzuwirken.

Fünf Erdöl produzierende Länder schlossen sich 1960 zwecks verbesserter Mitsprache bei der Ausbeutung ihrer Ölressourcen zusammen: Kuwait, Iran, Irak, Saudi-Arabien und Venezuela. Die ursprüngliche Idee des ägyptischen Staatschefs Gamal Abdel Nasser, eine Erdölorganisation als Sektion der Arabischen Liga mit Sitz in Kairo einzurichten, wurde vom Irak erfolgreich unterlaufen. Interessant war die Mischung der Gründungsstaaten: Mit Venezuela und dem Iran als Mitglieder war ein klares Zeichen gesetzt, dass es sich nicht um einen arabischen Klub handeln würde, sondern um einen Zusammenschluss von Entwicklungsländern, deren wesentliches Exportgut das Erdöl war und ist. Dass Indonesien, das größte muslimische Land der Erde, mittlerweile ebenfalls Mitglied wurde, spielt für die OPEC eine wichtige Rolle. So verfügt sie über Standbeine in Südamerika, mehreren afrikanischen Ländern, im Nahen Osten und in Südostasien. Indonesien ist aber seit Beginn 2005 kein Netto-Erdölexporteur mehr – was jedoch Kriterium für die Mitgliedschaft ist. Der Verbleib des Landes in der Organisation ist daher mehr als unsicher. Ende 2006 trat Angola der OPEC bei und 2007 reaktivierte Ecuador seine suspendierte Mitgliedschaft.

Die Forderungen der fünf Gründerstaaten waren ein Dialog mit den internationalen Ölkonzernen sowie mehr Preisstabilität. Ihnen war schon damals bewusst, dass ihre Erdölreserven nicht erneuerbar waren und ihr wirtschaftliches Überleben stark von den Erdöleinnahmen abhing, und daran hat sich bis heute nichts geändert. Von Verstaatlichung der internationalen Ölkonzerne oder Förderquoten war keine Rede. Zentral war der Wunsch der Förderstaaten, dass die Konzerne bei Änderungen der Förderpolitik und damit der „Royalties" sie zu konsultieren hätten. Es ging aber auch um „fair return of capital" der Investoren, die viel Risikokapital in die Erschließung der Erdölfelder gesteckt hatten. Den Regierungen der OPEC-

Gründerstaaten war klar, dass sie ohne das Engagement dieser Firmen und ihrer Ingenieure nie zum damals schon rasch wachsenden Ölreichtum gekommen wären. Als die eigentlichen Rohstoffeigentümer wollten sie aber ihrerseits eine faire Beteiligung aus den Erlösen der Ölproduktion. Dieser Ruf nach wirtschaftlicher Fairness seitens der OPEC-Produzenten, die fast alle die Erfahrung des Kolonialismus und der damit verbundenen Ausbeutung ihrer Bodenschätze durchlaufen hatten, schwingt bis heute in Debatten auf OPEC-Gipfeln mit. Hinzu kommt der wachsende Gegensatz zwischen muslimischer Welt und dem Westen, der sich seit den Anschlägen des 11. September und den nachfolgenden Kriegen gefährlich verschärft hat. Zwar sind nicht alle OPEC-Staaten vom Islam geprägt, doch es vereint sie ihr Status als Entwicklungsländer, die vom „Norden" in der Geschichte immer wieder beherrscht wurden. China ist im Begriff, die USA und Europa in dieser Rolle abzulösen. Angesichts der Misswirtschaft in den meisten OPEC-Staaten, die seit Jahrzehnten unabhängig sind und die Ölproduktion verstaatlicht haben, geht der Vorwurf der Unfairness an die Adresse der Ölkonsumenten aber oft ins Leere. Im Zentrum der OPEC-Kritik steht seit Ende der 1990er Jahre die Börsenspekulation, die für die Preissprünge verantwortlich gemacht wird. Was fair oder unfair ist, kann mangels klarer Spielregeln auf dem freien Markt oft nur als subjektives Gefühl empfunden werden.

Auf eine faire Beteiligung an den Profiten der Konzerne beruft sich jedenfalls Venezuelas Staatschef Hugo Chavez, der seit 1999 an der Macht ist. Die Rolle internationaler Konzerne ist in Venezuela jedoch eine andere als in Saudi-Arabien. Unter den pro-amerikanischen Vorgängerregierungen konnten sich insbesondere US-Konzerne Steuervorteile sichern. Der Militärchef Chavez sieht sich als Erbe des Befreiers von Südamerika, Simon Bolivar. Geprägt von dieser Befreiungsideologie, die sich vor allem gegen den US-Einfluss in Lateinamerika richtet, sieht sich Chavez in der Nachfolge der blockfreien Politiker der 1950er Jahre. Die volle Souveränität der rohstoffreichen Staaten über ihre Ressourcen ist ihm ein ganz besonderes Anliegen. So erklären sich seine hohen Steuernachforderungen gegenüber den internationalen Konzernen, die in Venezuela tätig sind. Auch in Ecuador und Bolivien wird der Ruf nach mehr Kontrolle der Energiekonzerne laut. Die Bestreikung von Anlagen der Erdöl- und Erdgasindustrie verleiht diesen Forderungen mehr Nachdruck. Bolivien begann im Juni 2006 mit Verstaatlichungen.

Der Begriff Dialog war von Anbeginn fester Bestandteil des OPEC-Vokabulars. Ging es ursprünglich um ein Gespräch mit den internationalen Konzernen, denen gegenüber die OPEC noch ein Zwerg war, so stand später der Dialog der in ihrer Macht geschmälerten OPEC mit der Konkurrenz der nichtorganisierten Ölförderstaaten im Vordergrund. Schließlich wurde 2003 ein Dialogforum in der saudiarabischen Hauptstadt Riad mit festem Sekretariat gegründet, das umfassenden Dialog zwischen Produzenten

Gründungsgipfel der OPEC in Bagdad 1960

Quelle: OPEC Press & Information Department

und Konsumenten betreiben soll. Doch bevor es zu Kooperation und Informationsaustausch kommen sollte, waren schwere Konfrontationen angesagt.

Erster Auslöser war der Auftakt der Verstaatlichungen in Libyen nach dem Putsch durch Oberst Muammar al Ghadaffi im Jahr 1969. Diese Dynamik der Nationalisierungen, die von Libyen ausging, griff auf zahlreiche andere Ölförderstaaten über. Der Wunsch, die internationalen Konzerne in die Schranken zu weisen, war groß – ebenso wie die Angst dieser Firmen vor einer Verstaatlichung ihres Vermögens. Ein Präzedenzfall, den alle noch vor Augen hatten, war die Nationalisierungswelle im Iran während der kurzen Regierungszeit von Premierminister Mossadegh 1951-1953, bevor die CIA wieder den vertriebenen Schah Reza Pahlewi aus dem Exil auf seinen Thron hob.

Angesichts dieser vielen neuen Forderungen nach Umstrukturierung der Royalties kamen die Konzerne auf die Idee, erstmals die nun schon zehn Jahre alte OPEC zu aktivieren. Anstatt sich mit jeder Forderung eines Staates bilateral herumzuschlagen, wurde die OPEC um Intervention ersucht. Das Abkommen von Teheran 1971 sollte sämtliche Forderungen umfassend lösen.[1]

---

[1] Das Ergebnis war eine allgemeine Anhebung der Royalties an die Förderstaaten von 50 auf 55 Prozent und des Fasspreises für Rohöl um 35 US-Cent mit der Aussicht auf weitere jährliche Preisanhebungen. Zugleich versprachen die Exporteure auch feierlich, dass es keine Preisanhebungen jenseits dieser Vereinbarung geben werde.

Das Abkommen von Teheran wurde zum Wendepunkt: Die Initiative in der Preispolitik wanderte von den Konzernen zu den Förderstaaten. Die OPEC hatte an Gewicht gewonnen, sie war zum politischen Akteur aufgestiegen. Dieses Abkommen wurde binnen weniger Monate hinfällig: Eine Welle von Verstaatlichungen machte die Konzerne von Anbietern zu Käufern.[2] Das „upstream" war fest in nationaler Hand, und nationale Erdölfirmen wurden gegründet. Die großen westlichen Erdölfirmen mussten sich fortan auf das „downstream", auf Verarbeitung, Vertrieb und Verkauf konzentrieren.

Die wilden 1970er Jahre: Embargo, Inflation, Rezession und einige Lektionen
Es war eine Kombination von historischen Zufällen, die knapp zehn Jahre nach Gründung der OPEC aus dem unscheinbaren Zusammenschluss junger Nationalstaaten, die mehr Mitspracherecht in ihrer Ölförderung wollten, einen globalen Akteur machte. Der Putsch des libyschen Oberst und der Beginn der Nationalisierungen sowie der arabisch-israelische Konflikt katapultierten die OPEC plötzlich ins internationale Rampenlicht. Von Dialog und Stabilität waren Erdölkonsumenten und die OPEC-Staaten in den 1970er Jahren weit entfernt. Erdöl wurde erstmals als politische Waffe eingesetzt.

Das Ölkartell, das mehr als 50 Prozent des damaligen Weltmarkts versorgte, verhängte ein Ölembargo über die USA und reduzierte die Exporte in die meisten Industriestaaten. Ursache war die offene Unterstützung Israels durch die USA im Oktoberkrieg 1973. Syrien und Ägypten hatten Israel angegriffen, um sich die 1967 an den jüdischen Staat verlorenen Gebiete zurück zu erobern. Dieser auch als Yom-Kippur Krieg bezeichnete Angriff überraschte Israel völlig. In den ersten Kriegstagen erlitt die bis dato als unverwundbar geltende israelische Armee schwere Verluste. Israel benötigte zudem dringend Nachschub an Waffen und den strategischen Rohstoff schlechthin: Treibstoff. Die USA sprangen ein. Es begann die enge strategische Allianz zwischen den beiden Staaten, die seither „ohne Wenn

---

[2] Libyen begann 1971 die Konzessionen der internationalen Konzerne zu verstaatlichen. Der Irak nationalisierte die Iraq Petroleum Company, die auf Basis der Kirkuk Konzession in den 1920er Jahren von Ölzar Calouste Gulbenkian gegründet worden war. Die iranische Erdölindustrie wurde unter Premierminister Mossadegh 1952 zur bitteren Überraschung des Westens verstaatlicht. Der 1953 wieder eingesetzte Schah machte dieses Gesetz nicht rückgängig. Nur Saudi-Arabien gab sich anfänglich viel vorsichtiger. Der neue Erdölminister Scheich Zaki Ahmed Yamani, der später zum bekanntesten Gesicht der OPEC werden sollte, sprach sich gegen eine Konfrontation mit den internationalen Konzernen aus. Doch auch der US-Konzern Aramco sollte zu Saudi Aramco werden. Die Übergabe des gesamten Firmenvermögens erfolgte auf Handschlagbasis. Saudi-Arabien entschädigte die US-Eigentümer durch Zahlungen, die sich über einige Jahre hinzogen. Das besondere Verhältnis zwischen Riad und Washington zahlte sich buchstäblich aus.

und Aber" die bilateralen Beziehungen und damit auch die Regionalpolitik bestimmt.

Die Folge des arabischen Ölembargos war eine Vervierfachung des Erdölpreises auf dem Weltmarkt innerhalb weniger Monate. Zwischen November 1973 und Frühling 1974 stieg der Fasspreis von 3,30 auf 13 US-Dollar. Auf diesem hohen Niveau bewegte sich der Preis während der folgenden vier Jahre. Die erste Erdölkrise war damit im Winter 1973/74 ausgebrochen und versetzte den Industriestaaten einen schweren Schlag. Zugleich begannen hohe Deviseneinnahmen, die so genannten Petrodollars, in die Kassen der OPEC-Staaten zu fließen. Die Volkswirtschaften gingen mit dem plötzlichen Reichtum unterschiedlich geschickt um. So haben die meisten ihre Industrie bis heute nicht diversifiziert und sind zu fast 90 Prozent vom Ölexport abhängig. Kaum glaubten die Importeure die Ölpreiskrise 1973/74 überwunden zu haben, begannen im Herbst 1978 mit den Streiks im Iran neue Unruhen.

Der Hintergrund war die Unzufriedenheit weiter Bevölkerungsteile mit dem autoritären Regime von Schah Reza Pahlevi, der sich wie ein kleiner Napoleon gebärdete und dabei auf US-Unterstützung zählen konnte. Die Opposition erfasste den Mittelstand der einflussreichen Basarhändler, die von der Modernisierung des Schah überrollte Bauernschaft, Offiziere und den schiitischen Klerus. Mit dem neuen Ölreichtum wollte der Schah den Iran in einen modernen Industriestaat verwandeln und ging repressiv gegen jeden Widerstand vor. Doch der Schah unterschätzte die Ayatollahs – für schiitische Muslime wichtige moralische und religiöse Instanzen. Kein Nachrichtendienst schien die großen Veränderungen im Iran zu erkennen. Die Regierung im Weißen Haus bezeichnete den Iran noch zu Neujahr 1979 als „Insel der Stabilität in einem aufgewühlten Ozean". Doch nur einige Wochen später wurde der Schah gestürzt. Der aus dem Pariser Exil im Februar 1979 heimgekehrte Ayatollah Khomeini wurde als Revolutionsführer in den Straßen von Teheran umjubelt. Die anfänglich weltlich ausgerichteten Opposition wurde von den religiösen Fanatikern überrollt. Was als iranische Revolution begonnen hatte, wurde binnen kurzem zu einer Revolution im Namen des Islam und sollte den Verlauf der Geschichte sowie der Erdölwirtschaft nachhaltig verändern.

Der bis Anfang 1979 pro-westlich ausgerichtete Iran verwandelte sich vom „loyalen US-Gendarm am Golf" in eine islamische Republik, welche die USA von nun an als „Satan" verteufelte. Die neue revolutionäre Regierung des Iran kürzte die Erdölexporte, und die gesamte Erdölindustrie des zweitwichtigsten OPEC-Produzenten litt unter dem politischen Chaos. Die wirtschaftlichen Auswirkungen dieser neue Krise im Nahen Osten bekamen die Verbraucher wieder heftig zu spüren, die Preisspirale drehte sich neuerlich nach oben. Die Produktionskürzungen der OPEC resultierten in einem Spitzenpreis von 39 Dollar pro Fass Rohöl im November 1980, was gemessen an heutigen, inflationsbereinigten Währungsdaten einem Preis von 80 Dollar entspricht.

Die Ölkrisen von 1973 und 1979 zeigten erstmals klar die Abhängigkeit der Industriestaaten von den nahöstlichen Ölexporteuren. Auslöser der Krisen war jeweils nicht Verknappung des Erdöls, sondern politische Instabilität. Im Oktober 1973 war es der vierte arabisch-israelische Krieg, der infolge von US-Militärhilfe für Israel den arabischen Ölboykott der OPEC zur Folge hatte. 1979 wurde die Welt von einem fast 80-jährigen schiitischen Kleriker namens Khomeini überrascht, der den Schah und die USA aus dem Iran vertrieb. So rasch kann sich das Blatt wenden. Zur Erinnerung: Die wichtigsten Erdölreserven liegen in politisch sehr explosiven Regionen.

Die Reaktionen der OECD-Staaten auf diese politisch bedingten Ölkrisen verliefen äußerst unterschiedlich. Während die USA und die Niederlande 1973 vom OPEC-Ölembargo in vollem Umfang getroffen wurden, handelte Frankreich bilateral seine Ölversorgung aus. Andere westliche Staaten mussten starke Förderdrosselungen hinnehmen. Der Bruch in der westlichen Allianz war unübersehbar. Der damalige US-Außenminister Henry Kissinger reagierte daraufhin mit einer groß angelegten Energiestrategie der westlichen Staaten, die in der Schaffung der IEA, der Internationalen Energieagentur, resultierte. Die IEA wurde innerhalb der OECD, der Organisation für wirtschaftliche Zusammenarbeit und Entwicklung, in Paris angesiedelt. Energiepolitik sollte fortan integrierter Bestandteil von Sicherheits- und Außenpolitik werden. So entstand das „Energy Policy Office" innerhalb des Weißen Hauses. Erster Energieminister der USA wurde James R. Schlesinger 1977 während der Regierung von Präsident Jimmy Carter.

Die im November 1974 geschaffene IEA erhielt ein Startbudget von 25 Mrd. US-Dollar; neben den Ausgleichszahlungen für Handelsbilanzdefizite infolge der hohen Energiepreise sollten diese Mittel alternativen konventionellen Energiequellen, einem kooperativen Energiesparprogramm und einem langfristigen Forschungs- und Entwicklungsprogramm für unkonventionelle Energiequellen dienen. Die US-Diplomatie unter Kissinger, der die Chance im hohen Treibstoffpreis für eine Trendumkehr in der Energieversorgung erkannte, ging im Schatten der Erdölkrise noch einen großen Schritt weiter. Auf der UN-Sondersitzung im September 1975 diagnostizierte Kissinger die Energiekrise als eine tiefere institutionelle Krise zwischen industrialisierten und sich entwickelnden Ländern. Ein neuer Konsens im Sinne gemeinsamer Anstrengungen für eine globale Entwicklung sei daher erforderlich. Sogar eine neue Friedensstruktur wollte die US-Diplomatie schaffen.
Aus dem ehrgeizigen Vorhaben wurde jedoch infolge interner Blockaden

in der Regierung seitens des US-Finanzministeriums nichts. Was folgte, war „Business as usual" im Ölgeschäft, das bis heute anzudauern scheint. Die Energiepolitik änderte sich kaum, das Erdöl blieb der wichtigste Energielieferant für Industrie und Transport. Für die USA ergab sich jedoch nicht zuletzt dank Kissingers Pendeldiplomatie im Nahen Osten eine außenpolitische Vormachtstellung in der Region. Da der Iran nun als enger Verbündeter verloren war, bauten die USA ihre Allianz mit Saudi-Arabien und in der Folge mit dem Irak aus.

Aufgrund des anhaltend hohen Energiepreisniveaus setzte weltweit eine Rezession ein, die sich fast durch die gesamten 1980er Jahre zog. Eine galoppierende Inflation von bis zu 14 Prozent pro Jahr in den USA bewirkte eine starke Aufweichung der Weltwährung, in der auch Erdöl gehandelt wird. Die Petrodollars flossen zwar in den Golf, doch infolge der Abwertung konnten die Erdölproduzenten gar nicht in dem Umfang, wie anfänglich angenommen, vom neuen Reichtum profitieren. Eine der wesentlichen Lektionen für die OPEC-Produzenten lautete daher: Besser das Erdöl im Boden lassen, als es an die Inflation zu verlieren. Es folgte eine Phase geringer Investitionen in die Erschließung neuer Felder, auch wegen des anschließenden Preisverfalls, der 1985 einsetzte und bis 1999 anhielt. Die Folgen dieser fehlenden Investitionen in neue Fördergebiete sind seit 2004 auf Grund wachsender Nachfrage nach OPEC-Erdöl wieder heftig spürbar. Die OPEC kann immer weniger am Angebotshebel drehen, um ihre Preispolitik zu gestalten. Denn die Ölpreiskrise von 2004 und 2005 ist in erster Linie nachfragebedingt. Jene von 2007/8 hingegen hängt wiederum mit dem schwachen US-Dollar und der Rückkehr der Inflation zusammen.

Die OPEC wurde zudem wegen des Embargos, der Drohungen und ihrer Politik im Allgemeinen zum Buhmann der öffentlichen Meinung in den OECD-Staaten. Das Bild vom gierigen Ölscheich, der die westliche Welt mit seinem hohen Preis fast stranguliert, grub sich in den Köpfen der Autofahrer und der Medien fest. In der Boulevardpresse hat sich diese verzerrte Darstellung bis heute gehalten. Mangels kluger Kommunikationspolitik konnte auch die OPEC diese Wahrnehmung bislang nicht entscheidend ändern.

Die Epoche des billigen Erdöls, des „cheap Arab oil", war zweifellos vorüber. In den USA kursierte der Spruch: „Wer die Siebziger Jahre genoss, musste entweder ein OPEC-Mitglied oder ein Verrückter sein."

Der Abstieg des Kartells 1985-1999
Die Ölkrisen der 1970er Jahre hatten zur Folge, dass die Konzerne durch Erschließung anderer Felder, zum Beispiel in Westafrika und in der Nordsee, vom „arabischen" Öl unabhängiger wurden. Wegen des seit Herbst 1973 an-

haltend hohen Preisniveaus lohnten sich die vergleichsweise teuren Bohrungen in der Nordsee. Zum Vergleich: Die gegenwärtigen Förderkosten für ein Fass Erdöl in Saudi-Arabien betragen rund 4 US-Dollar, in der Nordsee belaufen sie sich aufgrund schwierigerer Bohrbedingungen und höherer Gehälter auf rund 16 US-Dollar pro Fass. Doch die Stunde der so genannten Nicht-OPEC-Staaten hatte geschlagen. Norwegen und Großbritannien wurden zu Netto-Erdölexporteuren. Die OPEC begann kontinuierlich Marktanteile an die Nicht-OPEC-Produzenten zu verlieren. Der Mythos des allmächtigen Kartells wich der Ernüchterung. Zudem war die Nachfrage infolge erhöhter Energieeffizienz und schwachen Wirtschaftswachstums konstant zurückgegangen. Die OPEC-Staaten verstanden nur mit Verspätung, dass die alten Gesetze von Angebot und Nachfrage wieder zu greifen begannen.

Noch dramatischer wurde die Stimmung im Herbst 1980. Zwei OPEC-Mitglieder, der Iran und der Irak, begannen einen acht Jahre dauernden brutalen Stellungskrieg, der eine Million Menschenleben forderte. Anstelle eines – nach den Preisschüben von 1973 und 1979 – dritten Ölschocks verfiel ab 1985 der Weltmarktpreis für Erdöl wieder. Es wurde eine Produktionsdrosselung beschlossen, die jedoch nicht eingehalten wurde. Der OPEC-Anteil an der Weltölförderung sank 1985 auf 30 Prozent, die Förderung ging auf den Tiefstwert von 17,34 Mio. Fass pro Tag.

Die Gründe für den Anfang eines länger anhaltenden Niedergangs der OPEC waren vielfältig: Rezession und damit verbundene schwache Nachfrage, steigendes Angebot aufgrund des Erdöls aus den Nicht-OPEC-Staaten und die Auswirkungen erfolgreicher Energiesparmaßnahmen, von den japanischen Automotoren angefangen, welche die Straßenkreuzer ablösten, bis hin zu mehr Wärmedämmung und dem Ausbau alternativer Energiegewinnung. Die Verwundbarkeit der Ölkonsumenten im Falle einer Unterbrechung der Ölversorgung war Mitte der 1980er Jahre im Vergleich zu den Krisen der 1970er Jahre dank Lagerhaltung, Erschließung des Nordsee-Öls und Verwendung von Substituten in der chemischen Industrie stark gesunken.[3] Die Preise schwankten, die Mitglieder hielten sich nicht an ihre Produktionsquoten. Die OPEC schien sich auf dem absteigenden Ast zu befinden.

Das Comeback seit 2000

Im Herbst 1998 war die Stimmung unter den Erdölproduzenten angesichts eines Weltpreisniveaus von etwa zehn Dollar pro Fass im Keller. Marktbeobachter warnten vor einer Ölschwemme mit einem Preisverfall ins Bo-

---

[3] Maull Hans, "Oil and Influence: The Oil Weapon Examined"; in Energy and Security, Hrsg. International Institute for Strategic Studies (Adelphi Papers) 1980. S. 3-38.

denlose.[4] Auslöser hierfür war neben den zuvor beschriebenen Faktoren die Wirtschaftskrise der asiatischen Industriestaaten, allen voran Japan. Die Nachfrage dieser wesentlichen OPEC-Kunden sank rasant. Kurz zuvor hatte die OPEC auf dem Gipfel von Jakarta ihre Produktionsquote angehoben, was sich angesichts der geringen Nachfrage aus Asien als Bumerang erwies und bis heute als kleines Trauma in der OPEC nachwirkt.

Das wichtigste OPEC-Mitglied Saudi-Arabien war 1998 infolge des steten Preisverfalls hoch verschuldet. Die Wirtschaftskrise war kurz davor, sich in eine politische Krise für die Erdölproduzenten zu verwandeln. Auch die Russische Förderation stand – angesichts der niedrigen Einnahmen aus ihren Erdöl- und Erdgasexporten im Sommer 1998 sowie der Währungskrise – kurz vor dem Staatsbankrott. Kein Wunder, dass daher sämtliche Akteure an einem Strang zogen. Intensive Besuchsdiplomatie im Winter 1998/99 bewirkte eine enge Kooperation zwischen den OPEC- und Nicht-OPEC-Staaten. Von Norwegen bis Oman und Mexiko war sämtlichen Produzenten außerhalb des Kartells klar, dass nur ein gemeinsames Vorgehen mit der OPEC die weltweite Erdölproduktion effektiv reduzieren könnte. Die US-Regierung unterstützte dies aus mehreren Gründen. Zum einen fürchtete Washington bei anhaltend niedrigen Erdölpreisen schwere innenpolitische Probleme in Saudi-Arabien. Zum anderen war der Druck der US-Erdölkonzerne groß, den Preis auf mindestens 18 Dollar pro Fass steigen zu lassen, um Mittel für Investitionen zu schaffen.

Ende März 1999 beschlossen die Erdölminister der OPEC auf ihrem Gipfel in Wien eine neue – geringere – Produktionsquote von insgesamt 18 Mio. Fass pro Tag. Auch sämtliche Nicht-OPEC-Staaten reduzierten ihre tägliche Förderquote. Diese Allianz der Konkurrenten hatte Folgen. Der Preis stieg allmählich auf die angepeilten 18 Dollar pro Fass. Doch das Jahr 1999 war das letzte erwartungsvolle Jahr der völlig überhitzten „New Economy", deren Blase dann im Sommer 2000 unter lautem Getöse und Katzenjammer der Aktionäre zerplatzen sollte. Die Spekulation an den Finanzmärkten führte andererseits im Laufe des Jahres 2000 noch zu intensiven Termingeschäften mit dem Erdöl. In Erwartung eines gleichsam unbegrenzten Wirtschaftswachstums, ausgelöst durch die Informationstechnologie, stiegen die Energiepreise, obwohl sich das Angebot weder verknappte, noch die Nachfrage massiv anstieg. Vielmehr trieb eine virtuelle Nachfrage den Preis nach oben, denn diese Nachfrage bestand zum damaligen Zeitpunkt noch nicht physisch, sondern baute lediglich auf Zukunftsprognosen auf, die sich als falsch erweisen sollten. Zugleich wurde klar, dass auch das neue kurze Wirtschaftswunder, „made in the Silicon valley", seinen Treibstoff benötigte.

---

[4] *The Economist*, "Drowning in Oil?" – Special Survey, 24.3.1999

Um mit den neuen Preisschwankungen besser umgehen zu können, beschloss die OPEC im Frühjahr 2000 ein Preisband. Die Idee war, Förderkürzungen bzw. eine Anhebung der Produktion zu beschließen, wenn der Preis über einen bestimmten Zeitraum unter 22 US-Dollar fallen bzw. über 28 US-Dollar pro Fass steigen sollte. Trotz einzelner Preissprünge auf über 30 Dollar bewegte sich der Jahresdurchschnittspreis für die Jahre 2000 bis 2003 um 25 Dollar und blieb damit innerhalb des von der OPEC gewünschten Preisbandes. Im Frühjahr 2004 übersprang der Fasspreis die damals unerhörte Marke von 40 Dollar und sollte in der Folge stetig weitersteigen. Das Preisband war damit hinfällig geworden. Die OPEC konnte keine Eckdaten für ihre Preisvorstellungen mehr anbieten, sondern wurde von der Marktentwicklung der starken asiatischen Nachfrage überrollt. Die Produzenten freuten sich aber über die unerwarteten Zugewinne. Nach Jahren leerer Staatskassen scheint es nun am Golf nach oben zu gehen. Ein Bauboom hat eingesetzt, und die OPEC-Staaten sind wieder einflussreiche Akteure am Ölmarkt. Bei allem berechtigten Optimismus, der Investoren in den Golf lockt und die Börsen der Region äußerst attraktiv wirken lässt, darf ein entscheidender Aspekt nicht aus dem Auge gelassen werden: die großen internen Sicherheitsprobleme. Die Erdölwirtschaft ist das Ziel von Anschlägen und kann jederzeit aus dem Lot geraten.

Angesichts eines anhaltenden OPEC-Basket-Preises von ca. 100 Dollar pro Fass im Frühjahr 2008 konnte Saudi-Arabien nach Jahren des Handelsbilanzdefizits Überschüsse erzielen. 2001 und 2002 hatte es noch ganz danach ausgesehen, dass die Nicht-OPEC-Produzenten das Erdölkartell ins Abseits stellen würden; so hatte die russische Ölproduktion kurzfristig Saudi-Arabien überholt und war zum weltgrößten Erdölproduzenten aufgestiegen. Doch zeigt sich, dass der internationale Energiemarkt mit der OPEC wieder rechnen musste. Der Grund: die Verfügbarkeit von ca. 78,3 Prozent, sprich 900 Mrd. Fass, der weltweit bekannten Erdölreserven in den OPEC-Staaten. Von wachsender Bedeutung erweist sich zudem, dass die OPEC-Staaten über große Erdgasreserven verfügen, die Erdöl stärker substituieren werden. In dem Ausmaße, in welchem sich die Produktionsquoten in den Nicht-OPEC-Staaten verringern, werden die Reserven innerhalb der OPEC an Bedeutung gewinnen.

Die OPEC ist 48 Jahre nach ihrer Gründung allen Intermezzi zum Trotz gegenwärtig noch einflussreicher als in den „goldenen" 1970er Jahren. Die OPEC-Staaten im Nahen Osten positionieren sich als die wichtigsten Energielieferanten für Europa und für den asiatischen Raum. Mit diesen Energieexporten ist auch die politische Annäherung zwischen Staaten wie Saudi-Arabien und China oder Iran und Indien eng verbunden. Die Dichte der Energieströme aus dem Golf in Richtung China illustriert deutlich die anwachsende wirtschaftliche und politische Kooperation. Chinesische Konzerne wie der staatliche Ölkonzern Sinopec engagieren sich in Saudi-

Arabien, und die Kontakte zwischen Peking und Riad institutionalisieren sich auf einem immer höheren Niveau. Bis 2010 wird China rund 95 Prozent seiner Erdölimporte aus dem Nahen Osten beziehen. Grund genug, dass die OPEC-Staaten ihre Förderkapazitäten ausbauen. Noch attraktiver als China erscheint manchen saudischen Entscheidungsträgern Indien aufgrund seiner Demografie. In China könnte aufgrund der Ein-Kind-Politik ein Rentenproblem enstehen. Indien könnte allenfalls der langfristig interessantere Markt werden, vorausgesetzt das Land entkommt einer größeren Wirtschaftskrise.

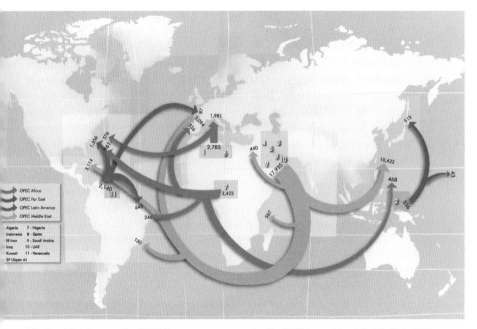

Die Handelsströme aus den OPEC-Staaten   Quelle: OPEC Annual Statistical Bulletin 2004

Die Erschließung neuer Erdöl- und Erdgasreserven

Die OPEC hat sich große Ambitionen gesteckt, um neue Erdöl- und Erdgasfelder zu erschließen. Für den Zeitraum 2005-2010 sind Investitionen von ca. 100 Mrd. Dollar der 12 OPEC-Länder ohne Irak, geplant. Allein Saudi-Arabien und Nigeria kommen für 50 Prozent der geplanten Erweiterung des „upstream" auf. Damit soll die gesamte Förderkapazität der OPEC von gegenwärtig 32,5 Mio. Fass pro Tag auf 38 Mio. Fass pro Tag bis 2010 ansteigen. Ebenso intensiv wollen die OPEC-Förderstaaten den „downstream" Sektor, sprich die Raffinierung, erweitern. Bis 2010 sollen zusätzliche Verarbeitungskapazitäten für 3,8 Mio. Fass pro Tag vorhanden sein.

Saudi-Arabien produziert mit 10 Mio. Fass pro Tag etwas mehr als die ihm zustehende OPEC-Quote. Im Falle entsprechender Investitionen wäre Saudi-Arabien aus Sicht der US-Energy Information Administration EIA „leicht fähig", während der nächsten 50 Jahre 15 Mio. Fass pro Tag zu produzieren.[5] Zugleich warnen andere Stimmen bereits vor einer neuen Ölschwemme, wenn die Förderung massiv angehoben wird. So meint CERA, die Cambridge Energy Research Associates, dass die neuen Erschließungen zu einem Angebotsüberschuss von 6 bis 7,5 Mio. Fass und in der Folge zu einer starken Preisreduktion führen könnten.[6] Der Fünf-Jahres-Plan beinhaltet unter anderem eine Expansion des Shaybah Feldes um 250.000 Fass pro Tag (Arab Extra Light). Die leichteren Erdölsorten sind besonders in den USA gefragt.

Verunsichert bis heftig verärgert zeigen sich die OPEC-Minister daher über die Pläne vieler OECD-Staaten, in Zukunft verstärkt auf Erdölimporte zu verzichten. Sowohl die USA als auch die EU haben angesichts steigender Erdölpreise und des Wunsches nach mehr politischer Unabhängigkeit vom nahöstlichen Öl, so im Fall der USA, bzw. nach mehr Schadstoffbegrenzung, so die Linie vieler EU-Staaten, jeweils größere Veränderungen in ihrer Energiepolitik angekündigt. Um mehr Vorhersehbarkeit in ihre Investitionsplanungen zu bringen, fordert daher Saudi-Arabien eine Art Wegeplan zur Nachfrage.[7] Die OPEC hat sich der Energieversorgungssicherheit verschrieben und diese – mit Ausnahme des Ölembargos 1973 – tatsächlich stets garantiert. Angesichts der seit 2003 wachsenden Angebotsverknappung infolge hoher Nachfrage möchte das Kartell nicht neue Förderkapazitäten ausbauen, die allenfalls in ein Überangebot münden könnten. Diese Furcht der OPEC vor einem Preisverfall erscheint aber insofern unbegründet, als die Folgen einer veränderten Energiepolitik in den OECD-Staaten frühestens in zehn Jahren greifen werden und die Nachfrage nach Erdöl und Erdgas aus den Schwellen- und Entwicklungsländern ungebrochen anhalten wird. Andererseits wird die Entwicklung der Nachfrage aber zweifellos vom Preis abhängen. Es wäre nicht das erste Mal in der 48-jährigen Geschichte der OPEC, dass sie einen rapiden Einbruch der Nachfrage und damit einen Preisverfall aufgrund eines zu hohen Erdölpreises erleben müsste. Auch Indien und China können jederzeit auf ihre eigenen Kohlevorräte zurückgreifen, sollten die Weltmarktpreise für Erdöl und Erdgas zu hoch sein. Die zögerliche Haltung der Förderstaaten hinsichtlich des Ausbaus ihrer Förderkapazitäten erklärt sich daher teilweise aus den Unsicherheiten, wie sich die Nachfrage nun tatsächlich entwickeln wird. Denn Überraschungen sind nicht auszuschließen.

---

[5] Reuters vom 4.8.2005
[6] *Daily Star* vom 8.8.2005
[7] MEES vom 27.2.2006

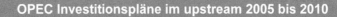

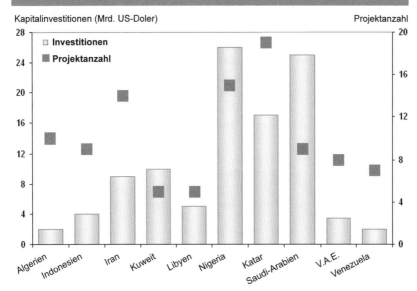

Quelle: OPEC Press & Information Department

Neben dem Erdöl gewinnt Erdgas an Bedeutung im Energiemix. Unter den OPEC-Staaten sind vor allem Katar, Saudi-Arabien, Iran und Algerien in der Stärkung ihrer Erdgasproduktion tätig. Katar ist besonders intensiv im Export von Flüssiggas, dem LNG, aktiv. Katar besitzt nach Russland und dem Iran mit 1/12 der Weltgasreserven das drittgrößte Erdgasvorkommen der Erde. Offshore liegt das North Gas Field North, das mit 380.000 Mrd. Kubikfuß Reserven das größte Naturgasfeld der Erde ist.

Katar rüstet sich gegenwärtig auch mit der weltweit größten LNG-Tankerflotte aus.[8] Gebaut werden übrigens die neuen Schiffe in koreanischen Werften, die als einzige den Vorgaben der Auftraggeber gerecht wurden. Die Transportrouten vom Golf in Richtung Schwellenländer, besonders auf den chinesischen Markt, sind aus Sicht von Katar sehr sinnvoll. Das kleine Emirat, das seit 2003 nach dem Abzug der Amerikaner aus Saudi-Arabien die wichtigste US-Militärbasis im Golf ist, wirkt wie eine riesige Baustelle, die der Erdgasboom und die Militärbasen ausgelöst haben. Das

---

[8] MEES vom 29.8.2005: As Qatar pushes through its huge LNG expansion, QGTC (Qatar Gas Transport Company-Nakilat) will also expand its fleet and the scope of its operations. QGTC has already formed partnerships for the procurement of 28 vessels (for RasGas 2/3 and Qatargas 2 output) and is planning in October to announce partnerships in another six-to-eight.

Land wird bis 2011 der wichtigste LNG-Lieferant weltweit sein. Zögerlich zeigt sich Katar dennoch im Ausbau neuer Erdgasprojekte. Der offizielle Hintergrund ist, die Erdgasreserven zu schonen.[9] Katar wird neben den Vereinigten Arabischen Emiraten gerne als besonders attraktiv für Investitionen, vom Energie- bis zum Immobiliensektor, präsentiert. Katar zeigt sich trotz der streng sunnitischen Tradition der Wahabiten um vieles weltoffener als Saudi-Arabien. 1995 putschte Hamid Bin Khalife al Thani gegen seinen Vater und begann Wirtschaftsreformen in Katar, ließ den Satellitensender „Al-Jazira" einrichten, der die arabischen Medien revolutionierte und baute die Hauptstadt Doha zu einem Banken- und Hotelzentrum aus.

Doch unter der teils liberal wirkenden Oberfläche brodelt es auch hier innenpolitisch heftig. So könnte einerseits ein Putsch die Stabilität innerhalb der Herrscherfamilie Al-Thani bedrohen, andererseits der auf der gesamten Halbinsel allgegenwärtige islamische Fundamentalismus weitere Unruhen hervorrufen.

Die afrikanischen OPEC-Staaten möchten ihrerseits stärker im zukunftsträchtigen Erdgasgeschäft mitmischen. So wird an der von Algerien und Nigeria geplanten Transafrica Nigal Gaspipeline gearbeitet. Sollte diese realisiert werden, würde nigerianisches Erdgas quer durch die Sahelzone nach Algerien transportiert, und vom algerischen Hafen Beni Saf weiter nach Europa exportiert. Dahinter steht der Plan, die energiearmen afrikanischen Staaten entlang der Strecke mit Erdgas zu versorgen.

Der Appetit der Europäer auf Erdgas wächst bekanntlich. Laut Berechungen der EU-Energy Forecast könnte die Abhängigkeit der EU von Erdgasimporten bis 2030 auf 80 Prozent ansteigen. Russland dominiert das europäische Erdgasgeschäft immer stärker. Diversifizieren lautet daher die Devise, und Algerien könnte hiervon profitieren, denn das Land verfügt über eine gewisse geografische Nähe sowie alte Bindungen an Europa und ist seit 1964 im Export von LNG tätig. Verflüssigtes Erdgas wurde infolge technischer Entwicklungen und fortschreitender Liberalisierung immer mehr zum global gehandelten Energieträger, der mit Tankern transportierbar ist. Seit 1981 führt zudem die algerische Transmed Gaspipeline über Tunesien unter dem Mittelmeer nach Sizilien. 1996 folgte die Maghreb-Europa Pipeline.

Im algerischen Energieministerium ist die Stimmung jedenfalls optimistisch. „Unsere Reformen zu einer weiteren Liberalisierung des Energiesektors gehen gut voran", lautet der Grundtenor.[10] Im Vertrieb von Erdöl und Erdgas hat die algerische Naftal allerdings Konkurrenz bekommen. Nur

---

[9] MEES vom 27.2.2006
[10] Interviews im Energieministerium in Algier am 27.12.2004

im „upstream", will der Staat seine Dominanz sichern. Doch die russische Gazprom ist in Algerien bereits fest verankert, was die europäischen Investitionspläne gefärden könnte.

Von mehr Flexibilität bei den Ausschreibungen spricht jedenfalls der algerische Energieminister Chekib Khalil, der nicht müde wird, mehr Transparenz und Wettbewerb im Erdgassektor und andernorts einzufordern. Neben den traditionellen Partnern Italien und Spanien würde auch Frankreich gern im algerischen Gassektor mitmischen, doch noch ist im ambivalenten Verhältnis zur früheren Kolonialmacht wenig geschehen. US-Konzerne sind im Süden Algeriens sehr präsent. Darüber hinaus tritt das energiehungrige China, das von Russland bis Afrika, inklusive dem Sudan, Förderkonzessionen erwirbt, in Algier aggressiv auf. In Europa erkennt Algerien jedenfalls seinen natürlichen Absatzmarkt für Erdgas vor der Haustüre. „Doch wir vermissen eine kohärente europäische Energiepolitik", so ein Funktionär im Energieministerium. Denn trotz aller Brüsseler Bekenntnisse zu einer solch kohärenten Energiepolitik gehen die Strategien der europäischen Konzerne oft an den politischen Ankündigungen der Regierungen völlig vorbei. Es seien – aus algerischer Sicht – die Firmen, die oftmals bremsen würden, wenngleich die Europäische Kommission die Lieferströme erweitern will. Auf Basis des Assoziationsabkommen mit der EU vom Februar 2002 soll Algerien Teil einer Freihandelszone im Mittelmeerraum werden. Die Frage, wann algerische Erdgasexporte in Euro und nicht mehr in US-Dollar gehandelt werden, bewegt die algerische Öffentlichkeit immer häufiger. Offiziell will man zu dieser Debatte wenig sagen. Doch jenseits des Energieministeriums fragen sich aufmerksame Algerier: „Mehr als 60 Prozent unserer Importe zahlen wir in Euro, unser Erdgas exportieren wir auf Basis des schwachen US-Dollar, das sollten wir ändern."

Skepsis und Zögerlichkeit bestimmen aber die Expansionspläne. Völlig unklar ist, in welche Richtung sich die Nachfrage entwickeln wird. Glaubt man den Szenarien der IEA wird das Erdöl seine dominierende Stellung im Energiemix behalten. Zugleich zeichnet sich in vielen OECD-Staaten die Tendenz einer Umorientierung in der Energiepolitik ab, die den Ölkonsum verringern könnte. Die IEA hat sich auch schon oft genug in ihren Prognosen gründlich geirrt. Viele Machtspielchen sind hinter den Kulissen im Gange. Die Erschließung neuer Erdöl- und Erdgasfelder erfordert langfristige Planung und hohe Investitionen der beteiligten Konsortien. Zudem muss ein Minimum an Rechtssicherheit gegeben sein, wer die Kontrolle in der Exploration und Produktion hat.

Wie viel ausländisches Kapital soll ins Land?
In allen OPEC-Staaten besteht dringender Bedarf an Kapital und Technologie. Zudem fehlen Erdölingenieure, was übrigens ein globales Phänomen

ist. Wenn die OPEC-Staaten ihre noch nicht ausgebauten Felder öffnen wollen, können sie dies nach gegenwärtigem Stand nur im Verbund mit internationalen Konzernen. Für Adnan Shihab-Eldin, Interimsgeneralsekretär der OPEC, bleibt als wesentliches Prinzip aufrecht: „Kein Verzicht auf staatliche Souveränität über die natürlichen Ressourcen Erdöl und Erdgas. Wie jede Regierung dies konkret handhabt, soll sie selbst entscheiden."[11] Sehr unterschiedlich handhaben daher auch die einzelnen OPEC-Staaten das Thema ausländischer Investitionen. Während Libyen seit Aufhebung der Sanktionen Anfang 2004 sehr zügig ausländisches Kapital in Gestalt von Joint Ventures oder Direktinvestitionen ins Land lässt und Algerien eine ähnlich liberale Politik macht, ist Saudi-Arabien weiterhin ein sehr schwieriges Terrain für Investoren. Die staatliche Saudi Aramco hält ihre Monopolstellung auch bei den neuen Expansionsprojekten. Libyen hat jedoch einen Teil seines „upstream" dem internationalen Ölkonzern Occidental mit Sitz in den USA geöffnet. Die europäischen Mitbewerber gingen leer aus. Libyen war 1969 auch das erste OPEC-Land, das mit den Verstaatlichungen des Förderbereichs begann. Pikanterweise schon damals bei Occidental, wobei der Konzern nicht zu den „Seven Sisters" zählte.

Allen sitzt die Angst vor einer neuerlichen Übernahme des „upstream" durch ausländische Investoren im Nacken. Die große Ära der „Seven Sisters" ist in der kollektiven Erinnerung noch fest verankert. Nur zögerlich öffnen sich daher die OPEC-Staaten ausländischen Direktinvestitionen, vorerst über komplizierte Konstrukte diverser „production sharing agreements", einer Risikoaufteilung zwischen Investor und Förderstaat. Im Iran bemühte sich der iranische Ölminister der früheren Regierungen unter Präsident Khatami, Bijan Zanganeh, um „buy-back-agreements" für ausländische Investoren, die damit direkten Zugang zu Erdöl- und Erdgasförderungen erlangten. Sehr zum Widerwillen des Parlaments, das feindliche Übernahmen fürchtet. Heftige Wortduelle lieferte sich Ahmadinedschad im Wahlkampf mit seinem Rivalen Ali Akbar Rafsandschani, dessen Familie die Ölwirtschaft des Landes dominiert. So kündigte der Populist Ahmadinedschad an, „die Hände der Ölmafia abzuhacken und den Ölreichtum zum Wohle des Landes zu teilen." Was dies bedeuten mag, ist noch nicht abschätzbar. Dem Präsidenten gelang es jedoch erst im vierten Anlauf, seinen Kandidaten für das Amt des Ölministers zu platzieren. Zuvor hatte ihm das Parlament mit dem Hinweis auf fehlende Qualifikation der jeweiligen Kandidaten die Zustimmung versagt. Dieser interne Machtkampf zeigt, welch starken Einfluss das iranische Parlament trotz aller Repressalien und Eliminierung oppositioneller Abgeordneter immer noch hat und damit gerade das Ölgeschäft mitbestimmt. Ahmadinedschad wirtschaftspolitischer Einfluss hat sich angesichts seiner vielen Fehlentscheidungen

---

[11] Interview am 5.2.2005 in Wien

jedoch sehr verringert. Die iranische Energieindustrie wurde abgesehen vom iranischen Nuklearprogramm nicht neu geordnet.

Angesichts der brisanten regionalpolitischen Lage und der vielen Sicherheitsprobleme in den OPEC-Staaten, vor allem in Saudi-Arabien, das 2004 Schauplatz zahlreicher Anschläge auf in der Erdölindustrie tätige Ausländer wurde, kann die Lage jederzeit zu Ungunsten der OPEC kippen. Der Wunsch nach Unabhängigkeit vom Golföl wird in der nordwestlichen Hemisphäre seit 1973 immer wieder kundgetan. De facto gewinnt aber das OPEC-Erdöl an Gewicht, wenn nicht radikale Umwälzungen im globalen Energiemix einsetzen sollten. Zwei Gründe könnten die Bedeutung der fossilen Energieträger auch wieder schrumpfen lassen: ein anhaltend hohes Preisniveau, das nicht mehr leicht absorbierbar ist und eine neue Sensibilität für die Auswirkungen des Klimawandels nach einem weiteren Katastrophenjahr meteorologischer Turbulenzen zwischen Dürre und Flut. Nicht überraschend bezog die OPEC daher auch jahrelang Distanz zu den Forderungen des Kyoto-Protokolls, das im Februar 2005 nach den erforderlichen Ratifizierungen endlich in Kraft getreten ist. Eine Kehrtwende in diesem Misstrauen gegenüber der Emissionsfrage könnte die geplante Kooperation von OPEC und EU in Fragen des Klimawandels bedeuten.[12] OPEC-Minister pochen auch regelmäßig auf den hohen technischen Standard ihrer Produktionsstätten, um die Emissionen minimal zu halten. Dass bei der Verbrennung von fossilen Energien Kohlendioxid ensteht und damit die Treibhausgase erhöht werden, ist aber ein unumstößliches Faktum. Noch mehr Treibhausgase verursachen aber die sogenannten Biokraftstoffe. Die OPEC wird daher nicht nur in ihrer Kommunikationspolitik, sondern auch inhaltlich ihre Position zum Klimawandel verändern müssen.

Das Bild des Kartells hat sich in der Wahrnehmung der internationalen Medien bereits stark verändert. Die OPEC wird nicht mehr als allein verantwortlich für hohe Erdölpreise gesehen. Es hat sich bis in die Redaktionen der europäischen Boulevardpresse herumgesprochen, dass Faktoren wie mangelnde Raffinierungskapazitäten und die starken geopolitischen Unsicherheiten preistreibend wirken. Die OPEC, oftmals totgesagt, könnte eventuell in den kommenden Jahren ein viel stärkeres Comeback feiern. Fraglich ist allerdings, welche Regierungen dann noch im Sattel der heutigen Mitgliedsstaaten sitzen werden und wie die Grenzen dieser Staaten aussehen. Große Turbulenzen für die Region zeichnen sich seit der Okkupation des Irak im Frühjahr 2003 ab.

Die OPEC-Konferenzen sind – neben den viel seltener stattfindenden G-8-Gipfeln – wohl jene Wirtschaftskonferenzen, welche die größte Aufmerksamkeit der Öffentlichkeit finden. Doch trotz ihrer Bedeutung für die Entwick-

---

[12] OPEC-EU Dialogue Presskonferenz in Wien am 2.12.2005

lungen auf dem Ölmarkt gleichen die Tagungen immer noch eher einem Basar und großem Medienrummel als ernst zu nehmenden Beratungen. Es ist ein Jahrmarkt der Eitelkeiten, auf welchem verschiedene Mentalitäten, unterschiedliche Geschäftskulturen und viel Politik aufeinanderprallen.

2.2. Wie funktioniert die OPEC?

Theoretisch sollte der 13-köpfige Ministerrat der OPEC zwei Mal pro Jahr tagen. Im März findet traditionell die Frühjahrstagung statt, die sich der Reisesaison und damit primär den Treibstoffpreisen widmet. Im September tagt der Gipfel zwecks Prüfung der Märkte, um die Förderquoten für die bevorstehende Heizsaison in der nordwestlichen Hemisphäre zu beschließen. Seit bald neun Jahren tagen die OPEC-Räte jedoch viel häufiger. Treffen im Juni, November und Januar stehen als außerordentliche Ministertreffen bereits fest auf dem Plan. Dazwischen wird hektisch telefoniert, Ankündigungen neuer Quoten werden wieder zurückgezogen und die Gerüchteküche zwischen Riad und London brodelt. Egoismus der Mitgliedsstaaten, bei hohen Weltmarktpreisen möglichst viel vom gemeinsamen Quotenkuchen abzuschneiden, mischt sich mit der schwerfälligen Bürokratie der OPEC, die über ihre byzantinischen Intrigen unzeitgemäß arbeitet. Die eigentlichen Entscheidungen fallen meist vor dem OPEC-Ministerrat in bilateralen Beratungen zwischen den Regierungen der OPEC-Staaten. Daher stehen auch die von den Berichterstattern sehnsüchtig erwarteten Presseerklärungen zu den Förderquoten meist schon vor dem Gipfeltreffen fest.

Wenn die Märkte sehr volatil sind, die Preise sich binnen weniger Monate vervielfachen oder verfallen, wirken die Erdölminister auf diesen Gipfeltreffen oft ebenso ratlos wie der kleine Konsument, der unschlüssig ist, wann er denn nun seinen Heizölkessel oder Autotank auffüllen soll, um möglichst wenig Geld zu verlieren. Alte Faustregeln zu den Preiszyklen von Heizöl gelten nicht mehr. So wurde im Winter 2004/05 Heizöl mitten in der Heizsaison plötzlich billiger. Terminkontrakte für Rohöl entwickeln ihre eigenen erstaunlichen Resultate. In gewisser Weise ist auf die Autorität einer OPEC-Konferenz kaum mehr Verlass, denn viele andere Faktoren wie Spekulations- und Risikoprämien beeinflussen die Preise.

Wesentliches Entscheidungsforum ist das Exekutivkomitee der Minister, die sich, von wenigen Ausnahmen abgesehen, meist am Sitz des OPEC-Generalsekretariats in Wien treffen. Die Vorbereitungen zum Stand des Erdölmarktes trifft das „Economic Commission Board" aus Delegierten der Mitgliedsländer, unterstützt vom Generalsekretariat, das die Marktlage analysiert, um die neue Förderquote festzulegen. Diese Konferenz verkündet anschließend die neuen Richtlinien, um das Angebot an Erdöl zu sichern.

Das OPEC-Sekretariat führt hierbei die exekutiven Funktionen aus. Ihm unterliegen zudem die wichtigen Aufgaben der Forschung und Analyse der globalen Energiemärkte, außerdem werden Statistiken zur Reservenlage, zur Produktion, Raffinierung und zum Verbrauch von Erdöl und Erdgas erstellt und veröffentlicht. Marktdaten werden erarbeitet und der Kontakt mit den Energieministerien der OPEC-Länder läuft ebenso oft über das Sekretariat. Die periodisch erscheinenden Publikationen, vom OPEC Monthly Oil Report bis zum OPEC Review, sind wichtige Referenzen für die Fachpresse und die Marktbeobachter. Die OPEC verfügt dank exzellenter Analysten über einen hohen Grad an Professionalisierung in Forschung und Analyse.

Seit 1965 ist in der österreichischen Hauptstadt das Hauptquartier der OPEC angesiedelt. Als die fünf Gründungsmitglieder nach einer Adresse für ihre Organisation suchten, schwankten sie noch zwischen Rom und Genf. Doch Wien lockte mit den besten Konditionen. Die österreichische Bundesregierung, die ihre Unabhängigkeit erst 1955 mittels Neutralitätsstatus wiedererlangt hatte, holte internationale Organisationen ins Land. Dem damaligen Außenminister und späteren Bundeskanzler Bruno Kreisky war klar, dass die Neutralität im Kriegsfalle wenig nützen würde. Um Österreich sicherheitspolitisch zwischen NATO und Warschauer Pakt zu konsolidieren, stockte er systematisch die Zahl internationaler Beamter in Wien auf. Das Kalkül war: Im Krisenfalle würde die westliche Allianz Österreich aufgrund der Präsenz dieser Organisationen und ihrer internationalen Beamten zu Hilfe kommen. Als der neugegründete und damals 1965 noch relativ unscheinbare Klub von fünf Erdölproduzenten in Wien anklopfte, war die Regierung bereit, dieser Institution den Status einer internationalen Organisation mit allen diplomatischen Privilegien und Immunitäten für ihre Mitarbeiter zu verleihen. Wenn auch 1975 Wien zum Schauplatz eines gewaltigen Terroranschlags auf die OPEC-Zentrale wurde, so verblieb die Organisation dennoch dort. In den großen Hotels am Wiener Ring zwischen Oper und Konzerthaus sind daher seit über 40 Jahren mehrmals im Jahr die Suiten tagelang von OPEC-Ministern und ihren Delegationen belegt.

Der Meister des surrealen Films, Federico Fellini, hätte mit den Konferenzen der Erdölminister seine Freude gehabt. Stellt doch der Surrealismus eine irrationale und gefühlsbetonte Welt des Traums in den Vordergrund. Wie irrational der Ölmarkt sein kann, bekommt die Weltwirtschaft regelmäßig zu spüren. Und Emotionen bestimmen den Preis des Schmiermittels der Konjunktur kurzfristig viel mehr als die Naturgesetze von Angebot und Nachfrage. Um das Ölgeschäft ein wenig besser zu verstehen, sollte man sich diesem bunten Milieu eher psychologisch, so wie die Künstler des Surrealismus ihren Werken, als ökonomisch mit Logik nähern. Der Regisseur Fellini, dessen große Passion dem Zirkus galt, hätte aus dem Skript, nach dem die Ölministerkonferenzen im barocken Wien ablaufen, zweifellos einen süffisanten Kostümfilm komponiert. Zwar griff Fellini diesen

Stoff nie auf, aber für internationale Sender und Zeitungen von CNN bis China News sind die Treffen der Ölminister Pflichttermine.

Während des so genannten „gang-bang" dürfen Journalisten und Analysten in den Sitzungssaal der Ölminister. Mikrofone und Kameras schwirren gefährlich durch die Treppenhäuser, jeder will als erster vor den Delegationstischen kniend in Position gehen, um einem Ölminister O-Töne zu entlocken. Die meisten Ölminister genießen augenscheinlich das Bad im internationalen Rampenlicht. Es finden sich immer genug Journalisten, die ihnen dies ermöglichen. Auch hier regieren eben Angebot und Nachfrage. Die Agenturen setzen dann ihre Ausbeute an Zitaten ab, wobei es oft genug zu sehr widersprüchlichen Meldungen kommen kann.

Der machtlose Generalsekretär
Der potenzielle Reichtum der weltgrößten Ölreserven gibt der OPEC jene Aura von Macht, die sich auch auf das Generalsekretariat des Kartells am Wiener Donaukanal ausdehnt. Das Sekretariat kann aber nur die Willensbildung seiner Mitgliedsstaaten begleiten und vorbereiten. Die eigentlich Mächtigen sind die großen OPEC-Staaten, wie Saudi-Arabien und Iran, die traditionell als Gegenspieler auftreten. Die Voraussetzungen für eine Konsensbildung zu schaffen, ist wohl die Hauptaufgabe des Generalsekretariats, das aber oft mit Kommunikationsdefiziten innerhalb seiner Mitgliedsländer kämpfen muss.

Ein Generalsekretär ist kein Generaldirektor, sondern vielmehr Vollzugsorgan. Der OPEC-Generalsekretär kann nicht im Alleingang Maßnahmen ergreifen. Die Entscheidungsfindung liegt bei den OPEC-Erdölministern, bzw. den dahinter stehenden Autokraten. So hat auch der gegenwärtige saudische Ölminister Ali al-Naimi nicht die charismatische Erscheinung eines Zaki Yamani – der noch als schillernde Figur die OPEC der 1970er Jahre beherrschte –, und ist nur Bote des Königs. Dass Yamani aber der bekannteste Saudi im Ausland war, prominenter als sein König, sollte ihm zum Nachteil werden. Yamani gründete nach seiner Entlassung aus dem saudischen Ölministerium ein eigenes Forschungsinstitut, das „Centre for Global Energy Studies."[13] Im noblen Londoner Knightsbridge kritisiert Yamani heute aus sicherer Distanz die OPEC in Wien. Der gegenwärtige saudische Ölminister verfügt bei weitem nicht über die Position seines Vorgängers. Die letzte Entscheidung über die saudischen Förderquoten liegt bei König Abdullah, der schon als Kronprinz die Entscheidungen über die Erdölpolitik stets direkt an sich zog. Ebenso mischt ein Hugo Chavez aus Venezuela in der OPEC lautstark über die internationalen Medien mit,

---

[13] www.cges.co.uk

während seine Erdölminister eher im Hintergrund bleiben. Es ist immer eine Frage der Persönlichkeit, mit welchem Gewicht ein Erdölminister innerhalb der OPEC und gegenüber seiner Regierung auftreten kann. Der algerische Energieminister Chakib Khelil zählt zu den politischen und intellektuellen Schwergewichten, die es sich erlauben können, mehr als nur ein Sprachrohr des Staatsoberhauptes zu sein.

Immer wieder bekleidete der Direktor der Forschungsabteilung übergangsweise das Amt des Generalsekretärs, weil sich die Mitgliedsstaaten wieder einmal nicht auf einen Kandidaten einigen können. Das viel beschworene Ideal von Konsens und Dialog funktioniert gerade innerhalb der OPEC nur selten. Der Generalsekretär muss regelmäßig einen Balanceakt vollziehen, um das Gemenge zwischen den einzelnen OPEC-Mitgliedsstaaten auf einen machbaren Nenner zu bringen. Seine Hauptfunktion ist die Vertretung der OPEC nach außen.

Die Quoten: Entscheidungsmechanismen à l'orientale

Diszipliniert in schlechten Zeiten, disziplinlos in guten Zeiten – so lässt sich die Handhabung der vom OPEC-Ministerrat beschlossenen Quoten pauschal zusammenfassen. Die OPEC beschließt nicht den Rohölpreis des von ihr bestimmten OPEC-Basket, sondern trägt indirekt über Förderquoten zur Preisbildung bei. Der OPEC-Basket ist ein berechneter Preis, basierend auf den bekanntgegebenen Preisen der Mitgliedsländer. Anzumerken ist jedoch, dass zahlreiche andere Faktoren über die so genannten market fundamentals hinaus den Preis bestimmen. Das Kapitel 6 wird sich damit näher befassen.

Das Ziel der OPEC ist eine gemeinsame Ölpolitik, unter anderem um sich gegen einen Preisverfall abzusichern. Durch die Festlegung von Förderquoten für die einzelnen OPEC-Mitglieder soll die Erdölproduktion geregelt werden und somit, durch eine künstliche Verknappung oder eine Steigerung der Ölförderung in den Mitgliedsländern, der Preis für Erdöl gedrückt, stabilisiert oder angehoben werden. Allerdings kommt es vor, dass sich einzelne Mitglieder nicht an die festgesetzten Förderquoten halten, sondern ihre eigenen wirtschaftlichen und politischen Ziele verfolgen. Dieses als „leap-frogging" oder „Bockspringen" bezeichnete Verhalten ist typisch im Fall hoher Preise. Die Mitglieder werden dann disziplinlos und versuchen, möglichst rasch Gewinne einzufahren. Anders verhält es sich in Zeiten der Ölschwemme, wie im dramatischen Öljahr 1998. Das OPEC-Kartell zeigte sich zerstritten, und verschärft durch die Asienkrise bauten sich übergroße Lagerbestände an Rohöl und Mineralölprodukten auf. Ende 1998 waren die Ölpreise dann auf ein 20-Jahres-Tief eingebrochen und die Margen der Ölindustrie zusammengeschrumpft.

Mit der Zuteilung von Quoten begann die OPEC im Jahr 1982. Jeder Mitgliedsstaat ist verpflichtet, täglich eine bestimmte Quote von Fässern zu produzieren. Der Irak ist seit 1990 infolge der Okkupation Kuwaits und der damals beschlossenen UN-Sanktionen von den OPEC-Quoten ausgenommen. Bis zum Frühjahr 2003 lief die irakische Erdölproduktion auf Basis einer Resolution des UN-Sicherheitsrates nur im Rahmen des Programms „Öl für Nahrungsmittel". Die irakische Produktion ist von der anhaltenden Anarchie stark beeinträchtigt und betrug im Schnitt seit Herbst 2003 rund 1,5 Mio. Fass pro Tag. Sollte der Irak eines Tages zu einer Normalproduktion zurückkehren und damit auch wieder in das Quotensystem aufgenommen werden, könnte die Quotenverteilung zwischen dem Iran und dem Irak Kontroversen auslösen. Die beiden Staaten sind Quotenrivalen. Mitglieder wie Algerien und Nigeria fordern regelmäßig eine höhere Quote ein. Algerien möchte seine erfolgreich wachsende und für europäische Kunden in Italien und Spanien wichtige Produktion auch über eine höhere OPEC-Quote ausbauen.

Das Aushandeln der Quoten ist Gegenstand oft tagelanger Beratungen, wobei viele Gegengeschäfte abgeschlossen werden. Im Frühjahr 2003 gab die OPEC angesichts der Invasion der USA und ihrer Verbündeten im Irak die Quoten frei. Die Rückkehr zur Quotendisziplin ist in solchen Fällen besonders schwierig.

Der aktuelle Stand Frühjahr 2008 in der Quotenaufteilung lautet:

Land	Fördermenge
Algerien	1,40 Mio. Fass pro Tag
Angola	1,80 Mio. Fass pro Tag
Ecuador	0,49 Mio. Fass pro Tag
Katar	0,84 Mio. Fass pro Tag
Kuwait	2,50 Mio. Fass pro Tag
Saudi-Arabien	9,00 Mio. Fass pro Tag
Indonesien	0,89 Mio. Fass pro Tag
Libyen	1,70 Mio. Fass pro Tag
Iran	3,80 Mio. Fass pro Tag
Vereinigte Arabische Emirate	2,50 Mio. Fass pro Tag
Nigeria	2,50 Mio. Fass pro Tag
Venezuela	2,30 Mio. Fass pro Tag
Irak	2,30 Mio. Fass pro Tag
GESAMTQUOTE der OPEC	32,0 Mio. Fass pro Tag

Die OPEC produziert bereits seit 2004 nahezu am Limit ihrer Kapazitäten. Eine weitere Anhebung der Quote ist einerseits physisch vorerst nicht möglich. Andererseits ist die politische Bereitschaft hierfür nicht gegeben. Gegenwärtig fürchtet man in den Analyseabteilungen der OPEC wegen der US-Rezession einen Einbruch der Nachfrage aus China, dessen rasant wachsende Wirtschaft zweifellos überhitzt ist. Die Asienkrise von 1997/98 hängt wie ein Schatten über den Szenarien, mit denen sich die OPEC im Rahmen ihrer „long-term strategy" seit 2003 intensiv befasste. Diese neue Langfriststrategie wurde im September 2005 der Öffentlichkeit vorgestellt. Ziel ist, das Angebot im Sinne der Energieversorgungssicherheit effizienter zu managen, Investitionen entsprechend zu planen – nicht zuletzt mit Blick auf den Rückgang der Ölproduktion in den Nicht-OPEC-Staaten. Die OPEC will mit dieser sehr ehrgeizig ausgerichteten Strategie auch ihren Kritikern entgegentreten, die ihr „micro-management" vorwerfen. Tatsache ist aber, dass die Entscheidungen der OPEC in den letzten Jahren die Ölmärkte wenig beeindruckten. Preise stiegen oder fielen unabhängig von Quotenbeschlüssen in Wien. Es spielen immer deutlicher andere Faktoren im Preisbildungsprozess mit. Spekuliert wird viel. Für Gesprächsstoff sorgt stets die These, dass demnächst die Reserven erschöpft seien.

Schwindende Kapazitäten und unsichere Reserven

Als wesentliches Problem stellt sich seit 2003 die sinkende Reservekapazität der OPEC, insbesondere von Saudi-Arabien, die von über fünf Mio. Fass auf unter zwei Mio. Fass pro Tag gefallen ist. Eng hiermit verknüpft ist die Frage der Reserven. Die brisante Frage „Wie viel Erdöl haben wir tatsächlich noch?" wird schon seit den frühen 1970er Jahren gestellt. Die düsteren Aussichten eines Berichts des Club of Rome von 1972, wonach die Erdölreserven bereits 2000 erschöpft sein sollten, sind nicht eingetreten. Dass sich die nicht erneuerbaren fossilen Energieträger ihrem Ende zuneigen, wurde aber seit den 1940er Jahren immer wieder thematisiert. So auch von den USA, die 1945 noch ein wichtiger Erdölexporteur waren, doch anstelle ihres eigenen lieber billiges arabisches Erdöl konsumieren wollten. Für die OPEC war die Ausschöpfung ihres wichtigsten Bodenschatzes von Anbeginn der treibende Motor ihrer Förderpolitik. Rund um den „peak-oil", dem Überschreiten der höchstmöglichen Förderung von Erdöl, wurde nicht nur die bekannte Hubbert-Kurve gezeichnet. Angesichts einer rasch wachsenden Nachfrage, die durch das Angebot offenbar nicht mehr gänzlich abgedeckt werden kann, sowie der unsicheren geopolitischen Faktoren in den meisten Produktionsländern setzen sich neuerlich zahlreiche Autoren mit der Problematik auseinander.[14]

---

[14] Paul Roberts, "The End of Oil" – New York 2004. Matthew Simmons, "Twilight in the Desert: The Coming Saudi Oil Shock and the World Economy", New York 2005. Eine auf das Thema spezialisierte Website lautet: www.peakoil.com

Die bange Frage, ob die gegenwärtigen düsteren Prognosen zum Ende der Erdölreserven eintreten, stellen sich Konsumenten und Investoren gleichermaßen. „Kein Grund zur Panik" lautet die Antwort jener, die sich vom Einsatz neuer Technologien die Erschließung bis dato unbekannter Felder erhoffen. Die OPEC ihrerseits sagt zur Erdölkrise seit 2005: Es mangelt nicht am Angebot von Rohöl, verantwortlich für die Verknappung am Markt sind vor allem die fehlenden Raffinierungskapazitäten und die Spekulation. Was auch immer ursächlich sein mag, die Unsicherheiten wirken preistreibend, machen aber zugleich Investitionsentscheidungen sehr schwer, denn der Erdölmarkt zählt zu den undurchsichtigsten und am höchsten politisierten Wirtschaftssektoren, nicht nur aufgrund der OPEC und ihrer unklaren Motive.

Es fehlt Datenmaterial, um Fakten und Zahlen klar vergleichen zu können und derart das Verhältnis von Angebot und Nachfrage zu berechnen. Wie wenig verlässlich Statistiken sind, wusste schon Churchill ironisch zu beschreiben, als er meinte: „Ich glaube nur an die Statistiken, die ich selbst gefälscht habe." Doch Sarkasmus beiseite, die Problematik ist ernst. Bestimmen doch diese Zahlen Investitionsentscheidungen und die Preisbildung, die wiederum uns alle als Konsumenten trifft. Allein die unterschiedlichen Angaben zu Saudi-Arabien, zur Russischen Föderation, die stark divergierenden Berechnungen zur Nachfrage der USA und Chinas können die Märkte heftig durcheinander rütteln. Der Shell-Konzern weiß davon ein Lied zu singen. Seit 2002 revidierte der Konzern seine Reservenangaben vier Mal nach unten. Der Verlust von 4,8 Mrd. Fass in seinen Büchern brachte den Aktienkurs erheblich unter Druck.

Hingegen leben viele Denkfabriken, Analysten und Medien von den widersprüchlichen Informationen. Wie rasch sich Prognosen selbst überleben, stellt man bei Durchsicht der Publikationen immer wieder fest. Weder ist falscher Optimismus, dass das Erdöl noch lange reiche, noch ist Panikmache, dass das letzte Fass Öl demnächst verbraucht würde, angesagt. Vielmehr sind nüchterne Skepsis und gesunder Menschenverstand gefragt, um stets Datenmaterial kritisch zu hinterfragen. Zu rasch treiben falsche Annahmen, die auf der Ausblendung wichtiger Faktoren beruhen, und die Aussicht auf rasche Profite die Akteure am Ölmarkt in die falsche Richtung.

Wie sich Kenner der Materie zum Thema „peak-oil" äußern, hat nicht nur mit ihrer Funktion, also auf welcher Seite im Ölgeschäft sie stehen, zu tun, sondern ist oftmals auch eine Frage der Weltanschauung. Setzt man primär auf Öl als Energieträger Nummer eins und ist alles eine Frage der Technologie, wo man noch danach bohren will? Oder weiß man den Rohstoff Erdöl als wertvollen, knappen und nicht erneuerbaren Bodenschatz zu würdigen, der nicht unbedingt verheizt werden sollte? Die OPEC selbst geht davon aus, dass ihre Ölreserven bei einem Produktionsniveau von rund 30 Mio. Fass pro Tag bis 2090 reichen sollten. Jene der Nicht-OPEC-Produzenten gehen nach Einschätzung der OPEC bereits in 20 Jahren zu Ende. Auch diese Berechnungen werden sich stets mit dem Preisniveau verändern. Denn wenn der Preis schlicht zu hoch ist und die Nachfrage sinkt, verschiebt sich auch der Tag des letzten Ölfasses nach hinten.

Die Reservenfrage bewegt die Analyseabteilungen, da in Zeiten geringer Zusatzkapazitäten die Reserven neuerlich brisant werden. Viele Staaten erlauben „Fremden" nicht, den Umfang dieser Felder zu prüfen. Denn die IEA würde gerne unabhängige Kommissionen entsenden. Es ist aus Sicht der OPEC fraglich, ob deren Geologen zu anderen Ergebnissen kämen als die Geologen, die für die Energieministerien der Förderstaaten arbeiten. Es wird in den öffentlich zugänglichen Statistiken diejenige Ölmenge als Reserve bezeichnet, die als „nachgewiesen und unter heutigen Bedingungen wirtschaftlich gewinnbar" gilt. Diese Definition erlaubt weite Interpretationen. Die Geologen versuchen, jeder Reserveangabe eine Wahrscheinlichkeit zuzuordnen. Eine Reserve, die mit 80, 9 oder 95 Prozent als sicher gilt, wird in den meisten Zusammenhängen als „sicher nachgewiesene Reserve" bezeichnet.

Entscheidend für die Bewertung der Reservenlage ist, was unter den gegebenen technischen und wirtschaftlichen Bedingungen gefördert werden kann. Es fehlt hierbei besonders an einheitlichen Bewertungsstandards. Auf Initiative der UNO wurde eine Kommission zur Vereinheitlichung von Standards ins Leben gerufen, an deren Arbeiten sich die OPEC beteiligt. Strittig sind die Klassifikationen der Reserven, welche als gesichert oder möglich zu bewerten sind. Dies gilt insbesondere für die OPEC-Produzenten und nun auch verstärkt für die Gebiete der früheren Sowjetunion. Selbst Kritiker der OPEC meinen, dass die Reservenlage auf dem Gebiet der Russischen Föderation wohl noch kontroverser sei als in den OPEC-Staaten selbst. Laut OPEC-Generalsekretariat belaufen sich die gesicherten OPEC-Reserven auf 922.482 Mio. Fass Rohöl, was 77,2 Prozent der weltweit gesicherten Reserven von 1.067.204 Mio. Fass entspricht.[15]

Der US-Finanzexperte Matt Simmons zeichnet hingegen ein sehr skeptisches Bild der Lage der Reserven in Saudi-Arabien. Doch auch über den Staat mit den weltgrößten Reserven hinaus ist die Transparenz der Daten in den meisten anderen Ölförderstaaten umstritten. Denn die Reserven scheinen in einigen Staaten seit den 1970er Jahren quasi unverändert. So als hätten die nationalen Konzerne für jedes geförderte Fass Rohöl ein zusätzliches entdeckt, um den Abgang zu ersetzen. Außerdem haben einige OPEC-Staaten die Angaben ihrer Reserven stark erhöht. Manche Zahlen

---

[15] OPEC Annual Statistical Bulletin 2006, 31. Juli 2007

erinnern skeptische Marktbeobachter eher an Phantastereien als an harte, geologisch überprüfbare Fakten. Kuwait pumpt täglich mehrere Mio. Fass Erdöl, große neue Entdeckungen machte das Emirat nicht, doch seine Statistiken scheint dies nicht zu berühren.

Der Hintergrund ist das Quotensystem. Denn diese Quoten werden teils auf Basis der angegebenen Reserven berechnet. Aus den zuvor beschriebenen Gründen hatten die OPEC-Staaten gerade ab 1985 durch den starken Preisverfall ein großes Interesse daran, die Angaben über ihre Reserven entsprechend hoch anzulegen, um möglicht viel fördern zu können und ihre Haupteinnahmequelle zu sichern. So revidierte Kuwait kurioserweise seine Reserven quasi über Nacht um 50 Prozent nach oben. Die Vereinigten Arabischen Emirate, der Iran und Irak machten es Kuwait noch 1985 nach. Saudi-Arabien war das letzte OPEC-Land, das 1988 seine geschätzten Reserven um 88 Mrd. Fass erweiterte. Echte Erklärungen hierfür hatten diese OPEC-Staaten aber nie zur Verfügung gestellt. Es sei jedoch vermerkt, dass weltweit infolge effizienterer Technologien bestehende Ölfelder besser ausgebeutet werden können. Der Markt sollte es aber wissen, ansonsten rächt er sich bei rapide wachsender Nachfrage, wie dies seit 2004 der Fall ist, indem sich die Preisspirale nach oben dreht. Die Gründe sind vielfältig, wie mehrfach betont. Doch ein wesentlicher Faktor ist auch die Unsicherheit über die tatsächlichen Reserven der Hauptproduzenten. Beschwichtigungen, dass jederzeit auf die Reserven zurückgegriffen werden könne, wollen nicht überzeugen. Denn die OPEC selbst betont, dass ihre zusätzlichen Förderkapazitäten mit unter zwei Mio. Fass pro Tag beschränkt sind. Zugleich muss sich der Ölmarkt auch das Gegenargument gefallen lassen: Warum soll immer nur die OPEC Reservekapazitäten garantieren? Energieversorgungssicherheit sollte das Thema aller Beteiligten, nicht nur der OPEC, sein.

Paul Horsnell von der Investmentbank Barclays Capital vergleicht die Kunst der Erstellung von Ölmarktdaten mit dem Lesen von Kaffeesatz. Prognosen zu einer steigenden Nachfrage für das Jahr 2020 bringen wenig. Im Gegenteil, sie können sogar die Märkte schädigen, indem sie preistreibend wirken. Schaut man so manche Analyse aus dem Jahr 2003 an, die noch auf dem OPEC-Preisband von 22 bis 28 US-Dollar pro Fass aufbaute, so zeigt sich knapp zwei Jahre später, dass die Prognosen völlig falsch lagen.[16] Ebenso unklar ist auch die tatsächliche Gesamtförderquote der OPEC. Die offizielle Förderquote der OPEC beträgt auf Basis des Beschlusses der OPEC-Ministerkonferenz vom Juni 2005 gegenwärtig 28 Mio. Fass pro Tag. Tatsächlich bewegt sich die Produktion zwischen 29 und 30 Mio. Fass pro Tag. Fast alle Erhöhungen der offiziellen OPEC-Förderquote seit

---

[16] Oil Outlook to 2020, OPEC Review Paper. Juni 2003

2003 haben de facto nur die Überproduktion durch die Mitglieder bereinigt. Diese Überproduktion dauert aber an, wie aus den divergierenden Zahlen der Marktbeobachter, sei es der Middle East Economic Survey oder die IEA hervorgeht. Die Angaben zwischen dem OPEC-Generalsekretariat, das sich auch nur auf die von den Mitgliedern berichteten Förderquoten verlassen kann, und den von den Märkten indirekt übermittelten Zahlen liegen oft um zwei Mio. Fass pro Tag auseinander. Ein Land wie Kuwait stellt beispielsweise überhaupt keine Daten zur Produktion und Reservenlage zur Verfügung. Die Schuld liegt – wie so oft in internationalen Organisationen – bei den nationalen Regierungen. Die statistischen Zentralämter am Golf stehen zudem von oberster Stelle unter starkem Druck, ihre Angaben sind daher kritisch zu hinterfragen. In ihrem statistischen Bulletin legt das OPEC-Generalsekretariat eine sehr übersichtliche Darstellung wichtiger Produktionsdaten vor. Die Datenabteilung überprüft die Angaben ihrer Mitglieder mittels anderer Quellen, doch ist Skepsis geboten. Denn so manche volkswirtschaftliche Analyse wird nach politischen Gesichtspunkten gedreht, um bestimmte Maßnahmen zu rechtfertigen. Zur Ehrenrettung der OPEC sei angemerkt, dass solche Basteleien nicht nur in ihrem Revier stattfinden.

Auch die Internationale Energieagentur IEA, die als Gegenstück zur OPEC geschaffen wurde, um unter anderem mehr Klarheit in die Datenlage zu bringen, ist unter Analysten keine Autorität mehr. Ihre Prognosen zur Entwicklung der Nachfrage lagen in der Vergangenheit schon oft jenseits der Realität. Eines ihrer Meisterstücke in diesem Sinne war die gewaltige Fehleinschätzung zur Entwicklung der Nachfrage in China. Die Daten der IEA sind daher ebenso mit Vorsicht zu genießen, da sie vor der Publikation so manche Veränderung erfahren.

Wie man die Sache nun auch drehen und wenden mag, eines steht fest: Die OPEC-Staaten verfügen unabhängig von den exakten Zahlen über die wesentlichen Reserven; diese sind unter geringem technischen Kostenaufwand leicht zu fördern und verkehrsgünstig per Tanker und Pipeline zu transportieren. Doch die politischen Kosten könnten sich als äußerst hoch erweisen. Dieses Dilemma spitzt sich anhand des Fallbeispieles Saudi-Arabien zu, des Landes mit den weltweit größten Erdölreserven, das zugleich Exporteur eines fundamentalistischen Islams ist, der von Pakistan bis Großbritannien für Terror sorgt. Doch auch Saudi-Arabien selbst könnte von seinen eigenen Zeloten noch kräftig erschüttert werden. Wie sich der Weltmarkt präsentieren würde, sollte Saudi-Arabien das Land mit seiner Tagesproduktion von ca. zehn Mio. Fass pro Tag plötzlich ausfallen, möchte sich offenbar niemand auch nur als bösen Albtraum ausmalen. Doch ist dies nicht Realitätsverweigerung?

2.3. Die besondere Allianz der USA mit dem Hause Saud

Saudi-Arabien ist neben Liechtenstein das einzige Land der Welt, das nach einer Familie benannt ist. Das Haus Saud gründete 1932 den streng islamischen Staat im Verbund mit den sunnitischen Klerikern der Wahabiten. Zwischen dem Stamm der Saud und diesen Puritanern unter den Muslimen bestehen seit Ende des 18. Jahrhunderts enge Verbindungen. Scheich Abdel Aziz Ibn Saud gelang zu Beginn des 20. Jahrhunderts von Riad aus eine Einigung der rivalisierenden Stämme auf der Arabischen Halbinsel, dem Hedschas. Das einigende Band fand er in der wahabitischen Interpretation des Islam. Ohne die Wahabiten wären die Saud heute nicht das, was sie sind, und die Wahabiten wären eine isolierte Glaubensgruppe im Hedschas geblieben, wenn sie nicht dank der Saud an die Macht und deren Petrodollars zu unbegrenzten finanziellen Mitteln gekommen wären. Wenn man diese enge Verbindung zwischen dem wahabitischen Klerus und der Herrscherfamilie begriffen hat, versteht man auch die Rolle Saudi-Arabiens bei der Verbreitung des wahabitischen Islams. Diese mit viel Geld betriebene Missionierung hat einige Krisenherde, von Afghanistan über Westafrika bis in den Maghreb geschaffen.

Bedauerlicherweise förderte nach dem Ersten Weltkrieg zunächst die Regierung in London und später auch in Washington die Saud anstelle der Haschemiten, die die ursprünglichen Wächter der heiligen islamischen Stätten von Mekka und Medina waren. Die Haschemiten und ein friedlich gelebter Islam wurden von den Saud vertrieben und in bester kolonialer Tradition des britischen Empire mit Königsthronen in Jordanien und im Irak kompensiert. Ein extremer Islam hielt an ihrer Stelle damit Einzug im historischen Ursprungsgebiet des Islams.

Abdel Aziz Ibn Saud entschloss sich bereits 1933 zu einer Allianz mit den USA. Den historischen Hintergrund bildete Ende der 1930er Jahre das massive Interesse der Amerikaner und Briten an Erdölkonzessionen in der Region, deren Bedeutung zum damaligen Zeitpunkt nur vermutet werden konnte. Dieses so genannte „great game" war ein Wettlauf von Geologen, Abenteurern und an der politischen Spitze zwischen dem britischen Premier Winston Churchill und US-Präsident Franklin D. Roosevelt. Dass letzterer das Rennen für sich entschied, lag wohl nicht nur an seinem großzügigeren Gastgeschenk in Gestalt eines Flugzeugs anstelle der Parfümschatulle aus London. Das Motiv für den Beduinenfürsten, einen amerikanischen Partner für das erst in den Anfängen steckende Ölgeschäft zu nehmen, war einfach: Besser einen geografisch weit entfernten und desinteressierten Verbündeten haben, der in der Region keine territorialen Ambitionen hatte, als sich den Briten wirtschaftlich auszuliefern. Das Britische Königreich, dessen erste politische Devise „free passage to India" war, kontrollierte über die „Trucial States", den erst in den 1960er Jahren in die Unabhängigkeit entlassenen Emiraten, bereits weite Teile der Küste des Persischen Golfs.

Die USA hingegen erfreuten sich im gesamten arabischen Raum des Rufes, antikolonial und ein guter Geschäftspartner zu sein. Das Geschäft zwischen Amerikanern und dem Hause Saud war im März 1947 perfekt. Die Aramco-Geschäftsleitung, die zudem von Washington mit zahlreichen außenpolitischen Agenden beauftragt war, bestimmte den Umfang der Ölförderung und den Preis. Im Gegenzug erhielt der Gaststaat einen fixen Prozentsatz, die so genannten Royalties. In Saudi-Arabien waren Texaco, Exxon und Mobil mit Chevron in Form der Arabian-American Oil Company Aramco tätig. Auch nach der Nationalisierung Mitte der 1970er Jahre blieb der Name, dann aber als Saudi Aramco. Aramco bildete bis dahin einen Staat im Staate, war eine Lobby der besonderen Art. Die Geschäftsleitung von Aramco gestaltete die Tagespolitik im Gaststaat, und in den Büros der Ölfirmen wurde Regionalpolitik im großen Stil betrieben.

Die Einnahmen aus den Ölexporten betragen mehr als 90 Prozent der Gesamtexporte. Die vielen Pläne für eine Diversifizierung und Strukturreformen hat die Regierung in Riad nicht verwirklicht. Im Gegenteil: Das Land hat sich mit Waffenkäufen, einer Rechnung im Golfkrieg von 1991 mit 55 Mrd. US-Dollar und vielen anderen Aktionen unvorsichtiger Scheckbuchdiplomatie – ob im Irak, in Algerien oder in Pakistan – schwer übernommen. Die fetten Jahre sind endgültig vorüber, teilte Ende 2000 der damalige Kronprinz und jetzige König Abdullah seinen Landsleuten mit.[17] Der saudische Wohlfahrtsstaat, der eine rundum versorgte Bevölkerung ruhig halten sollte, hatte seine finanziellen Grenzen erreicht. Hinzu kam der rasche Bevölkerungsanstieg von 3,5 Mio. Menschen im Jahr 1980 auf knapp 25 Mio. im Jahr 2005. Die Arbeitslosenrate unter der männlichen Bevölkerung – Frauen werden statistisch nicht erfasst – beträgt 25 Prozent. Der „Gesellschaftsvertrag" – sprich Steuerfreiheit, großzügiges Sozialwesen und hochbezahlte Jobs – heizte die Verschuldungspolitik weiter an und ist gegenwärtig nur infolge der hohen Einnahmen seit 2004 wieder finanzierbar. Die Vervielfachung des Fasspreises von 1998 bis 2008 führte von einem Defizit zu einem Budgetüberschuss. Auch konnte die Auslandsverschuldung infolge des Fasspreises von mehr als 100 US-Dollar vorerst reduziert werden. Während der Niedrigpreisjahre 1990-1998 war in Washington die Angst groß, Saudi-Arabien könnte wegen der niedrigen Staatseinnahmen kollabieren. Denn jenseits der Einnahmen aus fossilen Energieträgern verfügt der Staatshaushalt mangels Abgaben und Steuern über keine Einnahmeposten.

---

[17] Gause III Gregory F. "Saudi Arabia over a barrel", in: Foreign Affairs, Vol. 79 Nr. 3, Juni 2000; S. 81-94

Doch mit der aktuellen Konsolidierung und einem Wirtschaftswachstum von rund sechs Prozent dank der Preishausse ist die wirtschaftliche und politische Situation des Landes noch nicht bereinigt, mag die Börse von Riad auch noch so attraktiv auf Investoren wirken. Von der neuen Liquidität in den OPEC-Golfstaaten profitieren vorerst die Auftragsbücher von Bauunternehmen, um neue Prestigeobjekte zu errichten, sowie die Erzeuger von Luxuslimousinen im Stile Bentley. Auch wenn König Abdullah unmittelbar nach seinem Amtsantritt Anfang August 2005 große Reformen ankündigte, die hausgemachte soziale Krise und die enorme Fanatisierung muslimischer Kleriker und junger Kämpfer wird sich nicht binnen Jahresfrist wegreformieren lassen. Zu viel Hass wurde im Schulunterricht über die „Ungläubigen" gesät, zu viel ist in den letzten 15 Jahren in der Region passiert, als dass das Bild vom „pro-westlichen und gemäßigten Saudi-Arabien", wie es immer wieder gezeichnet wird, tatsächlich zutreffen könnte. Der ehemalige CIA-Agent Robert Baer zählt zu den Kritikern dieser blinden Allianz zwischen den USA und Saudi-Arabien. In seinem Buch „Sleeping with the Devil"[18] zeigt er die vielen Verbindungen zwischen höchsten Kreisen der US-Regierung und dem Hause Saud auf. Was immer die Nachrichtendienste versuchten, um vor dem islamistischen Terrorismus unter der Schirmherrschaft Riads zu warnen, wurde seitens des Weißen Hauses torpediert. Denn Leitmotiv war bis zum Ende des Kalten Kriegs, den Einfluss der Sowjetunion einzudämmen. Parallel galt es ab 1979, das sunnitische Königreich als Hüter der wichtigsten Heiligen Stätten des Islam in Mekka gegen die iranischen Expansionsbestrebungen mit dem Ziel einer Islamischen Revolution zu unterstützen. Im Sommer 1990 wurden rund 40.000 US-Soldaten auf saudischem Territorium stationiert, um dem Königreich gegen den Irak beizustehen. Ein Großteil davon wurde im Winter 2002 auf die neuen Militärbasen in Katar verlegt, um von dort aus den Angriff auf den Irak zu starten. Die eigentliche Gefahr droht dem saudischen Herrscherhaus indes nicht von außen, sondern von innen, wie sich auch in Washington herumgesprochen hat. Die Gefahr eines Umsturzes durch Anhänger islamistischer Terrororganisationen ist real. Das Verhältnis zwischen den USA und Saudi-Arabien sank im Herbst 2001 auf einen historischen Tiefpunkt. Angesichts der Tatsache, dass 15 der 19 Attentäter vom 11. September einen saudischen Pass hatten, ist die öffentliche Meinung in den USA gegenüber dem Königreich äußerst schlecht.[19] Auf diplomatischer Ebene sind beide Seiten um Schadensbegrenzung des „deep discomfort" bemüht. Verfolgt man die saudischen Medien, zeigt sich tiefe

---

[18] Robert Baer, "Sleeping with the Devil-How Washington Sold Our Soul for Saudi Crude". New York 2003

[19] Arab-American Institute, Washington Watch Umfrage vom 24.12.01: "The Kingdom has completely reversed its rating in the past year. While in January 2001, Saudi Arabia recorded an all-time high favorability rating of 56% and an all-time low of 28%, its rating is now 24% favorable to 58% negative."

Verärgerung über den US-Tadel. Gegenwärtig sieht es danach aus, dass die Partnerschaft, die die nahöstlichen Stürme der letzten 70 Jahre überlebt hat, auf einem äußerst schwierigen Prüfstand steht. Je mehr die USA und Saudi-Arabien auseinander driften, umso enger scheint die neue Allianz zwischen Saudi-Arabien und China zu wachsen.

Saudi-Arabien gilt aber vorerst noch als der verlässliche Partner der USA in der OPEC, der als deren wichtigster Mitgliedsstaat die Wünsche der USA hinsichtlich der Förderquoten geschickt vertritt. Doch die Rolle eines „swing-producer" kann Riad nur mehr in sehr begrenztem Umfang wahrnehmen, denn seine eigenen Zusatzkapazitäten sind – solange keine neuen Felder erschlossen werden – äußerst begrenzt. König Abdullah versprach zwar bei seinem Besuch in Washington im April 2005, 50 Mrd. US-Dollar in die Erschließung neuer Ölfelder investieren zu wollen – dies wäre die erste große Investition seit den 1970er Jahren – doch für Matthew Simmons ist die Reservenlage in Saudi-Arabien äußerst zweifelhaft. Nach seiner düsteren – wenngleich in der Branche umstrittenen – Prognose habe auch Saudi-Arabien bereits seinen eigenen „oil-peak" überschritten.

Für die unmittelbare Zukunft Saudi-Arabiens werden aber jenseits der Reservenfrage zwei völlig andere Aspekte viel bedeutender: Wird China die USA als strategischer Partner ersetzen, und welche Auswirkungen wird dies auf die politische Ordnung im Golf insgesamt haben? Wie sehr werden muslimische Extremisten noch Saudi-Arabien und seine Ölwirtschaft erschüttern? Je nachdem könnte das Bild von freundschaftlicher Eintracht zwischen Riad und Washington, zwischen den Familien Saud und Bush im besonderen, aus vielen Gründen bald der Vergangenheit angehören.

Der nationale Konzern Aramco bedient immer stärker auch China. Wenn es heißt, Saudi-Arabien könnte bald nicht mehr die Nachfrage des Westens befriedigen, so ist herauszuhören, dass Riad mehr Interesse an einer besonderen Kooperation mit China haben könnte. Diese wäre für das Haus Saud langfristig die attraktivere Kooperation, denn China würde es wohl nicht drängen, ein Rechtsstaat zu werden, wie dies die USA derzeit zaghaft aber doch erfüllt von ihrer „Demokratisierungsmission" für den Nahen Osten tun. Noch aber sind aber die USA in Saudi-Arabien unabkömmlich. Eine Rezession in den USA würde die Bindung an China jedenfalls beschleunigen.

Das ursprüngliche Kalkül der US-Regierung, das sie bei ihrem Feldzug gegen den Irak 2003 leitete, nämlich den Irak anstelle Saudi-Arabiens als einen solchen swing-producer aufzubauen, ist angesichts der dramatischen Sicherheitslage im Irak gescheitert. Zudem hätten die USA eine solche Strategie auch nur mit einer US-freundlichen Regierung unter Aufrechterhaltung des nationalen Monopols der Erdölwirtschaft erreichen können.

Die OPEC mit 48: weniger mächtig, aber noch immer präsent

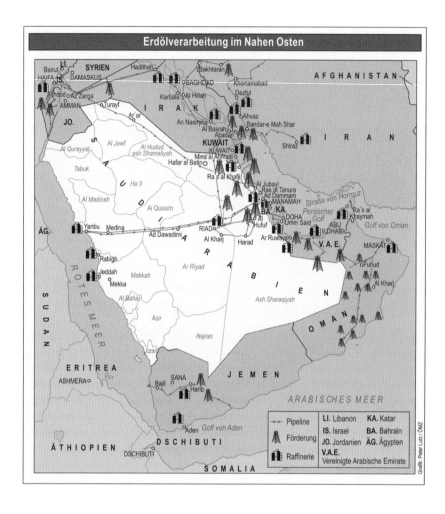

Indes versuchen Energieexperten in den USA in Simulationsübungen die Folgen eines Umsturzes und der damit verbundenen Ausfälle des saudischen Erdöls durchzuspielen.[20] Mit Preissprüngen auf bis zu 160 US-Dollar pro Fass wird in dieser Übung kalkuliert. Ließe sich anfänglich für die US-Verbraucher mittels der strategischen Benzinreserven noch einige Monate lang ein Puffer aufbauen, so wären wohl die Folgejahre katastrophal, so die Bilanz der Übungsteilnehmer. Sie vergessen hierbei dennoch einige zusätzliche Punkte: Erstens würde ein solcher Umsturz in Saudi-Arabien einen Dominoeffekt in der gesamten Region auslösen. Katar und die anderen Emirate wären die nächsten Kandidaten für weitere Umstürze; zweitens wären die Lagerbestände der IEA und die strategischen nationalen

---

[20] *Financial Times* vom 5.8.2005. Zeitpunkt für dieses Planspiel war Dezember 2005.

> Dem „swing-producer" kommt eine übergeordnete Bedeutung zu. Im Wesentlichen geht es um die Stabilisierung des Marktpreises durch aktiven und regulierenden Eingriff in das Marktgeschehen entsprechend den jeweiligen Marktbedingungen. Durch flexible Gestaltung der eigenen Fördermenge nach oben wie nach unten obliegt es einem „swing-producer", das auf dem Markt befindliche Gesamtvolumen auszubalancieren und durch dieses „swingen" für Preisstabilität zu sorgen. Im Falle einer Reduzierung der Fördermenge ist hiermit auch ein bestimmter Grad an „Selbstaufopferung" verbunden, da es um den Verlust von Marktanteilen und um Gewinneinbußen geht.
>
> Zwei wesentliche Voraussetzungen sind erforderlich:
> - Der swing-producer muss über ausreichende und erschlossene Rohölvorkommen verfügen, um etwaige Engpässe kompensieren zu können.
> - Eine leistungsfähige und flexible Förderungs- und Vertriebsstruktur ist nötig, um rasch auf die neue Angebotslage reagieren zu können.

Reserven, die nun auch China aufbaut, ebenso Gegenstand von Spekulation und Panik an den Börsen.

Die Möglichkeiten für einen Sturz des Hauses Saud sind vielfältig. Betrachten wir zwei davon ein wenig genauer, nämlich eine Militärrevolte oder die Machtergreifung durch Islamisten. Galten die Militärs in den arabischen Staaten bis 1967, dem Jahr der Niederlage gegen Israel im Sechs-Tage-Krieg, als Reformer, als Männer mit nationalen Visionen, den Werten der Loyalität und Meritokratie verbunden, so hat sich ihr Rollenbild mit den Attributen „korrupt und unfähig" ins Negative verschoben. Weder konnten sie in den meisten Staaten die in sie gesetzten Erwartungen einer Modernisierung – siehe Algerien – umsetzen, noch haben sie dort, wo sie teils übergangsweise die Macht übernehmen, wie in Syrien oder im Irak, ein allgemeines Nationalbewusstsein anstelle der tribalen und ethnischen Bindungen gesetzt. Vielmehr hat sich, vor allem in Syrien und im Irak, gezeigt, dass die militärischen Zirkel mit all den einander oft konkurrierenden Geheimdiensten zu mächtigen Wirtschaftsenklaven aufgestiegen sind, die sich keiner Kontrolle von außen unterziehen. Die Armee hat in Syrien schon längst den zivilen Markt übernommen. Und auch in Saudi-Arabien verhandeln inzwischen Generäle über Auslandskredite. Die traditionell umfangreichen Waffenankäufe für die saudischen Truppen haben zu einer starken Zuwanderung ausländischer Militärexperten geführt. Diese Tatsache wiederum irritiert den mächtigen wahabitischen Klerus im Land.

Saudi-Arabien gab 2005 für seinen Verteidigungsetat 21,1 Mrd. Dollar aus. Die Militärausgaben sind seit 2003 damit um 5 Mrd. Dollar gestiegen. Allein für die Sicherung von Ölterminals mussten im Jahr 2005 über eine Mrd. Dollar veranschlagt werden. Für die Sicherheit der königlichen Familie und der wichtigsten Zentren im Königreich, wie der Terminals, ist die Nationalgarde zuständig. Von 77.000 Gardisten sind 20.000 Mann Angehörige der Stammeshierarchien. Ein großer Teil der Kommandanten wird auf den Akademien von Sandhurst und Westpoint ausgebildet.

Vor allem in den niederen Offiziersrängen gibt es viele Sympathisanten für einen politischen Wechsel. Ihre ideologische Inspiration finden sie im islamistischen Gedankengut, dessen Grundvorwurf an das saudische Establishment die Auslieferung des Landes an ausländische Mächte, vor allem an die USA ist. „Ulama", also islamische Rechtsgelehrte, werden mit ihrer Kritik an der Dekadenz der Familie Saud und ihrem Abfall vom wahren Islam immer unverhohlener. Sollten daher innersaudische Islamisten einen Umsturz realisieren, ist kaum mit einer Unterdrückung durch die Militärs zu rechnen.[21] Auslöser wäre in beiden Fällen die Unzufriedenheit mit der Wirtschaftslage. Dass der eigentliche Nahostkonflikt zwischen Israel und den Palästinensern zu einem politischen Beben in den Golfmonarchien führen könnte, gilt unter politischen Beobachtern als eher ausgeschlossen. Ausschlaggebend wird das wirtschaftliche Überleben der Saudis sein. Solange die Ölkassen gefüllt sind, kann von relativer Stabilität gesprochen werden.

Vincent Lauerman vom Canadian Energy Research Institute bringt es auf den Punkt: „Ali Baba und die 40 Räuber kriechen in das Haus Saud, das stürzen wird, wenn nicht rasch die richtigen Maßnahmen ergriffen werden."[22] Dieser Ali Baba könnte Bin Laden oder wie auch immer heißen, denn die Masse der Unzufriedenen im Lande ist groß. Vorrangig wäre, die bislang abgeschotteten Sektoren im Energie- und Transportwesen für ausländische Direktinvestitionen zu öffnen. Seit dem 11. September 2001 sind die politischen Risiken für Investitionen rasant gestiegen, dank hohen Ölpreises ist das Land aber dennoch interessant. Mit dem Beitritt zur Welthandelsorganisation WTO hat sich Saudi-Arabien den internationalen Handelsregeln inklusive Schiedsgerichtsbarkeit unterworfen. Eine Garantie für politische Sicherheit ist dies aber nicht. Konzernchefs wissen, dass niemand um Saudi-Arabien herumkommt, man will sich das Vertrauen der saudischen Partner erhalten. Wie war das doch gleich 1979? Weder die USA noch die Konzernleitungen erkannten damals die Zeichen der Zeit. Eine Neuauflage iranischer Verhältnisse, als Schah Reza Pahlevi über Nacht fliehen musste und ausländische Guthaben eingefroren wurden, ist für Saudi-Arabien nicht auszuschließen.

---

[21] Lauerman Vincent, "The House of Saud's Survival Strategy", in: Geopolitics of Energy, Juni 2000; S. 4-13
[22] ebenda S. 4

Das Programm von Al Qa'ida nennt als primäres Ziel die Vertreibung der USA aus dem Golf und verfolgt den Sturz des Hauses Saud. Die strategische Allianz der USA mit dem Hause Saud ist auch eine Geschichte persönlicher Freundschaften zwischen den Chefetagen von Aramco und den Söhnen der Saud. Wer eines der Motive für Bin Ladens Ideologie ergründen will, sollte die Rolle der USA in Saudi-Arabien studieren. Für den Muslim Bin Laden sind die Saud, Hüter der heiligen Stätten des Islams, infolge ihrer starken Bindung an die USA zu Verrätern am Islam geworden. Bin Laden, neues Symbol west-östlicher Animositäten, ist im US-loyalen Saudi-Arabien aufgewachsen. Die Rolle, die der Energieträger Öl für alle Beteiligten spielt, ist ihm als saudischem Milliardär mehr als klar. Nachrichtendienste hatten daher eher mit Sabotageakten von Al Qa'ida in Saudi-Arabien als mit Terror auf US-Territorium gerechnet. Angriffe auf Pipelines und Terminals sind im Konzept der Al Qa'ida, die trotz aller saudischen Erfolgsmeldungen über ihre Zerschlagung weiterhin in Saudi-Arabien agiert, vorprogrammiert. Ausländische Facharbeiter wurden im Jahre 2004 mehrfach Zielscheibe von Anschlägen und Entführungen. Der Angriff auf die Anlage von Abqaiq bei Dahran am Ende Februar 2006 war wohl nur ein Vorspiel für weitere Anschläge. Ein Angriff auf die Strecke Ras Tannura-Yanbu, die quer über die Arabische Halbinsel Öl aus einem der größten Ölfelder der Welt transportiert, würde weitere Panik an den Börsen provozieren. Entsprechend wichtig, aber nicht in vollem Umfang machbar, ist die Sicherung der Transportwege. Die USA haben ihrerseits 15.000 Wächter für die Pipelines und Produktionsanlagen im Irak aufgestellt. Allein 9.700 US-Soldaten bewachen die immer wieder stockenden Reparaturen.

Bei der Allianz mit den USA handelt es sich um eine „special relationship", die für Saudi-Arabien gegenwärtig eine gefährliche innenpolitische Gratwanderung bedeutet.[23] Der Ausfall eines Teiles oder gar der gesamten saudischen Produktion liegt durchaus im Rahmen des Möglichen, auch wenn die OPEC-Kunden ein solches Szenario noch nicht wahrhaben wollen. Der Irak wäre in einem solchen Fall fast nur mehr ein dramatischer Nebenschauplatz.

Es wäre vermessen, prognostizieren zu wollen, welches Regime wo fällt und wer dann folgen könnte. Einzig das Emirat Katar hat sich unter Scheich Hamid bin Khalife al-Thani, der 1995 gegen seinen Vater putschte, geöffnet und seine Strukturen liberalisiert. Scheich Hamid gilt daher – in

---

[23] Geopolitics of Energy and Saudi Oil Policy, Rede von Ölminister Ali Naimi; am 8.12.1999 im Center for Strategic and International Studies, Washington, D.C.
"I want to emphasize here that the US and Saudi Arabia, the world's largest consumer and producer respectively, have had a special relationship for many years. We have been allies in war and in peace. Saudi Arabia, as the largest supplier of petroleum to the US, has worked hard to fulfil its role in this partnership. The Kingdom has shown itself, time and again, to be a reliable supplier of petroleum to world markets as well as a force for price stability. (...)" in Middle East Economic Survey vom 13.12.1999

Anspielung auf den amerikanischen Westernhelden – als der „Maverick" unter den Golfmonarchen. Der Satellitensender „Al Jazira", der mit CNN konkurriert und die arabische Haus- und Hofberichterstattung revolutionierte, ist ein Beispiel unter vielen für die Sonderrolle von Katar. Vor einem Umsturz ist auch Katar nicht sicher. Zudem gilt auch hier der demographische Unsicherheitsfaktor: 70 Prozent der 840.000 Kataris sind Ausländer. Die Armeen der Golfmonarchien werden mehrheitlich von Söldnern, vor allem aus Pakistan, gestellt. Ob sich diese hinter das jeweilige Herrscherhaus stellen, ist zu bezweifeln. Und Saddam Hussein, der auf seine Weise den USA jahrelang die Stirn geboten hat, ist neben Osama bin Laden auch als Toter der heimliche Held arabischer Massen von Kairo bis Aden.

Der Irak könnte entlang der Erdölfelder zerbrechen

Der Irak war und ist ein sehr fragiles Staatengebilde, das Großbritannien 1920 auf der Konferenz von San Remo gleichsam auf dem Reißbrett schuf. Die dahinterstehenden Motive wurden in Kapitel 1 ausführlich dargestellt. Der Wunsch der USA, dem Land föderale Strukturen zu verpassen, riskiert die Implosion dieses Vielvölkerstaates mit seinen wichtigen Rohstoffreserven. Föderalismus im Sinne autonomer Kompetenzen hat zwar Tradition im Nahen Osten, doch basiert dieser auf dem Personalstatut und nicht auf territorialen Strukturen. So hatten die vielen ethnischen und Religionsgruppen sowohl unter der osmanischen

---

Die relevanten Artikel der irakischen Verfassung:

Article 109

"Oil and gas reserves are the ownership of the entire Iraqi people in all regions and governorates."

Article 110

1. *"The federal government manages the oil and gas in the current producing fields together with the regional governments and producing governorates, and distributes their oil revenues equitably in proportion to the population in all parts of the country, plus allocating a portion, for a limited period, to those regions that were deprived of such revenue by the previous regime and had suffered, so as to ensure equitable development in various parts of the country. This is to be governed by a law."*

2. *"The federal government, together with the regional governments and producing governorates, shape the strategic policy to develop the oil and gas wealth in a way that ensures the highest benefit to the Iraqi people based on the latest market principles, and promotes investments."*

Herrschaft als auch in den Verfassungen der Nationalstaaten nach dem Ersten und Zweiten Weltkrieg jeweils weitreichende Zuständigkeiten im Bereich des Personenrechts. Will man ein Land wie den Irak nach schiitischer, kurdischer und anderer Bevölkerungsmehrheit territorial neu ordnen, wächst die Gefahr der Implosion des Landes. Denn der Irak ist kein Land der Tomaten und Kartoffeln, sondern verfügt über sehr wichtige Erdöl- und Erdgasreserven, die stets Objekte der Begierde waren.

Die im Oktober 2005 erlassene neue irakische Verfassung sieht nur eine begrenzte Zuständigkeit der Zentralregierung in der Handhabung der Erdöl- und Erdgasreserven vor, die sich außerdem auf Planungsfragen reduziert. Die Regionalregierungen könnten laut Art. 110 vielmehr über Investitionen entscheiden, was auch die Zulassung internationaler Konzerne im „upstream" bedeuten würde, sollte die Sicherheitslage dies erlauben. Der frühere irakische Erdölminister Issam al-Chalabi fürchtet daher eine weitere Verkomplizierung aller zukünftigen Investitionsangelegenheiten, wenn nicht das zentrale Ölministerium, sondern Regionalgouverneure solche Fragen entscheiden würden.[24] Alle Bemühungen, ein neues Bundesgesetzt zur Erdölbewirtschaftung zu erlassen, scheiterte bislang u.a. am Veto der kurdischen Regionalregierung.

Die USA und ihre Verbündeten setzten auf den Irak große Hoffnungen zur Neugestaltung ihrer Erdölkontrakte. Diese Erwartungen wurden bekanntlich nicht erfüllt, der Irak versinkt im Chaos, Mitarbeiter ausländischer Konzerne werden entführt und hingerichtet. Hinzu kommt, dass das Land entgegen allen optimistischen Ankündigungen nicht zu seinem Produktionsniveau von vor der Invasion im März 2003 zurückkehren konnte. Die Pipelines in Richtung Nordwesten sind meist nicht operabel, die Strecke über Basra könnte infolge der Unsicherheitslage ebenso gestoppt werden. Hingegen nimmt der Schmuggel weiter überhand. Wenn der Irak tatsächlich in Bürgerkrieg und Staatszerfall mündet, würden diese Entwicklungen wohl auch auf andere Staaten in der Region übergreifen. Noch ist der Irak rein rechtlich ein Mitglied der OPEC, doch die unsichere Zukunft dieses Landes überschattet alle Planungen innerhalb und außerhalb der OPEC.

Fazit
Binnen weniger Monate vervierfachte sich zwischen Herbst 1973 und Frühjahr 1974 der Ölpreis. 1979 wurde durch den plötzlichen Ausfall des iranischen Erdöls die ohnehin fragile Weltmarktsituation verschärft. Die Inflation stieg an, die Weltwirtschaft kam in eine Rezession und die Nachfrage sank. Zudem wurde OPEC-Erdöl durch Öl aus anderen Fördergebie-

---

[24] MEES vom 29.8.2005

ten, Alternativen oder Energiesparen substituiert. Eine der wesentlichen Lektionen für die OPEC-Produzenten lautete daher: Besser das Erdöl im Boden lassen, als es an die Inflation zu verlieren. Es folgte eine Phase geringer Investitionen in die Erschließung neuer Felder, natürlich auch wegen des anschließenden Preisverfalls. Die Folgen dieser fehlenden Investitionen für neue Fördergebiete sind besonders seit 2004 infolge wachsender Nachfrage nach OPEC-Erdöl wieder heftig spürbar. Die OPEC kann immer weniger den Angebotshebel bewegen, um ihre Preispolitik zu gestalten. Denn die Ölpreiskrise seit 2004 ist in erster Linie nachfragebedingt.

Angesichts ihrer enormen Erdöl- und Erdgasreserven wird die OPEC jedoch als wichtiger Akteur auf dem Weltmarkt, vor allem als Partner der asiatischen Konsumenten in China und Indien, expandieren. Je mehr die Produktion aus den Nicht-OPEC-Staaten zurückgeht, umso bedeutsamer wird die OPEC-Produktion werden. Interessant wird sein, aus welchen Staaten hierfür das Kapital und die Technologie kommen, und welche Regierungen in den OPEC-Staaten noch an der Macht sein werden.

Kapitel 3
Die Nicht-OPEC -Produzenten:
hohe Erwartungen und schwankende Resultate

Der Marktanteil der so genannten Nicht-OPEC-Produzenten hat sich seit den 1980er Jahren auf mehr als 60 Prozent verschoben und die OPEC damit von ihrer einstigen Vormachtstellung verdrängt. Zu den für OECD-Konsumenten wichtigen Produzenten außerhalb der OPEC zählen neben Mexiko und den Nordsee-Lieferanten Großbritannien und Norwegen verstärkt auch die afrikanischen Öl-Exporteure Gabun, Äquatorial-Guinea, Ghana etc. Der Sudan hingegen gewinnt für China immer mehr an Gewicht. Große Erwartungen setzen internationale Konzerne auf die kleine westafrikanische Inselgruppe São Tomé e Príncipe, die gegenwärtig von Geologen geradezu überrollt wird. Mit Auflösung der Sowjetunion 1991, die bis dahin vorrangig ihre Einflusszone, die Comecon-Staaten, versorgt hatte, und der anschließenden Ausbeutung der Erdöl- und Erdgasfelder in den Nachfolgestaaten wurden diese afrikanischen Förderländer zu einer immer interessanteren Alternative, gleichermaßen für Investoren und Verbraucher.

Russisches Erdöl und Erdgas sollten mit Technologie und Kapital des Westens gefördert werden. Bei ihrem ersten Zusammentreffen im Juni 2001 in Slowenien sprachen Putin und Bush in ihrer gemeinsamen Pressekonferenz mehrfach von einer Energiealliance. Im Mai 2002 besiegelte ein Festakt im Kreml eine solche Allianz, die dann aber von den Reibereien zwischen Moskau und Washington rund um den Irakkrieg in Frage gestellt wurde. An ihre Stelle schien verstärkt die Achse Paris-Berlin-Moskau zu treten. Nicht transatlantisch sondern geradezu eurasisch ausgerichtet, handelt es sich hierbei übrigens um eine alte Idee des französischen Generals und Staatspräsidenten Charles de Gaulle.[1] Die russische Ölwirtschaft präsentierte sich für die Europäer als Alternative zu einer US-Hegemonie am ölreichen Golf. „Europa und Russland sind aufgrund ihrer geografischen Nachbarschaft und ihrer Geschichte in Energiefragen natürliche Verbündete", betonte Alexander Karpushin, regionaler Vertreter von Rosneft bei einem Erdölseminar in Wien.[2] Seit dem Ausbruch der lange angekündigten Erdgaskrise zwischen Russland und der Ukraine zum Neujahrstag 2006 mit all ihren Auswirkungen auf die europäische Energieversorgung herrscht eine Desillusion über die russische Zuverlässigkeit als Energielieferant. Doch die russische Karte wird vorerst weiter gespielt, wie das deutsch-russische Projekt der Ostseegaspipeline zeigt. Ebenso orientieren sich Italien, Griechenland und v.a. der Balkan an russischem Gas.

Zusätzlich zu den Projekten in Russland setzte der Wettlauf um Einfluss und Ressourcen in den kaukasischen und zentralasiatischen Staaten unmittelbar nach deren Unabhängigkeit ein. So sind ausländische Direktinvestitionen im „upstream" in einigen dieser Staaten erstens möglich und zweitens einfacher als in den Emiraten der OPEC zu organisieren. Zudem gewähren Unternehmens- und Rechtskultur dort relativ mehr Sicherheit für Investoren als in den OPEC-Emiraten, wo Verträge nur nach nationalem Recht gültig sind, ein Mitglied der Herrscherfamilie als „Sponsor" eingeschaltet und „honoriert" werden muss. Hinzu kommen Fragen der Lebensqualität. Für Management und technisches Personal ist der Alltag in Baku oder Moskau vorerst angenehmer, als abgeschottet und gegebenenfalls terrorgefährdet in einem Ausländerghetto in Riad zu leben.

Das Verhältnis dieser Erdölexporteure zur OPEC war streckenweise von Konflikten geprägt, denn schließlich geht es um Marktanteile und das Gewinnen von Investoren. Zugleich ist zu beobachten, dass aus Konkurrenten bisweilen Partner geworden sind: Auf gemeinsamen Seminaren, Beratungen am Rande der OPEC-Gipfel, wo die Nicht-OPEC-Produzenten Beobachterstatus haben, oder auf dem Internationalen Energieforum in Riad mit seinen ehrgeizigen aber wenig realistischen Plänen eines permanenten Dialogs aller beteiligten Anbieter und Verbraucher. In einer globalisierten Wirtschaft, die immer stärker kommunizierenden Gefäßen ähnelt, ist die Interdependenz zwischen OPEC und Nicht-OPEC-Erdöl spürbar. Die OPEC allein vermag wenig Einfluss auf den Markt auszuüben, selbst wenn sie über eine Reduzierung der Quote die Fördermenge kürzt, wenn nicht die anderen Erdölproduzenten außerhalb des Kartells mitziehen.

---

[1] Eine eigene Website und Publikationen von meist deutschen und französischen Autoren, so des Initiators Henri de Grossouvre, begleitet dieses Konzept: www.paris-berlin-moscou.com

[2] Oil and Security, veranstaltet vom International Institute for Peace, Diplomatische Akademie Wien. 28.3.2003

Dies wurde im Winter 1998/99 sehr deutlich, als damals die Förderquoten allerseits gekürzt wurden, um die Tiefpreiskrise von unter zehn US-Dollar pro Fass zu überwinden. Nur dank der gemeinsamen Kürzung der Förderquoten konnte die – auch von den USA gewünschte – Anhebung des Weltmarktpreises erreicht werden. Ebenso zeigte sich im Frühjahr 2002, als infolge weltweit sinkender Nachfrage die Preise weit unterhalb des von der OPEC angepeilten Preisbands von 22 bis 28 US-Dollar pro Fass sanken, dass die OPEC allein nichts ausrichten konnte.

Aus einer Analyse der Investmentbank Dresdner Kleinwort Wasserstein vom Sommer 2003 ging klar hervor, dass die Russen auch mit einem niedrigeren Ölpreis gut leben konnten.[3] Demnach würden russische Konzerne – laut Stand 2003 – ihre Fördermengen erst bei einem Fasspreis von 15 Dollar kürzen. Russland war es gelungen, innerhalb weniger Jahre seine Auslandsschulden abzubauen. Anders verhielt es sich mit den OPEC-Mitgliedern, die ihre damals hohe Verschuldung kaum im Griff hatten und durch neuerliche Förderkürzungen den Preis wieder nach oben treiben wollten. Vergeblich reisten die Ökonomen des Wiener OPEC-Generalsekretariats nach Moskau, um im russischen Energieministerium für Kürzungen zu werben, denn ohne russisches Mitwirken gingen Förderdrosselungen der OPEC ins Leere. Während Norwegen und Mexiko ihre Kürzungen mit der OPEC in Gleichklang brachten, ließ Russland das Kartell im Regen stehen. Die Behörden zogen sich aus der Affäre, indem sie auf den privaten Markt in der Erdölproduktion verwiesen und die Statistiken im Raum der GUS (Gemeinschaft unabhängiger Staaten) zu ihren Gunsten manipulierten. In jener Periode, vor allem 2001/02, war auch die Euphorie über eine geplante russisch-amerikanische Energieallianz noch relativ groß. Putin ließ den Westen damals wissen: „Vergessen Sie nicht, dass das russische Erdöl christlich ist." Nach dem 11. September und aufgrund wachsender Ressentiments besonders in den USA gegenüber Saudi-Arabien sah es kurzfristig ganz danach aus, als würde Russland die westliche Energiesicherheit neu garantieren können. Indes haben sich die geopolitischen Gewichte angesichts der russisch-amerikanischen Divergenzen, der Neuordnung der russischen Energiewirtschaft unter staatlicher Schirmherrschaft und der wachsenden Rolle von China und Indien neuerlich verschoben.

Die Nicht-OPEC-Produzenten sind zwar in viele OPEC-Foren eingebunden, dass sich aber Russland langfristig als Dialogpartner der OPEC etabliert, wird von Beobachtern allgemein bezweifelt. Erstens hält das rohstoffreiche Russland einen niedrigeren Ölpreis besser aus als die OPEC-Staaten, deren Einnahmen überdurchschnittlich vom Ölexport abhängen. Und zweitens hegt die Regierung in Moskau tiefe Skepsis gegenüber den Golfstaaten, die

---

[3] Russian Oil Monitor, 3.7.2003

als Financiers islamistischer Bewegungen im Kaukasus vermutet werden. Der von Samuel Huntington 1993 behauptete „Kampf der Kulturen" bekam mit den Ereignissen vom 11. September – angesichts der westlichen Abhängigkeiten von nahöstlichen Krisengebieten – neue Nahrung, vor allem in der Gestaltung der Energiepolitik. Russland versuchte anfänglich geschickt, von dieser Dynamik zu profitieren, nähert sich aber je nach Bedarf auch an den OPEC-Kurs an. Putin möchte jedenfalls die einstige Großmachtrolle Russlands in der Nahostpolitik wiederbeleben und das Feld nicht ausschließlich den USA überlassen. Moskau setzt hierbei aber mehr auf Vermittleraufgaben, wie im Streit um das iranische Atomprogramm.

Das Verhältnis zwischen OPEC und Nicht-OPEC-Produzenten ist diffus. Einerseits benötigen sie einander, andererseits rivalisieren sie um Investoren und Marktanteile. Für den Investor wird je nach Zeitrahmen und Volumen ein Projekt in einem Nicht-OPEC-Staat, bzw. unter anderen Voraussetzungen wiederum in einem OPEC-Staat attraktiv erscheinen. Es sei nur kurz in Erinnerung gerufen, dass die Explorationskosten in Saudi-Arabien bei ca. 4 US-Dollar pro Fass liegen, während sie in Norwegen bei ca. 18 US-Dollar pro Fass pendeln. Eine Investition in Saudi-Arabien könnte andererseits jederzeit von einem Sabotageakt oder einem Umsturz hinweggefegt werden, während die Nachhaltigkeit der Energieversorgung in Kanada oder in Schottland jedenfalls gegeben ist. Das folgende Kapitel untersucht die politischen und wirtschaftlichen Investitionsbedingungen in einigen wichtigen Förderstaaten außerhalb des zuvor beschriebenen Ölkartells OPEC.

3.1. Russland und die Renationalisierung der Energie

> „Wer die Energieversorgung und die Infrastruktur
> eines Staates verkauft, verkauft den gesamten Staat
> und macht die Politik zur Marionette des Geldes!"
> *Wladimir Wladimirowitsch Putin*

Dieses Zitat trifft den Kern der Politik des russischen Präsidenten Wladimir Putin und damit auch die Veränderungen der russischen Erdölindustrie, die in der Dekade 1995 bis 2005 heftige Umbrüche erlebte. Zeigten sich die Börsen im April 2003 noch euphorisch über die bevorstehende Fusion der privaten russischen Ölkonzerne Yukos und Sibneft inklusive des Einstiegs von US-Investoren, so war im Dezember 2004 von Yukos nichts mehr übrig. Die Anteile wurden versteigert, und der Staatsbetrieb Rosneft übernahm mittels Strohfirma und dank chinesischer Vorfinanzierung den aufgelösten Energiekonzern des inhaftierten Yukos-Chefs Michail Khodorkovski. Putin hatte klar demonstriert, dass er die Erdölindustrie des Landes und damit die Gesamtwirtschaft Russlands neu ordnen wollte. Im Falle einer Realisierung der Fusionspläne wäre mit YukosSibneft der mit Abstand größte börsennotierte Konzern in Russland entstanden und gemessen am Fördervolumen wäre YukosSibneft nach ExxonMobil, BP und Royal Dutch/Shell der weltweit viertgrößte private Erdölproduzent geworden. Entsprechend groß war das Interesse der Investoren an dieser russischen „Elefantenhochzeit". Verstört reagierten die Märkte jedoch auf die Verhaftung von Khodorkovski im Oktober 2003 und auf die fortschreitende Zerschlagung von Yukos. Die Investorenträume in Russland waren zum zweiten Mal starker Ernüchterung gewichen. Die erste Vertrauenskrise ergab sich aus dem Chaos der 1990er Jahre, das begleitet von Anarchie und überhand nehmender organisierter Kriminalität in die Rubelkrise im Sommer 1998 mündete. Im Jahr 2004 reagierten Investoren auf diese neue Willkür von staatlicher Seite mit dem Abzug von Kapital: Zwischen Januar und September 2004 wurden insgesamt 10,9 Mrd. US-Dollar Kapital aus Russland rücktransferiert, dreimal so viel wie im Vorjahreszeitraum.[4] Was sich seit dem Machtantritt Putins langsam abzeichnete, war nun für alle offensichtlich: Die zentrale Kontrolle über Wirtschaft und Politik im Land mit den sechs Zeitzonen sollte wiederhergestellt werden.

Der rasche Aufstieg des unscheinbaren Putin vom Premierminister zum russischen Präsidenten zu Neujahr 2000 war eine Überraschung. Im Amt durch Wahlen seither mehrfach bestätigt, zog der ehemalige KGB-Agent aus Dresden ein Programm durch, das sich folgendermaßen zusammenfassen lässt: innenpolitisch das Chaos der Regierung von Boris Jelzin in Staat und Wirtschaft überwinden und nach außen Russland seine alte Größe auf der Weltbühne wiedergeben. Als Mittel zum Zweck wird die Stärkung der zentralen Kontrolle auf allen Ebenen, von den Provinzregierungen bis zu den Medien, sowie mehr Autorität in den internationalen Beziehungen praktiziert. Im März 2008 übergab Putin das Präsidentenamt an Dimitri Medwedew, bislang Gazprom-Chef. Putin mutierte wieder zum Premier, der aber im Hintergrund die Fäden der Macht zieht.

Putin erkannte richtig die Notwendigkeit einer Neuordnung in der Erdöl- und Erdgasindustrie, die unter Jelzin seit 1994 regellos privatisiert worden war. Inmitten dieser Anarchie kamen junge Oligarchen wie Khodorkovski, Abramowitsch & Co. zu Reichtum und Macht. Der Feldzug Putins gegen diese aufstrebenden Wirtschaftsbosse und ihre Konzerne durch vom Kreml ferngesteuerte Justiz ist zweifellos kritikwürdig. Doch die Renationalisierung der russischen Energiewirtschaft ist nicht mehr als die russische Spielvariante einer in den USA geprägten Devise: „The oil-business is too important to leave it to the oil people." Es sei angemerkt, dass die USA bereits 1933 innerhalb des Innenministeriums den Posten eines „Oil-Administrators"[5] eingerichtet hatten und 1977 sämtliche zuständigen Be-

---

[4] *Financial Times Deutschland*, 27.12.2004
[5] Diesen Posten übernahm Harold Ickes; siehe Yergin, op.cit. S.252

hörden in einem Energieministerium bündelten. Bei aller Huldigung der Marktwirtschaft in den USA gilt in Sachen Erdöl und Energie nicht das Primat der Wirtschaft, sondern jenes der Politik. Die Ölbranche wird über Mitglieder der jeweiligen Regierung, die diversen Aufsichtsräten großer Energiekonzerne verbunden sind, indirekt kontrolliert, bzw. kann die Öllobby ihre Anliegen auf höchster Ebene erfolgreich vertreten. Die Energiepolitik ist integraler Bestandteil der Außen- und Sicherheitspolitik in den USA, ebenso in Japan und neuerlich wieder in der Russischen Föderation. Nur die EU in ihrer Gesamtheit hat dies noch nicht begriffen, einzelne Mitgliedsstaaten hingegen sehr wohl, indem sie ihre nationale Energiepolitik in enger Verbindung mit ihren sicherheitspolitischen Prioritäten gestalten. Frankreich mit seiner Nuklearpolitik ist hierfür ein Paradebeispiel.

Putin holte seinerseits die russische Energiewirtschaft wieder in den Kreml zurück. Offen ist, welche Firmen neben Gazprom, Rosneft und Lukoil noch übrigbleiben, bzw. welche Handlungsfreiheit internationale Firmen wie TNK-BP haben werden. Es sieht nach einer Art Duopol, besetzt von Rosneft und Gazprom aus, die beide wiederum vom Kreml mitkontrolliert werden. Nach dem Exempel, das Putin an Yukos statuieren ließ, lautet die Linie der meisten Ölkonzerne: nicht auffallen und sich schön zurückhalten. Problematisch erscheint weniger die Renationalisierung an sich, sondern die Tatsache, dass die Justiz politisch instrumentalisiert wird und die Betriebsführung vom guten Willen des Kremlchefs abhängig ist. An die Stelle der jungen Oligarchen mit ihren Nahebeziehungen zur korrupten „Jelzin-Firma", wie der Clan rund um Boris Jelzin und seine umtriebige Tochter genannt wurde, sind die engeren Freunde Putins aus Sankt Petersburger Zeiten getreten. Diese als „silowiki" bezeichneten Profiteure entstammen meist den Kreisen der Sicherheitsapparate, so dem Inlandsgeheimdienst FSB und verhalten sich gegenüber ihrem ehemaligen Kollegen Putin loyal. Zu ihnen zählt Igor Setschin, wie Putin ein ehemaliger Geheimdienstoffizier. Sein Beiname lautet bezeichnend „Erdöl-Kardinal". Setschin soll die gesamte Demontage von Yukos vorbereitet und durchgeführt haben.

Inwieweit diese Personen rund um das „System Putin" jedoch die ihnen unterstehenden Erdöl- und Erdgaskonzerne mit dem erforderlichen Management beschicken, den Fiskus nicht betrügen und Investoren interessante Bedingungen anbieten können, ist gegenwärtig noch nicht zu beurteilen. Es steht aber zu befürchten, dass die russischen Rohstoffe in absehbarer Zeit nicht für die Gesamtentwicklung des Landes genützt werden. Für den Politologen Stanislaw Belkowski stellen sich die Eigentumsübertragungen so dar: „Dem Staat ging es gar nicht darum, Steuern (Anm.: bei Yukos) einzutreiben, sondern das Eigentum von einer Personengrup-

---

[6] *Financial Times Deutschland*, 27.12.2004

pe an eine andere zu übergeben."⁶ Die russische Renationalisierung ist zwar aus sicherheitspolitischen Überlegungen und angesichts der großen Bedeutung der Einnahmen aus den Energieexporten für das Land nachvollziehbar, doch die Frage des Managements könnte den russischen Konzernen noch große Probleme bereiten. Die Politik mischt viel zu stark mit. Personen werden nicht aufgrund ihrer Qualifikation, sondern wegen ihrer Nahebeziehung zum Kreml mit Aufgaben in der Energiewirtschaft betraut. Diese Personalpolitik orientiert sich an Linientreue. Ob die Firma korrekt wirtschaftet, erscheint eher nebensächlich.

Der russische Innenminister und Putin-Vertraute Boris Gryslow hatte im Frühjahr 2005 in einer Rede vor Petersburger Studenten die Nationalisierung aller russischen Bodenschätze befürwortet. Die Rückkehr zu alten Verhältnissen unter Putin nahm mit der Wiedereinsetzung der – melodisch zweifellos schöneren – alten Sowjethymne ihren Anfang und setzt sich in der täglichen Wirtschaftspolitik fort. Die russische Wirtschaft läuft Gefahr, sich fortschreitend zu „saudisieren", d.h. sie bleibt vom Export der Rohstoffe abhängig, produziert am Limit ihrer Kapazitäten und vernachlässigt die dringend gebotene Diversifizierung. Die fortschreitende Wiederverstaatlichung der Erdöl- und Erdgasunternehmen bietet der russischen Regierung auch die Möglichkeit, gezielt mit der OPEC an einem Strang zu ziehen, um bei Bedarf die Förderquote wieder gemeinsam zu reduzieren, sollte ein Preisverfall drohen. In der Vergangenheit war dies schwieriger, da das Moskauer Energieministerium keine Einflussmöglichkeit auf die unabhängigen Firmen hatte. Staatlicher Dirigismus wird aber andere betriebswirtschaftliche Probleme verursachen.

Die Enteignung der Oligarchen findet in der russischen Öffentlichkeit mehrheitlich Zustimmung. Dies erklärt sich aus einer Mischung von Neid, begründeter Kritik an den Privatisierungspraktiken und der sehr einseitigen Berichterstattung in einer bereits gleichgeschalteten russischen Medienlandschaft. Nach einer ersten Schrecksekunde angesichts der Vorgänge rund um Yukos und später um Sibneft scheinen aber internationale Energiekonzerne ihr Interesse an Energieprojekten in der Russischen Föderation wieder zu verstärken. Rechtssicherheit hin, politischer Einfluss her, Russland ist gegenwärtig der wichtigste Erdöl- und Erdgaslieferant Deutschlands. Yukos will man am liebsten als gescheitertes Modell vergessen, obwohl interessante Lektionen aus diesem Fall einer Renationalisierung zu ziehen wären. Die Investorengruppe Menatep, die 53 Prozent des Yukos-Kapitals kontrolliert, verwies in einer Stellungnahme darauf, dass die Behörden sich nicht einmal die Mühe machten, ihren „Angriff auf das internationale Recht zu verstecken". Menatep-Berater und FDP-Politiker Otto Graf Lambsdorff bezeichnete die Vorgänge rund um Yukos als „reine Willkür".⁷

---

[7] ebenda

Vorzeigeobjekte des jungen russischen Kapitalismus

Yukos galt seinerzeit westlichen Beobachtern als positives Beispiel, wie aus Unternehmen, die während der umstrittenen Privatisierungen in Russland entstanden waren, moderne Konzerne werden. Denn Yukos-Chef Michail Khodorkovski hatte die Transparenz des Konzerns wesentlich verbessert, die Eigentümerstruktur offengelegt, westliche Manager auf Spitzenposten ins Unternehmen geholt und den US-Standard GAAP (U.S. Generally Accepted Accounting Principles) für die Bilanzen eingeführt. Zum Verhängnis sollte Khodorkovski sein Wunsch werden, Yukos noch mehr expandieren zu lassen und in der Politik mitzumischen. Die Folgen sind neun Jahre Haft für den vormals reichsten Mann Russlands und die fortschreitende Zerschlagung seines Imperiums. Die Yukos-Aktien sind heute wertlos.

Der geschäftsführende Yukos-Vorstandschef Steven Theede nannte den Fall Yukos einen „Litmus Test" für zukünftige Investoren, da die rechtlichen und politischen Umstände an sich auf jeden interessierten Geldgeber ernüchternd wirken müssten: „I can see why fellow oil-men still look to Russia with excitement and awe, but I have to caution them that if this can happen to Yukos it really can happen at any time and to any other corporation."[8] (deutsch: „Ich verstehe durchaus, warum Kollegen im Ölgeschäft immer noch in einer Mischung aus Erregung und Ehrfurcht gen Russland schauen. Aber ich möchte sie warnen: Wenn so etwas einem Konzern wie Yukos zustoßen kann, kann es immer und überall auch jedem anderen Unternehmen passieren.") Theede gibt sich zwar weiterhin gegenüber den Aktionären und der Belegschaft zuversichtlich, dass Yukos in seiner Selbstständigkeit erhalten bleiben soll, die Entwicklungen seit Dezember 2004, die Verurteilung von Khodorkovski und das selbstbewusste Vorgehen des Kremls gegenüber anderen Erdölbaronen scheinen aber in eine andere Richtung zu weisen.

Nicht abschrecken lassen sich aber eine Reihe von Investoren, die großes Interesse an Förderprojekten in der Russischen Föderation haben. Im September 2003 schlossen der russische Konzern TNK und die britische BP Verträge im Verhältnis 50 zu 50 zur Schaffung der TNK-BP, die sich zu der am schnellsten wachsenden russischen Firma entwickelt hat und 16 Prozent der russischen Erdölproduktion erwirtschaftet. Das Unternehmen plant Investitionen von 15 Mrd. US-Dollar für das kommende Jahrzehnt, um vor allem den „upstream"-Bereich auszubauen, der sich über das gesamte Staatsgebiet erstreckt. Diese enge Kooperation in Energiefragen prägt die Freundschaft, die der ehemalige britische Premierminister Tony Blair für Wladimir Putin empfindet wohl in dem gleichen Maße, wie dies

---

[8] Vortrag auf der CIS Oil & Gas Conference in Paris am 1. Juni 2005. Anm.: CIS steht für GUS, Gemeinschaft unabhängiger Staaten, dem losen Verbund der Nachfolgestaaten der Sowjetunion.

für das Verhältnis zwischen Bundeskanzler Gerhard Schröder und seinen Freund Putin galt. Ziel dieses britisch-russischen Zusammenschlusses ist es der russischen Erdölindustrie, moderne Technologie zur Verfügung zu stellen. Zudem soll – im Sinne von „East meets West" – mit einem Reservoir von Ingenieuren an gemeinsamen Problemen, ob in Sibirien oder Alaska, gearbeitet werden. TNK-BP arbeitet unter anderem an der Lösung eines dramatisch weit verbreiteten Problems in der russischen Erdöl- und Erdgasförderung: das Auslaufen der Pipelines infolge schlechter Qualität der Rohre und fehlender Wartung. Die russischen Pipelines haben im Schnitt eine Funktionsdauer von nur zehn Jahren, während die internationalen Normen bei 20 bis 25 Jahren liegen. Schätzungen sprechen von einem jährlichen Verlust von Rohöl von ca. 16 Prozent infolge der vielen Lecks. Laut der Umweltschutzorganisation Greenpeace fließen jährlich 16 Mio. Tonnen Erdöl aus.[9] Abgesehen vom finanziellen Verlust führen undichte Rohre in so fragilen Ökosystemen wie der Tundra zu schweren Schäden an Fauna und Flora. Weitere Korrosion der Rohre zu vermeiden, ist eine der wesentlichen Aufgaben von TNK-BP, kein leichtes Unterfangen bei einem Pipeline-Netz von rund 28.000 km. TNK-BP ist seit März 2008 verstärkt im Visier der russischen Steuerbehörden. Die Durchsuchung der Büros durch FSB-Männer, also dem Inlandsgeheimdienst, erinnert an ähnliche Präzidenzfälle. Gazprom brachte im September 2006 der von Royal Dutch geleite weltgrößte Gasförderprojekt Sachalin 2 genauso unter seine Kontrolle wie das von TNK-BP gehaltene Gasförderfeld Komythan in Sibirien. In beiden Fällen ging es nicht um Steuernachzahlungen, sondern um den Vorwurf der Nichteinhaltung von Umweltstandards. Die staatlichen Einmischungen machen den Briten zu schaffen. Denn das Russland-Engagement steht heute immerhin bereits für ein Viertel von BP´s Förderung und für 18 Prozent seiner Energievorräte. Für den Einstieg in das 71.000 Mitarbeiter starke Unternehmen zahlte BP 2003 7,7 Mrd. US-Dollar.

Fraglich ist hingegen, inwieweit London auch zulässt, dass russische Konzerne britische Energieversorger erwerben. Angesichts des nahenden Endes britischer Erdgasproduktion in der Nordsee zeigt sich Gazprom interessiert, in die britische Energieszene direkt einzusteigen. Nach den Spielregeln der WTO, mit der russische Beitrittsverhandlungen laufen, sollte dies zulässig sein und keine politische Debatte lostreten. Andererseits ist die Zusammensetzung der Konzernführung von Gazprom nicht mit jener von BP zu vergleichen. Während der russische Staatskonzern von politischen Protegés verwaltet wird, verfügt die andere über transparente Strukturen einer etablierten Aktiengesellschaft. Anatolij Dmitrijewskij, der Direktor des Instituts für Erdöl- und Erdgasfragen der Russischen Akade-

---

[9] http://archiv.greenpeace.de/GP_DOK_3P/RUSSLAND/SEITEN/INDEXRU.HTM

mie der Wissenschaften ist gar der Ansicht, Russland sei auf dem Energiemarkt zu Höherem bestimmt.[10] „Russland kann sowohl auf den Märkten Europas als auch auf denen Südostasiens, die sich in schnellem Tempo entwickeln, präsent sein. Einerseits also diese einzigartige geografische Lage, andererseits die einzigartigen Erdöl- und Erdgasvorkommen", so der Erdölfachmann. Die Anbieterseite befinde sich aus der Sicht Moskaus momentan in einer so komfortablen Lage, dass aus Konkurrenten schon fast Partner geworden sind. Verfolgt man die rasche Ausdehnung von Gazprom in Richtung Myanmar/Burma, Nordafrika bis nach Lateinamerika, dann zeigt sich, dass die russische Strategie teils schon aufgegangen ist.

Neben den Joint Ventures mit westlichen Erdölkonzernen wird die chinesische Option zweifellos für Moskau immer interessanter. Übrigens plante Khodorkovski bereits lange vor seiner Verhaftung ein Pipelineprojekt mit China, während der Kreml einer Kooperation mit Japan den Vorzug gab. Japan hat China bei Putin ausgestochen und eine Pipeline erworben, die unter Umgehung Chinas zum Hafen Nakhodka im fernen Osten Russlands führt. Am 1.1.2005 unterzeichnete Putin einen Vertrag über Ölexporte nach Japan von Ostsibirien zum Pazifischen Ozean. Offen ist jedoch immer noch, ob Russland auch eine Abzweigung nach China bauen wird. Russland ist daran gelegen, größtmögliche Flexibilität zu bewahren, um sich nicht zu sehr von China abhängig zu machen. Dennoch ist die engere Kooperation, vor allem auf militärischem Gebiet, zwischen den beiden offensichtlich. China scheint unterdessen auch zum Favoriten Putins zu werden, wenngleich dieser seinen Amtskollegen Präsident Hu Jintao bei dessen Besuch im Juli 2005 mit dem Wunsch nach einer Beteiligung von chinesischen Firmen an russischen Ölkonzernen sowie dem Bau einer Pipeline in die Volksrepublik abblitzen ließ. Gegenstand des Abkommens ist ein chinesischer Kredit von 6 Mrd. Dollar für russische Öllieferungen zu einem Fasspreis von 25-30 US-Dollar, obwohl Russland ursprünglich eine Formel im Vertrag verankern wollte, die eine Bindung an den Weltmarktpreis vorsah.

Die Sanierung und der Ausbau des russischen und auch zentralasiatischen Pipelinenetzes sind dringend geboten. Peinlich sollte daher die von BP aufgrund schlechter Wartung 2006 verursachte Ölpest in der Prudhoe Bucht von Alaska werden. Die Hälfte des Ölfeldes musste geschlossen werden. Bemerkenswert ist, wie viel Erdöl in Russland aufgrund seiner Landmasse und wenigen eisfreien Häfen auf Schiene verfrachtet wird. Ob hierbei nun westliches (auch japanisches) oder chinesisches Kapital zum Zug kommt, ist Teil des schon zuvor beschriebenen „great game", des Wettlaufs um den Zugang zu Ressourcen.

---

[10] *The Voice of Russia*, 1.6.2004

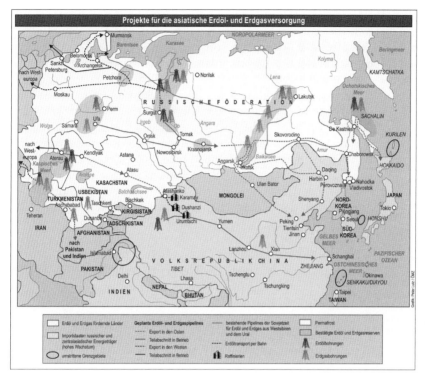

Projekte der asiatischen Energieversorgung

Rückgang der russischen Produktion?

Zwischen 2002 und 2003 ging die russische Erdölproduktion steil in die Höhe. Russland überholte Saudi-Arabien als größten Erdölproduzenten mit einer Tagesproduktion von über 9 Mio. Fass. Danach ließ das Produktionswachstum kontinuierlich nach. Ist es der vielzitierte Zeitpunkt des „peak-oil"[11], oder hat die Abnahme russischer Produktion seit Herbst 2003 andere Gründe? Laut Produktionszahlen aus dem Jahr 2004 sank die Zuwachsrate von 10,7 auf 8,9 Prozent.[12] Dass die russische Produktionsspitze nun tatsächlich schon erreicht sein könnte, bestätigte im April 2008 Leonid Fedem, Vizepräsident von Lukoil, dem größten unabhängigen russischen Ölkonzern.[13] Russische Behörden sprechen lieber von

---

[11] Mit "peak-oil" bzw. "Hubbert peak" wird im Englischen der Scheitelpunkt der weltweiten Ölverfügbarkeit bezeichnet, also der Zenit der Ölförderung, die durch die Ressourcenüberbelastung danach kontinuierlich abnehmen wird.
[12] Die im folgenden Abschnitt enthaltenen Daten entstammen dem CGES Global Oil Report, Vol.16, Issue 4 vom Juli/August 2005. London
[13] Financial Times, 15.04.2008

einer Verflachung als einem Produktionseinbruch, doch wird es immer schwieriger, die asiatische Nachfrage zu befriedigen. Die aktuelle Produktionskrise unterscheidet sich von jenen vergangener Jahre. Damals fiel infolge des Verfahrens gegen Yukos und das Management des Konzerns der wichtigste russische Produzent aus. Zum anderen war auch die staatliche Rosneft mit Produktionsproblemen konfrontiert. Dieses Unternehmen erwarb im Dezember 2004 dank chinesischer Vorauszahlung den „upstream" von Yukos, die Yuganskneftegas, muss sich aber Kapital für den Ausbau seiner Produktion beschaffen. Diese Transaktion war sehr undurchsichtig, denn zuvor wurde noch eine völlig unbekannte Finanzgruppe namens Baikalfinans in die Versteigerung eingeschaltet, die dann wieder von der Bildfläche verschwand. Die in den russischen Medien kolportierten Zahlen des chinesischen Kredits sollen sich auf rund sechs Mrd. Dollar belaufen.[14] Im Gegenzug erhielt China russische Erdöllieferungen bis zum Jahr 2010 zu einem vergünstigten Preis. Rosneft möchte jedenfalls seinen Produktionsanteil am russischen Markt von derzeit 17 auf 26 Prozent ausbauen. Mit dem für 2006 geplanten Börsengang will die hochverschuldete Rosneft das hierfür erforderliche ausländische Kapital auftreiben.[15] Es wird ein Balanceakt für die Unternehmensführung, den Kreml und zukünftige Aktionäre sein, wie das erforderliche Kapital anzulocken ist, ohne hierbei die staatliche Kontrolle über Rosneft aufzugeben. Das Moskauer Vorgehen während der russisch-ukrainischen Erdgaskrise zu Jahresbeginn 2006 hat viele Marktbeobachter aufgescheucht. Denn wer es bis zu dem Zeitpunkt noch nicht begriffen hatte, musste spätestens am 1. Januar 2006 einsehen: Russland betreibt über seine Position als Energieversorger Europas Außen- und Innenpolitik.[16] Ob Russland dies langfristig gelingt, hängt von den fossilen Reserven und der Technologie zu deren Bewirtschaftung ab. Nicht 4 sondern voraussichtlich 1.000 Mrd. US-Dollar sind zur Erschließung neuer Quellen erforderlich. Angesichts der hohen Steuerlast und der systematischen Willkür der russischen Behörden gegenüber ausländische Investoren, ist fraglich, woher diese neuen Investitionen kommen könnten.

Gazprom seinerseits hat sich mit dem Erwerb von Sibneft im Herbst 2005 verkalkuliert. Denn die Produktion der Sibneft-Erdölfelder könnte bis 2010

---

[14] Telefoninterview mit Alexander Rahr, Programmdirektor des Zentrums für Russland/GUS bei der Deutschen Gesellschaft für Auswärtige Politik, am 28.9.05
[15] *Petroleum Argus* FSU Energy vom 24.2.2006
[16] Ende 2005 lief der Vertrag über Gaslieferungen der Gazprom an die Ukraine aus, die Verhandlungen über einen neuen Vertrag verliefen ergebnislos. Gazprom forderte – ganz auch im Sinne der WTO-Forderungen, die wettbewerbsverzerrende Preissubvention aufzugeben – eine Erhöhung des Preises von 50 Dollar je 1.000 Kubikmeter auf das Niveau westeuropäischer Abnehmer von 230 Dollar je 1.000 Kubikmeter. Gazprom stellte am 1.1.2006 die Lieferungen an die Ukraine ein. Die Auswirkungen waren fast im gesamten kontinentaleuropäischen Erdgasnetz spürbar.

um die Hälfte zurückgehen. Die Ursache ist die starke Beschädigung der Felder durch eine aggressive Ausbeutung sowie die fehlende Investition in neue Felder. Die Zerstörung von Erdöl- und Erdgasförderstätten durch unkontrollierte Bewirtschaftung gilt nicht nur für Russland, sondern auch für den Irak oder Nigeria, um nur einige zu nennen.

Neben der grundsätzlichen Rechtsunsicherheit, die sich in Russland in regelmäßigen Intervallen laut manifestiert, und dem abgekühlten Investitionsklima sehen sich Erdölkonzerne wie Lukoil und TNK-BP mit hohen Steuernachzahlungen an den russischen Staat konfrontiert. Zudem wurde Anfang 2005 die Mineralölsteuer kräftig erhöht. Schätzungen zufolge gehen nunmehr 90 Prozent aller Einnahmen jenseits von 25 Dollar pro Fass in Form von Ölförderungs- und Exportsteuern an die russische Regierung.

Dennoch lag die gesamtrussische Produktion mit Stand April 2008 bei 9,76 Mio. Fass pro Tag auf dem höchsten Niveau seit dem Ende der Sowjetunion. Die wesentlichen Ölkonzerne verfolgen ehrgeizige Expansionspläne. TNK-BP möchte seine Wachstumsrate von 5 auf 7 Prozent erhöhen, Lukoil peilt gar 10 Prozent Wachstum an. Rosneft plant 6,3 Prozent Wachstum, inklusive der übernommenen Yuganskneftegas. Und Gazprom will gar ein Wachstum um 30 Prozent realisieren. Inwieweit sich diese Ziele erreichen lassen, hängt nicht nur von der Steuerlast und der staatlichen Einmischung ab, die nunmehr zur Tagesordnung gehört, sondern vor allem auch von den geologischen und technischen Möglichkeiten. Nach der Verstaatlichung von Sibneft muss eine Lösung für Slavneft gefunden werden, die wiederum im gemeinsamen Eigentum von Sibneft und TNK-BP steht. Bei vermehrtem Staatseigentum ist Analysten und historischer Erfahrung zufolge mit einer Abnahme der Produktivität zu rechnen.

Die bekannten Erdölreserven Russlands betrugen Ende 2007 rund 60 Mio. Fass, was 6,1 Prozent der globalen Vorräte entspricht. Damit liegt Russland hinter Saudi-Arabien und zahlreichen anderen OPEC-Staaten, doch in der Tagesproduktion hält Russland nach Saudi-Arabien den zweiten Platz. Experten der italienischen ENI rechnen mit einer Erschöpfung der russischen Reserven binnen 18 Jahren. BP ist mit 21,3 Jahren russischer Ölproduktion optimistischer in seiner Berechnung. Ähnliches gilt für Kasachstan (21 Jahre). Für die Nicht-OPEC-Staaten, die rund 62 Prozent des Weltmarktes mit Erdöl versorgen, wird eine weitere Produktionssteigerung von ca. 0,6 Mio. Fass pro Tag erwartet. Wichtiger neuer Erdöllieferant ist der Sudan, der eventuell der OPEC noch beitreten möchte. Peter Davies, Chefökonom von BP, gibt sich optimistisch, denn das Problem seien nicht die Erdölreserven: „Entscheidend werden Regierungspolitik und Unternehmensentwicklungen sein. Wir erwarten jedenfalls eine Verlangsamung in der russischen Produktion, da die leichteste Arbeit erledigt ist. Viel schwierigere Projekte stehen nun an."[17] Das bekam Royal Dutch/Shell zu spüren. Die geschätzten Entwicklungskosten für das offshore-Erdgasprojekt Sakhalin II stiegen sprunghaft auf 20 Mrd. US-Dollar an, das Doppelte der ursprünglich veranschlagten Kosten. Zudem würden laut Shell sich die Lieferungen um ein Jahr verzögern und erst Ende 2008 beginnen. Shell ist zu 55 Prozent an der Sakhalin Energy Investment Company beteiligt. Ein Sprecher bekundet: Shell habe das Ausmaß der erforderlichen Arbeit in der Sakhalin II-Region falsch beurteilt.[18] Im September 2006 entzog die russische Regierung Shell schließlich die Förderlizenz.

Jenseits des Erdöls ist Russland vor allem als Erdgaslieferant ein unumgänglicher Akteur auf dem internationalen Markt. Denn Russland verfügt mit 47.544 Mrd. Kubikmetern vor dem Iran und Katar über die wichtigsten Erdgasreserven weltweit. Die Nähe zu Europa bietet sich an, die Erdgasreserven in der Nordsee gehen trotz regelmäßiger Neuerschließungen in den kommenden Jahren zu Ende und das bestehende Versorgungsnetz zeigt bereits klar die russische Dominanz in der europäischen Energieversorgung.

Ohne russisches Erdgas geht in Europa gar nichts

Erdgas ist zu einem Schlüsselfaktor in der Energiepolitik der meisten OECD-Staaten geworden. Aus einem Staatsmonopol entwickelt sich allmählich ein Energieträger im internationalen Wettbewerb, wenngleich im Gassektor die öffentliche Hand sowohl auf Anbieter- als auch auf Verbraucherseite im Vertrieb dominiert. Dies hängt stark mit den Aspekten Versorgungssicherheit, sozialen Kosten und der Umwelt zusammen. Im globalen Energiemix entfallen ca. 22 Prozent auf Erdgas, die Tendenz ist steigend.

Drei Entwicklungen haben wesentlich dazu beigetragen, dass Erdgas ab den 1990er Jahren von einem lokalen zu einem globalen Energieträger aufstieg: die Liberalisierung des Erdgasmarktes,[19] technischer Fortschritt in Förderung und Transport und international verpflichtende Begrenzungen der CO_2-Emissionen, wie sie das Kyoto-Protokoll vorschreibt. Erdgas gilt immer stärker als die Übergangsenergie schlechthin, da sie weniger verschmutzend und vorerst auch noch billiger als Erdöl ist. Doch ziehen die Erdölpreise an, geht das Erdgas mit. Mit wachsender Nachfrage werden die Preise noch weiter steigen. Gegenwärtig wird aber Erdgas als kostengünstige und umweltfreundliche Alternative zum Erdöl für die Beheizung

---

[17] Arab Oil & Gas, August 2005
[18] Platts 15.7.2005: Shell, a 55 per cent shareholder in the development of the project, said it had misjudged the scope and scale of the work involved in developing the oil and gas resources in the Sakhalin-II area.
[19] Für die EU entscheidend ist die Direktive zur Schaffung eines internen EU-Gasmarktes vom 11. Mai 1998

Die Nicht-OPEC-Produzenten: hohe Erwartungen und schwankende Resultate

Foto eines LNG-Tankers aus Katar   Quelle: OPEC Press & Information Dpt.

und als Treibstoff gehandelt. 2007 gab es in Deutschland fast 1.000 Erdgastankstellen. Der Vorteil liegt auch in der Steuerbegünstigung. Die deutsche Bundesregierung senkte mit dem „Gesetz zur Förderung alternativer Antriebssysteme" den Mineralölsteuersatz auf Erdgas und Flüssiggas für alle Fahrzeuge im öffentlichen Verkehr bis 2020.

Erdgas kann durch technische Verfahren in andere Aggregatzustände versetzt werden, die einen Transport ohne Pipelines ermöglichen. Gemeinsam ist allen Verfahren eine Verringerung des Volumens, wodurch sie sich unter anderem auch besser als Ersatz für Kraftstoff aus Mineralöl eignen: Komprimiertes Erdgas (CNG; Komprimierung in Druckbehältern), Flüssigerdgas (LNG; Gasverflüssigung durch Kompression und/oder Kühlung) und Gas-to-Liquids (GTL, Umwandlung in flüssige Kohlenwasserstoffe). Transport per Pipeline oder Tanker ist nicht nur eine technische, sondern auch eine finanzielle und geografische Frage. Neue Supertanker, wie sie in Frankreich seit 2004 vom Stapel laufen, ermöglichen den viel kostengünstigeren Seetransport. Ähnlich wie bei den Öltankern, werden sich die Flotten wohl zu mobilen Lagerstätten entwickeln. Zugleich wächst mangels Wasserwegen das Interesse an Erdgaspipelines vor allem für das russische und zentralasiatische Erdgas. Der Transport von verflüssigtem Erdgas, dem so genannten LNG (liquiefied natural gas), erfolgt immer dann, wenn der Bau von Erdgasleitungen zwischen den Erdgaslagerstätten und den Verbrauchern nicht

möglich ist bzw. wenn die Wirtschaftlichkeit für eine solche Lösung spricht. Das übliche Fassungsvermögen von LNG-Tankern beträgt 130.000 Kubikmeter. Mit dieser Menge können etwa 30.000 Wohnungen ein ganzes Jahr versorgt werden.[20] Der norwegische Konzern Statoil/Norfish entwickelt zudem seit 2006 eine LNG-Flotte, deren kleiner konzipierte Tanker für europäische Häfen im Mittelmeer, so z.B. in der Adria, besser geeignet sind. Zudem fügen sich diese ebenfalls kleineren Terminals besser in die Landschaft ein.

Berechnungen der Internationalen Energieagentur IEA zufolge könnte bereits 2030 die Abhängigkeit Europas von russischen Energieimporten ca. 80 Prozent betragen.[21] Diversifizierung lautet daher die Antwort. Vorerst ist russisches Erdgas jedenfalls ein entscheidender Energieträger für Mitteleuropa, insbesondere für Deutschland. 41 Prozent der EU-Erdgasimporte kommen aus Russland. Wichtigster Lieferant ist Gazprom, die

---

[20] www.gewerbegas-online.de
[21] IEA World Energy Outlook 2004

der russische Staat zu 39,26 Prozent kontrolliert. De facto geht aber ohne Putin auch bei Gazprom gar nichts mehr. Seit Mai 2001 ist Alexei Miller Vorstandsvorsitzender, ein enger Vertrauter Putins. Seit der Übernahme von Sibneft im Herbst 2005 entwickelt sich Gazprom zu einem gemischten Energiekonzern.[22] Gazprom hat einen Marktanteil in Deutschland von etwa 40 Prozent. Die Lieferverträge laufen bis 2030. Weil der Gasverbrauch steigt, soll die Ostseepipeline entstehen.

Die Ostsee-Pipeline, auch Nordeuropäische Gasleitung Northstream genannt, die russisches Erdgas von Wyborg bei St. Petersburg nach Greifswald in Deutschland unter Umgehung der Transitländer Estland und Polen liefern soll, wird eine Durchlasskapazität von 55 Milliarden Kubikmeter im Jahr haben. Der erste Strang soll 2010 in Betrieb genommen werden. Die Reserven des Vorkommens werden auf mindestens 700 Milliarden Kubikmeter geschätzt. Die Ausbeutung der Lagerstätte wurde im Dezember 2004 von Sewerneftegasprom, einer Gazprom-Tochter, übernommen. Indes hatten sich im Frühjahr 2008 die Baukosten auf über 8 Mrd. Euro verdoppelt. Hinzu kommen die laufenden Baugenehmigungsverfahren, da der Trassenverlauf wegen möglicher Umweltrisiken von Anrainerstaaten stark kritisiert wird.

Der russische Gaskonzern Gazprom und die deutschen Firmen BASF und E.ON hatten am 8. September 2005 im Beisein des russischen Präsidenten Wladimir Putin und des damaligen deutschen Bundeskanzlers Gerhard Schröder einen Vertrag über den Bau der Pipeline unterzeichnet. Gazprom hält 51 Prozent an der Ostsee-Pipeline. Die deutschen Energiekonzerne E.ON und BASF sind zusammen mit 49 Prozent beteiligt. Zwei Wochen nach seinem Ausscheiden aus der Politik übernahm Schröder das Amt eines Aufsichtsratsvorsitzenden in dem von der Gazprom geleiteten Konsortium zum Bau dieser Pipeline. Die polnisch-deutschen Beziehungen sind durch diese Ostsee-Pipeline und die damit verbundene Personalpolitik schwer belastet. Der aktuelle polnische Außenminister Sikorski verglich bereits 2005 dieses Projekt mit einer Neuauflage des Molotow-Ribbentrop Pakts, also einer deutsch-russischen Einkreisung. Pikanterweise wurde der ehemalige Stasi-Mann Matthias Warnig zum Geschäftsführer des deutsch-russischen Konsortiums berufen. Warnig war bisher Leiter der Repräsentanz der Dresdner Bank in Russland. Der russische Präsident kennt ihn noch aus der Zeit, als er für den sowjetischen Geheimdienst KGB in der DDR stationiert war. Der heutige Top-Manager Warnig wurde als stellvertretender Leiter des Referats 5 der Abteilung XV des DDR-Auslandsgeheimdienstes geführt.[23]

Milliardenschwere Engagements auf dem russischen Gasmarkt haben sowohl bei E.ON als auch bei der BASF-Tochter Wintershall eine lange Tra-

---

[22] www.themoscowtimes.com vom 27.5.2005
[23] DER SPIEGEL vom 12.12.2005

dition. Vor 35 Jahren hatte die damalige Ruhrgas mit der Besiegelung des „Erdgas-Röhrengeschäfts" die Weichen für den Gasexport in großem Stil nach Deutschland gestellt. Für Wintershall ist die Ostsee-Pipeline ebenfalls ein weiterer Schritt zum Ausbau des für das eigene Wachstum wichtigen Russland-Geschäfts. Seit 15 Jahren arbeitet das Kasseler Unternehmen mit Gazprom zusammen. Für Gazprom, die Putin unter Ausschöpfung aller politischen und juristischen Mittel für die Sache Russlands in Stellung gebracht hat, hat die Pipeline nur Vorteile.

Großkunden von Gazprom sind die Ruhrgas, die zum E.ON-Konzern gehört, und die BASF-Tochter Wintershall AG, mit der Gazprom das Gemeinschaftsunternehmen Wingas betreibt. Ruhrgas ist nicht nur Abnehmer, sondern auch größter Auslandsinvestor bei Gazprom mit einem Anteil von rund 6,5 Prozent.[24] Zahlreiche Gazprom-Manager wurden bei Ruhrgas in Deutschland ausgebildet. Auch Wintershall ist ein langjähriger Geschäftspartner von Gazprom und einer der Hauptkunden für russisches Erdgas. Einige neue mitteleuropäische EU-Mitglieder wie Polen und die Slowakei sind bereits jetzt bis zu 80 Prozent von russischem Erdgas abhängig. Es war übrigens die OMV AG, die Österreichische Mineralölverwaltung, die 1968, im Jahr der Niederschlagung des Prager Frühlings, als erste westliche Firma mit der Sowjetunion einen langfristigen Vertrag über Gaslieferungen geschlossen hat. Zur Zeit exportiert Russland auf der Grundlage von vier langfristigen Verträgen Erdgas nach Österreich: bis zum 1. Januar 2005 waren es insgesamt über 138 Milliarden Kubikmeter Gas. Österreich spielt außerdem eine wichtige Rolle beim Transport des russischen Erdgases nach Italien, Frankreich, Deutschland, Ungarn, Slowenien und Kroatien: Im Jahr 2004 flossen über Österreich etwa 31 Milliarden Kubikmeter russischen Gases in andere europäische Staaten. Daher wird der russische Erdgasmarkt trotz angestrebter Diversifizierung für Europas Energieversorgung lebenswichtig bleiben. Gazprom übernahm 2007 zu 50% die Verwaltung des größten Ergasspeichers Österreichs Haidach. Dies wurde im Rahmen einer neuen Vereinbarung mit der OMV festgelegt. Die Gazprom verwandelt sich zusehends vom Lieferanten in einen Anbieter mit direkter Anbindung an die Kunden.

Der europäische Markt ist für Gazprom eine Goldgrube. Denn auf dem russischen Binnenmarkt, der auch Belarus umfasst und bis Neujahr 2006 für die Ukraine galt, erhält der Konzern für Gas lediglich 25 bis 30 Dollar pro 1000 Kubikmeter, in Europa liegen die Preise dagegen bei 130 bis 140 Dollar. So erklärt sich, dass Gazprom zwar mengenmäßig knapp zwei Drittel seines Gases im Inland absetzt, damit aber nur rund ein Drittel der Umsatzerlöse erzielt. Hier besteht für Gazprom dringender Reformbedarf in Form einer schrittweisen Angleichung der nationalen Preise an den Welt-

---

[24] *Die Welt* vom 25.7.2005

markt, um die russische Nachfrage an die realen Bedingungen anzunähern. Im Rahmen eines bereits institutionalisierten Energiedialogs zwischen der EU und Russland stehen die Versorgung mit Erdgas, die Ausarbeitung der langfristigen Lieferverträge und auch Fragen der Energieeffizienz im Vordergrund. Angesichts der europäischen Abhängigkeiten hat dieser Dialog aber Schlagseite. Reichlich spät setzte die österreichische EU-Präsidentschaft das Thema Energieversorgungssicherheit auf die Agenda ihres halbjährigen Vorsitzes in der EU im Jahr 2006. Die europäischen Staats- und Regierungschefs werden sich kaum zu einer Entscheidung, russisches Gas durch andere Energieträger oder Lieferanten zu substituieren, durchringen. Gazprom weiß dies und kann sich auch entsprechendes Auftreten leisten.

Um die Nachfrage, die sich schon aus diesen langfristigen Verträgen der EU-Importeure für russisches Erdgas ergibt, zu stillen, muss Russland neben kontinuierlichen Investitionen in die bestehenden großen Erdgasfelder auch neue Investitionen in noch unbewirtschaftete Felder, so genannte greenfield projects, tätigen. Inwieweit sich hierfür interessierte Investorengruppen finden, wird stark von der Politik des de facto Monopolisten Gazprom abhängen, vor allem wie das Versorgungsnetz ausgebaut und wie Preispolitik betrieben wird. Im Klartext: Die politischen Entscheidungen des Kreml über das zukünftige Management von Gazprom bestimmen die Versorgung des EU-Gasmarktes. Nicht anders erklärt sich die Pflege der trilateralen Diplomatie von Berlin und Paris zu Moskau, die SPD-Kanzler Gerhard Schröder und der konservative Staatschef Jacques Chirac während ihrer Amtszeit konsequent betrieben haben oder noch betreiben.

Das Investitionsklima in Russland müsste sich durch mehr Vorhersehbarkeit, insbesondere Rechtssicherheit, auszeichnen. Weitere Verzögerungen bei Reformen im Erdgassektor könnten die Versorgungssicherheit gefährden. Doch nicht nur für den Energieexport, sondern auch für den Binnenmarkt sind umfassende Investitionen dringend erforderlich. Für letztere wird sich aber kaum ausländisches Kapital finden.[25]

Eine weitere Unsicherheit ergibt sich aus der globalen Verfügbarkeit von Erdgas. Denn so wie wir mit „peak-oil" zwischen 2005 und 2020 – je nach Berechnung der Erdölexperten – konfrontiert sind, ist auch Erdgas eine endliche Ressource. In welchem Umfang sich die noch so viel versprechenden Erdgasreserven zu Ende neigen, hängt vor allem davon ab, in welchem Maße Erdgas Erdöl ersetzen wird. „Dass Erdgas auch in 30 bis 40 Jahren noch in ausreichendem Maße kostengünstig verfügbar sein wird, ist aus heutiger Sicht unter Berücksichtigung einer zunehmenden Substitution von Erdöl durch Erdgas äußerst unwahrschein-

---

[25] IEA World Energy Outlook 2004

lich", heißt es in einem Expertenbericht für den Deutschen Bundestag aus dem Jahr 2000.[26]

Hinzu tritt eine wesentliche wirtschaftspolitische Veränderung: Die Erdgasmärkte haben sich infolge der Liberalisierung zu regional entkoppelten Märkten entwickelt. Wir beobachten es gegenwärtig beim britischen Nordseegas, das sich rascher zu Ende neigt als noch Anfang der 1990er Jahre berechnet, da es global gehandelt wird. Regionale Versorgungsengpässe könnten daher schon sehr viel früher auftreten.[27]

3.2. Russlands „nahes Ausland" in Zentralasien und im Kaukasus

Mit der sich verfestigenden Macht Putins ist auch der russische Schatten über die zentralasiatischen und kaukasischen Staaten, die sich 1991 mit dem Zerfall der Sowjetunion verselbstständigten, wieder länger geworden. Konnten die USA noch bis vor kurzem ihre militärische und politische Präsenz vor allem in Usbekistan unter dem Titel des „Kriegs gegen den Terrorismus" gut behaupten, scheint Moskau neuerlich an Boden und Einfluss zu gewinnen. Die US-Einmischung wurde Diktator Islam Karimov im Mai 2005 zu viel, er wandte sich wieder Moskau zu. Zuvor hatten die usbekischen Sicherheitskräfte Massendemonstrationen gegen das Regime blutig niedergeschlagen. Karimov hat seinem bisherigen Verbündeten Bush den Laufpass geben. Dies wird in der Folge zum Abzug der dort stationierten US-Truppen und der US-Konzerne führen. Auf Basis eines Präsidentenerlasses vom Juni 2000, der in enger Kooperation mit dem US-Außenministerium und US-Handelsministerium entstand, erhielten US-Firmen besondere Privilegien in der Exploration der Erdöl- und Erdgasfelder.[28] Parallel zu den internationalen Erdölkonzernen zeigen sich aber zunehmend russische Partner an den usbekischen Ressourcen interessiert. Ob die staatliche Uzbekneftegas Holding Company nun tatsächlich privatisiert wird, erscheint angesichts der sich neuerlich verändernden Allianzen fraglich.[29]

Ein Putsch, eine von außen gesteuerte Revolution – wie in Kirgisien im Frühjahr 2005 – ist in keinem dieser rohstoffreichen Staaten auszuschließen. Das

---

[26] Öffentliche Anhörung von Sachverständigen durch die Enquête Kommission des Deutschen Bundestages „Nachhaltige Energieversorgung unter den Bedingungen der Globalisierung und der Liberalisierung" zum Thema „Weltweite Entwicklung der Energienachfrage und der Ressourcenverfügbarkeit". Schriftliche Stellungnahme zu ausgewählten Fragen der Kommission von Jörg Schindler und Werner Zittel. Ottobrunn, im Oktober 2000. Abrufbar unter: www.asic.at/Dokumente/Enquete_Ressourcen_Hearing.pdf
[27] Colin Campbell, The Coming Oil Crisis, Multiscience Publishing & Petroconsultants, 1998
[28] http://www.bisnis.doc.gov/bisnis/bisdoc/000612uzoil.htm
[29] http://strategis.ic.gc.ca/epic/internet/inimr-ri.nsf/en/gr-74464e.html

Blatt kann sich von pro-Moskau zu pro-Washington und umgekehrt recht rasch wenden. Solche Veränderungen haben ihre Auswirkungen auf Verträge. Wie schon einer der ersten Ölbarone Calouste Gulbenkian feststellte: „Das Erdölgeschäft ist sehr rutschig." Wer die besseren Konditionen – auch sicherheitspolitischer Natur – bietet, wird die Konzessionen erhalten. Ein bedeutender Investor in Usbekistan ist die Türkei, besonders in Infrastruktur und Dienstleistungen, doch für die kapitalintensiven Projekte in der Erschließung des Erdgases werden wohl eher Chinesen und Russen zum Zug kommen, falls die US-Firmen zum Rückzug gezwungen werden.

Grafik: Redaktion ÖMZ / Peter Lutz

Die so genannten Five Stans – Kasachstan, Usbekistan, Turkmenistan, Tadschikistan und Kirgisistan – sind, wie schon eingangs im geopolitischen Kontext erwähnt, Gegenstand außenpolitischer Begierden, sowohl seitens der USA, der EU als auch Russlands und der rohstoffhungrigen Staaten Indien und China. Im Juni 2005 trafen sich die Außenminister Russlands, Chinas und Indiens in Wladiwostok, um die Bedeutung der UNO in einer gemeinsamen Erklärung zu betonen – zweifellos mit beabsichtigtem

Seitenhieb auf die unilaterale Politik der USA. Zugleich wurde auf diesem interessanten Dreiergipfel viel Energiepolitik betrieben. Russland und Indien diskutierten die indischen Investitionen im Umfang von einer Mrd. US-Dollar in das Erdöl- und Ergasprojekt Sakhalin I. Bemerkenswert war auf diesem Gipfel auch die Bereinigung eines alten Grenzkonfliktes zwischen China und Russland. Die beiden ehemaligen Erzfeinde hinsichtlich der „reinen Lehre des Kommunismus" kooperieren nun in der Nutzung der sibirischen Ressourcen. Diese Annäherung zwischen Peking und Moskau, die im August 2007 in gemeinsamen Manövern ihren vorläufigen Höhepunkt fand, wird von Washington und Tokio argwöhnisch beobachtet. Doch Skepsis ist auch vonnöten, denn die Erfahrung lehrt, dass zwischen dem bevölkerungsreichen China und dem rohstoffreichen Ostrussland, dessen Bevölkerung schrumpft, aus demografischen und handfesten wirtschaftlichen Gründen, jederzeit wieder Konflikte ausbrechen können.[30] Mitte Dezember 2007 unterzeichnete Putin mit seinen Amtskollegen aus Turkmenistan und Kasachstan ein Abkommen zur Errichtung einer kaspischen Erdgaspipeline. Gazprom benötigt die Erdgasvorräte dieser Staaten, um seinen Vertragspflichten v.a. nach Westeuropa nachzukommen. Moskau scheint nach jahrelangen schwierigen Verhandlungen, da sich diese Länder ihrer strategischen Bedeutung bewusst sind, den Verlauf zukünftiger Pipelines nach Norden zu seinen Gunsten entschieden zu haben.

Betrachtet man die vielen Einflusszonen, denen der zentralasiatische Raum ausgesetzt ist, dann geht es unter anderem um zwei große Strategien: So will die Regierung in Moskau im Verbund mit China und eventuell auch Indien seine Kontrolle über diese ehemaligen Satellitenstaaten wiederherstellen; zum anderen bemühen sich die USA seit Mitte der 1990er Jahre, die vom ehemaligen Sicherheitsberater Zbigniew Brzezinski formulierte Eurasienstrategie umzusetzen.[31]

Beim Gipfeltreffen der Shanghai-Organisation für Zusammenarbeit[32] in der kasachischen Hauptstadt Astana wurde es am 5. Juli 2005 konkret: Vor allem auf Betreiben Chinas forderten die Teilnehmer die USA auf, einen Termin für ihren Abzug von zwei Militärstützpunkten in Usbekistan und Kirgisistan zu nennen. Moskau plant eine Basis, die die „strategisch korrekte Richtung" darstellen soll. Eine Wiederherstellung der Einflusszonen Moskaus in Zentralasien – in erweiterter Allianz mit China und Indien – scheint daher anzulaufen. Den USA geht es darum, entweder China und andere Konkurrenten von den Ressourcen dieser Region abzuschneiden oder mit ihnen gemeinsam

---

[30] *NZZ* vom 23.8.2005
[31] Diese Strategie baut auf den geopolitischen Untersuchungen des Briten Harold Mackinder (1861-1947) auf, der bereits von Eurasien als „heartland" sprach.
[32] Mitglieder sind: Russland, China, Kasachstan, Kirgisistan, Tadschikistan, Usbekistan; die Mongolei hat Beobachterstatus, den vor kurzem auch Indien, der Iran und Pakistan erhielten.

diese auszubeuten. In diesem Zusammenhang ist es interessant, Brzezinski im Wortlaut zu zitieren: *"Eurasia is home to most of the world's politically assertive and dynamic states. All the historical pretenders to global power originated in Eurasia. The world's most populous aspirants to regional hegemony, China and India, are in Eurasia, as are all the potential political or economic challengers to American primacy. After the United States, the next six largest economies and military spenders are there, (...) Eurasia accounts for 75% of the world's population, 60% of its GNP [gross national product], and 75% of its energy resources. Collectively, Eurasia's potential power overshadows even America's. Eurasia is the world's axial supercontinent. A power that dominated Eurasia would exercise decisive influence over two of the world's three most economically productive regions, Western Europe and East Asia. A glance at the map also suggests that a country dominant in Eurasia would almost automatically control the Middle East and Africa. (...) What happens with the distribution of power on the Eurasian landmass will be of decisive importance to America's global primacy ..."* [33]

Die Bezeichnung „eurasischer Balkan" wird diesem makabren Schachspiel[34] um Völker und Rohstoffe wohl nicht gerecht. Denn der Balkan bietet nur Tomaten und Zwiebeln im Vergleich zu den Bodenschätzen dieser Region. Zudem sollte nicht der wachsende Einfluss eines extrem ausgerichteten politischen Islam in der Region unterschätzt werden. Der kundige Journalist Ahmed Rashid analysiert in seinen Untersuchungen die historischen und aktuellen Wurzeln für islamistische Strömungen, die angesichts der katastrophalen sozialen Verhältnisse und dem Fehlen parlamentarischer Oppositionsgruppen immer populärer werden.[35] Neben der Rolle autochthoner Islamisten ist für den Aufstieg des Islamismus die großzügige Finanzierung Saudi-Arabiens verantwortlich. Dies zu beachten ist für Investoren umso wichtiger, als auch in den zentralasiatischen Staaten die Lage jederzeit in Richtung eines offenen antiwestlichen Kulturkampfes kippen könnte. Die Xenophobie, die in Saudi-Arabien Ausländer immer wieder zu spüren bekommen, könnte auch in diesen an sich multinationalen Regionen um sich greifen, denn ein pervertierter wahabitischer Islam tritt immer stärker an die Stelle eines historisch gewachsenen Islam. Zudem buhlen auch die sunnitischen Muslime wie Türken und Saudis mit dem Iran, der die Schiiten in Aserbaidschan und andernorts unterstützt, heftig um Einflusszonen. Es überschneiden sich mit den geopolitischen Strategien der Regierungen in Washington und Moskau andere viel tiefer sitzende religiöse und ethnische

---

[33] Zbigniew Brzezinski A Geostrategy for Eurasia, Foreign Affairs, September/Oktober 1997, Vol. 76, Number 5
[34] Zbigniew Brzezinski nannte sein Buch bezeichnenderweise The Grand Chessboard: American Primacy and Its Geostrategic Imperatives, New York 1997
[35] Zuletzt erschien von diesem Autor: Jihad – The Rise of Militant Islam in Central Asia, Yale University Press 2002. Siehe auch: Taliban: Islam, Oil and Fundamentalism in Central Asia, London 2000.

Motive. In diesem Zusammenhang sei nur kurz angemerkt, dass die Türkei in Usbekistan auch aus ihrer ethnischen Verwandtschaft mit den Turkvölkern zu einem der Hauptinvestoren aufgestiegen ist.

Bisher hatte Moskau das Transportmonopol für kaspisches Erdöl und Erdgas gehalten, denn über die Pipeline Baku-Noworossisk wurden jährlich sechs Millionen Tonnen an die russische Schwarzmeerküste gepumpt und von dort in die ganze Welt verschifft. Der Hafen ist jedoch veraltet, zudem kommen Supertanker nicht durch den Bosporus zwischen Mittel- und Schwarzem Meer. Die bereits in Kapitel 1 dargestellte BTC-Pipeline wurde als Alternative errichtet. So möchte Russland unter anderem seine strategische Stellung als vorläufig einziger Exportweg für turkmenisches Erdgas dazu nutzen, das relativ einfach produzierte zentralasiatische Erdgas günstig ein- und danach teurer nach Europa weiterzuverkaufen. Zwar betrugen die von Turkmenistan im Jahr 2004 bezogenen Lieferungen nur etwa ein Prozent von Gazproms Gesamtproduktion, doch sehen die längerfristigen Vereinbarungen bis zum Jahr 2009 eine Steigerung auf etwa 15 Prozent der Gazprom-Produktion vor. Turkmenistan wiederum sucht nach Wegen, sich von der Umarmung durch Russland zu lösen und hat deshalb direkte Kaufverträge mit der Ukraine abgeschlossen. Die Ukrainer hoffen ebenfalls, auf diese Art aus der Abhängigkeit von Moskau etwas auszubrechen und sich dabei möglichst noch als alternativer Anbieter für europäische Käufer zu etablieren. Doch muss turkmenisches Erdgas auch, um in die Ukraine zu gelangen, durch Russland transportiert werden. Russland möchte seine Stellung als Europas Lieferant von Erdgas nicht gefährden. Allerdings ist auch Russland von der Ukraine nicht unabhängig, denn ein großer Teil seiner Erdgaslieferungen gelangt nur über die Ukraine nach Europa. Wie dieses durch die politischen Entwicklungen in der Ukraine verschärfte Spiel ausgehen wird, ist keineswegs sicher. Die neue Führung unter Präsident Wiktor Juschtschenko, dessen Position aber sehr labil ist, diskutiert bereits den Bau einer Erdöl- und Erdgas-Pipeline vom Kaspischen Meer durch die Ukraine nach Polen. Einer der Investoren soll der US-Konzern Chevron sein. Chevron ist auch der wichtigste westliche Konzern in Kasachstan, vor allem im Fördergebiet von Tengiz. Hier wird die Möglichkeit einer Verbindungspipeline zum Anschluss an die BTC geprüft. Allein dieses Beispiel – stellvertretend für die Transitfrage – zeigt die Rolle Russlands als Hebel in der Nutzung der zentralasiatischen Ressourcen.

Wie stabil ist Russlands Hinterhof im Kaukasus?

Der erdölreiche Kaukasus, insbesondere die Erdölindustrie von Baku, älteste Stadt moderner Erdölindustrie und damals Teil Russlands, war sowohl Kriegsziel von Adolf Hitler als auch der sowjetischen Ambitionen. Heute ist das unabhängige Aserbaidschan wiederum das Objekt westlicher Begierden, denn die noch nicht erschlossenen Erdöl- und Erdgasreserven des Kaspischen Meeres gelten als viel versprechend. Ob die Erwartungen der Investoren erfüllt werden, bleibt noch abzuwarten.

Doch der Thron der Diktatorenfamilie Alijew wackelte bereits im Sommer 2005. Wie lange die USA noch den korrupten Alijew-Clan unterstützen oder ihn durch andere genehmere Politiker ersetzen, ist eine Frage der Zeit. Die KGB-Offiziere der Alijew-Familie scheinen den Interessen der Investoren nicht mehr zu entsprechen. Ilham Alijew, Sohn des Diktators Heidar Alijew, kam im Herbst 2003 durch sehr umstrittene Wahlen an die Macht. Die „US-Regimewechsel-Experten" könnten sich unter den bestehenden aserbaidschanischen Oppositionsgruppen einen Verbündeten für Demokratie und Erdöl aussuchen. Angesichts der Investitionen in die BTC wünschen sich die dahinter stehenden Konzerne und Regierungen einen verlässlichen Partner in Baku. Der Ölreichtum soll für geschätzte 20 Jahre reichen. Wird mit den Öleinnahmen die Wirtschaft diversifiziert, und wird aus den 40 Prozent Verarmten ein Mittelstand aufsteigen? Ölreichtum korrumpiert und verfestigt allerdings erfahrungsgemäß Diktaturen. In diesem Falle könnten die Öleinnahmen für einen neuen Militärschlag gegen Armenien eingesetzt werden. Denn der alte Konfliktherd der armenischen Enklave Nagorno Karabakh konnte trotz aller internationalen Vermittlungsversuche bislang nicht gelöst werden. Ebenso brisant ist die Zunahme des radikalen politischen Islams in dem mehrheitlich schiitischen Aserbaidschan. Es könnte sowohl zu einem Überschwappen radikaler sunnitischer Gruppen aus der Kaukasusrepublik Dagestan kommen, wie auch schiitischer Extremismus, eventuell mit Unterstützung aus dem größten schiitischen Staat Iran möglich wäre. Dass an einem Putsch gegen Alijew gearbeitet werde, ist vorerst noch Gerücht. Doch ähnlich wie in Kirgisistan, in Georgien und einigen anderen strategisch wichtigen Staaten, könnte demnächst auch in Baku eine andere Garde den Ölhahn in Richtung des türkischen Pipelineterminals Ceyhan kontrollieren. Ob dies dann ein Washington, Ankara und BP wohlgefälliges Regime ist, wird sich erst erweisen.

Mehrere Regierungswechsel haben seit 2003 in der Region stattgefunden. Die „Rosenrevolution" im Herbst 2003 in Georgien, die zur Ablösung von Eduard Schewardnadse und dessen Clan führte, verlief so friedlich, weil bereits von langer Hand die nächste Führungsgarnitur mit dem Segen der USA bereitstand. Michail Saakaschwili wurde den internationalen Medien als das neue demokratische Gesicht und Gewinner der Präsidentschaftswahlen mit ca. 98 Prozent im zweiten Durchgang präsentiert. Der in den USA ausgebildete junge Jurist war zuvor Teil des Schewardnadseapparats gewesen und nicht als Bekämpfer der Korruption aufgefallen.

Wie aktiv die US-Nachrichtendienste, ihre PR-Agenturen und sonstigen Apparate auch in diese Revolution – wie ein Jahr später in die „orange Revolution" von Kiew – involviert waren, ist Gegenstand kritischer Artikel.[36] Schewardnadse, der noch 2001 ein enger Verbündeter der USA war und sein Staatsgebiet US-Truppen zur Verfügung stellte, hatte ausgedient. Saakaschwili wurde an seine Stelle gesetzt, er schien die bessere, jedenfalls jüngere Option für die Rolle Georgiens als wichtiges Transitland für kaspisches Erdöl und Erdgas. Die feierliche Eröffnung der BTC-Pipeline war der US-Außenministerin Condoleezza Rice im Mai 2005 jedenfalls eine Reise wert. Doch alle Bekenntnisse zur Kooperation und die hohen Investitionen in das BTC-Projekt können nicht über gewisse Fakten hinwegtäuschen: Im Kaukasus brodelt es heftig, und zwar nicht nur im kriegszerstörten Tschetschenien, sondern regelrecht in fast jeder der vielen kleinen Republiken, seien sie unter russischer Souveränität, Enklaven in den Vielvölkerstaaten mit ihren Dutzenden ethnischen Gruppen oder junge unabhängige Staaten. Im Kaukasus ist der Kalte Krieg noch nicht zu Ende. Russische und US-amerikanische Interessen prallen hier heftig aufeinander. Georgien ist nur ein Schauplatz unter vielen in diesem Kampf um Einfluss und Ressourcen. Armenien, politischer Gegner von Aserbaidschan im Nagorno-Karabakh-Konflikt – wird ebenso als wichtiges Transitland umworben. Während sich eine Achse Russland-Armenien-Iran konsolidiert, basteln die USA an ihren Gegengewichten mit Aserbaidschan und dem NATO-Verbündeten Türkei.

Tschetscheniens Sezessionslust entzündete sich 1994 am Erdöl und einer Pipelinetrasse. Bildet doch die kleine Kaukasusrepublik die kürzeste Verbindung zwischen Kaspischem und Schwarzem Meer. Die mit den Russen seit Jahrhunderten in historischem Zwist stehenden Kaukasier muslimischen Glaubens wussten die Verbindung vom Kaspischen Meer nach Novorossisk für ihre Zwecke auszunützen. 1999 wurde mit US-Unterstützung eine neue Pipeline von Baku zum georgischen Hafen Supsa eröffnet. Damit war die russische Hegemonie über das kaspische Öl gebrochen. Tschetschenien ist aber nicht nur als Transitland für Erdöl- und Erdgas-Pipelines im Wettlauf um die kaspischen Ressourcen interessant, das Gebiet zählt auch zu den historisch ältesten Fördergebieten. Die ersten Erdölfelder bei Grosny wurden 1833 entdeckt, eine systematische Erschließung folgte 1906. Wichtig waren bis zum Ausbruch des Tschetschenienkrieges auch die dortigen Raffinieren, die 1991 noch 16-17 Mio. Tonnen Öl pro Jahr verarbeiteten. Letztere sind aber infolge der massiven Zerstörungen während der russischen Feldzüge völlig funktionslos geworden. Rapide angewachsen ist hingegen der illegale Ölhandel als Einnahmequelle für Beteiligte auf allen Seiten: Tschetschenische Rebellen, die Mafia und russische Soldaten wirken gleichermaßen an diesem „Erdöl-Partisanentum" mit. Das Anzapfen von Pipelines, Überfälle auf Transporter und der Kampf um Bohrstellen nach dem Grundsatz „lieber eine Ölquelle sprengen als sie der Konkurrenz überlassen" ist kein rein tschetschenisches Phänomen. Es wird ebenso in

---

[36] Ian Taylor im *Guardian* vom 24.11.2003

Nigeria und in lateinamerikanischen Staaten praktiziert, wo der Staat die zentrale Kontrolle verloren hat.

Die politischen Brandherde im Kaukasus haben sich indes von Tschetschenien schon längst auf Dagestan, die ossetischen Republiken und andere Gebiete ausgedehnt. Das organisierte Verbrechen Hand in Hand mit den jeweiligen Kriegsherrn mischt somit auch immer stärker im Energiegeschäft, vor allem in seinem Transport zwischen Kaspischem und Schwarzem Meer mit. In Moskau ist man alarmiert über die Gefahr, dass in Dagestan ein zweites Tschetschenien entstehen könnte.[37] Ursachen seien der enorme Einflussgewinn radikaler Islamisten, insbesondere der von Saudi-Arabien finanzierten Wahabiten und der Kampf zwischen zahlreichen politischen Clans. Wachsende Spannungen zwischen den ethnischen Gruppen machten die Situation zusätzlich gefährlich – für die dort lebenden Menschen, für die russische Energiewirtschaft, damit für die Verbraucher und die darin investierenden Firmen und Banken. Um vieles attraktiver erscheinen daher die Nicht-OPEC-Produzenten mit ihren viel stabileren Produktionsregionen, wie der Nordsee.

3.3. Byzantinische Machtspiele zwischen Russland und dem Iran

Die Geschichte hat Russen und Perser mehr getrennt als vereint, doch wenn es um das iranische Atomdossier geht, hält Moskau seine schützende Hand über Teheran. Es ist ein äußerst ambivalentes Verhältnis, das die Nachbarschaft der beiden alten Großreiche auszeichnet. Europa versucht den Spagat zwischen Moskau und dem Iran, um die Erdgasversorgung zu diversifizieren. Die subtilen Machtspiele nördlich und südlich des Kaspischen Meeres zu verstehen, ist nicht immer ganz einfach.

„Der Westen drängt uns in ein Zweckbündnis mit den Russen, aber auf lange Sicht gesehen trauen wir den Russen nicht besonders," analysiert der Unternehmensberater Bijan Khajehpour.[38] So existiert eine Konvergenz der Interessen zwischen Moskau und Teheran, wozu zweifellos der gemeinsame Wunsch, den Einfluss der USA am Persischen Golf und im Kaspischen Raum zurück zu drängen, zählt. Russlands Präsident Vladimir Putin sprach auf der Münchener Sicherheitskonferenz Anfang Februar 2006 hierzu eine sehr klare Sprache. Im UN-Sicherheitsrat werden sich die Russen wohl kaum für ein härteres Vorgehen gegen den Iran einsetzen. Vielmehr will Putin den iranischen Nachbarn für seine Exporte von Nukleartechnologie und Rüstungsgütern weiter nützen. Putin weiß auch die Tatsache zu schätzen, dass der

---

[37] *Neues Deutschland*, 26. Juli 2005
[38] Interview in Teheran am 3.11.2006

Iran im Kaukasus nicht die dortigen islamistischen Gruppen unterstützt. Vielmehr finanzieren saudische Stiftungen diverse politische Fraktionen, Koranschulen und humanitäre Hilfe in Tschetschenien. Der Iran kann indes seine Einflusszonen im Irak und in Afghanistan ausdehnen, ohne die Russen zu verärgern, sondern bringt dadurch vielmehr die USA, die Briten und die Nato in Schwierigkeiten. Letzteres kann Putin nur recht sein.

Die Iraner ihrerseits lassen gerne die Russen die Erdgaspreise in die Höhe treiben, um dann im Windschatten dieser Politik davon entsprechend zu profitieren. Für die Idee einer „Erdgas-OPEC", wie sie Putin immer wieder andeutet, können sich die Iraner, die 1960 die OPEC mitbegründet haben, aber nicht besonders erwärmen. Die beiden Staaten verfügen gemeinsam mit Katar über die größten Erdgasreserven. Als Rivalen gelten Russland und Iran, wenn es um den europäischen Markt geht.

„Die Russen wollen uns nicht einen Zentimeter ihres Marktanteils zugestehen," bringt es der ehemalige iranische Erdölminister Namdar Zanganeh auf den Punkt. Acht Jahre lang war Zanganeh an der Spitze des iranischen Erdölministeriums, wo er gerne in allen Details die Dossiers selbst in die Hand nahm. Zanganeh lehrt heute an der Universität von Teheran und beobachtet aus Distanz die Energie- und somit Außenpolitik seines Landes. Die Problematik des russischen Monopols in Europa ist ihm wohl bekannt, die vielen Hürden für einen direkten Zugang der Iraner ebenso. Denn wenn es nicht hohe russische Funktionäre sind, die in Teheran persönlich ihren Unmut zum Ausdruck bringen, wenn Teheran seine Fühler auf den russischen Markt ausstreckt, so schaffen die Verhandlungen mit Ankara Probleme. Denn für das von der OMV und einem Konsortium von Energiekonzernen betriebene Projekt der Erdgaspipeline „Nabucco", das Erdgas aus dem Iran und Turkmenistan nach Mitteleuropa transportieren soll, wünscht sich die Türkei mehr als die Funktion des Transitlandes. Vielmehr möchte die Türkei das über „Nabucco" fließende Erdgas re-exportieren. Wenn nicht per Pipeline, so bleibt die Möglichkeit des Exports von iranischem Erdgas über LNG, also Tankertransport von verflüssigtem Erdgas. Doch hierfür fehlen den Iranern sowohl die Technologie als auch das Kapital. Interessierte westliche Firmen, die im Iran gegenwärtig eher ein niedriges Profil praktizieren, können infolge des ungeklärten Atomdossiers nicht so investieren, wie es für die LNG-Projekte erforderlich wäre. So bleibt der Iran vorerst vom großen Erdgasgeschäft ausgeschlossen.

Mit Putin an den wesentlichen Machthebeln, ob als Präsident, Generalsekretär oder Regierungschef verfügt Russland nicht über einen Kenner der Nachrichtendienste, sondern auch einen Energieexperten. Putin verfasste eine These über die russische Energiepolitik. Die Forschungsarbeit wurde nicht veröffentlicht, sondern soll vielmehr zur Verschlussakte geworden sein. Mit ein wenig Zeitverzögerung werden wir aber vielleicht Kapitel um

Kapitel die russische Energiestrategie anhand der Investitionen von Gazprom nachlesen können. Auf dem LNG-Sektor ist der Iran zweifellos von Russland und auch Katar schon lange abgehängt. Denn Gazprom strebt über den europäischen Markt hinaus mittels LNG nach Nordamerika und sichert sich auch in Nordafrika interessante Verträge.

Auf einer anderen energiepolitischen Ebene, nämlich dem Bau von Atomkraftwerken, kooperieren hingegen Moskau und Teheran intensiv. So arbeiten die russischen Ingenieure in der Anlage von Busher im Südiran, am Wochenende bereisen die Gastarbeiter aus dem Norden, meist alle sehr junge Leute, die historischen Stätten von Persepolis, wo sich nur einige wenige Reisende aus Europa die antiken Ausgraben ansehen. „Nukleare Technologie aus Europa würden wir lieber einsetzen, nicht zuletzt aus ökologischen und sicherheitstechnischen Gründen," meint ein iranischer Physiker. Was Siemens noch in den 1970er Jahre zur Verfügung, darf heute infolge der Sanktionen nicht mehr geliefert werden. Kurioserweise hatte Washington noch dem Schah-Regime intensiv geraten, über Atomkraft seine Energieversorgung zu diversifizieren. Der US-Energieexperte Roger Stern erregte Ende Dezember 2006 mit seinem Bericht über die Erschöpfung der iranischen Erdölproduktion, der von der US-Akademie für Wissenschaft veröffentlicht wurde (www.pnas.org), international für Aufsehen. Demnach sei die iranische Argumentation, über die zivile Nutzung der Atomkraft die nationale Energieversorgung zu sichern, völlig zutreffend. Teheran dementierte zwar umgehend, dass ab 2014 seine Quellen versiegen würden. Der Iran ist gegenwärtig die Nummer zwei unter den 13 OPEC-Förderstaaten

Das Rätselraten über die tatsächlichen iranischen Reserven, so auch von Erdgas, geht aber in Expertenkreisen weiter. Der Energieberater Paul Graf stellt sich die Frage, inwieweit das Land in der Lage ist, angesichts des stark wachsenden Inlandsverbrauchs von Erdgas solches nach Europa und gleichzeitig auch noch nach Indien zu exportieren. „Die Iraner müssen hier eine strategische Entscheidung treffen, wem sie welche Liefermengen langfristig zusagen können," so Graf, der seit Jahren im Iran lebt und zuvor für die französische Total tätig war. Schuld an einer zukünftigen Energiekrise im Iran werden vor allem die gewaltige Energieverschwendung und die hohen Subventionen für Energieträger sein, die den Benzin- und Stromkonsum durch die Bevölkerung nur weiter anheizen.

Wenn es um Reserven und neue Explorationen geht, gilt das Interesse der Russen und Iraner vor allem auch der Kaspischen See. Dieses große Binnengewässer erlebt mit Russland, dem Iran, Aserbeidschan, Turkmenistan und weiteren Anrainern viele Konflikte um den Verlauf der Grenzen. Einer der vielen Streitpunkte, wobei es schon lange nicht mehr um Fischereirechte – denn der Stör ist praktisch vernichtet – sondern um Explorationsrechte für Erdöl und Erdgas geht, ist die Frage, ob das Gewässer als See oder Meer zu qualifizieren sei. Je nachdem würde die Einteilung der territorialen Gewässer anders zu gestalten sein. Immer wieder patrouillieren iranische und russische Marine gefährlich nahe aneinander vorbei. Historisch betrachtet haben die Iraner viele Gründe, um in Territorialfragen gegenüber den Russen tiefen Argwohn zu hegen.

So verlor Persien im Zuge des 19. Jahrhunderts an das zaristische Russland Georgien und Aserbeidschan, wo übrigens auch die Schiiten die Mehrheitsreligion bilden. Die Dynastie der Kadscharen, die 1921 von Reza Schah Pahlevi, einem strebsamen Kosakenoffizier, gestürzt wurde, hatte das Land wirtschaftlich und militärisch abgewirtschaftet. Der russische Einfluss im Lande wuchs ständig, die Allianzen der Perser mit westlichen Herrscherhäusern, so auch den Habsburgern, brachten nicht die erwünschten Ergebnisse. Beide Staaten verstanden sich durch ihre Geschichte stets als Reiche von zivilisatorischer Sonderstellung inklusive der Rolle religiöser Missionierung und politischer Einflussnahme. Sie treten daher auch vielmehr als Rivalen um den Kaukasus und Zentralasien denn als natürliche Verbündete auf.

Sowohl Moskau als auch der Iran wissen aber gegenwärtig ihre Diplomatie, ihre hohen Einnahmen aus dem Export ihrer Rohstoffe und die Dynamik im Nahen Osten, die sich aus der Gewalt im Irak und in Afghanistan ergeben hat, für ihre gemeinsamen Zwecke zu nützen. An einer multipolaren Weltordnung hat nicht nur Putin konkret Interesse, auch die Europäer und asiatischen Wirtschaftsmächte streben eine solche an. Welche Rolle dem Iran hierbei zukommen könnte, ist noch unklar. Den Führungsanspruch, den der schiitische und nicht-arabische Iran in der islamischen Welt neuerlich erhebt, kann Moskau eventuell unterstützen. Denn Russland hat mehr Sorgen mit seinen sunnitischen Muslimen, die sich wiederum an den großen sunnitischen Staaten, wie Saudi-Arabien orientieren. Anderseits wird es auch ein Russland nach Putin nicht zulassen, dass der Iran zu mächtig wird.

Es ist wie ein altes byzantinisches Ränkespiel, will man die vielen Dimensionen der Geopolitik zwischen Kaspischer See und dem Persischen Golf verstehen. Der Wettlauf um die Energiereserven dieser Region und die Politik der Förderstaaten, für ihre Exporte neue Märkte zu eröffnen, hat dem ohnehin komplexen Gebäude in den letzten Jahren nur eine weitere brisante Dimension hinzugefügt. Vorerst wird aber Russland wohl alles daran setzen, dass es nicht zu einem militärischen Vorgehen gegen den Iran kommt. Unterstützt wird die russische Diplomatie hierin unter anderem auch von China, das den Dialog mit dem Iran sucht. Letzteres empfiehlt auch der ehemalige US-Außenminister James Baker in jenem Bericht, den er Anfang Dezember 2006 zur Lösung des US-Fiaskos im Irak dem Kongress vorgelegt hatte. Für den Iran ist ein Kontakt in Richtung Washington ebenso von Interesse. Ende 2001 suchte die damalige politische Führung unter Präsident Khatami das Gespräch mit Washington, erhielt aber keine Antwort. Heute müssen die USA den Draht nach Teheran wieder aufbauen und hierfür vielleicht auch einen höheren politischen Preis zahlen.

Für einen iranischen Diplomaten in Teheran ist weiterhin nicht auszuschließen, dass es noch zu einem Dialog mit den USA kommen wird. Er ist sogar zuversichtlich, dass Präsident Ahmadinedschad und George Bush einander gut verstehen werden, sollten sie persönlich zusammentreffen. Sein Argument der spitzen Zunge lautet: „Beide Gentlemen haben Gott getroffen." Es gibt eben auch Symmetrien unter sehr asymmetrischen Verhältnissen.

3.4. Die Nordsee-Lieferanten: teuer, aber verlässlich

"Here on the waters of the North Sea, between Norway and Britain, was the biggest play for the world oil industry, and its single greatest concentration of capital investment and effort", so dramatisch beschreibt der Erdölexperte Daniel Yergin den Auftritt der Nordsee-Erdöllieferanten Mitte der 1970er Jahre als das größte Spiel der globalen Ölindustrie.[39] 1975 wurde Norwegen zum Netto-Exporteur von Erdöl und Erdgas. Gegenwärtig ist Norwegen Europas zweitgrößter Erdölproduzent und der viertgrößte Erdgasproduzent. 1996 war Norwegen an weltweit dritter Stelle der Erdölexporteure. Die Erdölproduktion in Norwegen erfolgt ausschließlich "offshore". Förderung unter schwierigen Wetterbedingungen auf offener See ist zur großen Expertise der Norweger geworden.

Diesem Erfolg waren Jahrzehnte ergebnisloser Bohrungen vorangegangen. 1969 gelang es dann der US-Firma Philipps Petroleum, erstmals Erdöl aus dem Nordseeboden heraufzuholen. Es folgte die Entdeckung der großen Brent-Erdölfelder durch Shell und Exxon. 1975 stieß BP auf britischem Hoheitsgebiet auf Erdöl. Die hier geförderte Ölsorte Brent sollte zu einem wesentlichen Richtwert auf dem internationalen Ölmarkt werden.

Vor dem Hintergrund der Erdölkrise von 1973, der Vervierfachung des Fasspreises für Rohöl, folgt ein regelrechter Ölrausch in Richtung Nordsee, wie ihn Yergin beschreibt. Alles, was im Erdölgeschäft und Investitionssektor damals Rang und Namen hatte, machte sich auf den Weg in den Hohen Norden. Denn infolge des hohen Preisniveaus war die Erdölförderung aus den Tiefen der stürmischen Nordsee nun kommerziell sinnvoll. Höherer technischer Aufwand und höhere Personalkosten wurden aufgewogen von

---

[39] Yergin, op. cit. S. 667

den Faktoren politische Sicherheit und kürzere Transportwege. Die norwegische Regierung beschloss 1971 die Errichtung einer staatlichen Ölgesellschaft namens Statoil, die das im Ekofisk-Feld geförderte Erdöl und Erdgas via Pipeline an das norwegische Festland bringen sollte.

Die staatliche Statoil verfügt heute über fast 24.000 Mitarbeiter und ist in 29 Staaten aktiv. Statoil fusionierte im Herbst 2007 mit dem zweitgrößten norwegischen Energiekonzern Norsk Hydro. Auslöser für die schon länger geplante aber mehrfach verschobene Vereinigung waren die Probleme mit der russischen Regierung in der Exploration im Shtokman Feld. Zuletzt wurde sie auch von der irakischen Regierung um Kooperation in der Ausbildung ihrer Ingenieure und bei der Suche nach Erdöl ersucht. Denn die Norweger verfügen nicht nur über ein umweltfreundliches Image, das sie konsequent pflegen, indem sie ausgediente Plattformen zu wiederverwertbarem Schrott verarbeiten, sondern auch über das Prestige eines „ehrlichen Maklers". Ihre Vermittlerrolle im Nahen Osten war bahnbrechend für den Friedensvertrag von Oslo 1993. Zwar nicht bei der EU, aber in der NATO fest verankert, beschreitet die norwegische Diplomatie auch im Energiesektor neue Wege in Richtung Irak oder Russland.

Beachtlich ist, wie rasch sich Norwegen, das nach langer dänischer und schwedischer Fremdherrschaft erst 1905 selbstständig wurde, von der Fisch- und Landwirtschaft zum Erdölexporteur verwandelte. Binnen kurzem schuf das Land ein Reservoir an solide ausgebildeten Erdölingenieuren und Geologen und errichtete den für die Erdölwirtschaft erforderlichen Finanz- und Versicherungssektor im Land. Dank der Tatsache, dass Norwegen bereits vor den großen Erdölfunden über fest verankerte rechtstaatliche Strukturen verfügte, ist es gegenwärtig das einzige demokratische Land, das zugleich ein Netto-Erdölexporteur ist. Rechtssicherheit und Transparenz sind in norwegischen Erdölprojekten Teil der Unternehmenskultur. Was aber nicht bedeutet, dass Norwegen gegen Katastrophen gefeit ist. 1977 und 1980 kam es jeweils zu schweren Unfällen. Als die Kielland-Plattform kenterte, folgte nicht nur eine Umweltkatastrophe, sondern es starben auch 123 Menschen.

Die Suche nach Erdöl in der eigenen Hemisphäre wurde für die OECD-Staaten 1973/74 und nach dem zweiten Ölpreisschock 1979 immer attraktiver und sinnvoller. Die Fördermenge stieg innerhalb weniger Jahre von 1971 bis 1977 von 2,2 Mio. Fass auf 99 Mio. Fass. Schneller als vorgesehen wurde Norwegen damit zu einem Erdöl exportierenden Staat und damit zu einem wichtigen Gegengewicht zur OPEC. Im Jahr 2004 war Norwegen hinter Russland mit 160 Mio. Fass Erdöl der zweitwichtigste Lieferant für Deutschland. Die Erdölproduktion pendelt seit Jahren auf hohem Niveau um ca. 2,9 Mio. Fass pro Tag. Doch nicht zu vergessen ist, dass in diesem skandinavischen Hochpreisland die Förderkosten bei 26 US-Dollar pro Fass Erdöl liegen.

Die ersten großen Ölfunde in der Nordsee erfolgten einige Jahre vor der ersten Ölkrise, das heißt, fast alle großen Ölfelder wurden vor mehr als 20 Jahren entdeckt. Auf britischem Hoheitsgebiet datieren gar alle großen Ölfunde vor 1980. So beruht die Produktion trotz vieler später gefundener kleiner Ölfelder auch heute im Wesentlichen auf den Reserven der frühen Funde. Die Spitze der Nordseeproduktion ist daher überschritten, die Reserven neigen sich in dieser Region ihrem Ende zu. Die ausgedienten Ekosfisk-Felder, insgesamt 14, wurden bereits verschrottet. Sie hatten ein Durchschnittsalter von 20 Jahren.

Norwegen ist zugleich Verkehrsknotenpunkt der Erdgaspipelines, die durch die Nordsee nach Großbritannien, Deutschland, Belgien und Frankreich laufen. Als Erdgaslieferant gewinnt Norwegen auch immer mehr an Bedeutung für seine europäischen Kunden. In Entwicklung der transeuropäischen Energienetze wird dieser skandinavische Erdgasproduzent – und Nicht-EU-Mitglied – in Zukunft noch bedeutender für die europäischen Verbraucher werden. Eine vierte Erdgaspipeline in Richtung Frankreich ist im Bau. Ebenso besteht eine enge regionale Zusammenarbeit der nordischen Staaten mit den baltischen Nachbarn im Ausbau der Erdgasförderung.

Die laufende Umstellung von Erdöl auf Erdgas nimmt Norwegen durch langfristige Lieferverträge bereits wahr. Norwegen besitzt rund die Hälfte der europäischen Erdöl- und Erdgasreserven und deckt derzeit zehn Prozent des europäischen Erdgasverbrauchs ab, eine Steigerung auf 30 Prozent wird angepeilt. Die Entwicklung des Ormen Lange Erdgasfelds, das 1.200 Meter unter dem Meeresspiegel liegt, nimmt hierbei eine wichtige Position ein. Laut Jan Hagland von der staatlichen Erdölbehörde NPD hat sich Norwegen das Ziel gesteckt, „die Technologie kontinuierlich zu vereinfachen, um norwegisches Erdöl und Erdgas im internationalen Wettbewerb bestehen zu lassen, auch wenn die Preise niedrig sind."[40] An den OPEC-Treffen nimmt Norwegen regelmäßig als Beobachter teil. Die Norweger, die Mitglied der IEA sind und ihre Politik an den OECD-Staaten ausrichten, gestalten ihre Beziehungen zur OPEC pragmatisch. Wenn es um gemeinsame Ziele hinsichtlich des Weltmarktangebots geht und die OPEC die Unterstützung durch die Nicht-OPEC-Produzenten sucht, dann halten die Norweger Wort.

Auch mit dem Nachbarn Russland kooperiert Norwegen immer enger, wenngleich vorerst nur auf Basis von Seminaren und Informationsaustausch. Russland profitiert insofern von dieser Zusammenarbeit, da Norwegen nicht nur hohe technologische Maßstäbe vorgibt, große Erfahrung im „offshore"-Betrieb unter rauen Bedingungen hat, sondern seine Bohrungen auch möglichst umweltschonend durchführt. Das erste gemeinsame Bohrprojekt auf dem norwegischen Gebiet der Barentssee

---

[40] http://odin.dep.no/odin/engelsk/norway/economy/032001-990093/dok-bn.html

ist das Erdgasfeld Snøhvit. Da die Norweger neben ihrer Energieindustrie zugleich auch ein Volk der Fischer geblieben sind, ist der ökologische Schutz der Barentssee ein allgemeines Anliegen. Diese Umweltsensibilität zeigte Norwegen jedoch nicht von Anbeginn seines Erdölbooms, jahrelang flossen Tausende Liter ins Meer. Doch die Norweger haben schnell dazu gelernt. Zudem betreibt das Land eine nationale Ölpolitik, die auf ökonomische Gewinnmaximierung im eigenen Land ausgerichtet ist. Hierzu gehört auch die Sicherung der Umwelt zum Überleben als Fischereination.

Wie in den OPEC-Staaten gilt auch in Norwegen der Grundsatz des öffentlichen Eigentums an den nationalen Ressourcen. In Form eines Grundgesetzes ist die Regierung beauftragt, Konzessionen an private oder öffentliche Unternehmen zu vergeben, um die Ressourcen zu fördern und einen maximalen Nutzen für das norwegische Volk zu erzielen. Diese starke Betonung einer öffentlichen Dimension wirkte sich jahrelang auf Debatten rund um das nationale Ölunternehmen Statoil aus. Inzwischen hat man sich darauf geeinigt, eine Teilprivatisierung von Statoil zuzulassen.

Die neuen Erdöl- und Erdgasgebiete liegen unter dem Meeresboden. Ihre Exploration bedingt einen hohen technischen und finanziellen Aufwand. Bei der gegenwärtigen Preislage scheint sich die Förderung zu rechnen. Dennoch müssen die Konzerne immer wieder Verzögerungen melden, da sich die angebohrten Felder als nicht so ergiebig erweisen, wie ursprünglich angekündigt, wie schon mehrfach im Kaspischen Meer und bei den Sakhalin-Bohrungen passiert.

Eine Frage des Ölpreises ist auch der Plan, Investitionen in das so genannte Schieferöl („shale oil") zu tätigen. Bei einem anhaltend hohen Preisniveau ist für einige Konzerne die Förderung von Schieferöl sinnvoll. Nicht nur die Nordseestaaten, unter ihnen vor allem Schottland, sondern auch Kanada verfügen über interessante Nutzungsmöglichkeiten ihres Schieferöls. Fraglich ist jedoch, ob Konzerne tatsächlich bereit sind, in die äußerst energie- und kostenintensive Förderung und Raffinierung von diesem „verschmutzten" bzw. unkonventionellen Öl zu investieren. Während Yergin sehr zuversichtlich ist, dass derzeit noch „unkonventionelles Erdöl" bald „konventionell" werden könnte und damit gar eine Ölschwemme und Preiseinbrüche die Folgen wären, zeigen sich andere Ölanalysten viel skeptischer.[41]

Auch unter dem deutschen Teil der Nordsee befinden sich interessante Erdgasreserven. Nach Schätzungen des Wirtschaftsverbandes Erdöl- und Erdgasgewinnung sollen es bis zu 200 Mrd. Kubikmeter Erdgas sein. Der-

---

[41] Matt Simmons in der *Washington Post* vom 4.8.2005; Colin Campbell, The Coming Oil Crisis, Multiscience Publishing & Petroconsultants, 1998

zeit fördert die Branche in Deutschland rund 20 Mrd. Kubikmeter im Jahr. 90 Prozent davon kommen aus Niedersachsen. Strittig ist, ob die enormen Reserven in Zukunft für die Firmen tatsächlich zugänglich sein werden. So prüft die Europäische Kommission, ob Gebiete der deutschen Nordsee als besonders schützenswert eingestuft werden sollen. Maßgebend dafür ist die Europäische Kommissionsrichtlinie „Fauna Flora Habitat". Auf der Suche nach fossilen Energieträgern stößt die Industrie in immer fragilere Ökosysteme vor. Obwohl sich die in der Nordsee tätigen Unternehmen – nicht zuletzt aus ihren Erfahrungen vergangener Katastrophen – um ein besseres Image im Sinne umweltschonender Förderung bemühen, bleibt das Erdöl- und Erdgasgeschäft „schmutzig". Die neue Devise der norwegischen Erdölindustrie lautet: „Zero Impact – Null Auswirkung" auf die Umwelt.[42] Ein ideales Ziel, dessen Umsetzung aber utopisch bleibt, denn Verschmutzungen bleiben immer zurück. Doch zweifellos sind diese Bemühungen und rechtlich verpflichtenden Vorgaben richtige Wegweiser, wenn man als Konzern über das Quartal hinaus bilanziert, die jeweilige „corporate responsibility" ernst meint und nicht bloß für die Marketingabteilung plakatiert. Die in der Nordsee tätigen Unternehmen wissen, dass sie unter viel stärkerer öffentlicher Beobachtung stehen als ihre Mitbewerber im Golf und nehmen ihre Verantwortung mit den hiermit verbundenen Kosten auch entsprechend ernst.

Die Nordsee wurde in den 1970er Jahren zur Erdölalternative für die europäischen OECD-Staaten. Politische Sicherheit, kurze Versorgungswege und Rechtssicherheit zeichnen die Lieferverträge aus. Trotz neuer Funde und verbesserter Explorationstechnologie werden auch Erdöl und Erdgas aus dieser Region knapper. Die Förderung dringt in immer tiefere arktische Gewässer vor. Erdöl- und Erdgasfabriken unter Wasser sind in Planung, ebenso unterseeische Deponien für Riesenmengen des Treibhausgases CO_2. Mittels virtueller Technik soll der optimale Verlauf von Bohrtrassen durch die Reservoirs erkundet werden.[43]

Es gilt: Vorerst gehen uns die Ressourcen nicht aus, doch die neu entdeckten Reserven können die abgebauten nicht ersetzen. Erdöl und Erdgas aus der Nordsee werden daher in Zukunft noch wertvoller und damit teurer werden. Wenn es um die Reservenberechnung geht, sollte man sich vielleicht an die Faustregel des Skeptikers Matt Simmons halten: Je kleiner die Energiefirma, umso korrekter und verlässlicher sind ihre Angaben zu den Reserven und anderen Daten.[44]

---

[42] *GEO-Spezial* Nr. 3/2003. S. 110
[43] ebenda S. 111: Laut Statoil sollen die ins Meer rückfließenden Schadstoffe auf zehn Milligramm pro Liter vermindert werden. Eine Eliminierung aller Schadstoffe sei nicht möglich.
[44] *Washington Post* vom 4.8.2005

Dass Erdöl viel Ungemach schafft, trifft auf die Nordseestaaten nicht zu. Die Lebenshaltungskosten gehören zwar in Norwegen zu den weltweit höchsten, zugleich führt aber das Land fast regelmäßig die Liste der Staaten mit der besten Lebensqualität an. Ursächlich hiefür ist wohl die Tatsache, dass Norwegen und Großbritannien wie auch Deutschland zum Zeitpunkt der Funde ihrer Ressourcen in der Nordsee bereits über feste demokratische Strukturen verfügten und meist von Demokratien umgeben waren. Dies trifft bekanntlich nicht auf die Entwicklungsländer zu. Die Erdölfunde in vielen afrikanischen Staaten haben dort jüngst wieder zu Konflikten und Flüchtlingselend geführt. Der Sudan ist hierbei nur ein tragischer Schauplatz unter vielen anderen.

3.5. Die neue Kolonialisierung Afrikas: China, die USA und Europa im Kampf um die Rohstoffe

Der britisch-amerikanische Afrikaforscher und Publizist Henry Morton Stanley erschloss Mitte des 19. Jahrhunderts im Auftrag von Leopold II, König von Belgien, den Kongo. Das rohstoffreiche Land wurde als Privatbesitz des Monarchen vor allem seiner Gummibäume und Edelsteine wegen ausgebeutet. Die Berichte über die Brutalität der belgischen Kolonialherrschaft bringen den Leser bis heute zum Schaudern und man fragt sich, warum durfte all das geschehen. Genauso berechtigt ist die Frage, warum der gepeinigte Kongo aufgrund seines Reichtums auch gegenwärtig wieder Schauplatz solcher Tragödien ist. Waren es damals die europäischen Kolonialherren, in den 1950er Jahren die Weltmächte USA und die Sowjetunion, welche in Afrika als Hinterhof ihres Kalten Krieges ihre Stellvertreterkriege führten, so sind es heute die Nachbarstaaten sowie die USA, China und andere aufstrebende Industrieländer, die den Kongo unter sich aufteilen. Es scheint ein Fluch über dem Kongo und damit auch über dem gesamten schwarzafrikanischem Kontinent zu liegen. Gleichsam einem déjà-vu durchlaufen die Afrikaner gegenwärtig eine dritte Kolonialisierung, in deren Zentrum der Kampf um strategische Rohstoffe, wie Erdöl und Kupfer, steht.

Stanley schrieb sich 1879 seine Wut über die Exzesse im Elfenbeinhandel von der Seele: „Jeder Elefantenzahn, jedes Stückchen Elfenbein ist mit Blut gefärbt; ein halbes Kilo Elfenbein hat einen schwarzen Menschen das Leben gekostet; für weniger als drei Kilo wird eine Hütte niedergebrannt; für zwei Stoßzähne ein ganzes Dorf, für zwanzig ein Distrikt entvölkert. Um Luxusartikel aus Elfenbein und Billardkugeln zu fabrizieren, verwandelt man das Herz Afrikas in eine riesige Wüste und rottet ganze Stämme aus." Der deutsche Journalist Peter Scholl-Latour schreibt zu diesem Zitat im Vorwort seines Buches „Afrikanische Totenklage – Der Ausverkauf des Schwarzen Kontinents": Man setze an die Stelle von „Ivory" die Worte „Petrol, Coltan, Diamonds", und schon finden wir uns in der unerträglichen Realität unserer Tage wieder.[45]

Der Fluch der Rohstoffe

Der Begriff des „Rescource Curse", des Rohstofffluchs", stammt vom Ökonomen Richard Auty, der ihn in einer Veröffentlichung 1993 erstmals verwendete.[46] Es geht um das Paradoxon, dass rohstoffreiche Länder ein weitaus geringeres Wirtschaftswachstum hervorbringen als Staaten, die über geringere Ressourcen verfügen.

Das Hauptproblem von Rohstoffen besteht in ihrer Kapitalintensität. Ausländische Investitionen und Technologie sind für die Exploration meist erforderlich, während kaum Arbeitsplätze für die lokale Bevölkerung geschaffen werden. So entsteht infolge von Rohstoffexport nur sehr selten die Grundlage für Wohlstand in den Produktionsländern. Mit dem starken Zufluss von ausländischer Währung kommen zudem einige weitere Prozesse in Gang. Die nationale Währung erfährt eine Entwertung, wenn sie nicht geschützt wird, wodurch Importe billiger und Exporte teurer werden. Lokale Produkte können rasch durch billigere Importwaren verdrängt werden. Diesen Effekt bezeichnen Ökonomen als die „Dutch Disease", die in der Folge die Arbeitslosigkeit verstärkt. Diesen Begriff hat das britische Wochenmagazin „The Economist" geprägt. Der Hintergrund war der Niedergang der niederländischen Produktionsstätten infolge der Entdeckung von Erdgas.[47]

Dieses Phänomen, wenngleich von Makroökonomen erst in den letzten 30 Jahren genauer erforscht, ist zu vielen Zeitpunkten der Geschichte aufgetreten. Denn von einem Fluch infolge einer Überschwemmung des nationalen Marktes durch Einnahmen aus der Rohstoffproduktion, kann sowohl im Spanien der Conquistadores des 16. Jahrhunderts ebenso wie aktuell in Russland gesprochen werden. Um die negativen Auswirkungen für eine Volkswirtschaft möglichst zu minimieren, errichten rohstoffreiche Staaten meist Generationenfonds, die zur Diversifizierung und Abfederung der Auswirkungen von Preisschwankungen beitragen sollen.

Im Falle der afrikanischen Rohstoffexporteure fehlen bedauerlicherweise meist die staatlichen Strukturen, um solche Maßnahmen zu ermöglichen. Falsch verstandene Entwicklungshilfe tut dann noch oft das ihrige, um durch Nahrungsmittellieferungen die Wirtschaft zu schädigen. Ange-

---

[45] Peter Scholl-Latour, Afrikanische Totenklage-Ausverkauf des Ausverkauf des Schwarzen Kontinents. München 2001. S.16
[46] Richard M. Auty, Sustaining Development in Mineral Economies: The Resource Curse Thesis. London 1993.
[47] „The Dutch Disease" (November 26, 1977). The Economist, S. 82-83.

sichts Korruption und zerfallender oder bereits völlig zerfallener Institutionen fließen die Einnahmen aus dem Rohstoffhandel nicht zurück in die Länder, um dort der gesamten Bevölkerung zugute zu kommen, sondern landen meist auf Konten im Ausland. Der Begriff der „fat cats", also der afrikanischen Eliten, die sich auf diese Weise persönlich bereichern, begleitet Afrika seit der Entstehung unabhängiger Staaten, die im März 1957 mit Ghana ihren Anfang nahm. Der Afrikakenner und Journalist Ryszard Kapuscinski hat in seinen Texten schon in den 1960er Jahre diese afrikanische Malaise eindringlich beschrieben.[48] Vergleicht man die aktuellen Wirtschafts- und Gesellschaftsdaten, wie Alphabetisierung, Lebenserwartung u.v.m. eines grundsätzlich reichen Landes wie Ghana mit jenen am Tag seiner Unabhängigkeit, so erkennt man die gravierende Verschlechterung in den letzten 50 Jahren. Die Gründe hierfür sind vielfältig, u.a. haben auch die hohen Energiepreise, die Zinspolitik auf den Finanzmärkten u.a. zur Schuldenkrise und damit zur Verschlechterung der Lage der Bevölkerung geführt. Doch Misswirtschaft, Diktaturen und der Abbau von Institutionen sind wohl in erster Linie für diesen Niedergang verantwortlich.

Koloniale Grenzziehungen
Zum afrikanischen Elend hinzugekommen sind zahlreiche Bürgerkriege, gewaltige Flüchtlingsbewegungen und die schon seit Jahrzehnten spürbaren Auswirkungen des Klimawandels in Form von Wetterextremen, die den afrikanischen Kontinent besonders hart treffen. Der afrikanische Kontinent ist Schauplatz Dutzender Kriege, die u.a. um Ethnizität, Selbstbestimmung und damit Sezession geführt werden.

Ein Blick auf die Landkarte Afrikas illustriert die hinlänglich bekannten Tatsachen: die Grenzen dieses Kontinents wurden von den Kolonialmächten gleichsam mit dem Lineal gezogen, die gewachsene Siedlungsräume von einander trennten. In der Folge kam es mehrfach zu „ethnischen Säuberungen", wenn sich eine der Volksgruppen erhob und beispielsweise eine Sezession anstrebte, wie dies in Nigeria im Biafra Krieg in den 1960er Jahren der tragische Fall war.

Der neu entfachte Wettlauf um den Zugang zu den Rohstofflagern von Nigeria, im Kongo und im Sudan kann diese ohnehin schon sehr geschwächten Staaten weiter fragmentieren. Die Hypothese einer Balkanisierung in Westafrika, also der Auflösung bestehender Staaten entlang ethnischer Bruchlinien, mag überzogen erscheinen. Doch Tatsache ist, dass die Zentralgewalt in diesen Staaten immer mehr die Kontrolle über das Staatsgebiet verliert, Rebellengebiete ihre eigenen Regeln vorgeben und Geschäfts-

---

[48] Siehe unter anderem sein Buch, Afrikanisches Fieber – Erinnerungen aus vierzig Jahren. Erschienen in deutschen Versionen in mehreren Auflagen seit 2001.

leute oft nicht davor zurück schrecken mit letzteren Geschäfte zu machen, um an ihre Waren zu kommen, ob es sich um die Diamanten von Sierra Leone, das Kupfer im Kongo oder das Erdöl im Sudan handelt. Mit diesen Einnahmen könnten Rebellen wiederum ihren Kampf gegen die ungeliebten Regierungen fortsetzen.

Die Fragmentierung rohstoffreicher Staaten: Nigeria, Sudan, Kongo

Der Sudan, das rohstoffreiche und größte Land Afrikas, leidet seit bald 30 Jahren unter einem Bürgerkrieg, in welchem sich – verkürzt gesagt – der arabisch-islamisch dominierte Norden und der schwarzafrikanische Süden mit seinen mehrheitlich christlichen oder anderen Glaubenslehren seit 1978 bekämpfen. Rund zwei Millionen Menschen kamen hierbei ums Leben. Die vielen Anläufe internationaler Vermittler schienen im Sommer 2005 in eine Verhandlungslösung zu münden, die sich dann aber wieder als Chimäre erwies. Viele Erdölimporteure haben großes Interesse an einer Befriedung des Landes, um Explorationen durchführen zu können. 2005 wurde der Sudan zum Netto-Exporteur von Rohöl und Raffinerieprodukten. Auch dieser Konflikt mit seinen schweren Menschenrechtsverletzungen, die nun vom Internationalen Strafgerichtshof ausjudiziert werden, ist im Blicklicht des Kampfes um Erdölressourcen zu analysieren. Es geht ähnlich wie im Irak um die Föderalisierung des Landes und die hiermit verbundene Verteilung von Erdöleinnahmen.

Der 2005 unterzeichnete Vertrag gestand dem „Sudan People's Liberation Movement" SPLM offiziell die Macht im Süden des Staates zu. Der Süden würde demnach die Hälfte der Einnahmen aus dem Erdölgeschäft, um die sich die Regierung in Khartum im Norden des Landes und die SPLM in der Vergangenheit heftige Kämpfe lieferten, erhalten. Im Abkommen jedoch nicht geklärt ist der zukünftige Grenzverlauf zwischen dem Norden und Süden und den zu verteilenden Erdölfeldern. Nach einer Übergangszeit von sechs Jahren darf der Süden laut Vertrag über den Verbleib oder die Abspaltung von der Republik Sudan abstimmen. Zwar wurde eine National Petroleum Commission zwecks Revision bestehender Verträge geschaffen, doch weder Khartum noch die SPLM haben sich bislang daran gehalten und ihre eigenen Verträge jeweils ausgehandelt, wobei die Regierung vorzugsweise mit China kooperiert, die SPLM westliche Firmen einbinden will.[49] Entscheidend für die Autonomieverwaltung im Süden ist v.a. der Transport des Erdöls, der u.a. per Schiene in Richtung Mombasa in Kenia erfolgen soll. Kritiker dieses Abkommens fürchten langfristig eine Desintegration des Landes infolge einer Verselbstständigung des Südens, der sich auch dank Einnahmen aus dem Erdölgeschäft gut finanzieren kann. Ein

---

[49] www.icg.com The Khartoum-SPLM Agreement: Sudan's Uncertain Peace Africa Report N°96 25 July 2005

Zerfall des Sudan könnte auf dem Kontinent, dessen Grenzen allesamt von den Kolonialmächten gezogen worden waren, eine Büchse der Pandora öffnen und heftige Grenzkonflikte mit weitreichenden Folgen, u.a. auch für den Rohstoffhandel, lostreten.

Für Investoren erscheinen Verträge mit jenen afrikanischen Staaten, die nicht der OPEC, der Organisation Erdöl exportierender Länder angehören, verlockend. Der Erwerb von Konzessionen kann oft einfacher erfolgen als in anderen Regionen, wie im Persischen Golf oder in Zentralasien. Denn die Staaten stehen aufgrund ihrer Randlage nicht im geopolitischen Rampenlicht, die Regierungen sind schwach und politische Opposition besteht meist nicht. Der Zugang „upstream", also dem eigentlichen Förderbereich, ist in afrikanischen Staaten zudem aufgrund weniger mächtiger nationaler Erdölkonzerne daher für die internationalen Konzerne, die dringend Zugang zu neuen Reserven suchen, eher möglich.

Für westliche Energiekonzerne werden Projekte auf dem afrikanischen Kontinent immer mehr zum Hasardspiel mit Auswirkungen, die bis zum Boykott des Konzerns infolge von Kampagnen durch Umwelt- oder Menschenrechtsorganisationen führen können. Shell/Royal Dutch geriet ins Visier der internationalen Kritik aufgrund der dubiosen Rolle des Konzerns im Nigerdelta und der Ermordung des nigerianischen Bürgerrechtskämpfers Ken Waro-Siwa. Die Arbeitsbedingungen für die Firmen verschlechtern sich hier selbst im offshore-Bereich, also auf den Ölplattformen, aufgrund von systematischen Entführungen durch politisch motivierte oder kriminelle Gruppen. Dennoch baut Nigeria seinen Anteil am Importvolumen der USA und europäischer Staaten stetig aus. Afrika bleibt offenbar die letzte Karte im Fächer einer notwendigen Diversifizierung, um die Importabhängigkeit von Erdöl und Erdgas aus dem Persischen Golf oder der Russischen Föderation zu verringern. Die Risken sind und bleiben aber hoch.

Aus dem Sudan, v.a. der Provinz Darfur hatten sich bereits 2001 bei Ausbruch der Vertreibungen der ansässigen Bevölkerung westliche Konzerne zurückgezogen. So gaben die kanadische Talisman Energy und die österreichische OMV ihre Konzessionen v.a. infolge des Drucks der öffentlichen Meinung in ihren jeweiligen Heimatstaaten auf. Die französische Total kämpft um die Bewahrung ihrer seit 1985 brachliegenden Konzession im Süden des Landes. Ihr unmittelbarer Kontrahent ist die britische White Nile Erdölfirma, die wiederum über gute Kontakte zur SPLA verfügt und einige Konzessionen erwarb.

1997 verhängten die USA Wirtschaftssanktionen gegen Khartum, weil der Sudan den internationalen Terrorismus unterstützte. Seither drohen US-Investoren im Sudan schwere Strafen im Falle von Investitionen. Der kalifornische Chevron-Konzern, einer der Pioniere der sudanesischen Erdölindustrie, hatte seine Projekte aufgrund des seit Jahrzehnten wütenden Bürgerkriegs im Süden schon längst beendet. Von den Amerikanern ist nur noch die texanische Marathon Oil ein stiller Teilhaber an dem von Total angeführten Konsortium, dem es um die erwähnte Lizenz im Südsudan geht. Von den westlichen Erdölfirmen sind die schwedische Lundin im Sudan aktiv – und seit kurzem die kleine Genfer Firma Cliveden Petroleum SA. Mit Ausnahme der staatlichen China National Petroleum Corporation, die bei Abu Gabra in Süddarfur Erdöl fördert, hatte an sich keine Firma gewagt, zu investieren.[50]

Der Wettlauf um die afrikanischen Ressourcen mit den vielen Bürgerkriegen und unbekannten Daten über Opfer spielt sich fernab aller Berichterstattung ab. Besonders mager sind die Informationen über ein Land wie den Kongo. Die UNO ist mit einer groß angelegten Friedenstruppe, der MONUC, seit 1999 im Land stationiert. Die etwas 17 000 Soldaten wurden zwischenzeitlich von 2 400 Soldaten der europäischen Eingreiftruppe EUFOR auf Basis eines UNO-Mandats während der Präsidentschaftswahlen 2006 unterstützt. Eine umfassende Verbesserung der Sicherheitslage im rohstoffreichen Kongo ist aber aufgrund der vielen Begierden der Nachbarstaaten noch nicht absehbar.

Angesichts der geschäftlichen Verflechtungen zwischen Regierungsmitgliedern und der Bergbauindustrie, die eine parlamentarische Untersuchungskommission im Juni 2005 enthüllt hatte, suspendierte die neue Regierung im März 2007 alle laufenden Verhandlungen über weitere Minenkonzessionen. Zudem sollen sämtliche Verträge, die in den letzten zehn Jahren im Bergbausektor abgeschlossen worden waren, untersucht werden. Ob es dem Kongo gelingt, die wirtschaftliche Nutzung des Rohstoffreichtums transparenter zu machen, ist fraglich. Entscheidend ist da Zusammenwirken zwischen Produzenten, den beteiligten Firmen und den Konsumenten. Im Bereich von Diamanten ist man mit dem 2003 ins Leben gerufenen „Kimberley Process Certification Scheme" wohl am weitesten gelangt. Der Monopolist De Beers begriff sehr rasch die möglichen negativen Auswirkungen auf das Image der Firma, wenn der Handel mit den sogenannten „Blutdiamanten" aus Kriegsgebieten wie Sierra Leone nicht unterbunden würde.

Westliche Konzerne sind um ihr Image bemüht
Auf britisches Betreiben für mehr Transparenz im Minensektor wurde „The Extractive Industries Transparency Initiative EITI" geschaffen. Bisher haben 22 Länder sich bereit erklärt, die darin vereinbarten Prinzipien umzusetzen. Es geht um die Überprüfbarkeit der Einnahmen aus dem Erdöl-,

---
[50] NZZ vom 13.8.2005

Erdgas- und Bergbausektor. Es wurde von einem Zusammenschluss internationaler Organisationen wie z.B. „Transparency International UK" und anderen die „Publish What You Pay" Initiative u.a. gestartet, die multinationale Konzerne auffordert, ihre Verträge und Zahlungen an die jeweilige Regierung offen zu legen. Allerdings sind diese Vereinbarungen freiwillig. In westlichen Konzerne verbessert sich infolge veränderter Unternehmenskultur, wie der oft verkündeten „Corporate Social Responsibility", allmählich einiges. Als Beispiel sei die Abberufung eines hohen Mitarbeiters des französischen Energiekonzerns Total genannt. Letzterer weigerte sich die Zahlungen des Konzerns an die kongolesische Regierung offen zu legen. Hierzu hatte der Präsident der kongolesischen Bischofskonferenz den Konzern aufgefordert, woraufhin der Vertreter von Total dies mit dem Beichtgeheimnis verglich. Es folgte die Abberufung des betreffenden Herrn.[51]

Doch selbst wenn sich westliche Konzerne nach Jahrzehnten unheiliger Allianzen mit Diktaturen nun auf mehr Transparenz berufen und die Menschenrechte bei ihren Investitionen in Krisengebieten zu schützen suchen, die neuen Akteure scheinen weniger um ihr Image besorgt. Der Zugang zu den chinesischen Unternehmen ist noch viel schwieriger als zu den europäischen oder amerikanischen. Wenn die afrikanischen Bürgerrechtsbewegungen keinen Kontakt zu den chinesischen Investoren aufnehmen können, bleiben die Afrikaner auf der Verliererseite, so ein Aktivist im Interview.[52]

Interessen der USA, europäischer Konzerne und Chinas
Für asiatische Konzerne, insbesondere chinesische und indische, fällt das Argument des Firmenimage gegenwärtig noch nicht ins Gewicht. Dies kann sich ändern, doch vorerst unternehmen chinesische Energiekonzerne ihre Einkaufstour in afrikanischen Krisengebieten, wo aufgrund der Sicherheitssituation, den Arbeitsbedingungen ganz grundsätzlich, wohl keine andere Firma bereit wäre zu investieren. Hinzu kommt die Rechtsunsicherheit, die unklare Rolle der National Petroleum Commission. Verständlicherweise zögern internationale Ölfirmen daher noch mit Investitionen im Sudan, während Glücksritter, wie White Nile oder andere in das Minenfeld am Ölfeld springen.

Für China geht es in seiner afrikanischer Öldiplomatie um noch viel mehr als die bloße Befriedigung seiner Erdölbedürfnisse. Eine veritable Afrikapolitik hat Peking im Namen des Erdöls eingeleitet, die neben der Handelspolitik auch eine sicherheitspolitische Dimension hat. Wie sehr sich

---

[51] EINS, Entwicklungspolitik Information Nord-Süd. Nr.13-14-2007, S.46: Interview mit Brice Mackosso, Sekretär der Katholischen Kommission „Justitia et Pax" in der Republik Kongo und Aktivist von „Publish What You Pay".
[52] Ibid. S.47

China mittlerweile in Afrika engagiert, wurde spätestens im November 2006 deutlich, als rund 3000 hochrangige afrikanische Gäste zum China-Afrika-Gipfel in Peking eintrafen, darunter mehr als 40 Staats- und Regierungschefs. Vize-Außenminister Zhai Jun erklärte den Besuchern, dass sich das Handelsvolumen beider Seiten seit dem Jahr 2000 auf 50 Milliarden Dollar jährlich verfünffacht habe. Bis 2010 solle es auf 100 Milliarden steigen. Bald seien 1000 chinesische Unternehmen in Afrika aktiv. Peking habe mehr als sechs Milliarden Euro investiert, in insgesamt mehr als 900 Projekte.

Während westliche Regierungen und internationale Konzerne verstärkt Auflagen zwecks Stärkung der Menschenrechte, wirtschaftlicher Reformen und Transparenz in der Geschäftsgebarung in ihre Kooperationsverträge reklamieren, hält sich die Pekinger Führung konsequent an das Gebot der Nichteinmischung in innerstaatliche Fragen. Chinesische Politiker sprechen mit Blick auf koloniale Unterdrückung auch gerne von gemeinsamen Erfahrungen, die Afrika und China verbinden. Diese Linie wiederum findet Gefallen in den afrikanischen Staaten, die sich infolge innenpolitischer Krisen oft am medialen Pranger ihrer ehemaligen Kolonialherren wiederfinden. Bezeichnend in diesem Zusammenhang ist die Haltung Chinas in der Darfur-Krise im Sudan, die seit 2001 die UNO beschäftigt. 13 der 15 Erdölfirmen, die im Sudan aktiv sind, sind chinesische Gründungen. Seit zehn Jahren ist China im sudanesischen Erdölgeschäft tätig und importiert nun 50 Prozent des Rohöls. Erst im August 2007 entschloss sich China, eine UN-Sicherheitsratsresolution zur Bereitstellung einer Friedenstruppe in Darfur zu unterstützen. Das Motiv für diese Änderung der chinesischen Position liegt eventuell in dem Wunsch Chinas, seine oft beschworene Rolle als konstruktive Macht unter Beweis zu stellen. Zudem gilt es, die Afrikanische Union bei ihren Befriedungsbemühungen im Sudan zu unterstützen.

China ist zum einen der größte Geberstaat von Entwicklungshilfe auf dem afrikanischen Kontinent, zum anderen zu einem wichtigen Rüstungslieferanten afrikanischer Staaten aufgestiegen. War Afrika gestern noch der Hinterhof des Kalten Krieges, so könnte es bald zu Speerspitze eines Handelskrieges zwischen den USA, China und den Europäern werden, der sich zuspitzt.[53]

Zahlreiche andere schwarzafrikanische Staaten werden vom Blickwinkel der USA oder Europas gerne der „westlichen Hemisphäre" zugerechnet, wenn sie nicht der OPEC angehören und nicht mit größeren Verstaatlichungen zu rechnen ist. Hierzu zählt u.a. Gabun, ehemalige Kolonie Frankreich. 1990 landeten französische Fallschirmspringer, um Langzeit-

---

[53] Le Monde Diplomatique, Mai 2005. S. 16

herrscher Omar Bongo auf dem Präsidentensessel zu halten und die Konzessionen französischer Erdölkonzerne zu sichern. Gabun ist exemplarisch für französische Afrikapolitik und damit Erdölpolitik, die im Elysée Palast im unmittelbaren Dunstkreis des Staatspräsidenten geschmiedet wird und oftmals skandalumwittert ist.

Um diese Missstände zu ansatzweise zu beheben, gründete Gabun 2004 eine Datenbank, mittels der Information zur Energie über einen Zeitraum von 30 Jahren zurückverfolgen lassen. Diese Maßnahme gemeinsam mit der Teilnahme an der britischen Initiative zu mehr Transparenz in der Rohstoffindustrie soll dazu beitragen, mehr Klarheit in die finanziellen Transaktionen zu bringen. Ziel dieser Initiative ist, die Einnahmen aus dem Abbau der Rohstoffe, ob in Form von Royalties, Steuern etc. zur Förderung der Infrastruktur einzusetzen und Misswirtschaft vermeiden. Förderstaat und beteiligte Firmen haben gleichermaßen ein Interesse an klarer Geschäftsgebarung.

Gabuns größtes Erdölfeld Rabi-Kounga wird von Shell offshore bewirtschaftet. Doch von der Tagesproduktion von 217.000 Fass im Jahr 1997 sind heute nur mehr 55.00 Fass pro Tag geblieben. Seit 2003 kooperieren Shell und Elf-Gabon, ein Joint Venture zwischen Total und der Regierung, um mittels Gasinjektion eines der Rabi Felder für die Förderung zu nutzen.

Um Kredite des IWF zu erhalten beteiligt sich Angola an dessen General Data Dissemination System (GDDS) zwecks Verbesserung der offiziellen Statistik und plant auch eine Umsetzung der britischen Initiative für mehr Transparenz in der Rohstoffindustrie. Zugleich möchte Angola Erdölfirmen verpflichten, ihre Zahlungsleistungen über das angolanische Bankwesen abzuwickeln, was wiederum die Konzerne ablehnen. Angola ist immerhin der zweitgrößte schwarzafrikanische Erdölproduzent und trat im Dezember 2006 der OPEC bei. Die politische Lage hat sich nach Jahrzehnten eines Bürgerkriegs, eines Stellvertreterkrieges während des Kalten Krieges, der sich auch nach 1991 noch lange hinzog, stabilisiert. Doch Gewalt besteht angesichts extremer Armut weiterhin, v.a. kommt es immer wieder zu Entführungen von Ausländern. Die frühere Rebellenbewegung Unita verfolgt Pläne einer Abspaltung der nördlichen Cabinda wo der der Großteil der Erdölproduktion offshore erfolgt. Das hier geförderte Erdöl zeichnet sich durch gute Qualität infolge niedrigen Schwefelgehalts aus. Die USA rechnen mit einem großen Potenzial im Erdöl und Erdgassektor, der zwischen 2003 und 2008 ausländische Direktinvestitionen von rund 23 Mrd. USD anlocken soll. Neben der nationalen Ölfirma Sonangol sind über Joint Venture und „Production sharing agreements" zahlreiche internationale Konzerne beteiligt. Von derzeit rund 900.000 Fass pro Tag soll die Produktion bis 2008 auf ca. 2 Mio. Fass pro Tag ansteigen. Die angolanische Erdölproduktion wird sich primär offshore entwickeln.

China, im Weltvergleich das Land mit dem zweitgrößten Ölverbrauch hinter den USA, bezieht inzwischen rund ein Drittel seines Bedarfs aus Afrika. Angola ist der wichtigste Lieferant auf dem Kontinent: Es exportiert mehr Öl nach China als Saudi-Arabien. Wo der Währungsfonds Kredite infolge unerfüllter Auflagen verweigert, springt China ein, ohne Bedingungen zu stellen.

Zahlreiche weitere afrikanische Staaten weisen sowohl onshore als auch vielversprechende offshore Erdöl- und Erdgasfelder auf. Die offshore-Förderung ist v.a. vor der westafrikanischen Küste, so rund um die Inselgruppe Sao Tome und Principe, von großer Attraktivität für internationale Konzerne, nicht nur aufgrund der geschätzten Reserven, sondern schlicht aus dem Grund, dass offshore Bohrtürme leichter vor ethnischen Konflikten und Sabotageakten zu schützen sind. Die Ausfälle in der nigerianischen Produktion, die sich regelmäßig aus Überfällen bewaffneter Milizen oder krimineller Banden ergeben, werden für die Konzerne immer mehr zur finanziellen und menschlichen Belastung.

Ist die chinesische Ausbeutung härter als jene durch westliche Firmen und Regierungen?
Anfang Januar 2007 sprach der südafrikanische Präsident Thabo Mbeki an der Universität Kapstadt und er wählte ungewöhnlich deutliche Worte. „Angesichts von Chinas übermächtiger Wirtschaftskraft sei die Gefahr groß, dass Afrika quasi zu dessen Kolonie werde. (...) Dadurch ist Afrika zur Unterentwicklung verdammt. Es besteht die Gefahr, dass zu China eine Beziehung aufgebaut wird, die koloniale Abhängigkeiten wiederholt."

Chinesische Baufirmen, Restaurantbetreiber und auch Entwicklungshelfer sind omnipräsent. Bereits in der Vergangenheit hatte China stets starke diplomatische Vertretungen und Entwicklungsprojekte, doch mit dem zunehmenden Handelsvolumen und der Bedeutung der afrikanischen Rohstoffe wächst auch die Zahl der Verträge und chinesischer Kolonien. Kritische Stimmen weisen darauf hin, dass China teils seine Arbeitsmarktprobleme nach Afrika auslagert, indem dort Kohorten Zehntausender Arbeiter in den Minen und auf den Erdölfeldern verpflichtet werden. Im südlichen Algerien trifft man auf chinesische Ingenieure und Facharbeiter, die sechs Tage pro Woche und viel härteren Bedingungen und mit weniger Vergünstigungen als dies auf ihre Kollegen aus Europa zutrifft, auf den Erdöl- und Erdgasfeldern arbeiten. Am siebenten Tag öffnen viele unter ihnen dann ihren eigenen Laden und verkaufen Plastikspielzeug. Oft genug werden v.a. aus Washington Vorwürfe laut, Peking torpediere die westlichen Modernisierungsversuche. So heißt es in einem Bericht des Washingtoner Instituts für Strategische Studien: „Chinas Bereitschaft, afrikanische Regime zu bewaffnen (...) harmoniert nicht mit dem internationalen Bestreben, Demokratie und gute Regierungsführung zu pflegen."[54] Wie scheinheilig diese Haltung ist, liegt auf der Hand. Dennoch ist bei manchen Gesprächen in Schwarzafrika schon eine Art Nostalgie nach den weißen Kolonialherren anstatt der neuen asiatischen Bosse spürbar. Sambias Oppositionsführer Michael Sata fordert gar: „Wir wollen, dass die Chinesen verschwinden und stattdessen die alten Kolonialmächte wiederkommen. Denn die haben unsere Bodenschätze zwar auch ausgebeutet, sich aber wenigstens um uns gekümmert: Schulen gebaut, uns ihre Sprache gelehrt und die britische Zivilisation gebracht."[55] Wer gegen die Investoren aus China oder Indien demonstriert, wie dies im Frühjahr 2007 in Uganda der Fall war, wo die Menschen gegen die Rodung des Tropenwaldes und ein indisches Biospritprojekt auf die Straßen gingen, riskiert sein Leben.

Doch auf die Chinesen möchten als Wohltäter gesehen werden. So hat China in den letzten Jahren rund 15.000 Ärzte entsendet und möchte mehr „soft power", also Kulturzentren, Krankenhäuser und Eisenbahnstrecken bauen, pflegen. Auf die besondere Kunst des Dialogs der Asiaten setzt die Regierung ebenso wie auf hohen Entwicklungsetat. Nebenher wächst mit jedem Afrikageschäft Chinas weltpolitische Bedeutung. Der Kontinent stellt ein Viertel aller UNO-Mitglieder und hat bei Abstimmungen in der Generalversammlung entsprechendes Gewicht.

Das blauäugige Geschäft mit den Biotreibstoffen

Neben der Ausbeutung seiner natürlichen Ressourcen droht vielen afrikanischen Staaten zudem eine ökologische Katastrophe infolge großangelegter Biokraftstoffprojekte, welche v.a. die Weltbank, aber auch asiatische und US-Konzerne fördern. Die Regierungen von Südafrika, Mosambik und Uganda haben sich auf diesem Sektor schon weit vorgewagt und riskieren derart neue Umweltprobleme. Die südafrikanische Regierung startet im Herbst 2007 ein großangelegtes Biotreibstoffprogramm, das zwar auf Wünsche der Agrarlobby eingeht, doch Umweltbedenken außer Acht lässt.[56] Denn neben der knappen Ressource Wasser kommt es zum Einsatz gentechnisch veränderter Pflanzen, Monokulturen zerstören den Boden, für das ökologische Gleichgewicht wichtige Regenwälder werden abgeholzt.

Wie umstritten die Verwendung von nachwachsenden Rohstoffen für den Energiemarkt ist, zeigt sich in einem Bericht der OECD und der Vereinten Nationen. So warnen Experten des Forums UN-Energy[57] vor drohenden

---

[54] Spiegel Special Geschichte, Nr. 2/2007. Afrika – das umkämpfte Paradies. S. 140.
[55] Ibid. S.136
[56] Gespräche an der Universität Kapstadt im März 2007 mit Vertretern von Umweltschutzorganisationen.
[57] http://esa.un.org/un-energy/pdf/susdev.Biofuels.FAO.pdf; abgerufen am 18.9.2007

Gefahren aufgrund exzessiver Nutzung von Nahrungsmittelpflanzen als Kraftstoff mit dem Hinweis Rückgang der Artenvielfalt, Auslaugung und Erosion der Böden und mehr Hunger wegen steigenden Grundnahrungsmittelpreisen und Vertreibung von Kleinbauern. Das Ansteigen der Preise für Nahrungsmittel steht auch in Verbindung mit den großen Investitionen, die auf dem Rohstoffsektor gegenwärtig in diese Richtung laufen.

Die Befürworter des Einsatzes von Biokraftstoffen, die sich v.a. auch in der Europäischen Kommission finden, wo bereits Beimischquoten für die Mitglieder bestehen. Die EU verpflichtet sich auf Basis des Aktionsplans „Eine Energiepolitik für Europa" vom 8./9. März 2007, dass der Anteil von Biokraftstoffen am gesamten verkehrsbedingten Benzin- und Dieselverbrauch bis 2020 mindestens zehn Prozent erreichen soll. Das Argument ist, dass man bei Verwendung von Biomasse eine ausgeglichene Kohlenstoffdioxidbilanz erreichen möchte.

Umfassende Berechnungen mit allen externen Auswirkungen, wie Energieeinsatz und Wasserverbrauch, Konkurrenz zur Nahrungsmittelproduktion, und die tatsächlichen Auswirkungen auf die Treibhausgase kommen aber zu einem anderen Schluss, wie das Diskussionspapier der OECD-Experten Richard Doornbosch und Ronald Steenblik Mitte September 2007 vorlegt.[58] Dieses Papier empfiehlt der Politik, die gesetzlich verordnete Beimischung von Biosprit zu beenden, weil diese möglicherweise „Treibstoff fördert, der teurer und umweltschädlicher ist als sein entsprechendes fossiles Produkt".

Es ist zu befürchten, dass die EU-Regierungen, die sich eben erst auf eine Energiestrategie geeinigt haben, nicht so rasch ihr legislativen Maßnahmen wieder rückgängig machen werden. Zudem wächst das Risiko für Afrika, zum Energieproduzenten für den Norden zu werden. Bedauerlicherweise befürworten viele Entscheidungsträger die Option der Biotreibstoffe in dem irrigen Glauben, dass die Vorsilbe „Bio" für nachhaltiges Wirtschaften steht. Funktionäre und Parlamentarier, die nicht zuletzt unter dem Einfluss der jeweiligen Agrarlobby stehen, vom Gegenteil zu überzeugen, wird sich in Pretoria als ebenso schwierig wie in Brüssel erweisen.

Afrika ist die Antwort auf die Versuche der nördlichen Hemisphäre – Europa, die USA und China – ihre Energieimporte zu diversifizieren. Um die Abhängigkeit von nahöstlichem Erdöl oder russischem Erdgas zu verringern, suchen die Importeure vermehrt nach Energieallianzen auf dem afrikanischen Kontinent. Für internationale Erdölkonzerne, die nur mehr Zugriff

---

[58] Biofuels: Is the cure worse than the Disease?, OECD Discussion Paper, Paris September 11th, 2007

auf rund zehn Prozent der weltweit bekannten Erdölreserven haben, sind die afrikanischen Staaten schon deshalb interessant, da es hier leichter ist, direkt im upstream tätig zu werden. Denn starke nationale Erdölfirmen fehlen in vielen schwarzafrikanischen Staaten.

Das aktuelle Wirtschaftswachstum Afrikas liegt gegenwärtig bei rund 5,8 Prozent, was auf das hohe Preisniveau bei vielen Rohstoffen infolge starker Nachfrage aus den Schwellenstaaten zurückzuführen ist. Ob es Afrika gegenwärtig gelingt, den Fluch seiner Ressourcen in einen Segen umzuwandeln, wird von folgenden Entwicklungen abhängen:

- Aufbau starker Institutionen, wie unabhängiger Gerichte und Rechnungshöfe, sodass die Einnahmen der Gesamtwirtschaft zugute kommen,

- Ein Wechsel der Eliten, der sich in manchen Staaten allmählich vollzieht, indem sich ein afrikanischer Mittelstand herausbildet,

- Die Bereitschaft der Importeure, ihre Zahlungen und Einnahmen offen zu legen, und damit zur Bekämpfung der Korruption beizutragen.

Während die EU – mit Ausnahme der Briten und Franzosen, die noch weitere Ziele verfolgen – ihre Afrikapolitik auf eine völlig fehlgeschlagene Entwicklungszusammenarbeit reduziert, betätigen sich die USA und China am Wettlauf um die Ressourcen. Dem entgegen steuern können wohl nur die Afrikaner selbst, indem sie an Selbstvertrauen gewinnen und sich nicht für die Machenschaften von außen instrumentalisieren lassen. Denn mit Afrika ist viel Geld zu verdienen, ob als Blauhelm in einem UN-Kontingent, als Konsulent für Entwicklungsfragen oder schlicht als Händler. Afrika sollte nicht mehr für all diese Hilfsorganisationen als Objekt existieren, sondern zum Akteur werden. Hierfür ist aber auch ein mentaler Wandel unabdingbar, denn es gilt, dass sich die Menschen nicht mehr als Opfer, sondern als selbstständige Subjekte begreifen. Die geistige Überwindung der Kolonialgeschichte, anstatt sie zu kultivieren, ist ein Anfang, um nicht in eine neue Kolonialisierung hinein zu geraten. Doch gegenwärtig steuert auch ein Südafrika genau in die verkehrte Richtung.

Hohe Energiepreise und die ärmsten Länder

Die Ölkrisen der 1970er Jahre trafen die Entwicklungsländer noch viel heftiger als die industrialisierten OECD-Staaten. Dies gilt analog auch in der gegenwärtigen Ölpreishausse. Mangels alternativer Energieversorgung und der hohen Devisenbelastung litten die Entwicklungsländer langfristig stärker unter dem hohen Ölpreisniveau, das erst 1985 zu sinken begann.

Durch die hohen Energiepreise verschärfte sich die Schuldenkrise drastisch. Die jüngste Ölpreiskrise auf Raten, die zwischen 2004 und 2005 zu einer Steigerung um 100 Prozent führte, konnten die Industriestaaten bislang relativ gut absorbieren, nicht aber die weiterhin von fossilen Energien sehr abhängigen Entwicklungsländer.

Die OPEC schuf 1976 den OPEC-Fund als Entwicklungsbank, deren Existenz auch zur Abfederung dieser Probleme gedacht ist. Interessanterweise solidarisierten sich viele Mitglieder der G-77 Entwicklungsländer anfänglich mit den OPEC-Staaten, da sie die neuen reichen Ölproduzenten als Vertreter ihrer soeben entkolonialisierten Welt betrachteten. Dank ihres strategischen Rohstoffs Erdöl hatten diese Staaten den Umbruch geschafft und konnten den ehemaligen Kolonialmächten eindrucksvoll die Stirn bieten, so war die allgemeine Wahrnehmung in den jungen Staaten. Afrika ist zudem für die OPEC-Staaten ein wesentliches Zielgebiet ihrer Entwicklungshilfe. Das Pro-Kopf-Aufkommen für Entwicklungshilfe in den OPEC-Staaten liegt weit über jenem der OECD-Staaten, also der Industriestaaten der nordwestlichen Hemisphäre. Das Einsatzgebiet des OPEC-Fund konzentriert sich auf Afrika, vor allem auf die 49 so genannten LDC-Staaten, die mit einem Bruttoinlandsprodukt von 900 US-Dollar am wenigsten entwickelten Volkswirtschaften. Der OPEC-Fund sieht sich trotz der vom Ölpreis sehr abhängigen und damit stark schwankenden Haushalte seiner Geberstaaten dennoch als stabiler Partner in der Entwicklungszusammenarbeit. Über seine Effizienz mögen Insider unterschiedlicher Meinung sein: Auf den multilateralen Foren hat sich die Organisation fest etabliert. Als Beobachter der OPEC-Konferenzen kann man sich nicht des Eindrucks erwehren, dass der Fund oftmals als Alibi für anhaltend hohe Energiepreise, welche die Entwicklungsländer am härtesten treffen, herhalten muss.

Fazit

Die Gruppe der Nicht-OPEC-Produzenten besteht aus unterschiedlichen Staaten, die von Norwegen, das die Weltrangliste der reichsten Staaten mit der besten Lebensqualität anführt, über die ehemaligen Republiken der Sowjetunion bis hin zu afrikanischen und südamerikanischen Entwicklungsländern reicht. Was die meisten Nicht-OPEC-Staaten – mit Ausnahme Mexikos – aber auszeichnet ist die Existenz eines privaten Erdölsektors, wenngleich dieser in Russland gegenwärtig wieder renationalisiert wird. Private Konzerne haben jedoch andere Interessenslagen als staatliche Energiekonzerne. Erstere verfügen über nur sehr geringe Zusatzkapazitäten.[59] Es war daher auch in der Vergangenheit meist die OPEC, sprich Saudi-Arabien als der Produzent

---

[59] http://www.eia.doe.gov/emeu/cabs/nonOPEC.html

mit den größten Zusatzkapazitäten, die im Fall von Versorgungsengpässen gleich welcher Art einsprangen, um die Märkte zu beruhigen. Dies funktionierte zum Beispiel hervorragend in der Zeit nach dem 11. September 2001, als die OPEC dank sofortiger Reaktion eine Preisspirale vermeiden konnte.

Ob die Förderung nun in Sibirien, in Kasachstan, in der Nordsee oder offshore in Südafrika erfolgt, die Förderkosten sind in fast allen Nicht-OPEC-Produktionsstätten um ein Vielfaches höher als auf den Gebieten der OPEC. Hinzu kommen noch die oftmals schwierigeren Transportwege, die schlechtere Qualität des Rohöls, was wiederum mehr Probleme und Kosten bei der Raffinierung verursacht.

Dennoch könnten laut der IEA die Nicht-OPEC-Staaten trotz ihrer schlechteren Ausgangsbedingungen und dünnen Reservenlage in den kommenden Jahren ihren Marktanteil um ca. 1,4 Mio. Fass pro Tag zu Lasten der OPEC weiter ausbauen. Denn die OPEC wird schlicht die wachsende Nachfrage nicht befriedigen können.[75] Hierfür sprechen insbesondere die chinesischen Projekte in Zentralasien und der Wunsch der US-Regierung, ihre Erdölimporte von der OPEC unabhängiger zu machen. Doch auch im Ölgeschäft ist Freundschaft keine Kategorie der Geschäftsbeziehung: Die Zahlen müssen stimmen. Wenn die Förderbedingungen andernorts attraktiver sind, werden wohl auch die Bohrungen in Russland nachlassen. Das wissen die Russen nur zu gut. Wie sich die Importeure von Erdöl und Erdgas entscheiden, ob sie die fossilen Energien aus OPEC- oder Nicht-OPEC-Staaten beziehen oder auf andere Energien setzen, wird von der weiteren Preisentwicklung und den jeweiligen wirtschaftlichen Bedingungen in den Verbraucherstaaten abhängen. Die entscheidende Frage ist daher, in welche Richtung sich die Nachfrage entwickelt. Denn die Erdölkrise, die seit 2004 eine Preisspirale verursacht, ist, anders als die Krisen von 1973 und 1979, diesmal nicht von den Anbietern bestimmt, sondern zu einem großen Teil nachfragebedingt.

Kapitel 4
Die Nachfrage:
Der Durst nach fossilen Energien wächst rasant

2004 wurde als wesentlicher Faktor für die Ölpreissteigerungen die Geopolitik, sprich die unsichere Lage in den OPEC-Staaten des Nahen Ostens, genannt. 2005 „sollte zum Raffineriejahr werden", wie es der damalige OPEC-Präsident Achmed Al-Sabah beim Ministertreffen der OPEC im Juni 2005 formulierte. Der rührige Kuwaiter, dessen Antworten auf Journalistenfragen bis zu zehn Minuten arabisch-englischen Wortschwall bedeuten und der sich mehr für Sportveranstaltungen als für das Ölgeschäft erwärmt, sollte Recht behalten. Nicht nur fehlen grundsätzliche Kapazitäten für die Verarbeitung von Rohöl, infolge der Hurrikanserie im Süden der USA wurden auch wichtige Anlagen zerstört oder wochenlang lahmgelegt. Vertreter der OPEC und andere Energieexperten wiederholen konstant: „Mangelnde Raffinierungskapazitäten verursachen die Engpässe bei den Derivaten, was preistreibend auf die Termingeschäfte mit Rohöl wirkt, während der Markt jedoch ausreichend mit Rohöl versorgt ist."[1] Der Wirbelsturm „Katrina" Ende August 2005 führte zum Ausfall der wichtigsten US-Raffinerien in den Südstaaten sowie von ca. 20 Ölplattformen, die rund ein Fünftel des US-Markts versorgen. Zweifellos ein unvorhersehbares Naturereignis, das in einer ohnehin angespannten Preissituation für zusätzliche Verknappung des Angebots sorgte. Doch Wirbelstürme sind seit „Andrew" 1992 und „Iwan" 2004 über dem Golf von Mexiko bereits zu einer bekannten Komponente in der Preisbildung im Spätsommer geworden.

---

[1] So u.a. auf der Abschlusspressekonferenz des außerordentlichen OPEC-Ministerrats vom 15.6.2005 und in den OPEC Monthly Reports 2005

Bei den strategischen Rohstoffen Erdöl und Erdgas ist nichts monokausal. Ein Bündel von Faktoren bestimmt die Preisschwankungen. Die Raffinierungsprobleme sind einer der Aspekte auf Seiten der Nachfrage. Neben Geopolitik und Naturkatastrophen greifen langfristig stets die Gesetze von Angebot und Nachfrage. Die gegenwärtige Preishausse hat neben den zuvor erörterten Problemen auf der Angebotsseite jedenfalls eine wichtige Komponente in der wachsenden Nachfrage, die Thema des folgenden Teils ist.

2006 war das Jahr mit dem größten globalen Weltwirtschaftswachstum seit 30 Jahren. Die Wachstumsrate von 6,9 Prozent ergibt sich aus der gegenwärtigen Konjunkturstärke in den USA, den Schwellenstaaten und einigen Entwicklungsländern. Der weltweite Energiekonsum ist 2004 um 4,3 Prozent gewachsen, der höchste Anstieg seit 1984. Allein China verursachte über die Hälfte des Anstiegs in der Nachfrage. Der chinesische Energiebedarf ist im Jahr 2004 um 15,1 Prozent gestiegen und macht gegenwärtig 13,6 Prozent des globalen Energiebedarfs aus.[2] In der Eurozone ging die Nachfrage nach fossilen Energieträgern infolge der Preissprünge 2004 und 2005 und schwacher Konjunktur dagegen zurück.

Die Schere zwischen Angebot und Nachfrage wird sich wohl kurzfristig nicht schließen lassen. Der Investitionsstau beim Aufbau neuer Raffineriekapazitäten ist so groß, dass er sowohl hinter dem Wachstum der Ölnachfrage als auch hinter dem Ausbau der Förderkapazitäten liegt. Immer deutlicher nehmen Regierungen die internationalen Ölkonzerne in die Pflicht, einen Teil ihrer hohen Gewinne in den Ausbau von Raffinerien zu stecken. Genau in diese Richtung geht die Erklärung der EU-Finanzminister vom 10. September 2005.[3] Auch wenn nun vermehrt in diese Richtung investiert wird, darf nicht vergessen werden, dass die neuen Kapazitäten erst in zwei bis fünf Jahren dem Markt zur Verfügung stehen werden. Die Gewinnmarge im Raffinierungssektor war nie so interessant, dass hier von nationalen oder internationalen Konzernen entsprechend investiert worden wäre.

Zugleich ist aber auf der Nachfrageseite von einer weiteren Steigerung auszugehen. Analysten von Goldman Sachs hatte bereits in einer im Frühjahr 2005 veröffentlichten Studie ein Szenario aufgezeigt, in dem der Ölpreis auf bis zu 105 US-Dollar je Fass klettern könnte.[4] Ihrer Einschätzung nach steht der von einer wachsenden Nachfrage getriebene Markt am Beginn einer mehrjährigen Hausse. Den Folgerungen der Analyse ist angesichts der ungebrochen starken Nachfrage aus den Schwellenländern, allen vor-

---

[2] The BP Statistical Review of World Energy in 2004
[3] Press Release: Informal ECOFIN, Manchester 9 – 10 September 2005 (10/09/05)
[4] Reuters vom 1.4.05

an China, Indien und Brasilien, beizupflichten. Der EU-Energiekommissar Andris Piebalgs sprach inmitten der Preiskrise vom Spätsommer 2005 bereits von Benzinpreisen, die sich bald um die zwei Euro pro Liter bewegen könnten,[5] denn der Individualverkehr und damit Benzinverbrauch in einigen Schwellenstaaten wächst rasant. Zudem benötigen diese jungen Industriestaaten mangels energieeffizienter Methoden das Vierfache an Energie um einen US-Dollar im Bruttoinlandsprodukt zu erzeugen.

Die EU geht nach Worten des damaligen britischen Finanzministers Gordon Brown angesichts der rasanten Wirtschaftsentwicklung vor allem in Asien von einem dauerhaften Anstieg der Nachfrage nach Rohöl aus. „Der Bedarf wird sich in den nächsten 20 Jahren um 50 Prozent erhöhen", mahnte Brown beim informellen Treffen der EU-Finanzminister im September 2005 in Manchester. „Prognosen zu treffen, ist schwierig, zumal dann, wenn sie die Zukunft betreffen", meinte einst scherzhaft der Physiker Niels Bohr. Doch derartiges Vorausschauen mit sehr düsteren Prophezeiungen wichtiger Entscheidungsträger bewegt die Investoren, verunsichert die Konsumenten und kann bis zu Hamsterkäufen an den Tankstellen und damit weiteren Preissprüngen an den Rohstoffbörsen führen.

Es kann auch alles ganz anders kommen

Nicht auszuschließen ist jedoch auch eine völlig gegenteilige Entwicklung infolge sinkender Nachfrage, ob nun wegen einer schwachen Konjunktur oder eines langfristigen Ausweichens auf andere Energieträger. Erinnern wir uns daran, dass eine ähnliche Entwicklung den Preiskrisen der 1970er Jahre folgte. Die rasche Aufeinanderfolge der beiden Ölpreisschocks von 1973 und 1979 provozierte neben einer Wirtschaftskrise in den OECD-Staaten und einer hohen Verschuldung der Entwicklungsländer die Erschließung neuer Erdölfelder, wie in Kapitel 3 erörtert. Die Folge war, dass der Erdölpreis ab Mitte der 1980er Jahre stark einbrach. Von diesem Tief erholten sich die Erdölproduzenten, innerhalb wie außerhalb der OPEC, erst nach 2000. Das Szenario eines Preisverfalls beschäftigt jedenfalls diejenigen Ölproduzenten, die von einem „vorübergehend hohen Preisniveau" ausgehen. Sie sind daher sehr zögerlich bei Investitionen in neue Förderkapazitäten und legen ihre aktuellen Profite auf die hohe Kante.

Die Nachfrage aus den USA war bis ins zweite Quartal 2007 relativ stark. Die Möglichkeit einer schweren Krise der US-Wirtschaft ist indes konkret zur Rezession geworden. Manche Stimmen warnen gar vor der größten Wirtschaftskrise seit 1945, so der US-Investor George Soros. Das große Außenhandelsdefizit der USA, ihre nicht abschätzbaren Kriegs- und Besatzungs-

---

[5] Interview im *Focus* vom 11.9.2005

kosten im Irak und in Afghanistan, sowie zahlreiche weitere Risikofaktoren, die vor allem die Blase am Immobilienmarkt betreffen, könnten jederzeit eine größere Wirtschaftskrise in den USA lostreten.[6] Der ehemalige US-Notenbankchef Paul Volcker äußerte mehrfach diese Befürchtung ebenso wie der bekannte Nationalökonom Paul A. Samuelson.[7] In deren Analysen leben die USA schlicht über ihre Verhältnisse. „Die Position Amerikas gerät unter Druck, weil wir eine Gesellschaft geworden sind, die kaum noch spart. Wir sind eine Gesellschaft des Ich, Ich, Ich – und Jetzt. Wir denken nicht an andere und nicht an morgen", so Samuelson im Interview.[8] Die aktuelle Lage der US-Wirtschaft ist laut Samuelson und Volcker äußerst riskant. „Die Aufwertung des chinesischen Yuan wird nur wenig helfen, wir werden dadurch kaum wettbewerbsfähiger. Ich glaube nicht für einen Moment, dass dies die Auslandsschulden substantiell verringert, die sich bis 2020 auftürmen werden. Und das wird der Zeitpunkt sein, wenn die Not wirklich groß ist", so Samuelson. 2020 ist auch das Jahr, in welchem China einigen Berechnungen zufolge die führende Wirtschaftsmacht sein könnte. Die OECD sprach in ihrem Bericht im August 2007 von einer möglichen Rezession.

Bereits im Laufe des Jahres 2008 könnte aber die Nachfrage nach Erdöl einbrechen. Ein solcher Preisverfall wird sich nicht um drei oder vier US-Dollar bewegen, sondern kann 30 oder 40 Dollar betragen, analog zu den Preissprüngen, die zwischen 2004 und 2005 stattfanden.[9] Noch konsumieren die USA mit knapp fünf Prozent Anteil an der Weltbevölkerung mehr als 25 Prozent der Weltenergie, besonders der fossilen Energieträger. Bei aller Wahrscheinlichkeit der Szenarien anhaltend hoher Nachfrage, vor allem aus den rasch wachsenden Schwellenländern und der damit verbundenen angespannten Marktlage, sollte um der Vollständigkeit willen auch die Möglichkeit einer schweren Rezession in den USA und einigen anderen wichtigen Ölverbrauchern in Betracht gezogen werden. Dass neue „greenfield" Investitionen so zögerlich vorangehen, hat stark mit den Unsicherheiten in der Bewertung der Weltwirtschaftslage zu tun. Zwar werden laufend neue Erdöl- und Erdgasfelder in den OPEC- und Nicht-OPEC-Staaten erschlossen, doch die Geschwindigkeit, in der diese Arbeiten erfolgen, ist sehr unterschiedlich. Die starken Preisbewegungen verunsichern Exporteure und Erdölkonzerne gleichermaßen. In welche Richtung sich die Energiepolitik der Erdölimporteure bewegt, ist zudem sehr unklar.

Während die Europäer und die USA schon auf Alternativen wie Atomkraft und andere Energieträger ausgewichen sind und angesichts des anhaltend

---

[6] *The Economist* vom 17.9.2005
[7] u.a. *Wall Street Journal* vom 24.4. 2005; *DER SPIEGEL* vom 19.9.2005
[8] http://www.spiegel.de/spiegel/0,1518,374949-2,00.html
[9] So der Analyst Bill Farren-Price, Middle East Economic Survey, im Interview am 19.9.2005

hohen Preisniveaus weiter ausweichen wollen, ist die Nachfrage nach Erdöl aus den Entwicklungsländern und Schwellenstaaten, deren Industrieproduktion energieintensiver ist als jene in den OECD-Staaten, sehr stark. Viel ist daher die Rede vom „big rollover", jenem Zeitpunkt, zu dem die Nachfrage das Angebot übertrifft. Wie bereits im Zusammenhang mit den Reserven erläutert, ist die Rückkehr der Debatte über „peak-oil" in vollem Gange. In welchem Umfang auch immer die Überschreitung der Produktionsspitze kurz bevorsteht oder bereits erfolgt ist, allein die Multiplikation der einschlägigen Studien zum Thema und die öffentliche Diskussion – ob an der Tankstelle oder im Wirtschaftsforschungsinstitut – illustrieren die Unsicherheit der Konsumenten und Produzenten. Die brennende Frage lautet, ob das Öl für ihre Bedürfnisse, sprich für die Aufrechterhaltung eines energieintensiven Lebensstils in der nordwestlichen Hemisphäre, noch reicht. Die OPEC erklärt regelmäßig beschwichtigend, dass Erdöl noch für mindestens zwei Generationen vorhanden sei.[10]

Während „peak-oil" für einige Experten, wie den Ölhändler Matt Simmons und den Geologen Colin Campbell zum großen Thema und Geschäft geworden ist, distanzieren sich andere Ölmarktkenner von dieser Debatte. „Es wird immer von der Nachfrage abhängen, wie viel Öl zu welchem Preis verfügbar ist", so der Analyst Bill Farren-Price vom Middle East Economic Survey.[11] „Es verhält sich beim Erdöl und Erdgas wie mit allen anderen Rohstoffen, sie erschöpfen sich einiges Tages", so Farren-Price. Was danach folgt, sei eine Frage des Erfindungsreichtums und des Preises.

Die Jahre 2004-2005 werden in die Ölgeschichte als die Periode der fundamentalen Verschiebungen von Angebot und Nachfrage eingehen, die zu vorerst anhaltenden und schmerzlichen Preissprüngen der fossilen Energieträger Erdöl, Erdgas und Kohle oder gar zu großen Rezessionen in den Importstaaten, einem Preisverfall und damit zu schweren politischen und sozialen Krisen in den Produktionsstaaten führten. Alles ist eben in diesem unglaublichen Poker rund um den strategischen Rohstoff Erdöl möglich.

Die folgenden Abschnitte erläutern sowohl die Nachfrage als auch die Reaktionen auf die neue Marktlage in den traditionellen Industriestaaten USA und Europas sowie in den Schwellenstaaten. In diesem Zusammenhang wird auch die Rolle der Internationalen Energieagentur IEA untersucht, die die Verbraucherseite gewissermaßen institutionell vertritt und als Gegengewicht zur OPEC geschaffen wurde. So wie sich die Angebotsseite aus sehr unterschiedlichen Akteuren zusammensetzt, bestehen auch die Erdöl importierenden Staaten aus Volkswirtschaften mit sehr verschiedenen

---

[10] Interview mit dem OPEC-Generalsekretär Adnan Shihab el Din am 7.2.2005
[11] Interview am 11.6.2005

Rahmenbedingungen. Sie unterscheiden sich vor allem in ihrer Kapazität, auf andere Energieträger auszuweichen, energieeffizient zu wirtschaften und in ihren Reaktionen von Politik und individuellen Verbrauchern auf Ölkrisen.

4.1. Die USA und ihre Erdölinteressen

Der schon zuvor erwähnte Spruch „The oil business is too important to leave it to the oil people" ist sämtlichen Betrachtungen zur Energiepolitik in den USA voranzustellen. Erkannten doch die USA bereits mitten im Zweiten Weltkrieg, als sie noch rund 90 Prozent des Ölbedarfs ihrer westlichen Alliierten garantierten, dass Energiepolitik – vor allem die Energieversorgungssicherheit mit Erdöl – nicht den freien Kräften des Markts zu überlassen ist. Am Ende des Ersten Weltkriegs zielte die Politik der europäischen Siegermächte Frankreich und Großbritannien darauf ab, sich physischen Zugang zu Erdölquellen zu schaffen, um – unabhängig von den Marktverhältnissen – Zugriff auf diesen strategischen, weil militärisch so entscheidenden Rohstoff zu erlangen. 1945 waren die Amerikaner zu der Einsicht gelangt, dass von nun an die eigenen Erdölreserven besser zu schonen wären. In Washington wurde daher beschlossen, die Außen- und Sicherheitspolitik ganz der Sicherung der eigenen Erdölinteressen, die „lebenswichtige nationale Interessen" waren und sind, zu widmen.

Anstatt das eigene kostbare Erdöl zu verbrauchen, erschien es aus Sicht der USA billiger und langfristig attraktiver, Allianzen im Golf aufzubauen und zugleich die Ölproduzenten als Absatzmärkte enger an sich zu binden. Am 12.3.1947 hielt US-Präsident Harry Truman vor dem Kongress seine „allout speech", die als Truman-Doktrin zur Eindämmung des Kommunismus bekannt wurde. Ebenfalls an diesem Tag wurde der Vertrag zwischen dem US-Konsortium Aramco, bestehend aus vier US-Ölkonzernen, und dem saudischen König Abdel Aziz ibn Saud zwecks Ölförderung perfekt.[12] Neben dem orthodox sunnitischen Königreich Saudi-Arabien wurde der schiitische Iran bis zur Islamischen Revolution 1979 zur zweiten Hauptsäule der US-Präsenz am Golf, um gegen die nahöstlichen und kaukasischen Einflusszonen der Sowjetunion aufzutreten. Parallel zu diesem Bündnis mit muslimischen Staaten musste und muss die US-Regierung ihre strategische Allianz mit Israel gestalten. Ein nicht immer einfacher Balanceakt widerstreitender Prioritäten.

Die Verbindung der USA zu Saudi-Arabien ist um einige Jahrzehnte älter als jene zu Israel, die sicherheitspolitisch erst mit dem Oktoberkrieg 1973

---

[12] Yergin, Daniel: The Prize – The Epic Quest for Oil, Money and Power. London 1991, S.416

konkretisiert wurde. Zuvor war Israel weder ein wichtiger Empfänger von US-Auslandshilfe noch ein Verbündeter ohne „Wenn und Aber". Vielmehr wurde der 1948 gegründete jüdische Staat von weiten Teilen der politischen Klasse in den USA angesichts des starken sozialdemokratischen und kommunistischen Gedankenguts in der Kibbuzbewegung und unter führenden Zionisten kritisch beäugt. Das theokratische und per definitionem anti-kommunistische Saudi-Arabien hingegen war der feste Verbündete der USA in der Eindämmung der Sowjetunion. Auf die menschenrechtlichen und außenpolitischen Abgründe des ölreichen Gottesstaates wollte in Washington niemand ein Auge werfen. Dies wurde erst in einem neuen Licht gesehen, nachdem zahlreiche Spuren rund um die Drahtzieher des 11. Septembers nach Saudi-Arabien führten.

Ähnlich wie Großbritannien, das von den USA als Großmacht im arabischen Raum nach dem Suezkrieg 1956 beerbt wurde, ordnet auch Washington die Regionalpolitik seinen „wichtigen Interessen" unter. Diese lauten: Kontrolle des Zugangs zu den Rohstoffen und von 1947 bis 1989 auch die Eindämmung des Kommunismus. Bereits am Anfang der 1990er Jahre definierten die USA die Region im Sinne eines „Greater Middle East" um. Ob es nun tatsächlich um eine Demokratisierung dieser Staaten geht oder nicht doch vielmehr um

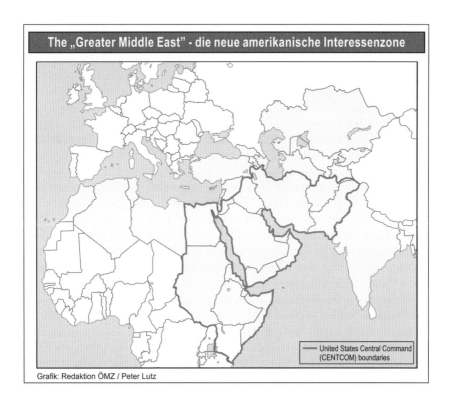

Grafik: Redaktion ÖMZ / Peter Lutz

die realpolitische Durchsetzung von Interessen in einem Wettlauf um Ressourcenkontrolle, darüber mag sich der Leser selbst ein Bild machen.

Die massive Unterstützung der USA für den ideologischen und materiellen Aufbau des afghanischen Widerstands unter dem Titel des „Heiligen Islamischen Kriegs" gegen die sowjetische Besatzungsarmee zwischen 1979 und 1989 bildete nur eine weitere Ausformung des „containment of communism" in der Region. Letztere wäre ohne großzügige saudische Finanzierung nicht möglich gewesen. War die Doktrin britischer Außenpolitik durch Jahrhunderte „free passage through Suez to India" gewesen, um sicher in die britischen Kronkolonien zu kommen, so gilt heute analog für die USA die Kontrolle der Straße von Hormuz, die den Golf mit dem Indischen Ozean verbindet, als vorrangig. Die Sperre dieser oder anderer Wasserstraßen – wie einst des Suezkanals unter dem ägyptischen Präsidenten Gamal Abdel Nasser 1956 – könnte für die USA zum Kriegsauslöser werden. Denn Washington besteht darauf, jederzeit Zutritt zu den wichtigen Erdölreserven am Golf zu haben. Es sei an dieser Stelle aber auch erwähnt, dass die USA nach den asiatischen und europäischen Erdölimporteuren von OPEC-Öl im Mittleren Osten erst an dritter Stelle rangieren. Ihre Erdölimporte stammen vielmehr aus Südamerika, aus dem Nicht-OPEC-Staat Mexiko und dem OPEC-Gründungsmitglied Venezuela.

Mehr noch als Fidel Castro, der ältliche Revolutionär Kubas, ärgert der viel jüngere „Maverick in Uniform" aus Venezuela, Hugo Chavez, die Regierung in Washington. Im Gegensatz zu seinem Idol Castro verfügt Chavez nicht nur über glänzende Rhetorik, die seine Wähler begeistert, sondern auch über jenen strategischen Rohstoff, ohne den keine Wirtschaft mehr auskommt, jedenfalls nicht die USA. Seit seiner Wiederwahl im Jahr 2000 wurde der Populist aus dem Armenviertel von Caracas, dessen Mission die Verwirklichung der politischen Ideale des lateinamerikanischen Freiheitskämpfers Simon Bolivar ist, zum Vorbild anderer sozial-revolutionär orientierter Politiker der Region.

Mit Unbehagen beobachten daher die USA die steigende Popularität und die dank hohem Ölpreis wirtschaftlichen und außenpolitischen Möglichkeiten von Chavez, der als Sprecher der lateinamerikanischen Welt immer forscher auftritt. Venezuela möchte zweifellos ein Gegengewicht zu den Industriestaaten aufbauen, wie es einst in der Blockfreien Bewegung bestand. Gegenüber den internationalen Erdölkonzernen forderte Chavez hohe Steuernachzahlungen und zeigt viel Selbstbewusstsein. Genossen doch vor allem US-Konzerne dank der Vorgängerregierungen in Caracas Sonderkonditionen, wodurch Abgaben an den Förderstaat und dessen Volkswirtschaft kaum bis gar nicht geleistet wurden. Venezuela ist immerhin der zweitwichtigste Erdöllieferant für die USA, der nationale Konzern PDVSA exportiert 1,4 Mio. Fass pro Tag an Rohöl und Ölderivaten in die USA. Die Ausfälle der venezolanischen Produktion Ende 2002 wegen

Streiks der Werftarbeiter trafen vor allem die US-Importeure. Dass Chavez gegenwärtig mit China und Indien über Lieferverträge verhandelt, sorgt für weitere Unruhe in Washington. Es wird befürchtet, dass im Falle eines großen Liefervolumens an diese neuen Abnehmer die USA das Nachsehen hätten. Gegen allzu große Abkommen mit China spricht, dass die Chinesen (noch) nicht über Raffinerien verfügen, um das venezolanische Rohöl zu verarbeiten, sehr wohl aber die USA.

Einen weiteren Coup landete Chavez im Zuge der Zerstörungen, die der Wirbelsturm „Katrina" in den ohnehin sozial benachteiligten US-Südstaaten angerichtet hatte, indem er kostenlose Öllieferungen für arme US-Bürger ankündigte. Und dies nur wenige Tage nachdem ein Berater von US-Präsident Bush, der TV-Prediger Pat Robertson, zum Mord an Chavez aufgerufen hatte. Während der letzten Jahrzehnte intervenierten die USA immer wieder in Venezuela, um ihre Erdölinteressen durchzusetzen. Jenseits aller ideologischen Klüfte zwischen Washington und Caracas müssen die USA entweder ihre Position im Golf von Mexiko technisch und politisch konsolidieren oder sich nach anderen wichtigen Erdölressourcen umsehen. Die politischen Risiken und die sich häufenden Wirbelstürme in dem Förder- und Raffinierungsgebiet des Golfs von Mexiko haben zuletzt die politischen und finanziellen Kosten für die USA in ihrer Energieabhängigkeit gewaltig erhöht.

Im Sommer 2005 mussten fast 60 Prozent des in den USA verbrauchten Öls importiert werden, das entspricht nahezu zwölf Millionen Fass pro Tag. Schätzungen der Regierung gehen von einem Anstieg des Ölverbrauchs von derzeit 20,5 Mio. Fass pro Tag auf 28 Mio. Fass im Jahr 2025 aus.[13] Eine solche Kalkulation basiert aber auf der Annahme, dass die USA trotz eines Budgetdefizits, das wiederum spätestens 2020 nicht mehr finanzierbar sein dürfte, tatsächlich noch ihren auf Erdöl aufgebauten „way of life" dauernder Mobilität aufrecht erhalten. Um der schon in den 1970er Jahren beklagten Importabhängigkeit – aber auch den Wirbelstürmen im Golf von Mexiko – zu entgehen, setzt das neue Energiegesetz „2005 Energy Policy Act" mehr auf den Ausbau eigener Öl- und Gasfelder und dies vor allem in den Naturschutzgebieten in Alaska, wo zwar keine tropischen Stürme die Energieversorgung kappen, sehr wohl aber die letzte große Naturlandschaft der USA zerstört werden kann.

Der Energieplan der Bush-Regierung setzt vorerst auf fossile Energie

Die Bush-Regierung setzt auf verstärkte Energieautonomie und Subventionierung der fossilen Energieträger, wobei besonders Kohle an Bedeutung gewinnen soll. Die Achillesferse der USA war und ist ihre starke Abhängig-

---

[13] www.doe.gov

keit von Erdölimporten. Zu den wichtigsten Lieferanten der USA gehören: Mexiko, Venezuela, Kanada, Saudi-Arabien und Nigeria. Mit Ausnahme von Kanada und Mexiko – der südliche Nachbar der USA hat aber infolge starker nationaler Nachfrage seine Exporte verringert – sind die Lieferungen aller anderen Herkunftsländer mit politischen Risiken belegt. Von den 20,5 Mio. Fass Erdöl pro Tag, welche die USA im Jahr 2004 verbrauchten, wurden 11,9 Mio. Fass, also 58 Prozent, importiert. Somit liegen die Importe von Rohöl um 34 Prozent höher als dies noch 1973 der Fall war. Der Personenverkehr benötigt den Großteil dieses Öls. In der industriellen Produktion hat sich hingegen seit 1973 der prozentuelle Anteil des Ölverbrauchs je einem US-Dollar Bruttoinlandsprodukt halbiert, denn es bedarf weniger Energie, ein EDV-Programm zu erstellen, als eine Tonne Stahl zu erzeugen.

Im April 2001 legte der gerade erst vom Obersten Gerichtshof im Amt bestätigte George W. Bush seinen neuen Energieplan vor. Die darin formulierten Punkte ließen übrigens schon Monate vor dem 11. September ahnen, dass es zu einer umgreifenden Neugestaltung der US-Außen- und Sicherheitspolitik kommen würde. Zentral war die Suche nach neuen Erdölquellen außerhalb der OPEC-Staaten in der „westlichen Hemisphäre". Hierunter ist auch der afrikanische Kontinent zu verstehen, wo US-Ölkonzerne besonders aktiv sind. Sie gerieten jedoch außer durch die französische Konkurrenz zunehmend auch durch chinesische Ölfirmen unter Druck. Neben den schwierigen politischen Arbeitsbedingungen erweisen sich zudem einige der afrikanischen Konzessionen als weniger ergiebig als ursprünglich kalkuliert.[14]

Am 8. August 2005 unterzeichnete Präsident Bush das Energiegesetz. Das 1724 Seiten dicke Gesetzeswerk sei ein unverzichtbarer Baustein seiner Politik, um das Wirtschaftswachstum zu erhalten und die Abhängigkeit von ausländischen Ölimporten zu senken. Über die nächsten zehn Jahre verteilt, sollen Steuervorteile und Subventionen in Höhe von 14,5 Mrd. US-Dollar vergeben werden. Besonders zum Zug kommen hierbei die fossilen Energieträger, insbesondere der Kohlebergbau. Neue Technologien sollen die arbeitsintensive Kohleindustrie für die Energiegewinner attraktiver machen; inwieweit sich dies mit hohen Emissionswerten vereinbaren lässt, ist noch offen. Die erste Neuausrichtung der amerikanischen Energiepolitik seit 13 Jahren ist ein innenpolitischer Etappensieg für den Präsidenten, der nicht nur aufgrund seiner eigenen Biografie ein Vertreter der

---

[14] Dies gilt v.a. für das mit der Weltbank koordinierte Projekt in Tschad und Kamerun. Aufgrund der chemischen Zusammensetzung erweist sich das Erdöl als viel kostenaufwendiger in der weiteren Verarbeitung. „Die Konzerne werden wohl nur bleiben, wenn es sich für sie rechnet", so eine Mitarbeiterin der Weltbank im Interview am 8.9.2005

Erdöllobby ist, sondern dessen Kabinett insgesamt über enge Kontakte zu Aufsichtsräten in den wichtigsten US-Ölkonzernen verfügt. Die offizielle Website des US-Energieministerium beginnt mit dem vielsagenden Satz: „Oil is the lifeblood of the US economy." (Erdöl ist das Lebenselixier der amerikanischen Wirtschaft.) Es soll also kein Zweifel daran bestehen, für welchen Rohstoff Politik gemacht wird.

Kritiker bezweifeln jedoch den Nutzen des Milliardenpakets, das auch die Nuklearenergie wieder verstärkt in den Energiemix hereinholt. Die amerikanische Öffentlichkeit hat offenbar ihr Trauma nach dem schweren Unfall im Atomkraftwerk von Three-Mile-Island 1979 überwunden. 1,5 Mrd. Dollar fließen derzeit pro Jahr in die Atomwirtschaft, die bis zum Ende des laufenden Jahrzehnts den Bau neuer Kernkraftwerke plant; es wären dies die ersten seit 1979. Weitere 2,7 Mrd. Dollar werden in erneuerbare Energien wie Wind, Sonne, Biomasse und Wasserkraft investiert, und 2,9 Mrd. Dollar dienen der Entwicklung „sauberer" Kohlekraftwerke.[15] 2,6 Mrd. Dollar stehen der Öl- und Gasindustrie zur Verfügung, um neue Öl- und Gasbohrungen zu finanzieren und bestehende Pipelines und Raffinerien auszubauen.

In seiner Rede zur Nation, der „state of the union address" am 31. Januar 2006, gestand Bush ein, Amerika sei süchtig nach Öl (oil-addicted) und kündigte eine Abkopplung von nahöstlichen Ölimporten bis 2025 an. Die Substituierung der nahöstlichen Erdölimporte durch alternative Energiequellen könnte eine entscheidende Wende in der US-Energiepolitik und damit logischerweise auch in der Außen- und Sicherheitspolitik einleiten. Bevor die Bush-Regierung aber ernsthaft eine solche neue Energiepolitik in Angriff nimmt, muss sie ihr erst im Sommer 2005 geschaffenes Energiegesetz novellieren.

Denn in seiner vorliegenden Form wird das Energiegesetz die Abhängigkeit von Ölimporten nicht entscheidend verringern. Infolge des Hurrikans „Katrina" vom 29.8.2005, also knapp drei Wochen nach der Verabschiedung des Gesetzes, und späterer derartiger Ereignisse sind nachträgliche Änderungen durch den Gesetzgeber nicht auszuschließen. 95 Prozent der Ölförderung im Golf von Mexiko oder rund 1,4 Mio. Fass pro Tag waren

---

[15] Eine Neuerung, die der einzelne Bürger zu spüren bekommen wird, ist die Verlängerung der Sommerzeit um einen Monat. Das neue Gesetz soll für den einzelnen Bürger steuerliche Anreize zum Energiesparen setzen. So wird zum Beispiel der Kauf von Hybrid-Autos, die mit einer Kombination aus Verbrennungsmotor und Elektroantrieb arbeiten, steuerlich begünstigt. Auch Maßnahmen in Privathäusern, wie der Einbau von energiesparenden Fenstern oder Solarkollektoren, werden gefördert. Außerdem wurden Energieeffizienz-Standards für Produkte wie Kühlschränke festgelegt. Laut den IEA-Berichten über die Entwicklung und Nutzung von erneuerbaren Energien hinken die USA jedoch weit hinter anderen OECD-Staaten her. Die fiskalischen Anreize sind minimal.

durch die Naturkatastrophe ausgefallen, ebenso wie 88 Prozent der Erdgasförderung. Die Ausfälle dauerten von Ende August an mehrere Wochen lang.[16] Neben der bekannten Rolle diverser industrieller Lobbygruppen, die vor allem bei einem so wichtigen Text wie dem Energiegesetz mitwirken, ist auch die militärische Dimension nicht zu vernachlässigen, die in allen Energiefragen eine entscheidende Rolle spielt. Großen Einfluss in der legislativen Bürokratie des US-Kongresses hat der Stab des Armed Services Committee. In so komplexen Angelegenheiten wie Nuklearenergie oder Kernfusion sind es nur selten unabhängige Experten, die Kongressabgeordnete beraten, sondern vielmehr der perfekt organisierte Stab des Armed Services Committee, der die Formulierung der Texte mitbestimmt.[17]

Die Folgen von „Katrina" verdeutlichen die Verwundbarkeit der US-Wirtschaft durch Schäden an ihren Erdölfeldern und Raffinerien im Golf von Mexiko, wo schon „Iwan" im September 2004 monatelange Produktionsausfälle auslöste, wobei sich auch die Defizite des neuen Energiegesetzes in zwei wesentlichen Bereichen zeigen: Erstens, wie gehen die USA kurzfristig mit solchen Energieausfällen um? Zweitens, wie ist eine langfristige Sicherheit der Energieversorgung zu erreichen?[18] Hätten nicht die IEA und ihre 27 Mitgliedsstaaten pro Tag zwei Mio. Fass aus den Lagerbeständen an Rohöl und Derivaten freigegeben, wäre die angespannte Versorgungslage in den USA wohl kaum zu beruhigen gewesen. Die Preishausse nach dem 29. August 2005 hatte mehr mit den zuvor schon bestehenden Engpässen in der Raffinierung als mit den Zerstörungen selbst zu tun.

Einen großen psychologischen Effekt löste die Katastrophe mit den Ölpreissprüngen bei den Autofahrern in den USA offenbar insofern aus, als diese ersten Umfragen zufolge auf kleinere Autos umsteigen wollen. Das bislang so beliebte SUV – Sports Utilities Vehicle – mit seinem enormen Spritverbrauch könnte bald der Vergangenheit angehören. In Paris, das bekannt für seine revolutionären Stimmungen ist, nimmt eine Gruppe militanter Umweltschützer die Fahrer sportlicher Geländewagen ins Visier. Fast täglich finden dort die Eigentümer ihre Benzin schluckenden Modefahrzeuge mit platten Reifen vor.

„Katrina" sensibilisierte die US-Öffentlichkeit schlagartig für die wirtschaftlichen Folgen des Klimawandels, und der Ruf nach Alternativen zu fossilen Energieträgern wurde laut. Seit dem Tag, an dem die Dämme von New Orleans brachen, ist in den Schlagzeilen der US-Medien immer wie-

---

[16] US-Mineral-Management Service vom 30.8.2005
[17] Behran Kursunoglu, Arnold Perlmutter (ed), Directions in Energy Policy: A Comprehensive Approach to Energy Resource Decision-Making. Cambridge Massachusetts. Paper by Carl D. Purcell (Congress Member Michigan), p. 6
[18] *Petroleum Argus*, Katrina Special Report vom 12.9.2005

der die Rede von Klimaschutz und Verringerung der CO_2-Emissionen, die viele Wissenschaftler als Ursache für die Erwärmung des Meeres und eine bisher nicht gekannte Häufigkeit und Zerstörungskraft der Stürme sehen. Umweltschützer und einige demokratische Abgeordnete üben daher heftige Kritik am Energiegesetz in seiner vorliegenden Form. Die Steuererleichterungen für die Ölindustrie werden besonders kritisch gesehen, da diese ohnehin schon von den hohen Ölpreisen profitiert. Marktverzerrungen sind zu befürchten, und der Mangel an konkreten Zielvorgaben zum Prozentsatz, den erneuerbare Energien an der Gesamtenergieversorgung einnehmen sollten, zeigt weitere Schwächen auf. Die mächtige Automobilindustrie verhinderte zudem schärfere Begrenzungen des Treibstoffverbrauches. Immerhin betreffen zwei Drittel des Erdölkonsums der USA den Transport; nur 24 Prozent macht der industrielle Verbrauch aus, der Rest geht in Heizwesen und Stromerzeugung. Die Gewerkschaften der kränkelnden Automobilindustrie fürchten den weiteren Abbau von Arbeitsplätzen, wobei wohl das Hauptproblem dieser Branche ist, dass sie nicht für den Weltmarkt, sondern vor allem für den heimischen Konsum produziert und sich nicht an den internationalen Standards misst.

Im Gesetzestext ist zwar von Energieeffizienz die Rede, doch Energiesparmaßnahmen wie Temperaturbegrenzungen bei der Heizung oder Luftkühlung, ist nach der Ära von Präsident Jimmy Carter leider zum Schimpfwort mutiert.[19] Hier scheint sich der Wunsch nach unbegrenzter Freiheit „made in the USA" über jegliche Einschnitte mit dem Ziel des Energiesparens hinweg zu setzen. Das ist auch insofern nicht verwunderlich, als der „hydrocarbon man" in den USA der 1950er Jahre entstand. Die Symbiose von Fahrzeug und Mensch mit all ihren Absurditäten eroberte von hier aus die Welt. Nach der Automobilisierung des westlichen Nachkriegseuropas folgte jene der entkolonialisierten Staaten und gegenwärtig Chinas, während in den ehemaligen Comecon-Staaten die auf Leasingbasis finanzierten neuen Pkw bereits die Straßen bevölkern. Mit der nächsten Ölpreiskrise, ob bedingt aus wachsender Nachfrage oder infolge geopolitischer Risiken oder eben eines Sturms, rechnete nach 1979 offenbar niemand mehr.

Inwieweit eine neue US-Regierung einen Schwenk in der Energiepolitik unternimmt, hängt nicht zuletzt von einflussreichen Interessensgruppen ab. Vieles deutet darauf hin, dass sich die Agrarlobby mit ihrem Einsatz für Ethanol und andere subventionierte Agrartreibstoffe durchsetzen könnte.. Die Folge war der seither rasante Anstieg der Lebensmittelpreise, zumal die Spekulanten auch in den „weichen Rohstoffen" zunimmt. Eine völlige Neugestaltung der Energiepolitik, wie sie schon in den 1970er Jahren diskutiert wurde, ist nicht nur für die USA vonnöten.

---

[19] Paul Roberts, The End of Oil.

Die ungenutzte Dynamik der 1970er Jahre

Studiert man den Aufschrei der Analysten und Weltöffentlichkeit über die neuen Rohölpreise und in ihrem Gefolge über den starken Anstieg der Erdgaspreise, so ist der aufmerksame Beobachter erstaunt, wie wenig aus den Erdölkrisen der 1970er Jahre gelernt wurde. Denn gerade in den USA waren Politik und Wirtschaft vor 30 Jahren schon viel weiter fortgeschritten, um die Sicherheit der Energieversorgung auf ein neues – von Importen weniger abhängiges – Fundament zu stellen. Der damalige Außenminister Henry Kissinger kann als der erste „Grüne" in einer Staatskanzlei gesehen werden. Kissinger erkannte unmittelbar nach dem Ölpreisschock im Anschluss an den Nahostkrieg vom Oktober 1973, dass der hohe Treibstoffpreis die Chance für einen Umschwung in der Energieversorgung darstellte. Auf der UN-Generalversammlung im September 1975 diagnostizierte Kissinger die Energiekrise als eine tiefere institutionelle Krise zwischen Industrie- und Schwellenländern. Ein neuer Konsens im Sinne gemeinsamer Anstrengungen für eine globale Entwicklung sei daher erforderlich. Sogar eine neue Friedensstruktur wollte die US-Diplomatie anpeilen. Das ehrgeizige Vorhaben wurde jedoch intern durch das US-Finanzministerium vereitelt. Der Nord-Süd-Dialog für konkrete neue und faire Handelsbeziehungen, den die Energiekrise von 1973 als positive Lektion bewirkt hatte, wurde durch bürokratische Querelen und die Präsidentschaftswahlen verschleppt.[20] Kissinger wünschte sich einen langanhaltenden hohen Ölpreis, um eine definitive Umstellung auf andere Energieträger zu erreichen. Die Schaffung der Internationalen Energieagentur war seine Idee, sie sollte als Gegengewicht zur OPEC neue Energieformen erforschen und entwickeln. Das der IEA zur Verfügung gestellte Budget wurde jedoch leider mit Beginn der 1980er Jahre stark gekürzt, denn unter George Bush senior rückte Erdöl wieder in den Vordergrund. Für die USA ergab sich jedoch eine außenpolitische Vormachtstellung in der Nahostdiplomatie und im Umgang mit Ölproduzenten.

Aufgrund einer neuerlichen Treibstoffverknappung 1979 nach der Revolution im Iran entwickelte Präsident Jimmy Carter forsche Pläne für eine höhere Besteuerung des Treibstoffs und die Entwicklung alternativer Treibstoffe. Unter seinem Nachfolger Ronald Reagan wurden diese Pläne aber wieder fallen gelassen. Mit ca. 25 Prozent ist die Besteuerung von Treibstoffen in den USA sehr gering. Innerhalb der OECD-Länder liegt die Besteuerung im Schnitt bei 68 Prozent, in Großbritannien gar bei 80 Prozent.

Zwar stand in den letzten Jahren bei Energiepreishaussen stets das Erdöl im Mittelpunkt, doch dürfen auch die Folgen für den Erdgasmarkt nicht

---

[20] Henry R. Nau, The Evolution of U.S. Foreign Policy in Energy: From Alliance Politics to Politics as usual; in International Energy Policy von Robert M. Lawrence und Martin O. Heisler, Lexington 1980. S. 37-64

vergessen werden. Erdöl ist und bleibt die Weltleitenergie und nimmt entsprechend die anderen Energiepreise mit, insbesondere jene für Erdgas, dessen Produktion oftmals technisch mit jener für Erdöl zusammenhängt. Erdgas ist auch in den USA der zweitwichtigste Energielieferant und der am schnellsten wachsende Sektor. Im Jahr 2005 haben sich die Erdgaskosten für die Verbraucher gegenüber 2004 verdoppelt und im Vergleich zu den 1990er Jahren sogar rund versechsfacht! Allein „Katrina" zerstörte wichtige Erdgasraffinerien, wodurch es zu Ausfällen von 40 Prozent der US-Produktion kam. Zu Beginn des Jahres 2008 übersprang der Preis dann die Marke von 100 US-Dollar pro Fass, wobei die Schwäche der US-Währung und geopolitische Unsicherheiten den Preisanstieg mitbestimmten. Die nächsten Preissprünge im – aus ökonomischen und ökologischen Gründen so intensiv beworbenen – Erdgassektor werden sicher nicht auf sich warten lassen, wenn die Heizperiode ihre Höhepunkte erreicht. Um die Kluft zwischen Angebot und Nachfrage für Erdgas zu schließen, sollen neue LNG-Terminals, also Einrichtungen für verflüssigte Erdgastransporte, geschaffen werden. Mindestens 40 wären erforderlich, doch kaum zehn Prozent werden voraussichtlich errichtet werden. Anrainerproteste und Angst vor Explosionsgefahr sind nicht nur in den USA die Gründe für die niedrige Zahl an LNG-Installationen.

Energiekosten drücken auf die Konjunktur
Der hohe Erdöl- und Erdgaspreis veranlasst Wirtschaftsforscher, immer öfter die Auswirkungen auf die Konjunktur zu berechnen. Noch während des gesamten Jahres 2004 hieß es, dass erhöhte Energiepreise auf die US-Wirtschaft keine Auswirkungen hätten. Doch inzwischen geht man bei einem Rohölfasspreis, der sich um 100 US-Dollar bewegt, auf jeden Fall von einem bremsenden Effekt aus. Auch Finanzminister John Snow befürchtet infolge hoher Energiekosten eine stärkere Inflation, steigende Arbeitslosigkeit und damit eine Verringerung des Wirtschaftswachstums um mindestens 0,5 Prozent.

Der Internationale Währungsfonds IWF geht in seiner Analyse für die US-Wirtschaft von noch viel düstereren Anhaltspunkten für eine schwere Wirtschaftskrise aus.[21] Das viel größere Übel als das US-Außenhandelsdefizit von ca. 330 Mrd. US-Dollar für 2005 sei laut IWF-Ökonomen das Investitionsdefizit in reichen und armen Staaten. Auch in den ölreichen OPEC-Staaten werde das Geld viel häufiger in den Westen zurückgeleitet als national investiert. Die Gründe hierfür lägen zum einen im schwachen Bankenwesen in den gegenwärtig rasch wachsenden Volkswirtschaften, sei es Indien oder auch im OPEC-Raum. Hinzu tritt eine grundsätzliche Stimmung der Verunsicherung – vor allem innerhalb der OPEC – die offen-

---

[21] *The Economist* vom 16.9.2005

bar immer noch von der Asienkrise 1997/98 geprägt ist. Der starke Investitionsrückgang in reichen westlichen Staaten rühre daher, dass das Kapital nicht in den Markt zurückfließe, sondern für Konsum und Regierungskredite verwendet werde. Das Importvolumen dieser Staaten werde sich daher verringern, was wiederum die Schwellenländer berühre, die den Export für ihr Wachstum benötigen. Das Gleiche gilt auch für die Exportindustrie Deutschlands. Als besonders gefährlich stuft der IWF in seiner Vorausschau die sehr niedrige Sparquote in den USA ein.[22] Wenn sich der IWF schließlich fragt, wo der Wohlstand der Nationen geblieben ist, so gibt sein Bericht hierauf auch keine Antwort. Denn es ist oft leichter, eine Krankheit zu diagnostizieren als eine Therapie für ein so komplexes Gebäude, wie die Weltwirtschaft, anzubieten.

Rohölhandel in Euro statt Dollar?

Brisanter als eine weitere, ob politisch oder wettermäßig bedingte, Unterbrechung der Erdöllieferungen könnte sich für die US-Wirtschaft eine allfällige Umstellung des Weltölhandels von US-Dollar auf Euro erweisen. Das Thema wird seit geraumer Zeit in der Erdölbranche diskutiert und lieferte rund um den Irakkrieg auch Stoff für Verschwörungstheorien. Diesen zufolge soll Saddam Hussein angeboten haben, das irakische Erdöl anstelle von Dollar gegen Euro zu verkaufen. Dass dies der entscheidende Grund für den Irakkrieg gewesen sein soll, scheint sehr zweifelhaft. Die Kriegspläne basierten eher auf einem ganzen Bündel von Kalkulationen rund um die strategischen Rohstoffe des Zweistromlands.

Dennoch ist die Währungsfrage nicht zu unterschätzen. Würden einige wichtige Erdöllieferanten, wie der OPEC-Staat Iran oder der Nicht-OPEC-Produzent Russland tatsächlich ihre Erdöl- und Erdgasverträge in Euro abschließen, wären die Auswirkungen auf die US-Wirtschaft gewaltig. Die USA müssten dann – ähnlich wie all jene Staaten, die Dollar-Devisen erwerben müssen, um ihre Importe zu zahlen – eine Fremdwährung auf dem internationalen Markt aufnehmen. Das würde sich wie eine indirekte Steuer auf die US-Importeure auswirken, doch genau dies ist gegenwärtig für den Rest der Welt der Fall.

Interessant ist in diesem Zusammenhang der mehrfach aufgeschobene iranische Plan, eine Iranische Ölbörse (IOB) zu errichten, deren Handelswährung der Euro sein soll und die damit den Dollar stark unter Druck bringen könnte. Geht es beim Streit zwischen den USA und dem Iran weniger um die Atom- als um die Ölfrage, wie manche Finanzexperten erkennen wollen?[23] Die

---

[22] http://www.imf.org/external/pubs/ft/weo/2005/02/index.htm
[23] *Asia Times* vom 26.8.2005, Artikel von Toni Straka

Absicht, eine eigene Ölbörse zu begründen, fand sich erstmals im iranischen Fünf-Jahresplan 2000/01-2004/05. Neben Rohöl und Erdgas sowie deren Derivaten sollten auch andere petrochemische Produkte elektronisch gehandelt werden. Der Iran würde so zum wichtigsten Rohstoffhandelsplatz in der Region aufsteigen und vorwiegend europäische und asiatische Kunden anziehen. Die syrische Regierung beschloss am 12. Februar 2006, den Zahlungsverkehr staatlicher Stellen von US-Dollar auf Euro umzustellen. Der Hintergrund sind die Sanktionen, welche die US-Regierung 2004 über das Land verhängt hatte. Syrien ist zwar ein Ölproduzent, doch nicht in der OPEC vertreten, und seine Exporte sind minimal. Vielleicht noch stärkere Auswirkungen hätte eine Umstellung der Ölförderstaaten Großbritannien und Norwegens auf eine Abrechnung in Euro, da sie mit dem Öl der Sorte Brent eine wichtige Preismarke setzen würden.[24] In beiden Fällen ist eine solche währungspolitische Entscheidung eher auszuschließen. Die EU-skeptischen Briten würden schon angesichts der verworrenen Lage rund um den Euro-Stabilitätspakt und der vielen Defizitsünder einen solchen Schritt nicht wagen. Bei Norwegen, das gar kein EU-Mitglied ist, erübrigen sich für absehbare Zeit weitere Überlegungen.

Der Umstand, dass Öl in US-Dollar abgerechnet wird, schlägt sich bei vielen Ölhändlern durch die Währungsumrechnung neben den Gebühren wie eine indirekte Steuer auf jedes Fass Öl nieder. Die IOB mit einer Abrechnung in Euro könnte für viele Käufer die versteckten Nebenkosten beseitigen. Hinzu kommt, dass auch Russland und die EU über Abrechnungsmodalitäten von Öl in Euro verhandeln. Vor dem Hintergrund der Spannung zwischen den USA und dem Iran aufgrund des iranischen Atomprogramms ist es durchaus wahrscheinlich, dass der Iran andere Käufer als die USA an sich binden möchte. Die Europäer, für die durch die Euro-Bindung Transaktionskosten wegfallen würden, aber auch Indien und China sind interessante Abnehmer für den Iran. Und dies mit gutem Grund. Denn Indien verfügt nicht nur über AKWs, sondern auch über ein Atomwaffenarsenal und hat sich nicht dem Nichtverbreitungsvertrag (NPT) angeschlossen. Es geht bei diesen Überlegungen zur iranischen Ölbörse aus Sicht des Finanzexperten Toni Straka wohl auch um einen weiteren Effekt: „Öl selbst und nicht mehr der US-Dollar wird zu einer Anlageform bzw. Reservewährung."[25]

In welchem Umfang Erdöl zur lukrativen Ersatzwährung für Finanzinvestoren wurde, zeigten die Entwicklungen des Erdölpreises im Frühsommer 2008. Erdöl wird zwar in Dollar gehandelt, allerdings erhöhen die Produzentenländer mit zunehmender Dollarschwäche die Preise, um Verluste zu vermeiden. Die Folge: Mit Erdöl lässt sich gegen den Dollar spekulieren,

---

[24] *The Guardian* vom 22.4.2003
[25] Interview mit Toni Straka am 15.9.2005

was professionelle Finanzinvestoren nutzen, mit dem Effekt, dass der Preis immer weitersteigt. Erdöl fungiert für Investoren als Versicherung gegen einen schwachen Dollar, wie bereits 2005 von Finanzanalysten wie Toni Straka untersucht.

Von längerfristiger Bedeutung könnten laut Straka auch die Pläne Dubais sein, das sich neben London und New York als Goldhandelszentrum etablieren will und eine Edelmetallbörse aufbaut. Strakas gewagte Hypothese ist vor dem Hintergrund des aktuellen Höchststandes des Goldpreises und der vielen widersprüchlichen Wirtschaftsprognosen bemerkenswert: „Nachdem Öl gleich Geld und Gold gleich Geld ist, werden wir vielleicht noch den Tag erleben, an welchem die Ölproduzenten Gold für ihr Öl verlangen? Dann geht Gold auf mindestens 1000 US-Dollar pro Unze, was der historischen Relation von einer Unze Gold je 15 Fass Rohöl entspricht. Dieses Szenario ist im Frühjahr 2008 auch eingetreten. Der Mittlere Osten und Indien sind die größten Goldkäufer. Indien kauft ca. 600 Tonnen pro Jahr während die Notenbanken seit einigen Jahren im Rahmen des Central Bank Gold Sales Agreement (CBGSA) 500 Tonnen pro Jahr auf den Markt werfen. Interessant dabei ist, dass das im Frühjahr 2002 insolvente Argentinien am 14.9.2005 ankündigte, den Goldanteil an den Währungsreserven von derzeit drei Prozent aufzustocken. Argentinien hatte vor dem Beginn der Krise eine Golddeckung seiner Währung von 20 Prozent und kam erst in die Bredouille als es anfing, sein Gold zu verkaufen. Worauf haben sich die westlichen Notenbanken nur mit dem CBGSA eingelassen? Ich vertrete hier sicherlich eine Minderheitenmeinung. Aber auf den Märkten verdient immer nur eine dreißigprozentige Minderheit."[26]

Andere Marktbeobachter distanzieren sich von diesen Gedankenspielen, da in ihren Augen diese Thematik zwar kurzfristig auf der Agenda war, doch wieder verschwunden sei.[27] Selbst das britische Fachmagazin „The Economist" schlägt regelmäßig die Schaffung eines neuen Währungskorbes für den Rohstoffhandel vor. Skeptiker wischen die Option eines zukünftigen Wechsels zugunsten des Euro mit dem Argument vom Tisch, dass hierfür die vorhandene Geldmenge in Euro gar nicht ausreiche. Ist es nun relevant oder völlig irrelevant, in welcher Währung Rohöl gehandelt wird? Wie immer darauf vorerst die Antwort lautet, für die internationale Wirtschaft hat die Entwicklung bereits Auswirkungen, in welche Richtung die seit 2004 verdienten Petrodollar wieder fließen. Laut IWF zeigt sich nämlich, dass schlicht wenig investiert wird.[28] Viele OPEC-Staaten, so vor allem Saudi-Arabien müssen ihre hohen Sozialleistungen finanzieren, große Vermögen entstehen nur im Privatbereich. Auch Putin muss die russischen Pensionen finanzieren. Den

---

[26] ebenda
[27] So Analysten von *Petroleum Argus* und MEES im Interview am 19.9.2005
[28] siehe FN 21

Erdölproduzenten geht also offenbar die Sorge um einen neuerlichen Preisverfall nicht aus dem Kopf, denn die Krise nach 1980 sowie die Asienkrise 1997/98, die jeweils zu starken Einbrüchen führten, sitzen Konzernen und Produzentenstaaten gleichermaßen im Nacken.

Auch diese Währungsfrage ist in ihrem größeren internationalen Zusammenhang zu sehen. Staaten, die mit dem in der Öl- und Erdgasförderung starken Iran Geschäfte machen, könnten gerade durch den Druck, den die USA in der Frage des iranischen Atomprogramms auf den Iran ausüben, dazu angehalten werden, ihre Reserven nicht mehr in Dollar-Anlageformen zu bilden. Denn was nützt eine Dollar-Reserve, wenn diese durch ein US-Embargo plötzlich blockiert ist, wie die USA in der Vergangenheit durch ihre völkerrechtswidrigen Gesetze – so den Iran-Libya-Sanction Act – es immer wieder praktizierten. Der US-Gesetzgeber erweitert so seine Jurisdiktion auf ausländische Unternehmen, deren Guthaben in den USA einzufrieren sind, wenn ihr Investitionsvolumen beispielsweise im Iran 20 Mio. US-Dollar überschreitet. Das Gesetz aus dem Jahr 1996 ist für den Iran weiterhin gültig, nicht aber für Libyen, das 2004 dem Terrorismus abschwor und westliche Investoren ins Land holte. Zahlreiche OPEC-Staaten legen vorsichtshalber ihre derzeit hohen Gewinne aus dem Ölgeschäft schon jetzt in nicht mehr Dollar-gebundenen Anlagen an; man möchte offenbar auch politisch beweglich bleiben. Der Euro ist zur Nummer zwei als Reservewährung aufgestiegen: Betrug sein Anteil an den Währungsreserven 1999 noch 13,5 Prozent, so lag er 2003 bereits bei fast 20 Prozent.

Möglicherweise führe die Aufweichung der starken Position des US-Dollar beim Öl dazu, dass man an anderen Warenbörsen die Vormacht des „Greenback" überdenke, spekuliert die US-kritische *Asia Times*.[29] Doch auch das britische Magazin *The Economist* analysiert regelmäßig das gefährliche Außenhandelsdefizit der USA, das laut OECD im Jahr 2006 auf 825 Mrd. Dollar ansteigen soll, was rund 6,4 Prozent des Bruttoinlandsprodukts der USA entspricht. Angesichts der Tatsache, dass viele asiatische Zentralbanken US-Staatsanleihen halten und damit das Defizit sowie den Dollar mitfinanzieren, könnte der Verkauf oder allein der Stopp beim Erwerb neuer Anleihen die US-Wirtschaft in gehörige Turbulenzen bringen.[30] Das Risiko eines Bankrotts der US-Wirtschaft im Falle einer Umstellung wichtiger Handelsplätze vom US-Dollar auf den härteren Euro liegt auf der Hand. Für den Rohölmarkt gilt dies ganz besonders. Nicht verwunderlich ist daher die Unruhe in den USA, denn eine solche Entwicklung wird wohl gefährlicher eingestuft als ein iranischer Atomschlag.[31]

---

[29] siehe auch Ausgabe vom 25.2.2005 u.a.
[30] *The Economist*. Leitartikel zu "The disappearing dollar" vom 4.12.2004
[31] *Asia Times* vom 26.8. 2005; Toni Straka

Für die USA ist Energiepolitik, sprich Zugang zu Erdölquellen und alle damit in Zusammenhang stehenden Aspekte, integraler Bestand ihrer Außen- und Sicherheitspolitik. Noch jede US-Regierung, wenn auch mit unterschiedlicher Deutlichkeit, hat ihre internationalen Beziehungen unter diesem Blickwinkel gestaltet. Erstaunlich ist nur, wie wenig die USA aus den Krisen der 1970er Jahre gelernt haben. Denn die Verwundbarkeit ihrer Wirtschaft wurde im Sommer 2005 infolge einer Preishausse und der Hurrikane wieder einmal offensichtlich. Ob die USA daher in der aktuellen Erdölkrise ihre Energiepolitik umfassend neu gestalten, hängt wohl von der Dauer und dem Umfang der Krise ab. Das neue Energiegesetz zeigt kaum Perspektiven in eine solche Richtung auf.

Auf ideologischer Ebene gibt es aber bereits erste Anzeichen für eine eigenartige neue Allianz aus „Grünen", die vornehmlich unter den Demokraten zu finden sind, und den Falken unter den Außenpolitikern, die schon seit langem für eine Unabhängigkeit der USA vom Golföl eintreten und schließlich den Anhängern der „reborn Christian" Bewegung, jener einflussreichen religiösen Lobby im Weißen Haus, die Politik und ihre Interpretation der Bibel gefährlich vermischt. Während erstere auf Basis wissenschaftlicher Daten zum Klimawandel neue Energien fordern, die zweite Gruppe geopolitisch argumentiert, ist für letztere der Respekt für Gottes Schöpfung entscheidendes Motiv für einen Ausstieg aus den fossilen Energien. Daraus ergibt sich über ideologische Grenzen hinweg die Koalition der so genannten Geo-Greens, die für einen Umschwung in der Energiepolitik, wohl gemerkt: auch in der Außen- und Sicherheitspolitik, plädieren. Dieses auf den ersten Blick so widersprüchliche Bündnis findet in der „National Commission on Energy Policy" ein Spiegelbild, das sich langfristig als wichtiger Multiplikator in der öffentlichen Meinung erweisen könnte. Der ehemalige CIA-Direktor James Woolsey wiederum erhob jüngst eine Forderung, die an die Aufbruchstimmung nach 1973 erinnerte. Demnach sollte die Forschung in Richtung neuer Treibstoffe gefördert werden, denn höhere Steuern auf ihren konventionellen Treibstoff aus Erdöl würden sich die US-Bürger wohl nicht gefallen lassen.[32] TV-Prediger mahnen ihrerseits ihre Zuhörerschaften mit Botschaften wie etwa: „Jesus würde heute keinen Geländewagen fahren." Dies ist typisch amerikanische Energiepolitik, wenn auch etwas anekdotenhaft verkürzt. Doch tiefreligiöse Autofahrer könnten durch die Predigten durchaus ihr Konsumverhalten ändern.

Einen rationaleren Kurs haben hingegen jene neun US-Bundesstaaten eingeschlagen, die freiwillig Emissionsbeschränkungen beschlossen haben. Sie stellen sich so gegen die Position der Bundesregierung, die zwischen

---

[32] Joseph S. Nye: How will politics of American energy change? In *The Daily Star* vom 30.6.2005

Schadstoffen und Klimawandel keinen Zusammenhang erkennen will. Die Serie der Naturkatastrophen im Spätsommer 2005 könnte also einen Sinneswandel bewirken. Immerhin liegt in den Schubladen des Pentagons auch eine Studie vom Oktober 2003, die den Klimawandel und nicht den Terrorismus als die eigentliche Sicherheitsbedrohung beschreibt. Die Zukunftsforscher Peter Schwartz und Doug Randall haben unter dem Titel „Imagining the Unthinkable" einige bedrückende Zukunftsszenarien aufgezeigt, wonach infolge der Strömungsverschiebung des Golfstroms auf die Klimaerwärmung eine radikale Abkühlung des Erdklimas folgen würde. Die Konsequenzen wären, so Schwartz und Randall, unter anderem zahlreiche Konflikte um Ressourcen.[33] Schwartz mag in seinen Vorträgen eine etwas vereinfachte Zukunftsvision mit all ihren Abgründen darstellen, doch die dahinter stehende wissenschaftliche Untermauerung könnte in gewissen politischen Kreisen vielleicht doch ein Umdenken bewirken.

Ein ähnliches Ziel verfolgte wohl auch der deutsche Regisseur Roland Emmerich in seinem Klimakatastrophen-Film „The Day After Tomorrow" über die Vereisung Amerikas. Wenn die USA einmal ihren Energiekonsum neu gestalten, dann wird dies zweifellos radikal sein und die Nachfrage auf globaler Ebene gewaltig verändern. Immerhin entfallen auf die USA 25 Prozent des jährlichen weltweiten Energiekonsums. Mehr wird in Sachen Energiepolitik – zumindest auf dem Papier – in Europa unternommen. Hier haben sich Teile der Zivilgesellschaft für Klimabündnisse engagiert und konnten zumindest auf kommunaler Ebene kleine Fortschritte erreichen, aber es fehlt an klaren Entscheidungsinstanzen. Allerdings hat die britische Regierung das Thema für sich als globaler Akteur entdeckt und versucht entsprechend auf ihre US-Verbündeten einzuwirken.

4.2. Die EU und ihre fehlende Energiepolitik

In den meisten EU-Mitgliedsstaaten existiert kein – mit wenigen Ausnahmen wie Dänemark – Energieministerium. Diese Kompetenz ist vielmehr zwischen Wirtschaft, Außenpolitik, Umwelt und anderen Ressorts aufgesplittert. Erst die erweiterte Europäische Kommission mit ihren nunmehr 27 Kommissaren schuf ein eigenes Energieressort, dessen politischer und rechtlicher Handlungsspielraum aber sehr eingeschränkt ist. Die EU reduziert ihre Energiepolitik auf Grünbücher, so 2002 und 2005, die mehr eine Sammlung teils banaler Energiesparmaßnahmen für Autofahrer und Haushalte als echte klare Strategien sind. Über die regelmäßige Reifendruckkontrolle, wie sie die Europäische Kommission empfiehlt, ist jeder

---

[33] Diese Studie ist nunmehr über das Internet verfügbar: http://www.climate.org/topics/climate/pentagon.shtml
Die Medien griffen das Thema kurz auf, so *The Observer* vom 22.2.2004

Fahrschüler bereits informiert, auch der Austausch von alten Heizkesseln erfolgt in europäischen Haushalten, ohne dass man darüber erst in einem offiziellen Dokument der Europäischen Kommission nachlesen muss. Die Referenten der zuständigen Generaldirektion hätten vielleicht aufzeigen können, welche gemeinsame Industriepolitik im Sinne alternativer Versorgungsmöglichkeiten jenseits der Erdgasleitungen aus Russland oder für neue LNG-Terminals anzupeilen ist. Im März 2007 verabschiedete der Europäische Rat eine neue Energiestrategie, die sich ehrgeizige Ziele setzt. Mit ambitionieren Aktionsplänen versucht Brüssel die Energieversorgung und die Gefahren des Klimawandels in den Griff zu bekommen. Doch nationalstaatliches Denken, die unklare Kompetenzverteilung in der EU und die Angst vor der weiteren Abwanderung von Industrie könnte die angestrebte europäische Energiestrategie bald alt aussehen lassen.

Wie sehr sich die Europäische Union der Eindämmung des Klimawandels widmet, bekunden ihre Vertreter unisono bei allen Ratstagungen. In welche Widersprüche sich Europa aber begibt, wurde im März 2007 neuerlich offensichtlich. Beinahe zeitgleich verlautbarte der Europäische Rat die neuen Klimaschutzziele und Reduzierung der Treibhausgase und die Europäische Kommission feierte den Abschluss des lange verhandelten Luftfahrtabkommens mit den USA. Letzteres soll den Wettbewerb im transatlantischen Luftverkehr verbessern, die Flugdichte erhöhen und die Ticketpreise verringern. Logischerweise wird die Emission von CO_2 wachsen und manches hehre Ziel des Klimaschutzes unterwandern. So viel zur oft beschworenen Kohärenz der europäischen Energiestrategie.

Die Eindämmung des Klimawandels zieht sich wie ein roter Faden durch alle EU-Papiere und dominiert die Energiedebatte in Brüssel. Die Energiepolitik ist aber integraler Bestandteil nationaler Politik und bleibt ähnlich wie die Außen- und Sicherheitspolitik die „domaine reservé" der Mitgliedsstaaten. Der Souverän setzt sich im Energiebereich gegen die Integration wieder durch. Zu bedeutend für die nationale Sicherheit erscheint Energie, als dass Kompetenzen an gemeinschaftliche Institutionen abzutreten sind. Bei aller Harmonisierung von Standards zwecks Schaffung eines Binnenmarkts in Energiefragen, sollen die „Entscheidungen der Mitgliedstaaten in Bezug auf ihren Energiemix und ihre Hoheit über die primären Energiequellen uneingeschränkt respektiert werden".

Die energiepolitische Zerrissenheit der EU gilt sowohl nach innen als auch nach außen. Der aus Lettland stammende Energiekommissar Andris Piebalgs bemüht sich zwar tapfer in perfektem Deutsch und Englisch, Europa mit einer Stimme in Energiefragen sprechen zu lassen. Die Mitgliedsstaaten organisieren aber ihre Energieimporte auf bilateralem Wege und sprechen keine gemeinsame Sprache bei diesen strategischen Entscheidungen. Daran kann auch ein freundlicher Dialog zwischen EU und OPEC, der

Organisation Erdöl exportierender Länder, wenig ändern. Jede europäische Hauptstadt bestimmt ihre Haltung zu Moskau und damit die langfristigen Erdgaslieferverträge unabhängig vom mühsamen Verhandlungsprozess des Partnerschafts- und Kooperationsabkommens zwischen der EU und Russland. Dass die deutsche Energieaußenpolitik, sprich die von Ex-Kanzler Gerhard Schröder geprägte besondere Nahebeziehung von Berlin zu Moskau, die EU gar zum „Implodieren bringen könnte", behaupteten kritische deutsche Stimmen auf einer Tagung der Hanns-Seidl-Stiftung im Dezember 2006. Die in Bau befindliche Ostsee-Erdgaspipeline, welche die Transitstaaten im Baltikum und Osteuropa umgeht, wurde unter Anspielung auf eine mögliche deutsch-russische Umklammerung Polens vom früheren polnischen Verteidigungsminister Sikorski gar als „Neuauflage des Molotow-Ribbentrop-Paktes" bezeichnet. Scharfe Worte für ein umstrittenes Energieversorgungsprojekt, das sich durch und durch bilateral versteht und damit auch viele EU-Bestimmungen umgehen will.

Als großen Wurf präsentierte die Europäische Kommission im Januar 2007 ihre neue Energiestrategie. Erstmals würden Energie- und Umweltpolitik gemeinsam gestaltet. Am Europäischen Rat Anfang März 2007 legte dann der deutsche Vorsitz den Aktionsplan 2007-2009 für eine gemeinsame europäische Energiepolitik vor. Der Wortlaut dieses integrierten Konzepts für die Klimaschutz- und Energiepolitik ist ambitioniert, aber zugleich sehr vage formuliert. Fristen und Quoten werden festgesetzt, der Anstieg der globalen Durchschnittstemperatur soll auf zwei Grad Celsius gegenüber dem vorindustriellen Niveau begrenzt werden und der Energiemix bis 2020 zu 20 Prozent aus erneuerbaren Energien abgedeckt werden, um nur einige Daten zu nennen. Angesichts der Tatsache, dass sich die Gemeinschaft der damals EU-15 in Kyoto zwar zu einer Emissionsreduktion von acht Prozent bis 2012 verpflichtet, aber bis heute erst 0,9 Prozent erreicht hat, darf bezweifelt werden, ob die vorgeschlagene Minderung um mindestens 20 Prozent bis zum Jahr 2020 realistisch ist. Das Dokument stellt zudem gleich zu Beginn dieser Strategie klar, dass die Mitgliedstaaten ihre jeweilige nationalen Energieversorgung ohne Einmischung von außen gestalten dürfen. Hier liegt einer der vielen Widersprüche dieser neuen Energiestrategie.

Drei wesentliche Ziele hat sich Europa mit dieser Strategie gesteckt: Steigerung der Versorgungssicherheit, Wahrung der Wettbewerbsfähigkeit der europäischen Volkswirtschaften und Verfügbarkeit von Energie zu erschwinglichen Preisen, sowie die Förderung der Umweltverträglichkeit und Bekämpfung des Klimawandels. Das Grundproblem allen europäischen Handelns zur Schaffung einer gemeinsamen Energiepolitik, die diesen Namen auch verdient, liegt im Chaos der Zuständigkeiten. Die europäische Kommission hat nur im Bereich des Wettbewerbs echte Zuständigkeit. Brüssel betrachtet daher das Energiethema fast ausschließlich aus dieser Perspektive und lässt andere Aspekte erst gar nicht zu.

Eines der in vielen Mitgliedsstaaten, so auch in Österreich und Deutschland, sehr umstrittenen Themen ist das „Unbundling", die Entflechtung der Übertragungsnetze. Die Kommission spricht sich im vorliegenden Aktionsplan für eine echte eigentumsrechtliche Trennung („ownership unbundling") aus. Alternativ und als vermeintlich weniger einschneidende Lösung wird vorgeschlagen, die Bewirtschaftung der Leitungsnetze – unter formaler Wahrung der Eigentumsverhältnisse – auf eine unabhängige Gesellschaft („Independent System Operator ISO") zu übertragen. Beide Vorschläge bedeuten im Ergebnis, dass den Unternehmen die Verfügungsbefugnis über wesentliche Unternehmenspositionen entzogen werden. Die Kommission ist der Ansicht, dass die völlige Ausgliederung der Netze aus vertikal integrierten Energieversorgern aktuelle Interessenskonflikte lösen und einen fairen Netzzugang sichern würde. In Großbritannien, Italien, Niederlande und Dänemark ist die eigentumsrechtliche Trennung vollzogen worden. „Die dabei gewonnenen Erfahrungen mit Blick auf Effizienzgewinn sind aber nicht so zwingend, dass sich daraus ein Argument für die eigentumsrechtliche Trennung herleiten ließe", so der Bund deutscher Industrie in einer Stellungnahme.

Die Kritiker der Eigentumsentflechtung sehen diesen Teil der Strategie als Reise ins Ungewisse, denn funktionierende Strukturen würden zerschlagen. Profitieren würden hiervon allenfalls große Investmentfonds, die anstelle der heutigen Netzbetreiber in die Übertragungsnetze investierten, vorausgesetzt die hierbei möglichen Gewinnmargen überzeugen. Die Verwirklichung des Binnenmarkts scheint vorerst eher ein frommer Wunsch zu bleiben. Denn zu verschieden ist der Grad der Marktentwicklung in der EU. Allein zwischen Deutschland und Österreich stellt sich der Strand der Liberalisierung sehr unterschiedlich da. Österreich hat früher und effizienter als Deutschland die Liberalisierung auf dem Strommarkt umgesetzt. Deutschland verzichtete zunächst auf eine Netzregulierung, führte diese aber 2005 doch ein. Der Liberalisierungserfolg hängt maßgeblich von einer effizienten Netzregulierung ab. Es stellt sich für die heutigen Netzbetreiber und Regulatoren die Frage: Wie lange noch ist das notwendige Minimum an Wettbewerb sicher zu stellen?

Hingegen gibt sich Brüssel in der Schaffung eines gemeinsamen Energiemarkts in Südosteuropa sehr engagiert, um die Region enger an die EU zu binden. Doch setzten die Verantwortlichen für den EU-Stabilitätspakt beim Wiederaufbau der Balkanstaaten nach 1999 erneut auf fossile Energieträger, denn Vorrang hatte die Anbindung der Region an das europäische Stromnetz. Diese Politik erhöht die Abhängigkeit von Ölimporten aus der Russischen Föderation und von der dortigen Politik anstatt sie zu verringern. Die Chance beim Wiederaufbau einer Region neue Wege in der Energiediversifizierung zu beschreiten, wurde von Brüssel vergeben. Von einer vorausschauenden Energiepolitik im Sinne eines gemeinschaftlichen Energiekonzepts ist daher auch inmitten der Preiskrisen seit dem Sommer 2005 nichts zu spüren. Daran können auch zaghafte Vorschläge, wie das Verfassen von nationalen „prospektiven Energieschemata" nichts ändern.[34]

Jeder Mitgliedsstaat formuliert vielmehr seine eigene Energiepolitik und pocht auch regelmäßig auf die Souveränität in diesem Bereich. Es verhält sich nicht anders bei der gemeinsamen Außen- und Sicherheitspolitik. Auch hier wird die Souveränität großgeschrieben. Insbesondere Frankreich hat stets seine Außen- und Europapolitik an den eigenen Energieinteressen ausgerichtet. Dies sowohl aufgrund der besonderen Rolle seiner Nuklearindustrie, die bereits 78 Prozent der nationalen Stromversorgung abdeckt, als auch seiner wichtigen staatlichen Ölkonzerne. So blieb Frankreich schon vom Ölembargo der OPEC 1973 verschont. Diese uneinheitliche Energiepolitik ist verwunderlich, stand doch der Energiesektor im Vordergrund der Europäischen Gemeinschaft für Kohle und Stahl (EGKS) – der Montanunion –, die die gesamte französisch-deutsche Kohlen- und Stahlproduktion unter eine oberste Aufsichtsbehörde stellte. Dieser Schumanplan[35], benannt nach dem französischen Außenminister Robert Schuman, wollte die Friedenssicherung in Westeuropa garantieren. Dazu sollten die Schlüsselindustrien der beiden Staaten, welche die Basis für den potenziellen Aufbau einer Militärmacht bildeten, zusammengelegt werden. Das Originelle an dem Plan war, dass die gesamte Kohle- und Stahlindustrie dem direkten Einfluss der Nationalstaaten entzogen und einer mit echten Kompetenzen ausgestatteten Behörde übertragen wurde. Die Römischen Verträge, die zudem die Europäische Wirtschaftsgemeinschaft und die EURATOM schufen, traten 1958 in Kraft und bildeten die Grundlagen für alle folgenden Vertragswerke, die schließlich in den Unionsvertrag von Maastricht mündeten.

Am Anfang der EU war die Kohle

Parallel zur Umstellung auf den neuen fossilen Energieträger Erdöl begannen sechs europäische Staaten, ihre Kohle- und Stahlwirtschaft zu integrieren. Der Vertrag über die Gründung der Europäischen Gemeinschaft für Kohle und Stahl (EGKS) wurde in Paris am 18. April 1951 von Belgien, Deutschland, Frankreich, Italien, Luxemburg und den Niederlanden unterzeichnet. Der Vertrag, der für eine Dauer von 50 Jahren geschlossen wurde, trat am 23. Juli 1952 in Kraft und endete im Jahr 2002. Der Ablauf der Geltungsdauer des EGKS-Vertrags bedeutet gleichzeitig das Ende des EGKS-Forschungsprogramms. Doch wurden umgehend die finanziellen Reserven im Rahmen eines neuen europäischen Forschungsfonds für

---

[34] So ein Vorschlag der Europäischen Kommission vom 24.2.2006.
[35] Der eigentliche Architekt dieses Plans war aber Jean Monnet, der mit einem Expertenteam die Details erarbeitete.

die weitere Forschung in den Bereichen Kohle und Stahl eingesetzt. Das Budget für 2004 betrug 600 Mio. Euro.[36] Die Subvention der europäischen Kohleproduktion hat Tradition. Anschaulich ausgedrückt, sind diese Zahlungen siebenmal so hoch wie die Löhne der Bergarbeiter in den Kohlewerken. Würden jedoch die Kohlewerke geschlossen und die Bergarbeiter Lohnfortzahlungen erhalten, könnten die Regierungen öffentliche Gelder einsparen, und die Umwelt würde geschont.[37] Es ist paradox, dass die teure und schädliche Kohleproduktion nicht besteuert, sondern subventioniert wird. Kaum als Rechtfertigung dient das Argument, dass auch Japan, Indien und China ihre nationale Kohleproduktion jeweils hoch subventionieren.[38] Und dennoch wäre es gerade für die westeuropäischen Kohlesubventionszahler sinnvoll, ihre Bergwerke zu schließen und die Produktion in den osteuropäischen Staaten mit besserer Technologie zu reformieren. Letztere hat aufgrund ihres niedrigeren Lohnniveaus eine bessere Position im internationalen Wettbewerb. Doch der Kohlebergbau ist und bleibt ein ganz besonderer Sektor, der mehr als nur eine wirtschaftspolitische Bedeutung hat. Es geht um die Rolle von Gewerkschaften und um die historisch gewachsene Position der Kohleindustrie.

In Frankreich wurde die Kohleproduktion 2004 eingestellt. Deutschland und Spanien, die beiden höchsten Kohlesubventionszahler, sowie Großbritannien mit einer weitgehend privatisierten Kohleindustrie halten ihre Produktion dagegen für strategische Zwecke mittels nationaler und europäischer Subventionen aufrecht. Die Reform der Kohlesubventionen war und ist Gegenstand zahlreicher Untersuchungen und konkreter Maßnahmen. So beklagte bereits die 1990 geschaffene Deutsche Kohlekommission die hohen Kosten der deutschen Kohleproduktion, die rund doppelt so hoch sind wie der Import. Derartige Zahlenverhältnisse gelten übrigens auch für einige andere europäische Kohleproduzenten. Was nicht nur nationale Finanzminister und Ökologen, sondern auch die Weltbank erstaunt, ist, welche Summen europäische Regierungen bereit sind, in die ineffiziente Kohleproduktion zu stecken. Schließlich müssen auch die daraus entstehenden Umweltschäden finanziert werden. Die europäische Kohleproduktion, die 1986 noch ca. 1300 Mio. Tonnen betrug, ist seither um ein Drittel zurückgegangen. Das neue EU-Mitglied Polen ist ein wichtiger Kohleproduzent und wird das geltende EU-Subventionsregime entsprechend nützen.

---

[36] Ronald P. Steenblik und Panos Coroyannakis, Reform of coal policies in Western and Central Europe. In Energy Policy 1995, Vol. 23. no. 6, S. 537-495: "No means of supplying energy is free from environmental impact. What is so unusual about pollution from coal is that so many governments choose, in effect, to subsidize it."
[37] Kym Anderson, The political economy of coal subsidies in Europe, in Energy Policy 1995, Vol. 23. no. 6, S. 485 – 495
[38] Bei diesen Staaten kommen noch die unmenschlichen Arbeitsbedingungen in den Bergwerken und die vielen Grubenunglücke hinzu, wobei China zumindest angekündigt hat, dass es diesen Missstand beheben will.

Für das nach 1945 in Wiederaufbau befindliche Europa bildeten die Ölimporte den jeweils höchsten Budgetposten. Rund die Hälfte der Ölimporte stammte von US-Firmen, was wiederum bedeutete, dass die Lieferungen in US-Dollar bezahlt werden mussten. Es wird geschätzt, dass ab 1948 vier Jahre lang bis zu 20 Prozent der gesamten Hilfe des US-Marshall Plans in den Import von Öl und Raffinierungsanlagen flossen.[39] Der Marshall Plan bestimmte somit in Europa den Übergang von der Kohle zum Öl als Energieträger Nummer eins. Noch bis Ende der 1930er Jahre hatte Kohle die Energieversorgung in Deutschland zu 90 Prozent abgedeckt, in den USA waren es nurmehr 50 Prozent. Die Einführung der Zentralheizung und die Streiks der Kohlearbeiter beschleunigten die Transformation der Energiewirtschaft in Europa. Allerdings wurde mit dem Zusammenbruch des NS-Regime die im Laufe der Zwischenkriegszeit in Deutschland sehr weit gediehene Forschung und Nutzung synthetischer Öle als Ersatztreibstoff eingestellt.

Der deutsche Ausdruck „Ersatz" gehört interessanterweise neben Leitmotiv und Weltanschauung zu den Begriffen, die unverändert in die englische und französische Sprache übernommen wurden. Der Erfindungsreichtum für Ersatz von der Margarine bis zum Dieseltreibstoff war in den deutschen Kriegszeiten offenbar besonders groß. Die I.G. Farben nutzte bereits 1926 in ihrem Werk in Leuna die Bergius-Methode zur Gewinnung von Wasserstoff aus Kohle (hydrogenation); übrigens ein Verfahren, das gegenwärtig in weiter entwickelter Form der Kohle in den USA einen neuen Stellenwert geben soll. Für das südafrikanische Apartheidregime war eben diese Gewinnungsmethode während des „disinvestment" von großer Bedeutung, die erst mit der Aufhebung der Sanktionen 1991 zurückging. Kommerzieller Nachteil des Leuna-Benzins war der hohe Preis, der rund ein Zehnfaches des importierten Treibstoffs betrug. Die Chefetage der US-Konzerns Standard Oil war jedoch über die Fortschritte 1926 heftig alarmiert, man fürchtete den Verlust des deutschen Absatzmarkts. 1946 stammten 77 Prozent der europäischen Ölversorgung aus der westlichen Hemisphäre. 1951 erfolgte die Wende dahingehend, dass rund 80 Prozent der Ölversorgung aus dem Nahen Osten, also den Golfstaaten, kamen. Europa unternahm quasi synchron mit den USA die Umstellung auf nahöstliche Ölimporte. Ähnliches traf auf Asien zu.

Nationale Energieautonomie statt EU-Energiepolitik
Trotz der entscheidenden Rolle der fossilen und nuklearen Energie in den Gründungsphasen der heutigen EU konnte keine gemeinschaftliche Ener-

---

[39] Walter J. Levy, "Oil and the Marshall Plan," paper presented at the American Economic Association, December 28th, 1988; zitiert in Yergin, op. cit. S. 424

giepolitik erreicht werden. Auch der Verfassungsentwurf der EU, der seit den negativen Referenden in Frankreich und den Niederlanden im Frühjahr 2005 auf Eis gelegt ist, belässt die Energie in den nationalen Kompetenzen. Der Reformvertrag befasst sich ebenso wenig ernsthaft mit einer gemeinsamen Energiepolitik. Es mutet seltsam an, wie viele Mittel die EU in ihre gemeinsame Landwirtschaft steckt, wie wenig jedoch auf Ebene der Kommission wie auch innerhalb des Europäischen Rats in Fragen der Energieversorgungssicherheit geschieht. Während einige europäische Landesregierungen, wie jene Frankreichs mitten im europäischen Ferienmonat August 2005, mit neuen großen Vorgaben zur Energiepolitik aufhorchen ließen, bzw. das Thema Energie den deutschen Bundestagswahlkampf stark mitprägte, musste die Europäische Kommission erst bis Anfang September auf die Rückkehr ihrer Mitarbeiter und Entscheidungsträger abwarten, bevor sie auf die Ölpreiskrise des Sommers 2005 – recht zögerlich – reagierte. Im August schließt die Europäische Kommission urlaubsbedingt ihre Pforten. Der eigentliche Hebel seitens der wesentlichen Importeure liegt in der Internationalen Energieagentur IEA, die dank ihrer Lagerreserven Krisen besser abfedern kann. Dies zeigte sich zuletzt nach den Zerstörungen durch „Katrina", als sie einen Monat lang zwei Mio. Fass Rohöl und Ölprodukte pro Tag freigab. Die IEA ist aber eine Schöpfung des US-Außenministers Kissinger, und der Kreis der 27 Mitgliedsstaaten. Der IEA deckt sich nicht mit den 27 EU-Staaten.

Die Entscheidungskompetenz liegt also bei den einzelnen Regierungen. Allein das deutlich verkündete Streben Frankreichs nach „Energieautonomie" offenbart, am Beispiel dieses von der EU stets unterschätzten Themas in welche Richtung die EU in ihrer Gesamtheit unterwegs ist. Premier Dominique de Villepin nahm in gaullistischer Tradition das Energiedossier selbst in die Hand und verkündete einige interessante Sofortmaßnahmen, wie die Androhung von Sondersteuern für Ölkonzerne, sollten diese ihre Preise nicht senken, sowie den massiven Ausbau französischer Raffinierungskapazitäten. Außerdem stellte er langfristige politische Vorgaben, unter anderem für einen weiteren Ausbau der Nuklearenergie und die Förderung erneuerbarer Energien vor.[40] Angesichts der starken Position der französischen Atomindustrie, besonders innerhalb der neuen mitteleuropäischen EU-Staaten, wird dieser Bereich für Investoren sicherlich ein weites Feld öffnen. So will Frankreich bereits seine zivile nukleare Zusammenarbeit mit Indien, das über Atomwaffen verfügt und den Nichtverbreitungsvertrag (NPT) der Internationalen Atomenergiebehörde nicht unterzeichnet, ausbauen. Beim Besuch des indischen Premierministers Manmohan Singh Mitte September 2005 in Paris stand diese Zusammenarbeit im Mittelpunkt der Gespräche.[41] Zur Erinnerung: Frankreich hatte

---

[40] Le Monde vom 17. August 2005
[41] *Le Monde* vom 14. September 2005: La France assure l'Inde de son soutien pour développer son énergie nucléaire civile.

in den 1960er Jahren Israel den Aufbau seiner nuklearen Kapazitäten ermöglicht, im zivilen wie im militärischen Bereich. Ebenso unterstützte die Regierung in Paris von Ende der 1970er Jahre an den Irak unter Saddam Hussein in genau diesem Sektor.

Auch die Rolle des französischen Ölkonzerns Total wird im Lichte dieser angepeilten nationalen Versorgungssicherheit von Investoren aufmerksam zu beobachten sein. Im Bereich alternativer Energien hat Paris in der Wasser- und Solarenergie bereits viel unternommen, der weitere Ausbau von derzeit 14 Prozent auf 25 Prozent bis 2010 in der Stromerzeugung könnte sich durch einflussreiche französische Konzerne über die Grenzen Frankreichs ausdehnen. Verbindungen zwischen Politik und großen Wirtschaftsunternehmen bestehen in Frankreich nicht nur aufgrund der großen staatlichen Anteile an den Unternehmen sowie einer ausgeprägten sicherheitspolitischen Komponente im Energiesektor. Hinzu kommen die einflussreichen Netzwerke der Absolventen der „grandes écoles", wie Ena und Polytechnique, deren Mitglieder oftmals zwischen öffentlicher Funktion und Wirtschaft pendeln. Gerade das höhere Management der Energiekonzerne bedarf enger persönlicher Kontakte zu den Schaltzentralen der Macht, ob in der Afrikasektion des Präsidentenpalastes oder im Außenministerium.

Staatliche Eingriffe in die Wirtschaft haben im dirigistisch geprägten Frankreich seit Finanzminister Jean-Baptiste Colbert (1619-1683), dem Begründer des Merkantilismus, stets stattgefunden. Als Reaktion auf das wachsende Unbehagen der Bevölkerung über die Globalisierung und die damit verbundene Auslagerung industrieller Produktionsstätten propagierte die Regierung de Villepin seit ihrem Amtsantritt Mitte Juni 2005 erfolgreich den „wirtschaftlichen Patriotismus", der jedoch mit den Verpflichtungen als EU-Mitglied und der Welthandelsorganisation WTO langfristig schwer vereinbar erscheint. Bemerkenswert an der Rede des eloquenten Premierministers am 16. August 2005 ist, dass kein einziges Mal die Begriffe „europäische Kooperation" oder „deutsch-französische Zusammenarbeit" in Energiefragen vorkamen.[42] Die Regierung unter Nicolai Sarkozy geht in eine ähnliche Richtung und könnte noch öfter nationale Ziele über europäische Vorhaben setzten.

Einen anderen Kurs in der Energiepolitik hatte die rot-grüne Regierung unter Bundeskanzler Gerhard Schröder bereits nach ihrem ersten Wahlsieg 1998 eingeschlagen, indem sie auf den Ausstieg aus der Atomkraft und auf erneuerbare Energien setzte. Hintergrund dieser Energiepolitik war nur teilweise eine ökologische Dimension, denn immerhin wusste der Regierungschef auf seinen zahlreichen Chinareisen auch deutsche

---

[42] www.premier-ministre.gouv.fr

Nukleartechnologie zu verkaufen. Es ging bei diesen energiepolitischen Entscheidungen auch um handfeste volkswirtschaftliche Aspekte, wie die Schaffung von Arbeitsplätzen. Zahlreiche Studien beweisen die Beschäftigungsimpulse von Investitionen in verstärkte Energieeffizienz und alternative Energien. Zu dem gleichen Schluss kommt auch das EU-Grünbuch zur Energieeffizienz 2002. Laut einer dieser Studien entstehen 12-16 Arbeitsjahre direkter Beschäftigung pro einer Mio. US-Dollar, die in Energieeffizienz investiert wurden. Im Vergleich dazu bringt eine Investition in ein mit Kohle befeuertes Kraftwerk nur 4,1 Arbeitsjahre, und ein Atomkraftwerk 4,5 Arbeitsjahre. Das heißt, Investitionen in Energieendverbrauchseffizienz schaffen drei- bis viermal mehr Arbeitsplätze als bei vergleichbaren Investitionen in die konventionelle Energieversorgung geschaffen werden.[43] In diesem Sinne verstand Deutschland auch sein Engagement für die Abhaltung der Internationalen Konferenz für Erneuerbare Energien am Juni 2004 in Bonn. Dieses Treffen war die logische Fortsetzung des UN-Gipfels zur nachhaltigen Entwicklung im August 2002 in Johannesburg.

Energie wurde aufgrund der intensiven Debatte zum Klimawandel und der Ölpreiskrise des Sommers 2005 zu einem der wichtigen Wahlkampfthemen. Die hohen Energiekosten werden zu einer immer größeren Last für die Volkswirtschaft. Deutschland musste im ersten Halbjahr 2005 rund 4,2 Mrd. Euro mehr für Rohöleinfuhren bezahlen als ein Jahr zuvor.[44] Von Januar bis Ende Juni 2005 kostete der importierte Rohstoff rund 15 Mrd. Euro, ein Jahr davor waren es noch 10,8 Mrd. Euro. Das entspricht einer Steigerung von fast 40 Prozent. Das Thema Energie ist zentral für die Arbeit der deutschen Bundesregierung aus CDU/CSU und SPD unter Kanzlerin Angela Merkel und wirkt auch auf die Außen- und Sicherheitspolitik der Bundesrepublik aus. Entscheidend ist auch für Berlin das Verhältnis zu Moskau. Mit Sorge äußerte sich die IEA mehrfach über die nationalistische Politik einzelner EU-Statten in Energiefragen.

Schröder setzte auf das Energiethema – nicht zuletzt vor dem Hintergrund von Wirbelsturm „Katrina" – indem er zum einen die deutschen Vorstöße zur Kommerzialisierung erneuerbarer Energien aufzeigte, zugleich die Eröffnung der russischen Erdgaspipeline Nordstream durch das baltische Meer in die Zeit des Wahlkampfes vorzog. Wladimir Putin und Schröder unterzeichneten dieses Erdgasgeschäft, das ca. acht Mrd. US-Dollar kosten wird. Der russischen Gazprom wird ein Anteil von 51 Prozent an der Pipeline gehören, während Deutschlands E.ON und BASF jeweils 24,5 Prozent übernehmen. Zur Erinnerung: Deutschland ist in seiner Energieversorgung zu über einem Drittel von russischen Importen abhängig. Die

---

[43] "Employment Effects of Electric Energy Conservation", 2002. Charles River Associates
[44] Spiegel online vom 22. 8.2005 unter Berufung auf Zahlen des Bundesamtes für Wirtschaft und Ausfuhrkontrolle.

Pipeline wird den russischen Hafen Wyborg mit dem deutschen Terminal Greifswald in Nordostdeutschland verbinden und rund 1.200 Kilometer lang am Meeresboden verlaufen. Die Umgehung Polens wurde von Warschau als Affront empfunden, wenngleich Schröder nicht müde wurde, zu betonen, dass diese Pipeline gegen niemanden gerichtet wäre. Doch die neuen EU-Mitglieder Polen und die drei baltischen Staaten fürchten, dass aus politischen Gründen Energie von ihren Territorien weggelenkt würde. In welche Richtung auch immer sich dieses Pipelineprojekt entwickeln wird, klar ist, dass bilaterale Politik einer multilateralen Politik in der europäischen Energiefrage vorangeht. Allein an den Beispielen Deutschland und Frankreich lässt sich ablesen, wie stark die Gestaltung von Außen- und Energiepolitik eine nationale Kompetenz ist und wohl nicht so rasch an Brüssel abgetreten wird. Auch das Selbstverständnis einer Gesellschaft spiegelt sich im Energiemix oftmals wieder. Die Rolle der Nuklearenergie in Frankreich, das konsequente Nein der Österreicher zu Atomkraftwerken auf ihrem Territorium oder in den Nachbarstaaten sowie die Entwicklung der erneuerbaren Energien in Dänemark, diese drei Beispiele illustrieren die gesellschaftliche Dimension der Energiefrage. Inwieweit beispielsweise Kohlebergbau subventioniert wird, hängt auch mit der Stellung der Gewerkschaften in einem Land zusammen. Je stärker sie sind und je öfter die Regierung mit ihnen Gegengeschäfte machen muss, desto leichter erklärt sich auch die Fördersubvention der fossilen Energieträger. Zu einem klaren Gemeinschaftskurs in der europäischen Energiepolitik wird die EU wohl erst gelangen wenn es ihr gelingt, eine gemeinsame Außen- und Sicherheitspolitik auf die Beine zu stellen.

Europas Dialoge
Wenn auch die EU in ihrer Gesamtheit in der Energiepolitik bislang nicht konkret tätig geworden ist, so existieren doch einige institutionalisierte Dialoge, ob mit Russland oder seit Juni 2005 auch mit der OPEC, die dem Informationsaustausch und Seminaren in Sachen Erdöl und Erdgas dienen. Ob diese multilateralen Foren auch einer Energieversorgungssicherheit für den gesamten EU-Raum nützen, ist zu bezweifeln. Allianzen sind von Natur aus zerbrechlich. Handelt es sich doch nur um Zweckbündnisse, um politische Interessenskonstellationen, die bei einer Veränderung der Lage rasch auseinanderfallen können. Ein „renversement des alliances" heißt es dann in der französischen Diplomatensprache. Geschehen ist dies mit der Energieallianz zwischen Russland und den USA. Noch im Mai 2002 hatten die Präsidenten George W. Bush und Wladimir Putin ihre Partnerschaft mit einem Festakt im Kreml bekräftigt. Bei ihrer ersten Begegnung im Juni 2001 in der slowenischen Hauptstadt Ljubljana sprachen die beiden Staatschefs in ihrer gemeinsamen Pressekonferenz mehrfach von einer Energiepartnerschaft. Die dahinterstehende Idee lautete: US-Technologie und Kapital für die Förderung der russischen fossilen Brennstoffe, um auch von den

Energiequellen des (islamischen) Golfs unabhängig zu sein. Ähnliches war jedenfalls zwischen den Zeilen schon in Bushs Energieplan im Frühjahr 2001 zu lesen. Doch seither hat sich die Welt verändert. Denn die Irakkrise hat die Karten in Moskau neu gemischt. Von dem gemeinsamen Projekt, die Schwankungen der Energiepreise auf dem von der OPEC mitbeherrschten Rohölmarkt zu reduzieren und US-Investitionen im russischen Erdölmarkt zu forcieren, ist spätestens seit der Übernahme des irakischen Ölministeriums durch US-Streitkräfte nicht mehr viel übrig. Nach dem US-Einsatz im Irak müssen zudem die russischen Ölkonzerne, die lange Zeit im Irak technische und politische Vorarbeit für Konzessionen an irakischen Ölfeldern geleistet hatten, erzürnt mit ansehen, wie die ersten Verträge an andere Firmen gehen. Fakt ist jedoch auch, dass die Ölförderung im Irak mehr oder weniger zum Erliegen gekommen ist.

Während deutsche Positionen vor allem durch wirtschaftliche Interessen bestimmt werden, ist Frankreich stets geneigt, seine Russlandpolitik im Rahmen einer „multipolaren Weltordnung" zu formulieren. Beide Ansätze müssen nicht inkompatibel sein, sondern können sich sinnvoll ergänzen. „Mit einer Präsenz von 1800 deutschen Unternehmen in Russland, einer Gesamtschuld Russlands gegenüber Deutschland von 27,5 Milliarden US-Dollar sowie einer Deckung des deutschen Gasbedarfs zu 35 Prozent aus Russland (Tendenz steigend) hat Deutschland ein vorrangiges Interesse an der Stabilisierung der wirtschaftlich wichtigen Rahmenbedingungen,"[45] so lässt sich wohl ein überzeugender Argumentationskatalog formulieren. Die EU betreibt neben ihrem institutionalisierten Energiedialog mit der Russischen Föderation, in welchem aber nicht alle 27 Mitglieder an einem gemeinsamen Strang ziehen, noch eine Reihe anderer Dialoge mit Russland. Ob sich diese Dialoge aber als Instrument der Außen- und Energiepolitik bewähren, darf bezweifelt werden. Zu unterschiedlich sind die Voraussetzungen, die Bedürfnisse der Staaten. Sehr stark divergieren zudem die historischen Beziehungen zwischen Russland mit seiner riesigen Landmasse und den europäischen Staaten. Entweder waren sie wie Deutschland, Großbritannien und Frankreich als gleichberechtigte Partner schon im europäischen Konzert der Mächte des 19. Jahrhunderts Zweckverbündete oder sie waren wie Polen und die Baltenstaaten Spielbälle eben dieser Mächte und wurden in ihren Grenzen aufgerieben. Bei all diesen Dialogforen wird gerne die Geschichte ausgeblendet, doch so rasch lässt sich das kollektive Gedächtnis nicht ins 21. Jahrhundert mit seinen Herausforderungen katapultieren.

Im Zusammenhang mit der Nachfrageentwicklung innerhalb der EU ist noch ein interessanter Aspekt einzubringen: Energiepolitik ist eng mit der

---

[45] Jean-Pierre Froehly, Deutschland, Frankreich, Russland – Strategische Partner für Europa; ex 2000 abrufbar auf der website: www.paris-berlin-moscou.org

Stadtplanung verbunden. Die auf billigem Treibstoff aufgebaute mobile Gesellschaft hat ihren Niederschlag in den typischen „US suburbs" gefunden, wo kein öffentliches Transportnetz, hingegen billige Pkw verfügbar sind. Mittlerweile können wir in sämtlichen europäischen Staaten ein ähnliches Phänomen dieser weitläufigen Peripherien beobachten, von Spanien über Deutschland bis in die neuen EU-Staaten, wo sich eine finanzkräftige Mittelklasse mit Häuschen in der Vorstadt etabliert hat. Die Frage, der sich Regierungen, vor allem aber Gemeinden, stellen müssen, lautet: Wollen wir unsere Städte nach dem Modell Los Angeles, sprich Vorrang für den Individualverkehr, oder nach dem Vorbild Paris mit seinem völlig abdeckenden öffentlichen Verkehrssystem gestalten? Je nach Antwort wird auch die Gestaltung unserer Energiepolitik ausfallen und damit unseres Lebensstils, die Arbeit von Architekten und jene der Städteplaner.

Eine Rückkehr der Atomenergie in Europa?

Was aus dem Energieplan von US-Präsident Bush vom April 2001 und dem EU-Grünbuch von 2002 schon herauszulesen war, machte im Sommer 2005 neuerlich die Runde auf den Wirtschaftsseiten. Die Atomenergie ist im Energiemix wieder auf dem Vormarsch, in Europa wohl noch viel stärker als in den USA. Erstmals seit mehr als einem Jahrzehnt wird auf dem alten Kontinent wieder ein Atomkraftwerk gebaut: In der Atomanlage Olkiluoto im Westen Finnlands wurde Mitte August 2005 der Grundstein für den weltweit ersten Reaktor des neuen Druckwassertyps EPR gelegt. Der mit deutscher Beteiligung errichtete Meiler Olkiluoto 3 soll drei Mrd. Euro kosten und im Jahr 2009 für den finnischen Stromkonzern TVO ans Netz gehen. Der französische Atomkonzern Areva, der den Druckwasserreaktor in einem Konsortium mit Siemens errichtet, hofft nun auf EPR-Folgeaufträge unter anderem aus den USA, China, Finnland und Frankreich. Die Europäische Kommission hatte den Neubau 2004 mit der Begründung genehmigt, das Projekt zeige, dass „die Atomenergie eine wirtschaftlich attraktive Option bleibt, wenn sie vernünftig angewandt wird".[46] Ein zweiter EPR soll ab Ende 2007 im französischen Flamanville in der Normandie entstehen, 20 Kilometer südlich der Atomanlage La Hague. Über diesen Bau gab es eine heftige Debatte, da Frankreich damit de facto die Weichen für eine neue Ära der Atomkraft stellt. Der EPR gilt als Modell für die Erneuerung des großen französischen AKW-Parks, der 58 Reaktoren umfasst. Der EPR wurde seit 1992 von Siemens, der heutigen Areva-Gruppe sowie deutschen und französischen Stromerzeugern entwickelt. Mit 1.600 Megawatt

---

[46] Finnland habe sich in einem „beispielhaften demokratischen Prozess" aus wirtschaftlichen und Umweltgründen dafür entschieden, Atomkraft in den Mittelpunkt seines Energiemix zu stellen, so Areva-Chefin Anne Lauvergeon, die bereits bei einem Energiesymposium in Paris im April 2003 die zunehmende Bedeutung der AKW in Europa vorgestellt hatte.

Leistung soll ein EPR 60 Jahre lang betrieben werden können, dabei die leistungsfähigsten AKW-Techniken aus beiden Ländern zusammenführen und strengeren Sicherheitsstandards gerecht werden. Die Entwicklung kostete nach Firmenangaben rund 360 Mio. Euro. Das Projekt des ersten EPR-Baus in Finnland hatte in Deutschlands rot-grüner Bundesregierung schwere Spannungen ausgelöst und erhielt schließlich keine Hermes-Exportbürgschaften. Als letztes Atomkraftwerk in Westeuropa war 1991 der Bau des französischen Reaktors Civeaux II in Auftrag gegeben worden, der 2002 ans Netz ging. Die Forderung nach „Ausstieg aud dem Ausstieg", sprich eine Beibehaltung bestehender Atomkraftwerke in Deutschland und den Bau neuer Anlagen, wird aus Gründen der Stromkosten immer lauter.

Angesichts des steigenden Stromverbrauchs überlegt derzeit auch Slowenien, neben dem AKW Krsko eine zweite Anlage zu bauen. In Ungarn soll die Laufzeit des AKW Paks um 20 Jahre verlängert werden, in der Slowakei ist ebenfalls der Bau eines neuen AKW geplant. Es waren in den 1990er Jahren in erster Linie die jungen Demokratien in Mittel- und Osteuropa, die sich bei der Neugestaltung ihrer von der Sowjettechnik geprägten Infrastruktur mit dem Projekt neuer Atomkraftwerke beschäftigten. Gerade diese energiepolitische Entscheidung sollte in den EU-Beitrittsverhandlungen zu einem schwierigen Dossier werden. So drohte die österreichische Regierung ständig mit einem Veto zu der in Prag geplanten Erweiterung, falls das AKW Temelin in Tschechien ans Stromnetz ginge. Mit diesen wilden Gebärden schadete Österreich allerdings seiner zukünftigen Stellung innerhalb einer erweiterten EU. Denn Temelin wurde in Betrieb genommen. Und auch Österreich, das mit der Volksabstimmung zum AKW Zwentendorf 1978 der Atomenergie gewissermaßen kollektiv abschwor, importiert rund 20 Prozent Atomstrom aus seinen Nachbarländern zur Deckung des Energiebedarfs.

Zweifellos gewinnt die Atomenergie wieder vermehrt an Zuspruch, um die Emissionsbegrenzungen zu erfüllen, die sich aus dem Kyoto-Vertrag ergeben. Auch die Öffentlichkeit in den umweltbewussten skandinavischen Staaten freundet sich mit einer Rückkehr zur Atomkraft an. Die Bilder der Tschernobyl-Katastrophe vom April 1986 scheinen vergessen. Als dramatischer gelten gegenwärtig wohl die Stromknappheit, die Sicherung der Wirtschaftsstandorte und die Tatsache, dass viele Versorgungsnetze veraltet und überlastet sind. Von einem größeren Stromausfall, wie ihn die USA und Kanada im August 2003 erlebten, blieben Italien und andere europäische Staaten oft nur knapp verschont. Doch auch Atomkraft kann nicht zuverlässig davor schützen. So wurde im Sommer 2003 infolge der großen Hitzeperiode in Frankreich das Kühlwasser aus der Rhône zu knapp, um die großen Anlagen von Lyon zu versorgen. Ein weiteres Argument für AKW sind die Kosten. Strom aus Atomkraft wird wieder als die günstigere Version dargestellt, wenngleich die so entscheidende Frage der Endlagerung von Brennstäben nicht so rasch technisch gelöst werden wird. Hinzu kommt mangelnde Nachhaltigkeit, der sich die EU-Staaten grundsätzlich verschrieben haben. Von Brisanz ist auch die Frage der Sicherheit, da AKW immer öfter als potenzielle Zielscheibe terroristischer Anschläge gesehen werden.

Der Vergleich hinkt zwar, doch die Rolle der Atomlobby in Brüssel ist mit jener der Erdöllobby in Washington vergleichbar. Beide sind gut organisiert, verfügen über enge Kontakte in einflussreiche Kreise und können indirekt an der Gesetzgebung mitwirken. Nur gibt es in Europa – von den mageren Grünbüchern zur Energie einmal abgesehen – keinen entsprechenden legislativen Prozess in Energiefragen. Doch unter allen Energiekonzernen verfügen zweifellos jene, die sich mit Atomenergie befassen, über die solidere Position in den Korridoren von Brüssel.

Angesichts steigender Ölpreise und der Perspektive, dass die EU bis zum Jahr 2030 voraussichtlich 70 Prozent ihres Energiebedarfs durch Importe decken wird, sollen geändertes Verbraucherverhalten und energieeffiziente Technologien helfen, die Nachfrage zu senken. Die derzeitigen Trends lassen nämlich erwarten, dass der Energieverbrauch unaufhaltsam weiter ansteigt und in der EU in den kommenden 15 Jahren um zehn Prozent zunehmen könnte. Mit ihrer Energiestrategie vom März 2007 legt die Kommission einen Vorschlag zur Umkehrung dieser Entwicklung vor und erläutert, wie bis 2020 rund 20 Prozent Energie kostenwirksam eingespart werden können. Die darin vorgestellten Maßnahmen sind zwar ehrgeizig doch teils unrealistisch. Viel dringender wäre eine klare gemeinsame europäische Energiepolitik, die ihren Mitgliedern gleichzeitig Sicherheit in der Energieversorgung garantieren kann. Davon ist aber die EU aus den geschilderten Gründen weit entfernt. Im Gegenteil, die großen Mitgliedsstaaten betreiben allesamt eine Renationalisierung der Energiepolitik.

Der lettische Energiekommissar Andris Piebalgs zeigte Anfang September 2005 mit einem zaghaften Fünf-Punkte-Plan Wege auf, um auf die hohe Energienachfrage zu reagieren. Doch enthält diese Kurzversion nur die bekannten Ziele, wie mehr Transparenz und Vorhersehbarkeit der Ölmärkte sowie die Schaffung effektiver Instrumente, um mit plötzlicher Ölverknappung umzugehen. Energiepolitik, vor allem wenn es um Erdöl- und Erdgasimporte geht, ist eben in erster Linie Außen- und Sicherheitspolitik. Diese gestalten die Mitgliedsstaaten aber weitgehend eigenständig. So bleibt es bei Lippenbekenntnissen und einem sehr schwachen außenpolitischen Arm der EU, den auch die europäische Verfassung – sollte sie eines Tages in welcher Form auch immer noch in Kraft treten – nicht verbessern kann. Die „domaine réservé", also die Außenpolitik, werden die Staats- und Regierungschefs aus handelspolitischen Interessen sicherlich nicht an eine gemeinsame übergeordnete Instanz abtreten.

Demgegenüber hat die EU zweifellos einige Fortschritte im Energiebinnenmarkt erzielt, und zwar mittels eines dichten bi- und multilateralen Vertragswerkes. Hierzu gehört der Aufbau transeuropäischer Strom- und Erdgasnetze. Es wurden 74 Projekte von gemeinsamem Interesse ausgewiesen, die Gesamtinvestitionen in Höhe von 18 Mrd. Euro darstellen. Den Löwenanteil der Finanzierung übernehmen die Unternehmen dieser Branchen. In bestimmten Fällen kommen Finanzierungsinstrumente der EU zum Einsatz, und zwar hauptsächlich Darlehen der Europäischen Investitionsbank und Beihilfen des Europäischen Fonds für regionale Entwicklung. Die Einführung transeuropäischer Energienetze bleibt nicht ohne Auswirkungen auf die Beziehungen zu Drittländern. So wurde ein Verbund mit bestimmten Mittelmeerstaaten, mittel- und osteuropäischen Ländern sowie mit Norwegen geschaffen. Die alles überschattende Frage bleibt jedoch: Reichen diese Maßnahmen, um Europa mit genügend Energie, ob fossiler oder anderer Form, zu vergessen? Nicht nur die USA, auch Europa befindet sich im Wettlauf mit den anderen großen Käufern am Rohstoffmarkt.

Das UNO-Klimasekretariat UNFCCC (United Nations Framework Convention on Climate Change) sieht demnach erneuerbare Energieformen und Atomkraft als Weg, die steigenden CO_2-Emissionen zu bremsen. Nach Empfehlung der UNFCCC sollen bis 2030 die globalen Energieinvestitionen um 108 Mrd. Euro zugunsten des Ausbaus von AKWs, Wasserkraftwerken und anderen erneuerbaren Energieträgern sowie der Ausrüstung kohle- und erdölbetriebener Kraftwerke mit CO_2-Filtern umgeschichtet werden.

Die Investitionen in Kohlekraftwerke sollten von 75 auf 24 Mrd. Dollar zurückgefahren werden und bei Gaskraftwerken von 39 auf 36 Mrd. Dollar. Dafür empfehlen die UNO-Experten, die Investitionen in Atomkraftwerke fast zu verdreifachen. In der Debatte über Treibhauseffekt und globale Erwärmung wird derzeit die Kernkraft als „saubere", CO_2-freie Alternative immer lauter angedacht.

Parallel dazu können die rasant wachsenden Volkswirtschaften Asiens ihren explodierenden Energiebedarf kaum noch aus fossilen Energieträgern decken. Die Folge: Die Atomkraft feiert ihr stilles Comeback und mit ihm klettert der Preis für den Rohstoff Uran auf ein Rekordniveau. Weltweit sind aktuell 438 Atomkraftwerke in Betrieb, die ca. 16 Prozent der globalen Stromproduktion generieren.

Aufstrebende Asiaten setzen auf Kernenergie
Allein Indien hat derzeit laut der World Nuclear Association (WNA) 15 Reaktoren in Betrieb und neun in Planung. Bis 2020 sollen bis zu 30 weitere folgen. Entscheidend für den nuklearen Weg Indiens wird aber die Um-

setzung der nuklearen Partnerschaft mit den USA sein. Hintergrund dieses seit 2006 in Schwebe befindlichen Abkommens, das vom indischen Parlament bislang nicht ratifiziert wurde, ist der Wunsch der USA, Indiens Atomprogramm durch großzügigen Technologietransfer besser zu kontrollieren. Indien arbeitete geheim an einem militärischen Atomprogramm, testete fast zeitgleich mit Pakistan im Sommer 1998 seine erste Atombombe. Anders als der Iran sind weder Indien noch Pakistan Vertragsstaaten des Atomwaffensperrvertrages.

China betreibt neun Reaktoren, vier weitere sind geplant. Bis 2020 will das kommunistische Land die Gesamtleistung seiner AKWs auf 40 Mrd. Watt verfünffacht. Die Preise für den Rohstoff Uranoxid, der als Ausgangsmaterial für Brennelemente dient, hat diese Perspektive zuletzt auf Rekordniveaus befördert: Sie stiegen seit 2005 um mehrere hundert Prozent. Hauptverantwortlich für den rasanten Preisanstieg ist, dass bereits heute mehr Uran verbraucht als abgebaut wird – und der Engpass wird sich weiter zuspitzen. Grund dafür ist wiederum, dass Investitionen in den Abbau des Rohstoffs, wegen seiner gelben Farbe auch „Yellow Cake" („gelber Kuchen") genannt, lange Zeit vernachlässigt wurden. Im Jahr 2005 lieferten Minen rund 49.000 Tonnen – also weniger als 70 Prozent des Bedarfs. Spitzenreiter war Kanada mit 11.600, gefolgt von Australien mit 9.500 Tonnen Rohuran pro Jahr. Laut der Nuclear Energy Agency (NEA) der OECD betragen die weltweiten Reserven rund 4,7 Mio. Tonnen und reichen damit noch für etwa 50 Jahre. Eine bedeutende Rolle spielt das verdünnte Uran des russischen Militärs, dass den Amerikanern verkauft wird. Die Russen haben angedeutet, dass sie nur noch bis 2010 den USA aufgrund ihrer Vereinbarung Uran liefern wollen. Zudem wächst kontinuierlich auch die Nachfrage in den Produktionsstaaten, v.a. im Nahen Osten. Gemeinsam mit Indien und China stellen sie 47 Prozent der weltweiten Zunahme der Nachfrage, während die Nachfrage in den OECD-Staaten v.a. im Jahre 2007 leicht rückläufig war.

4.3. Die Schwellenländer und ihre neuen Energieallianzen

Zwar war allen Ökonomen klar, dass China, Indien und auch andere Schwellenländer wie Brasilien in der Umbruchsphase ihrer rasch wachsenden Industrien eine große Nachfrage nach Energie entfalten würden. Völlig unterschätzt hatten die Experten in der IEA genauso wie in den Etagen der „oil majors" aber den Umfang dieses zusätzlichen Energiebedarfs. Mit aller Wucht traf die Nachfrage vor allem aus China und Indien seit Ende 2003 den Ölmarkt. Es schien, als würde die starke Nachfrage aus China plötzlich alles „kahl fressen", vom Stahl über das Öl bis hin zum Kakao. Diese Entwicklungen hatten sich jedoch seit langem angebahnt und waren vorhersehbar. Doch der Eurozentrismus vieler Wirtschaftsinstitute und eine nicht unerhebliche Ignoranz trugen wohl dazu bei, dass viele Entscheidungsträger genau diese neue Phase vorerst verschliefen. Erst allmählich sprach es sich im ersten Halbjahr 2004 auf den Wirtschaftsseiten der Tageszeitungen herum, dass einer der Gründe für den bereits damals spürbaren Preisanstieg auf über 40 Dollar pro Fass Öl in der starken Nachfrage der Chinesen und Inder liege.

Mit rund zehn Prozent jährlicher Wachstumsrate fordert der Wirtschaftsmarkt China sein Recht auf Energiekonsum ein. Die Gewinner des chinesischen Wirtschaftwunders sind schon längst vom Fahrrad aufs Auto umgestiegen. Allein in China gibt es monatlich 30.000 Neuzulassungen von Pkw. Die chinesische Wirtschaft ist 2006 um 12 Prozent gewachsen, ihr Energieverbrauch um 15,1 Prozent. Zwischen 2002 und 2005 hat der chinesische Energiebedarf sogar um stolze 65 Prozent zugelegt! China verbraucht gegenwärtig 13,6 Prozent der weltweiten Energie und hat damit Japan als den weltweit zweiten Ölimporteur überholt. Zugleich möchte China seine Energieautarkie vorantreiben. „China ist fähig, seine nationale Rohölproduktion von 1.319 Mio. Fass pro Jahr für die nächsten 20 Jahre aufrecht zu erhalten," so Zhang Guobao, der Vizechef der Planungs- und Reformkommission zuversichtlich.[47]

Mit rund 6,5 Mio. Fass pro Tag in 2006 ist das Reich der Mitte, die mittlerweile sechstgrößte Wirtschaft der Erde, zum weltweit zweitgrößten Ölverbraucher aufgestiegen. Bis 1993 war China noch Nettoexporteur von Energie, wurde jedoch seither zum Nettoimporteur. Tief sitzt die Angst vor einer Abhängigkeit von Versorgungswegen und Quellen, die von der Supermacht USA kontrolliert werden könnten. Genauso gibt es in den USA Misstrauen gegenüber den Expansionsplänen der Chinesen. Dabei machen die gesamten chinesischen Reserven im Ausland bisher erst ein Zehntel dessen aus, was etwa ein multinationaler Ölkonzern wie BP kontrolliert. Bereits 1996 hatte China begonnen, Milliarden US-Dollar in Ölfelder in Kasachstan, im Sudan, in Venezuela, Nigeria, Kanada und Indonesien zu investieren. Vor allem war China, ebenso wie Russland und Frankreich, stark im Irak engagiert. Die China National Petroleum Corporation hatte sich für insgesamt 1,2 Mrd. US-Dollar Rechte am Al Ahdab Feld westlich von Bagdad gesichert. Die US-Invasion in den Irak im Frühjahr 2003 traf China schwer, umso mehr als die von den USA eingesetzte Interimsregierung die Verträge aus der Ära von Saddam Hussein für null und nichtig erklärte. Für den China-Experten Frank Sieren ist dieser Irakkrieg für China wohl die „härteste Niederlage in der kurzen Geschichte in der Reintegration in die Weltwirtschaft".[48] Demnach wird dieser Irakkrieg

---

[47] *China Daily* vom 13.9.2005
[48] Frank Sieren, Der China Code (München 2005). S. 319

in der Analyse von Sieren auch nicht als der vielzitierte „Kampf der Kulturen", sondern als der „erste chinesisch-amerikanische Kampf um die Ölvorräte der Welt" in die Geschichte eingehen. China ließ sich in bester diplomatischer Gelassenheit seinen Ärger nicht anmerken. Während die USA indes im irakischen Sumpf festsitzen, keine Exit-Strategie haben und ihre Ölpläne schon gar nicht realisieren können, sieht sich China andernorts um. Erfolgreich treibt Peking seine Erdöldiplomatie in Afrika, Zentralasien und im Pazifischen Raum voran.

Mit dem wachsenden Energiebedarf werden die Kohlendioxid-Emissionen laut Schätzungen der IEA gerade in diesen neuen asiatischen Volkswirtschaften – neben jenen der USA – rasant ansteigen. Sie werden im IEA-Szenario mit einem jährlichen Zuwachs von 1,8 Prozent für den Zeitraum 2000 bis 2030 veranschlagt. Dies entspricht einem CO_2-Ausstoß von 38 Mrd. Tonnen im Jahr 2030, also 16 Mrd. Tonnen oder 70 Prozent mehr als heute. Während wir dank sauberer Technologien, Energieeffizienz und Weiternutzung der erneuerbaren Energien, also einer Umsetzung der Verpflichtungen aus dem Kyoto-Protokoll, in den OECD-Staaten einen Rückgang der Emissionen von 55 auf 43 Prozent verzeichnen sollten, wird der Emissionsausstoß in den Schwellenländern von heute 36 Prozent auf 47 Prozent im Jahre 2030 ansteigen. Und dies werden die alten Industriestaaten den neuen kaum verbieten können. Dennoch steigen diese jungen Industriestaaten auf einem höheren Entwicklungsniveau in die internationalen Märkte ein. Optimistisch betrachtet, werden diese Gesellschaften vielleicht nicht alle Fehler des Westens in der Energieverschwendung nachmachen.[49] China ist gegenwärtig Weltspitze in der Errichtung von Netzen aus erneuerbaren Energien. So beziehen bereits 35 Mio. Haushalte ihr Warmwasser aus Sonnenkollektoren, das ist mehr als im gesamten „Rest" der Welt.[50] Staatliche und private Firmen investieren immer stärker in diesem Bereich.

So ist China bemüht, binnen weniger Jahre auf das weniger schmutzige Erdgas umzusteigen. Erdgas soll bis 2020 rund acht bis zehn Prozent des gesamten chinesischen Energiekonsums ausmachen. Gegenwärtig nimmt Erdgas im Energiemix der Volksrepublik nur drei Prozent ein. Das heißt auch, der Erdgaspreis wird langfristig weiter steigen, nicht nur weil Erdgas besonders eng an die Weltleitenergie Erdöl gebunden ist, sondern allein aus der hohen Nachfrage heraus. Mangels eigener Reserven sucht China seine Erdgasreserven westlich seiner Landesgrenzen. Besonderes Interesse hat China hierbei in der Entwicklung der zukunftsträchtigen, aber sehr

---

[49] Die asiatischen Autokonzerne v.a. jene Koreas und Japans haben die westlichen Firmen in Sachen Innovation bei Antriebstechniken, wie den Hybridmotor, vorerst überholt.
[50] Christopher Flavin, Worldwatch, zu Reuters am 28.9.2005 am Rande des Weltölkongresses in Johannesburg

teuren LNG-Projekte, also des Liquefied Natural Gas. Führend auf diesem Sektor ist der Golfstaat Katar, der gemeinsam mit Russland und dem Iran über die wichtigsten Erdgasreserven verfügt.

Zu diesem Zweck erweitert Peking gegenwärtig sein Geschäftsvolumen mit dem weltgrößten Gaslieferanten, der russischen Gazprom. Sinopec, PetroChina und CNOOC (China National Offshore Oil Corp.) sind die chinesischen LNG-Partner von Gazprom. Über die diversen Ausbauprojekte von Pipelines der Chinesen nach Westen, vor allem in Richtung Kasachstan, wurde schon im ersten Kapitel berichtet. Für die kostenintensive LNG-Versorgung streben die chinesischen Erdölkonzerne primär die Errichtung von LNG-Terminals an der ostchinesischen Küste an. China setzt offenbar stark auf den LNG-Transport per Tanker, der noch im Aufbau begriffen ist. Die Wiener Bankenlandschaft ist bei diesen russisch-chinesischen Erdgasgeschäften eine wichtige Drehscheibe für die Transfers,[51] denn beiden Staaten mangelt es an transparenten Finanzinstitutionen. Tatsächlich ergänzen sich China und Russland nahezu ideal: China ist infolge seines atemberaubenden Wirtschaftswachstums zum zweitgrößten Rohölverbraucher der Welt aufgestiegen. Russland wiederum ist der viertgrößte Exporteur von Rohöl und verfügt in Sibirien über weitere gewaltige Öl- und Gasvorräte. Auch wenn Russland eine geplante Pipeline nach China 2004 dann doch anders verlegte, so sicherte sich China umfangreiche Erdöllieferungen bis ins Jahr 2010, wie bereits geschildert: Der staatliche chinesische Ölkonzern CNPC (China National Petroleum Company) lieh Anfang 2005 der russischen Firma Rosneft jene 6 Mrd. US-Dollar, die diese zur Übernahme der lukrativen Yukos-Tochter Yugansknieftegas benötigte. China und Russland intensivieren zudem ihre militärische Kooperation, wie die gemeinsamen Manöver im Sommer 2007 illustrierten.

Einen mutigen Schritt in der Umgestaltung seiner fossilen Energieträger hat China im Spätsommer 2005 mit der Schließung aller 253 Kohlebergewerke in der südchinesischen Provinz Guangdong gesetzt. Vorangegangen waren die häufigen Bergwerksunglücke, wobei jährlich Tausende von Kumpeln den Tod fanden. Diese Minen produzierten bislang rund acht Mio. Tonnen Kohle pro Jahr, was jedoch nur ein Bruchteil der gesamten chinesischen Kohleproduktion von fast 1,9 Mrd. Tonnen pro Jahr ist. Die Umsetzung dieser Schließung erweist sich insofern als schwierig, als viele Regionalpolitiker an den Umsätzen der Bergwerke profitierten. Große Hoffnung setzten Japan und China auf deren Einsatz von sauberen Technologien für zukünftige Kohleproduktion und Verarbeitung. An „Clean Coal Technology" arbeiten japanische Energiekonzerne mit dem Ziel chinesische Lager zu modernisieren. Die Verquickung zwischen Politik und

---

[51] Interview mit einem österreichischen Erdgashändler im September 2005

Energiewirtschaft hat sich auch in China längst verfestigt. Noch scheint die Zentralbürokratie, die Präsident Hu Jintao auch wieder stärken möchte, diese aufsteigenden Lokalmatadore kontrollieren zu können. Ihre Gorbatschow-Lektion haben die Chinesen jedenfalls gut begriffen. Eine Öffnung der Wirtschaft soll nicht ohne feste Kontrolle durch die staatlichen Instanzen erfolgen, andernfalls würden auch hier Oligarchen aller Art an Boden gewinnen. Interessant ist die Errichtung einer privaten chinesischen Pipeline für den Erdölimport aus Russland. Die chinesische Firma Xinghe Industries darf allerdings nur den Betrieb der Pipeline, nicht aber den Import regeln. Wenn es sich auch bloß um eine lokale Pipeline für Verbraucher in der Provinz Heilongjiang handelt, so scheint die Tür für private chinesische Akteure auf dem russischen Energiemarkt damit geöffnet.[52] Angesichts der Renationalisierung in der russischen Energiebranche müssen sich aber chinesische Betreiber in Russland über russische Firmen registrieren.

Wenn auch China dank eigener Ressourcen nicht so verwundbar wie andere asiatische Ölimporteure ist, so machen die hohen Energiepreise den Budgetplanern in Peking dennoch Sorgen. Um die Auswirkungen einer Unterbrechung in der Energieversorgung zu reduzieren, arbeitet die chinesische Regierung daher am Aufbau einer strategischen Erdölreserve. Ein Teil der seit 2004 hohen chinesischen Nachfrage ergibt sich nicht nur aus den Bedürfnissen der Industrie und des Individualtransports, sondern auch aus diesem Plan. Die Regierung in Peking hat zwar mehrfach betont, die Reserve würde nicht aus Importen errichtet,[53] doch die Auswirkungen auf den Weltmarkt lassen Gegenteiliges vermuten. China möchte in den kommenden fünf Jahren Lager von 101,9 Mio. Fass aufbauen, was einem Verbrauch von ca. 30 Tagen entspricht. Zum Vergleich: Die strategischen Reserven der IEA reichen für 90 bis 120 Tage. Diese Reserven sollen auf fünf Basen an der Ostküste des Landes errichtet werden. Die aktuellen Preise von 2005/2006 erscheinen aber den Planungsökonomen gegenwärtig viel zu hoch.[54] Der Aufbau soll daher je nach Marktpreis zu einem späteren Zeitpunkt fortgesetzt werden.

Interessanterweise will China vorerst kein eigenes Energieministerium schaffen. Vielmehr soll eine hochrangige Arbeitsgruppe, die direkt beim Premierminister Wen Jiabao angesiedelt ist, dringende Energiefragen handhaben. Energiepolitik hat die chinesische Außen- und Sicherheitspolitik bereits fest durchdrungen. Ebenso überschneiden sich politische und

---

[52] China Daily vom 28.9.2005
[53] Zhang Guobao. Vizechef der Reform- und Planungskommission in der China Daily vom 13.9.2005
[54] *China Daily* vom 13.9.2005

wirtschaftliche Einflüsse, sprich die ohnehin wachsende Korruption wird auch hier zu einem Risiko. Es geht eben um hohe Zahlen: Ein Volk von 1,3 Mrd. Menschen wird bis 2010 rund 3,3 Mrd. Fass Rohöl und 200 Bio. Kubikmeter Erdgas benötigen, um die Fabriken, Bürotürme und Autos mit Energie zu versorgen. Der saudische Erdölminister Ali Naimi zitiert sich gerne mit der Prognose: „Das letzte Fass Öl auf dieser Erde wird von Saudi-Arabien produziert werden." Über die Nationalität des Käufers sagt er nichts. Wenn sich die Weltwirtschaft so weiter entwickelt wie bisher, wird es sich wohl um einen Chinesen handeln, wie an anderer Stelle schon einmal erwähnt. Die Annäherung zwischen Saudi-Arabien und China ist im Laufe der letzten 20 Jahre stetig gewachsen. Mitte der 1980er Jahre belieferte die Volksrepublik den streng muslimischen Staat mit Interkontinentalraketen, 1990 wurden diplomatische Kontakte errichtet, und 1999 deklarierte der damalige chinesische Staatschef Jiang Zemin „eine strategische Ölpartnerschaft" zwischen den beiden Staaten. Ebenso steckt Peking seine Fühler in Richtung anderer OPEC-Staaten, wie Venezuela und Algerien, aus.

Zwar baut China geschickt seine Mischung aus militärischer, diplomatischer und wirtschaftlicher Zusammenarbeit mit den ölreichen Golfstaaten aus. Um das schwefelreiche saudische Rohöl zu verarbeiten, muss China aber erst einmal seine Raffinierungskapazitäten massiv ausbauen. Es wird eine Grundsatzentscheidung sein, ob daher nicht doch verstärkt auf Erdgas und andere Energieträger gesetzt wird. China ist bereits dabei, seine Energieversorgung zu überdenken und zu überarbeiten. Der Aufbau von Energieallianzen, ob in Zentralasien oder im Golf, ist nur ein Indikator für den zukünftigen Kurs des Energieriesen, der sehr wohl weiß, dass in einer möglichst breiten Diversifizierung die wahre Unabhängigkeit liegt. Die OECD-Staaten benötigten zweifellos drei Generationen länger als China, um einen ausgewogenen Energiemix zu schaffen. Daher wird aufmerksam zu beobachten sein, in welchem Umfang Peking seine Nuklearindustrie weiter entwickelt und seine jetzt schon sichtbare Vorreiterrolle bei erneuerbaren Energien ausbaut.

Im März 2006 wurde der 11. Fünfjahresplan verabschiedet, der u.a. eine Energiestrategie für einen Zeitraum von 50 Jahren konzipiert. Unter dem Titel des „harmonischen Wachstums" werden Energieeffizienz und ein hoher Prozentsatz erneuerbarer Energien angestrebt. Wenn Umweltverschmutzung- und Zerstörung der Ressourcen über fünf Prozent des Bruttonationalprodukts einfordern, dann setzt auch Peking auf eine Energiepolitik. Vorerst dominieren aber die fossilen Energien den nationalen Energiemix, wobei der wachstumsstarke Transportsektor eine entscheidende Rolle spielt.

In ihrem ersten eigenen Bericht zu China, dem „Economic Survey of China", blickt die OECD sehr zuversichtlich auf die Wirtschaftslage des Landes.⁵⁵ Demnach würde das chinesische Wirtschaftswunder, das immerhin bald 25 Jahre andauert, für „einige Zeit" anhalten. Dieser vage Begriff mutet in einem OECD-Bericht seltsam an, aber vielleicht ist er auch Ausdruck einer Unsicherheit über die viel diskutierte Überhitzung der chinesischen Wirtschaft, denn einige Skeptiker fürchten, dass das boomende China im Falle einer Bankenkrise, wie 1997/98 in Japan, eine „harte Landung" erleben könnte. Dazu kommen die vielen sozialen Risiken, die der Staat mit seinen 1,3 Mrd. Menschen in sich birgt. Vor einer Implosion des Vielvölkerstaates warnte schon ein CIA-Bericht aus dem Jahr 2000.⁵⁶ Hintergrund für diese Befürchtung ist unter anderem die Tatsache, dass gegenwärtig nur die Bürokratie das Riesenreich zusammenhält, das zwischen kommunistischer Planpolitik und Raubritterkapitalismus in Industrie und Dienstleistungssektor zerbrechen könnte. Für Schlagzeilen sorgen immer wieder Unruhen in der nordwestlichen autonomen Provinz Xinjiang, deren Völkergemisch von den muslimischen Uiguren dominiert wird. Genau diese Region soll zur geplanten Energiedrehscheibe des Landes werden. Es sollte nicht erstaunen, wenn sich die ohnehin schwelenden Sezessionsbestrebungen, die Peking durch Zwangsansiedlung von Han-Chinesen und dem Verbot der uigurischen Sprache zu unterbinden versucht, an den neuen Pipelines, die aus Kasachstan verlegt werden, entzünden. Ähnliches ereignete sich bekanntlich im Kaukasus zu Beginn der 1990er Jahre, als die nationale Erhebung der Tschetschenen angesichts lukrativer Pipeline-Transitgelder neu auflebte. Die Unterwanderung durch islamistische Netzwerke, wie sie in Tschetschenien vor einigen Jahren intensiv wurde, ist auch für diese uralte Ecke Eurasiens mit ihren 19 Mio. Menschen und Dutzenden ethnischen Gruppen nicht auszuschließen.

Vorerst spricht aber die OECD von einem Wirtschaftswachstum für China. Blickt man auf finanzpolitische Reformbemühungen in verschiedenen Ländern, so sticht die vom OECD-Bericht richtigerweise hervorgehobene solide Haushaltspolitik der chinesischen Regierung ins Auge. Die OECD stellt deutlich fest: „Die öffentlichen Finanzen befinden sich in einem guten Zustand." Dieser Sachverhalt ist besonders wichtig, da er Pekings Steuerpolitik reichlich Spielraum gibt. Ferner erhält die Regierung dank des soliden Staatshaushalts eine erhebliche Flexibilität in ihrer Konjunkturpolitik, was um so wichtiger ist, als seit einiger Zeit die Wachstumsziele neu überdacht werden. Gefährlich könnten China denoch die galoppierende Inflation und eine tiefe Rezession der USA werden.

Bemerkenswert ist, dass sich China zum Ziel gesetzt hat, in den kommenden zwei Jahrzehnten sein Wirtschaftsvolumen zu vervierfachen, doch den

---

⁵⁵ *China Daily* vom 16.9.2005
⁵⁶ Global Trends 2015, Dec. 2000. Central Intelligence Agency

Energieverbrauch gleichzeitig nur zu verdoppeln. Dies wird hohe Herausforderungen für die Energieeffizienz bedeuten, da Chinas Energieverbrauch in den letzten fünf Jahren ein Vielfaches seines Wirtschaftswachstums beträgt. Die IEA schätzt, dass bis 2030 allein der chinesische Erdölsektor Investitionen von 119 Mrd. US-Dollar und der Erdgassektor rund 100 Mrd. US-Dollar benötigen werden. Die Stromwirtschaft des Landes wird rund zwei Billionen US-Dollar benötigen, wobei es auch um die Errichtung von 40 neuen Atomkraftwerken geht. Hier rivalisieren europäische und andere Anbieter bereits heftig um die Auftragsvergabe. Der Energieverbrauch im Transportsektor wird zwischen 2005 und 2025 jährlich um fünf Prozent wachsen. Der chinesische Autopark könnte bis 2030 auf 130 Mio. Pkw anwachsen. Zum Vergleich: In den USA sind heute bereits 230 Mio. Pkw angemeldet.

Vorrang hat jedoch vorerst für die Regierung um Wen Jiabao die Sicherung der Lebensverhältnisse der ländlichen Bevölkerung. Würden die aktuellen hohen Energiepreise an die Haushalte eins zu eins weitergegeben, so wäre dies eine große Belastung für die Wirtschaft. Subventionen für Benzin, Diesel und Heizöl sind an der Tagesordnung, allerdings immer heftiger umstritten.

Indiens gefährlichen Subventionen

In den meisten Entwicklungs- und Schwellenländern stützen die Regierungen einige Grundnahrungsmittel und vor allem die Preise für Ölderivate wie Treibstoff. Immer wenn die Preise dennoch angehoben werden müssen, wie dies im Sommer 2005 infolge der galoppierenden Rohölpreise der Fall war, steigt das Risiko für soziale Unruhen. Die Folgen der hohen Energiekosten für die Entwicklungsländer standen daher im Mittelpunkt der G-8 Treffen und beim 18. World Petroleum Congress Ende September 2005 in Johannesburg. Die Mehrbelastung, die infolge der hohen Energiekosten auf die Entwicklungsländer zukommt, wird voraussichtlich alle Entlastungseffekte durch die Entschuldung im Rahmen der G-8 Beschlüsse vom Juli 2005 zunichte machen. Es besteht die konkrete Gefahr, dass die Entwicklungsländer wie schon in den 1980er Jahren in eine Spirale der Verschuldung geraten, da sie neue Dollar-Kredite zu meist sehr schwierigen Konditionen aufnehmen müssen, um ihre Erdöl- und Erdgasimporte zu finanzieren. Die Regierungen stehen dann vor der Entscheidung: Wie weit sollen sie noch die Energiepreise stützen, und in welchem Umfang können sie die Preise an die Bevölkerung weitergeben, ohne schwere soziale Unruhen zu riskieren?

Indien war mehrfach Schauplatz solcher Streiks infolge einer Anhebung der Spritpreise. Die Regierung hatte vorsichtshalber die Preise für Kerosin, das für ärmere Bevölkerungsschichten ein wichtiger Brennstoff zum Kochen ist, auf dem Jahresniveau von 2004 eingefroren. : Der Aufstand der Mönche im September 2007 in Myanmar-Burma gegen die repressive Militärjunta wurden von Erhöhungen der Energiepreise ausgelöst.

In vielen südostasiatischen Staaten geht die Substitution von importierten Erdölprodukten relativ zügig voran, um die Importabhängigkeit und die Preissprünge zu reduzieren. So ist übrigens dieser Raum neben dem Nahen Osten auch die einzige Region, in der die Investitionen in Raffinierungskapazitäten ansteigen. Indien baut seine Raffinierungskapazitäten um ein Vielfaches intensiver aus als die meisten westlichen Staaten. So hat der indische Industriekonzern Reliance im Juli 2005 angekündigt, für 5,8 Mrd. US-Dollar eine der größten Raffinerien im Bundesstaat Gujarat zu bauen. In den USA wurde die letzte neue Raffinerie im Jahr 1979 errichtet.

Indiens Energiebedarf steht im Schatten Chinas, denn das Land mit einer Milliarde Menschen entwickelt sich wirtschaftlich und sozial anders als China. Der Mittelstand war in Indien stets vorhanden, er gewinnt nun aber an Terrain und macht einen großen Teil der neuen Energiekonsumenten aus. Indiens Energiebedarf wird besonders im Transportsektor stark wachsen da sowohl der Personenverkehr als auch der Transport von Konsumgütern zunehmen wird. Ähnlich wie China will auch Indien seine Energieversorgung möglichst diversifizieren und setzt neben der Nuklearenergie vor allem auf Erdgas, um seine Erdölimporte zu substituieren. Die Erdölimporte betragen zurzeit zwei Drittel des indischen Ölkonsums. Ähnlich wie China streckt daher auch die indische Diplomatie im Namen der Energiesicherheit ihre Fühler quer durch Zentralasien in Richtung Russland und Iran aus. Bis 2020 möchte Indien seine Erdgasnutzung von zehn auf 20 Prozent anheben. Zu diesem Zweck will Indien ebenso weitere LNG-Anlagen errichten, ein nationales Erdgaspipelinenetz und weitere transnationale Pipelines bauen. Neben Vietnam und Algerien sind der Iran und Katar hierbei wichtige Handelspartner Indiens. Die staatliche Oil and Natural Gas Company hat seit 2000 bereits 3,5 Mrd. Dollar in Explorationen investiert. Eine Erdgaspipeline vom Iran in Richtung Indien und Pakistan mit einem Investitionsvolumen von vier Mrd. Dollar beunruhigt inzwischen die USA. Doch Indien tritt sehr selbstbewusst gegenüber Washington auf. Noch arbeiten die USA, Indien und China in einigen multilateralen Energieforen diplomatisch und kommerziell zusammen. Anstatt als Rivalen um die Energieressourcen zu wetteifern, spricht man in Washington gerne von Partnerschaften. Doch dieser hehre Wunsch scheint an den Realitäten der internationalen Politik und der Knappheit wichtiger Rohstoffe völlig vorbei zu gehen. Bush, der von Politikwissenschaftlern gerne als ein „gestiefelter Woodrow Wilson" bezeichnet wird, scheint hier bar allen Blickes für die Realpolitik zu sein. Wilson wollte mit seinen idealistischen Programmen nach dem Ersten Weltkrieg die USA zur Weltmacht aufbauen. Seine Instrumente hierbei sollten der Völkerbund und internationale Verträge sein. Er scheiterte mit dieser Politik primär an seinem eigenen Parlament. Bush hingegen schneidet die Nachfolgeorganisation UNO und bedient sich lieber unilateraler Politik, sprich militärischer Macht, um eine neokonservative und religiös motivierte Heilsmission voranzutreiben. Für Energieallianzen mit den Wirtschaftsmächten der Zukunft scheint es vorerst an Ernsthaftigkeit zu mangeln. Jedenfalls haben China und Russland infolge des Irakfeldzugs der USA schon allein aus energiepolitischen Überlegungen zu viel Ärger und finanzielle Einbußen verschmerzen müssen, als dass sie nun gemeinsam mit den USA an einem Strang ziehen wollten. Anders verhält es sich mit Indien. Die USA haben der Atommacht Indien eine nukleare Energiepartnerschaft angeboten.

Eine Partnerschaft unter dem Titel der Energieversorgungssicherheit zu gründen war aber vor 30 Jahren noch möglich, als die Welt in zwei Blöcke zerfallen war und die Industriestaaten der nördlichen Hemisphäre von den USA über Westeuropa bis Japan ihre Energiepolitik innerhalb der Internationalen Energieagentur zu koordinieren begannen.

Die Internationale Energieagentur IEA: mehr Feuerwehr als Energiepolitik

Auslöser für die Entstehung der IEA, die gerne als ein „Kissinger-Baby" bezeichnet wird, war der Ölschock vom Herbst 1973. Zur Erinnerung für alle, die ihn nicht persönlich erlebt haben: Binnen weniger Monate vervierfachte sich der Preis für Rohöl und Ölderivate. Auslöser war damals nicht ein massiver Anstieg der Nachfrage, wie wir es seit 2004 erleben, sondern eine willkürliche Verknappung des Angebots. Die OPEC benützte angesichts des Eingreifens der USA auf Seiten Israels im Oktoberkrieg von 1973 erstmals die Erdölwaffe. Die Reaktionen der OECD-Staaten verliefen äußerst unterschiedlich. Während die USA und Niederlande vom Ölembargo der OPEC in vollem Umfang getroffen wurden, handelte sich Frankreich bilateral die Ölversorgung aus. Der Bruch in der westlichen Allianz war unübersehbar. Der damalige US-Außenminister Henry Kissinger reagierte daraufhin mit einer groß angelegten Energiestrategie der westlichen Staaten, die in der Schaffung der IEA, der Internationalen Energieagentur, resultierte. Die IEA wurde innerhalb der OECD angesiedelt. Energiepolitik sollte fortan integrierter Teil von Sicherheits- und Außenpolitik werden. Außerdem schufen die USA das Energy Policy Office innerhalb des Weißen Hauses. Die EU konnte sich hingegen bislang zu keiner gemeinsamen Energiepolitik durchringen, wie eingangs beschrieben.

Die im November 1974 geschaffene IEA wurde mit einem Startbudget von 25 Mrd. US-Dollar ausgestattet. Neben den Ausgleichszahlungen für Handelsbilanzdefizite infolge der hohen Energiepreise sollte das Budget dazu dienen, starke Anreize zur Schaffung alternativer konventioneller Energiequellen, ein kooperatives Energiesparprogramm und ein langfristiges Forschungs- und Entwicklungsprogramm für unkonventionelle Energiequellen zu finanzieren. Zentral war aber die Errichtung einer Reserve, um zukünftige Versorgungsunterbrechungen abpuffern zu können. Der Notfallplan der IEA wurde in Verbindung mit dem Internationalen Energieprogramm (IEP) vertraglich festgelegt. Demnach sind die 26 Mitgliedsstaaten der IEA verpflichtet, aus ihren Nettoölimporten Lagerbestände für mindestens 90 Tage anzulegen.[57] Insgesamt halten die IEA-Mitglieder über vier Mrd. Fass Rohöl und Ölderivate in ihren Lagerbeständen. Rund 1,4 Mrd. davon werden von den Regierungen kontrolliert, der Rest wird privatwirtschaftlich meist durch Konzerne verwaltet. Der Vertrag verpflichtet die Staaten, ihre Lagerbestände zu öffnen, vorhandenes Erdöl und Erdölprodukte zu teilen, wenn es zu einer größeren Unterbrechung in der Energieversorgung kommen sollte. Darüber hinaus hat die IEA flexible Maßnahmen wie ein koordiniertes Anzapfen der Bestände entwickelt, um Unterbrechungen möglichst prompt und angemessen zu begegnen. Diese Lagerbestände unterliegen einem ständigen Auf und Ab und bewirken nicht zu unterschätzende spekulative Preisschwankungen am Rohölmarkt.

So wurden die IEA-Bestände Anfang September 2005 geöffnet, als es infolge der Zerstörungen durch Hurrikan „Katrina" zu einer Treibstoffverknappung in den USA kam. Die IEA beschloss, einen Monat lang täglich zwei Mio. Fass Rohöl und Erdölprodukte auf den Markt zu werfen, um die Preisspirale, die am 29.8.2005 über die Marke von 70 Dollar pro Fass gesprungen war, zu entschärfen. Danach stellen die 27 Mitgliedstaaten binnen 30 Tagen insgesamt 60 Millionen Fass aus den strategischen Ölreserven zur Verfügung, um die Versorgungslücken zu füllen. Während die USA ihre Rohöllager öffneten, warfen die Europäer die dringender benötigten Endprodukte wie Diesel auf den Markt. Der damalige IEA-Generaldirektor Claude Mandil forderte zudem die Regierungen der Industrieländer auf, mehr Geld in die Forschung und Entwicklung der verschiedenen Bereiche der Energiegewinnung zu investieren, und riet den Verbrauchern, Energie zu sparen.

Die IEA rückte mit dieser Maßnahme ins Schlaglicht der Öffentlichkeit und wurde als Feuerwehr in einer panikgeladenen Preissituation wahrgenommen. Doch eben diese Intervention auf dem Weltölmarkt ist kritisch zu hinterfragen. Die Reserven sind eigentlich für Versorgungskrisen gedacht, wie sie beispielsweise ein politischer Konflikt in einem der wichtigen Förderstaaten auslösen könnte. Mit diesem so genannten geopolitischen Faktor hatte grundsätzlich wohl auch die IEA angesichts der hohen politischen Risikoprämie gerechnet, die seit 2002 im Erdölpreis enthalten und eng mit der Lage im Irak verbunden ist. Die IEA-Lagerbestände sind aber ungeeignet, eine Preiskrise zu entschärfen, wie sie sich im Spätsommer 2005 präsentierte. Der Effekt dieser Marktintervention wird wohl schnell verpuffen. Gefährlich scheint diese Maßnahme insofern, als diese Reserven nun fehlen, wenn es zu einer echten Versorgungsstörung kommt. Die unsichere Lage im Irak und seinen Nachbarstaaten könnte jederzeit weiter eskalieren und eine Unterbrechung

---

[57] Diese Notfallreserven von acht europäischen Ländern liegen derzeit unter dem erforderlichen Niveau, wie es aus EU-Kreisen Ende September 2005 hieß. Unter den betroffenen Staaten sind unter anderem Großbritannien und Italien.

in der Energieversorgung provozieren, wie sie die IEA für die Krisenplanung ihrer Lagerbestände regelmäßig durchexerziert. Die Preisentwicklung in einem solchen Fall kann sich jeder Leser ohne viel Fantasie ausmalen.

IEA-Generaldirektor Claude Mandil wirkte mit seinen düsteren Aussichten für die Lage am Weltölmarkt wie die trojanische Königstochter Kassandra, wenn er vor einer möglichen Energiekrise warnte: „Wenn die Krise die Ölprodukte betrifft, dann ist es eine weltweite Krise. Keiner soll glauben, dass sich das nur auf die USA beschränken wird. Sie kaufen jetzt schon Benzin in Europa."[58] Laut IEA wird die weltweite Nachfrage nach Öl und Gas bei einer unveränderten Energiepolitik bis 2030 um fast 70 Prozent steigen, während gleichzeitig die Produktion bereits erschlossener Quellen um etwa fünf Prozent jährlich sinken wird. Um die Öl- und Gasversorgung langfristig zu sichern, müssten nach Angaben der IEA binnen 30 Jahren fünf Billionen (5.000 Mrd.) US-Dollar investiert werden.

Nicht auszuschließen ist aber auch, dass der Erdölpreis infolge schwacher Konjunktur sinkt. Die gestiegenen Preise von Erdöl und Erdölprodukten werden voraussichtlich zu einem langsameren Wachstum der globalen Nachfrage führen, als bisher erwartet worden war. Das anhaltend hohe Preisniveau wirkt sich auf die Nachfrage aus. Der Nachfragezuwachs betrug 2007 nur mehr ein Viertel von dem, was noch 2004 der Fall war. Für 2008 revidiert die IEA ihre Zuwachsraten bereits weiter nach unten. In de OECD-Staaten ist die Nachfrage seit 2005 kontinuierlich gefallen. In der südlichen Hemisphäre wächst die Nachfrage weiter, aber auf leicht verringertem Niveau. Im Falle von Subventionskürzungen, wie sie wohl für viele Regierung infolge der hohen Verschuldung unausweichlich sind, könnte die Nachfrage ebenso zurückgehen. Die Entwicklung der Nachfrage muss aufgrund der geringen Elastizität, welche ein so dominanter Energieträger wie Erdöl aufweist, über längere Zeiträume berechnet werden.

Die monatliche Vorausschau der IEA, der „energy outlook", ist zwar ein wesentlicher Indikator für die Entwicklungen auf dem Energiemarkt, doch unfehlbar ist die IEA keinesfalls. Geschaffen als Gegengewicht zur OPEC, um mehr Transparenz in die Daten zu Reserven und Förderung zu bringen, sollte die IEA zur verlässlichen Denkfabrik für die OECD-Staaten werden und die Verbraucherseite vertreten. Doch vom ehrgeizigen Programm einer Neuorientierung der Energiepolitik, die die IEA 1974 einläutete, ist nicht viel geblieben. Das Budget zur Entwicklung von erneuerbaren Energien in der IEA ist von 1981 bis 1992 gleich um ein Drittel gefallen. Die Subventionierung von erneuerbaren Energien fiel noch rascher. Rund 50 Prozent der Mittel gehen stattdessen in die Nuklearenergie, 15 Prozent werden für fossile

---

[58] *Die Welt* vom 3.9.2005

Energieträger eingesetzt. 30 Jahre nach ihrer Gründung ist die IEA also hinter ihre ursprüngliche Mission zurückgefallen. Es verwundert den aufmerksamen Beobachter nur, wie wenig die Industriestaaten, die ihre Energiepolitik innerhalb der IEA langfristig bündeln wollten, um sich von der Importabhängigkeit von Erdöl allmählich zu lösen, tatsächlich erreicht haben. Es hat den Anschein, dass wir Ende der 1970er Jahren in der Gestaltung eines innovativen Energiemix schon weiter fortgeschritten waren.

Eine Entwicklung ist aber nicht zu unterschätzen: Die IEA ist von ihrer ursprünglichen Funktion, ein Gegengewicht zur OPEC zu sein, immer mehr zu einer Art Tandem mit der OPEC verwachsen. Regelmäßige Konsultationen zwischen OPEC und IEA haben das Arbeitsklima zwischen beiden Organisationen verbessert, es geht um den Dialog zwischen Produzenten und Konsumenten. Aus Rivalen wurden komplementäre Partner, um einen Brückenschlag zwischen Angebots- und Nachfrageseite zu erreichen. Doch bei aller Kooperation im Datenaustausch ist der Erdölmarkt nicht transparenter geworden. Diese bestehenden Unsicherheiten wiederum heizen Spekulanten an, die ebenso Akteure auf der Nachfrageseite sind.

Fazit
Seit Beginn des Jahres 2004 beobachten wir einen Ölpreis, der vor allem von einer rasant wachsenden Nachfrage getrieben wird. Überrascht waren die Energieexperten in den Förderstaaten und in der IEA, als sie das gewaltige Nachfragevolumen zu spüren bekamen, das sich aus der Kombination eines hohen Wirtschaftswachstums in einigen traditionellen Industriestaaten, wie USA und Japan, mit dem starken neuen Energiebedarf in den Schwellenländern ergibt. Hinzu kommt das Missverhältnis zwischen gefördertem Rohöl und fehlenden Ölderivaten. Der Engpass liegt zweifellos in den Verarbeitungskapazitäten. Damit die Erdölkonzerne, ob nationale oder internationale, wieder in den Raffinierungssektor, der nur sehr geringe Gewinnmargen hat, investieren, müssen klarere Perspektiven in der langfristigen Ölpreisentwicklung gegeben sein. Die hohen Profite der Erdölkonzerne würden für mehr Investitionen sprechen. Doch Skepsis dominiert. Keiner weiß so recht, in welche Richtung Weltkonjunktur, Energiepolitik und damit Nachfrage nach Erdöl- und Erdgas gehen.

Kapitel 5
Die Erdölkonzerne –
zwischen Profiten, Unsicherheit und Kritik

„Oil friendships are very slippery" – Ölfreundschaften sind sehr rutschige Angelegenheiten, dieser Satz wird Calouste Gulbenkian, dem Ölarchitekten der Turkish Petroleum Company, zugeschrieben.[1] Der aus Istanbul stammende Armenier zählt neben den Amerikanern John D. Rockefeller und seinem Enkel Nelson Rockefeller, Walter Teagle (Standard Oil), dem Holländer Henri Deterding (fusionierte Shell zu Royal Dutch/Shell) und dem Deutschen Heinrich Riedemann (Standard Oil, Deutschland) zu den großen Ölbaronen am Beginn des 20. Jahrhunderts. Sie konnten noch im Alleingang in abgeschiedenen Schlössern, wie im schottischen Achnacarry 1928, ihre Bohrkonzessionen vom Golf bis in den Kaukasus ordnen und gestalten. Sie zogen an unsichtbaren Fäden und schrieben Weltgeschichte, indem sie das Schicksal ganzer Regionen über Jahrzehnte hinaus entschieden. Nebenbei entfalteten sie, Renaissancefürsten ähnlich, ihr Mäzenatentum. Aus Glücksrittern waren binnen einer Generation honorige Dynastien geworden. Die Kunstsammlungen der mit dem Ölboom reich gewordenen Familien sind legendär. Museen von Gulbenkian und Rockefeller sind weltweit zu finden. Der Russe Michail Khodorkovski wollte neben seinen politischen Ambitionen gerade seine Kollektion an Kunstschätzen aufbauen, als ihn Wladimir Putin im Herbst 2003 verhaften ließ. Die Freundschaften zwischen diesen Ölbaronen waren und sind zweifellos „slippery", wie Gulbenkian feststellte. Doch welche geschäftliche Beziehung ist dies nicht? Dankbarkeit und Freundschaft sind weder Kategorien des Geschäfts noch der Politik.

---

[1] Yergin, op.cit. S. 202

Was die internationalen Ölkonzerne des frühen 21. Jahrhunderts von denen der 1920er bis 1960er Jahre klar unterscheidet, ist das Fehlen großer Persönlichkeiten, die oft mit ihrem richtigen „Riecher" Risiken übernahmen, sich mit Kriegen, Bankrotten und Stammesfürsten herumschlugen und manchmal auch dafür gerade stehen mussten, wenn eine Bohrung völlig daneben ging, obwohl das Echolot anderes erwarten ließ. Das Erdölgeschäft ist jedoch seit den 1970er Jahren in einer völlig veränderten Konzernlandschaft viel nüchterner geworden. Durch Verstaatlichungen in den OPEC-Staaten wurden die Niederlassungen der „Seven Sisters" zerschlagen und eigene nationale Erdölkonzerne geschaffen. Zuvor hatten die großen internationalen Konzerne über ihre weitreichenden Konzessionen sowohl das upstream als auch das downstream umfassend kontrolliert. Den Begriff der „Seven Sisters" prägte der Italiener Enrico Mattei, der mit seiner Agip Gruppe in den exklusiven Klub der angelsächsischen Konzerne aufsteigen wollte. Doch die Seven Sisters, zu denen neben British Petroleum BP und der Royal Dutch/Shell noch die fünf US-Konzerne Texaco, Mobil Oil, Gulf Oil, Standard Oil of California (Socal) und Standard Oil of New Jersey (wurde später zu Exxon) gehörten, blieben unter sich.

Neben diesen Verstaatlichungen in allen OPEC-Ländern reduzierte sich zudem infolge von Fusionen die Zahl der Konzerne. Als Investmentbanken und damit Aktionäre eine wachsende Rolle in den Konzernen übernahmen, machte sich in den USA die Bezeichnung des „Wall Street Refiners" breit. Ironisch gemeint sind all jene Börsenhändler, die mittels Termingeschäften von Derivattransaktionen von den frühen 1990er Jahren an in den Rohölhandel einstiegen. Sie machen sich in dem in vielerlei Hinsicht dreckigen Ölgeschäft nicht mehr selbst die Hände schmutzig. „Diese Jungs und Mädels kommen direkt vom College, haben manikürte Fingernägel, verschieben über den PC-Bildschirm Millionen, doch sie hatten nie mit den echten Problemen des harten Tagesgeschäfts im upstream oder downstream zu tun, ob irgendwo in der Wüste oder auf einer Plattform im stürmischen Meer," meint ein texanischer Ölhändler jenseits der 70 sarkastisch.[2]

Von Frankreich und auch den USA ausgehend werden gegenwärtig die Konzerne in die Pflicht genommen. Benzingipfel, Androhungen von Sondersteuern und politische Einflussnahme auf die Preisgestaltung durch die Konzerne, die seit 2004 infolge der starken Nachfrage hohe Profite einfahren, sind in vielen Staaten im Gange. Besonders auffällig erscheint der Aufstieg und Niedergang der russischen Ölkonzerne, als geschäftstüchtige Endzwanziger für wenig Geld die privatisierten Ölfirmen übernahmen und binnen kurzem zu milliardenschweren Oligarchen wurden. Die noch 2003 gewaltigen Flügel der russischen Konzerne wurden von Putin bereits stark beschnitten (siehe Kapitel 3). Sie werden wohl solange zurecht gestutzt wer-

---

[2] Gespräch mit Bill Edwards, Wien im September 2001

den, wie die Politik es für notwendig erachtet. Der Fall Sibneft ist nur das jüngste Kapitel in Putins Strategie, die Energiekonzerne unter staatlichen Einfluss zu bringen. Mit der Auszahlung von Sibneft-Eigentümer Roman Abramowitsch Ende September 2005, der im Gegensatz zu Khodorkovski nicht in offene Opposition zu Putin trat, sondern sich lieber mit seinem Fußballteam Chelsea befasst, ist die letzte schillernde Figur unter den jungen russischen Ölmilliardären von der Weltbühne abgetreten. Sein Konzern wurde von der staatlichen Gazprom übernommen. Geblieben sind in Russland vorerst die Freunde Putins, die „silowiki", die im Dunstkreis des Kremls die Öl- und Energiepolitik gestalten. Ob Khodorkovski ein Comeback gelingt oder er im Arbeitslager in Vergessenheit gerät, ist noch nicht abzusehen. Die Dinge können sich sehr rasch ändern, wie dieser Aufstieg und Fall des einst reichsten Mannes Russlands belegen. Neben der menschlichen Tragödie sind auch die noch im Sommer 2003 hoch im Kurs stehenden Yukos-Aktien nur mehr das Papier wert, auf dem sie gedruckt sind.

Die Öltitanen in den USA haben andere Probleme. Sie schlagen sich nicht erst seit den Zerstörungen von „Katrina" mit hohen Reparaturkosten ihrer Anlagen und ähnlichen Schwierigkeiten herum. Bereits der Hurrikan „Iwan" vom September 2004 verursachte monatelange Ausfälle, denn unterirdische Vermurungen hatten Pipelines am Meeresboden zerstört. Dass Stürme derartige Schäden für die Ölindustrie, ob in der Exploration oder in der Verarbeitung, auslösen, liegt nicht nur an der Heftigkeit dieser meteorologischen Phänomene. Ursache ist vielmehr die Ansiedlung der Produktionsstätten in ökologisch immer fragileren Regionen, wie das offshore nun einmal ist. Mit „Katrina" wurde klar, dass im Golf von Mexiko in einer relativ kleinen Zone eine Überdichte an Bohrungen und Verarbeitungsprozessen stattfindet. Die Schadensbilanz schlägt schwer zu Buche, nicht nur, weil die Dichte und Frequenz der Stürme im Golf von Mexiko zugenommen hat, sondern auch, weil es im Vergleich zu vor 20 Jahren schlicht viel mehr Förderstätten gibt.

Die Rückkehr der Vorstandschefs und Aufsichtsräte aus dem Erdölgeschäft in die Politik der beiden Präsidenten Bush ist hinlänglich bekannt. Die Grenzen zwischen den Konzernen und den Bundesinstanzen waren – vielleicht mit Ausnahme der Carter-Regierung 1976-1980 – immer fließend. Doch gegenwärtig erscheint die Verbindung so eng, dass die unlauteren Geschäftsabschlüsse im Zeichen des Erdöls und die hiermit verbundene Außen- und Wirtschaftspolitik nicht nur den streitbaren Dokumentarfilmer Michael Moore zu stets neuen Verschwörungstheorien inspirieren. Die Kabinettslisten der Bush-Regierungen lesen sich wie ein „Who is Who" der Erdölindustrie.

Für die Erschließung von Erdöl- und Erdgasfeldern wird zudem das Verhältnis zwischen den internationalen Erdölkonzernen, den IOC, und den nationalen Konzernen, den NOC, sein. Die einst mächtigen IOC kontrollieren heute nur mehr knapp zehn Prozent der weltweit bekannten Reserven. Den eigentlichen Zugriff haben die staatlichen Konzerne, ob sie nun Saudi Aramco oder Gazprom heißen. Letztere benötigen das Kapital und die Technologie der IOC, doch sie setzen nationale Regierungen setzen die Bedingungen fest, was von einigen Beobachtern mit dem Vorwurf der „Ressourcendiplomatie" belegt wird. Doch haben in der Geschichte noch alle Regierungen ihre Ressourcen politisch eingesetzt. Faktum ist, dass sich die IOC vermehrt um ihre Geschäftspartner bemühen und teils auch bereit sind, sehr ungünstige Bedingungen zu akzeptieren.

5.1. Investieren ja, aber unter welchen Bedingungen?

Die Profite aller Erdölkonzerne brechen seit 2004 sämtliche Rekorde und erregen den Neid der öffentlichen Meinung. Laut der Investmentbank Goldman Sachs sitzen die Erdölfirmen auf fast 500 Mrd. Dollar-Reserven. Einige Regierungen drohten gar mit Sondersteuern, sollten die Konzerne nicht einen Teil ihrer Einnahmen den Konsumenten durch Preisreduzierungen an der Zapfsäule wieder zukommen lassen. Doch nicht nur die Erdölkonzerne von internationalem Format profitieren. Die gesamte Energiebranche erscheint im Aufwind. Die deutschen Versorgungskonzerne E.ON, RWE und EnBW haben im ersten Halbjahr 2005 von den gestiegenen Energiepreisen profitiert und ihre Gewinne deutlich gesteigert. Die Energie Baden-Württemberg legte gar das beste Halbjahresergebnis der Firmengeschichte vor. Verbraucherschützer hingegen kritisieren die Preispolitik der Energiekonzerne und werfen ihnen Missbrauch einer Monopolstellung vor. In Deutschland schaltete sich im Sommer 2005 auch das Bundeskartellamt ein. Der Präsident des Bundeskartellamts, Ulf Böge, hatte angekündigt, langfristige Lieferverträge zwischen Gas-Importeuren und Stadtwerken künftig zu untersagen, da sie aus Sicht der Wettbewerbshüter lediglich dazu dienen, den Markt abzuschotten. Das Bundeskartellamt will auch die Kopplung der Erdgaspreise an die Heizölpreise beenden und findet dabei breite Unterstützung in der Politik. Die Konzerne ihrerseits reagieren gereizt und verweisen auf die schwierigen Marktbedingungen, seien es die willkürliche Preispolitik Russlands oder die mit dem Erdöl mitziehenden Erdgaspreise.

Die Energiekonzerne verfügen zweifellos über volle Kassen, sie selbst zeigen sich aber sehr zögerlich, wenn es um Investitionen geht. Diese Vorsicht kritisierte der Internationale Währungsfonds (IWF) schon im „World Economic Outlook" vom September 2005: „Basierend auf den gegenwärtigen Investitionsplänen, werden die Produktionskapazitäten kaum wachsen, um die kommende Nachfrage zu befriedigen und ausreichend Ausfallskapazitäten zu schaffen. (...) Die internationalen Ölkonzerne sollten dazu

(Anm.: zu einer Entspannung) beitragen, indem sie ihre Investitionsentscheidungen auf einer realistischeren Analyse auch ihrer Amortisierungskosten, basieren."[3] Der IWF geht bei seinem Ausblick auf den Erdölpreis für 2006 von einer Bandbreite von 45 bis 55 US-Dollar pro Fass aus. Tatsächlich ist der Preis auf über 100 US-Dollar geklettert.

Anders sehen die Konzerne selbst die Preisentwicklung. Der Industrieexperte Yasser El-Guindi von Medley Global Advisors bestätigt: „Die Ölfirmen sind sich weiterhin nicht sicher, ob tatsächlich ein Paradigmenwechsel am Ölmarkt stattgefunden hat und legen ihren Investitionen sehr vorsichtige Kalkulationen zugrunde, die langfristig auf einem Fasspreis von 25 bis 30 Dollar basieren."[4] Da der Preisanstieg aber nicht wie in der Vergangenheit durch einen Angebotsengpass, sondern durch die steigende Nachfrage gekennzeichnet ist, rechnen Öl-Analysten wie Bill Farren-Price eher damit, dass sich der Preis zwischen 40 und 45 Dollar pro Fass einpendeln wird.[5] In dieser Bandbreite scheinen sich auch die Vorstellungen der OPEC zu bewegen, die zuletzt – so OPEC-Präsident Achmed Al-Sabah bei der Pressekonferenz am 20. September 2005 beim Herbsttreffen der OPEC in Wien – einen „Zielpreis" von 40 Dollar pro Fass ankündigte. Im Frühjahr 2008 wirken diese Prognosen nach knapp zwei Jahren wieder völlig überholt. So bedingen die Schwäche des US-Dollars, hohe Inflationsraten, der starke Trend der Investoren in Richtung Terminkontrakte für Rohöl und andere Rohstoffe sowie Unsicherheiten über allfällig überschrittene Produktionsspitzen in den Nicht-OPEC-Fördergebieten die Preissprünge jenseits einer Marke von 100 US-Dollar pro Fass. Die Volatilität des Erdölmarktes illustrieren Preisschwankungen, die sich innerhalb von Tagen um Beträge von mehr als 10 US-Dollar ergeben. Von Zielpreisen nehmen gegenwärtig wohl alle Betroffenen Abstand. Vielmehr scheint der Erdölmarkt in einer massiven Umbruchsphase angelangt zu sein, deren Ausgang noch nicht absehbar ist. Dass das alte volkswirtschaftliche Paradigma des „Schweinezyklus", wonach es bei hohen Preisen zu verstärkten Investitionen kommt, die sich allerdings wegen der Aufbauphase verzögert auf das Angebot auswirken und dann zu einem Überangebot und Preisverfall führen, findet neuerlich aktuelle Anwendung auf den Erdölmarkt.

Zu den Unwägbarkeiten der künftigen Preisentwicklung kommt die hohe Kostenunsicherheit. Die konventionellen, einfach zugänglichen Ölfelder sind weitgehend erschlossen. In Saudi-Arabien belaufen sich die Förderkosten für ein Fass Öl auf rund vier US-Dollar, in der Nordsee kostet die Produktion dieser Menge aus technischen Gründen und wegen höherer

---

[3] IMF World Economic Outlook – Building Institutions, Kap. 2. Washington, 2005
[4] *International Herald Tribune* vom 20.9.2005 und Gespräch am Rande des OPEC-Ministerrats am 20.9.2005
[5] Interview in Wien am 19.9.2005

Lohnkosten ein Vielfaches. Saudi-Arabien und die anderen OPEC-Staaten lassen aber internationale Ölfirmen nicht in ihr nationales Fördergeschäft, also das „upstream", hinein. Diese Politik hat tiefere historische Gründe, wie schon in Kapitel 2 erläutert. Die Erinnerung an die Kontrolle ihrer Bodenschätze durch die internationalen Konzerne, die „Seven Sisters", sitzt allen diesen Staaten noch tief im Gedächtnis. Mit großem Argwohn werden daher die Sonderverträge beobachtet, die angelsächsische Ölfirmen im Irak trotz der katastrophalen Sicherheitslage planen.

Laut IEA haben sich die Kosten, um einen Fuß (etwa 30 Zentimeter) tief nach Öl zu bohren, zwischen 1990 und 2003 mehr als verdoppelt. Um einen Bohrturm für Tiefseeförderungen im Golf von Mexiko zu mieten, zahlt man heute 400.000 Dollar pro Tag, das Doppelte des Jahres 2000. Bei kleineren Bohranlangen für Seichtgebiete haben sich die Preise teils verdreifacht.[6] Neue Felder erfordern zudem hohe Investitionen in teure Technologien. Rohstoffe wie Stahl, die für den Bau der Infrastruktur gebraucht werden, sind teurer geworden. Die Liste der Kostenpunkte lässt sich fortsetzen.

Besonders interessant scheint aber folgender Aspekt, der in der Debatte um den hohen Ölpreis und die Konzerngewinne untergeht: Es mangelt an Fachkräften, was die Personalkosten noch weiter nach oben treibt. Die Hälfte der gegenwärtig in der Erdölindustrie Erwerbstätigen, vom Facharbeiter bis zum Ingenieur, wird binnen der kommenden zehn Jahre in Rente gehen, denn das aktuelle Durchschnittsalter beträgt 49 Jahre. „Big Crew Change" – so nennt die Erdölbranche dieses Phänomen, das in Zeiten hoher Nachfrage und des konstanten Rufs der Politik und des Marktes, in Raffinerien und neue Fördergebiete zu investieren, mit all seinen Folgen besonders brisant ist. Die Personalreserve hatte sich seit den späten 1980er Jahren stark verdünnt, da infolge der damals niedrigen Preise viele Arbeitskräfte entlassen wurden, keine Neuaufnahmen stattfanden und die firmeninterne Ausbildung faktisch zum Erliegen kam.

Unter US-Bürgern und Europäern finden sich kaum willige und befähigte Arbeitnehmer für so eine schmutzige Arbeit wie das Putzen der Fördereinrichtungen. Das American Petroleum Institute rekrutiert vermehrt Schulabbrecher, die sie mit Fachausbildung und dem Diplom eines High-School Abschlusses locken. Weit weniger problematisch ist die Rekrutierungsfrage dagegen in den asiatischen Staaten, wo Facharbeiter zu niedrigeren Löhnen bereit sind, unter klimatisch schwierigeren Bedingungen zu arbeiten. Dies gilt insbesondere für chinesische Arbeiter in der Petrochemie, die man bei einem Besuch der Produktionsstätten zwischen Algerien und Saudi-Arabien überall antreffen kann.

---

[6] *Financial Times* vom 31.8.2005

Die Personallücke betrifft nicht nur die Ebene der Arbeiter und Ingenieure. Ähnlich klafft sie auf der Führungsebene. Angesichts des Imageschadens, den Ölkonzerne infolge ihrer Verwicklungen in Menschenrechts- und Umweltskandale – so unter anderem in Westafrika und Südamerika – in der öffentlichen Wahrnehmung erlitten haben, finden sich auch immer weniger Bewerber für hochbezahlte Positionen im Management. So hat die British Petroleum (BP) 13 Personalfirmen angeworben, um 400 offene Stellen in Houston zu besetzen![7]

Viele Konzerne sind zudem mit unerwarteten Steuernachforderungen und neuen höheren Abgaben konfrontiert. Dies gilt nicht nur für Venezuela, wo Staatschef Hugo Chavez große Konzerne mit entsprechenden Forderungen belangt, oder für Russland, wo sich die Rechtsunsicherheit insbesondere im fiskalischen Bereich als abschreckend und nicht investitionsfördernd zeigt, sondern auch für den Ölförderer Großbritannien.[8]

Das russische Steuerregime für das Jahr 2005 beispielsweise könnte sich für die Ölfirmen als so teuer erweisen, dass eine Investition nur langfristig ertragreich ist, wenn der Ölpreis auf einer Höhe von 60 bis 80 Dollar pro Fass bleibt. Noch viel größer ist jedoch das Risiko, dass durch staatliche Interventionen eine Enteignung möglich ist. Denn ähnlich wie zuletzt in den 1960er und 1970er Jahren in einigen OPEC-Staaten sind die internationalen Konzerne derzeit vielen staatlichen Eingriffen in den Nachfolgestaaten der ehemaligen Sowjetunion ausgesetzt.

All dies sei nicht angeführt, um Mitleid oder Verständnis für die Konzerne zu erheischen, sondern vielmehr zur Darstellung eines Dilemmas: Solange nicht entsprechend investiert wird, werden die Preise kaum fallen, können die Engpässe mangels Zusatzkapazitäten zu neuen Preisexplosionen führen, wenn ein Unwetter oder Aufstand losbricht. Andererseits könnte eine massive Vergrößerung des aktuellen Weltmarktangebots – geplant sind laut IEA zusätzlich rund 16 Mio. Fass pro Tag – genauso gut zu einer Entspannung auf dem Markt, bzw. zu einem Preisverfall führen, sollte die Nachfrage im gleichen Umfang nachlassen.

Das besondere Problem der Raffinerien

Der findige Unternehmer Richard Branson, der die britische Billigfliegerlinie Virgin Atlantic leitet, denkt laut darüber nach, einen Teil seiner Gewinne in die Errichtung einer Erdölraffinerie zu stecken.[9] Ein Motiv dafür könnte die drohende Insolvenzwelle großer US-Fluglinien sein, die mit

---

[7] ebenda
[8] *Financial Times* vom 19.9.2005
[9] *Daily Star* vom 17.9.2005

Delta Air bereits ihren Anfang genommen hat. Der Treibstoff als Kostenfaktor in der Luftfahrtindustrie ist nicht zu unterschätzen. Je mehr Kontrolle eine Fluglinie über die günstigen Einkaufsmöglichkeiten im Kerosinhandel hat, desto eher kann sie ihre Kosten senken und sich im ohnehin rauen Wettbewerb besser behaupten. Wenn Branson sich also seine eigene Raffinerie bauen möchte, könnte er die Konkurrenten vermutlich besser kontrollieren. Richard Branson hat eben erkannt, dass die aktuelle Preishausse den Engpässen im Verarbeitungssektor und nicht einem zu geringen Angebot an Rohöl zuzuschreiben ist.

Es hat sich im Laufe der Jahre 2004 und 2005 bis an jede Tankstelle in Europa und in den USA herumgesprochen, dass die Preissprünge neben anderen Faktoren auch ein Raffinierungsproblem sind. Der so genannte Bottleneck, also der preistreibende Engpass in einer Lieferkette, liegt in den fehlenden bzw. unzureichend arbeitenden Raffinerien. In der Zeit, als in den USA die letzte neue Raffinerie gebaut wurde, trat Elvis Presley noch live auf, wie ein Journalist am Rande einer OPEC-Tagung ironisch feststellte, nämlich 1979. Dutzende von Raffinerien wurden zudem in den vergangenen Jahrzehnten in den USA geschlossen, sodass heute weniger Kapazitäten vorhanden sind als vor 20 Jahren, obwohl die Nachfrage gewachsen ist. Die vorhandenen Raffinerien arbeiten am Limit, können kaum korrekt gewartet werden und mussten sogar in den letzten Jahren infolge von Hurrikanwarnungen oder -schäden temporär geschlossen werden.

Folgende Gründe haben dieses Defizit im Raffinierungssektor verursacht: Erstens ist die Gewinnmarge sehr gering, wodurch wenig Anreize für Investitionen bestehen. Zweitens haben strengere Umweltauflagen zu höheren Investitionskosten geführt. Drittens hat der Widerstand der Anrainer gegen die Errichtung von Raffinerien besonders in den USA, aber auch in zahlreichen anderen Staaten der nordwestlichen Hemisphäre, dazu geführt, dass die Bauprojekte wieder eingestellt wurden. Um sich mehr Spielraum im Wettbewerb mit Discountanbietern zu verschaffen, bieten BP, Shell und Total innovative Treibstoffe an. Das Argument lautet: Diese Markentreibstoffe würden eine größere Kilometerleistung ermöglichen.

Für den Raffinierungssektor stellt sich nun ein weiteres Problem. Je nach Schwefelgrad des Erdöls sind unterschiedliche Raffinerien erforderlich. Angesichts der unsicheren Perspektiven in der Exploration ist es oftmals nicht klar, ob Raffinerien Kapazitäten für schwefelhaltiges oder wenig schwefelhaltiges Öl aufbauen sollen. Die Erdölfirmen wissen nicht immer, ob das künftig geförderte Öl auch verarbeitet werden kann. Dies zeigte sich jüngst bei der Förderung des relativ verschmutzten Erdöls im Tschad, dessen Weiterverarbeitung angesichts der ohnehin akuten Engpässe in den vorhandenen Raffinerien nicht möglich ist.

Dennoch sind sich sowohl die OPEC-Staaten als auch die Importeure in den Industriestaaten der Dringlichkeit einer Lösung des Raffinierungsproblems bewusst. So wurden im Laufe des Jahres 2005 nicht nur in einigen europäischen Staaten die rechtlichen und finanziellen Grundlagen für einen verstärkten Raffineriebau gelegt, auch China und Indien kündigten große Projekte an. Die neuen Raffinerien werden mit Ausblick auf die Qualität des Rohöls und die diesbezüglichen Lieferverträge teils schon „maßgeschneidert".

Die OPEC-Staaten hatten in der Vergangenheit weniger Interesse am Raffineriebau, zumal viele der internationalen Ölkonzerne in diesem typischen Sektor des „downstream" stark vertreten waren. Doch offenbar nicht ausreichend: Selbst Saudi-Arabien, das zweifellos viele Chancen zur Diversifizierung seiner Industrie versäumt hat, möchte nun aufholen. Hierfür sind jedoch ausländische Investitionen, vorzugsweise in Form einer direkten Auslandsinvestition und weniger als Joint Venture, sowie Technologietransfer erforderlich. Im Zuge der Beitrittsverhandlungen zur Welthandelsorganisation WTO öffnete sich der saudische Markt für Investoren.

So baut der staatliche Ölkonzern Saudi Aramco bereits drei Raffinerien, deren Produkte für den Export bestimmt sind. Eine der drei befindet sich in Yanbu, einem der wichtigsten Terminals für die globale Energieversorgung. Ein zusätzliches Volumen von 1,3 Mio. Fass pro Tag an raffinierten Erdölprodukten soll bis 2009 damit auf den Markt kommen. Die Raffinerie von Rabigh wird durch eine Partnerschaft mit internationalen Konzernen aufgewertet.

Von saudischer Seite werden die Sicherheitsrisiken heruntergespielt, obwohl gerade die Terminals in den letzten Jahren Schauplätze von blutigen Anschlägen waren. Die saudische Ölindustrie, sprich das Haus Saud, lässt regelmäßig mit Erfolgsmeldungen über „entscheidende Schläge gegen die Terrornetzwerke" aufhorchen. Wie ernst zu nehmen diese Operationen sind, ob sie tatsächlich das fragile politische Regime Saudi-Arabiens stabilisieren können, sei dahingestellt. Die Sicherheitsrisiken sind – anders als saudische Gesprächspartner dies gerne darstellen – nicht bloß eine Erfindung der westlichen Medien. Ein Sabotageakt in einer wichtigen Raffinerie im Persischen Golf kann viel mehr Turbulenzen auslösen als ein Terrorakt auf einem großen Flughafen, wie allein die Ereignisse des Frühjahrs 2004 in Saudi-Arabien illustrieren, als es infolge von Anschlägen immer wieder zu heftigen Ölpreissprüngen kam.

Die Ölfirmen wissen jedenfalls, dass sie um Saudi-Arabien, das die weltweit wichtigsten Erdölreserven hält, nicht herumkommen: Man will das Vertrauen der saudischen Partner halten und natürlich sind die Aussichten auf lukrative Geschäfte im Golf gegenwärtig wieder gegeben. Allein die gewaltigen Zuwächse an der Börse von Riad 2004/05 locken so manchen Vermögensverwalter. Doch wie war das noch 1979 im Iran? Weder die USA noch die Konzerne erkannten damals die Zeichen der Zeit. Eine Neuauflage iranischer Verhältnisse unter anderen religiösen Vorzeichen ist für Saudi-Arabien nicht auszuschließen. Drohte die Gefahr bislang von außen, seitens des Iran oder Irak, so kommt sie diesmal deutlich von innen. Schon längst rumort es in den Kreisen der Militärs und des strengen wahabitischen Klerus. „Für die Offiziere ist klar, dass ihre Kinder nicht mehr den Lebensstandard der Eltern haben werden. Und in den Moscheen wird das pro-amerikanische Haus Saud schon seit Jahren verfemt," erklärt ein Saudi.[10] Auch der Schah forcierte Ende der 1970er Jahre die Produktion, um eine rasch wachsende Bevölkerung zu füttern. Er scheiterte kläglich mit seinem Modernisierungsprogramm. Gefährdet sind die Regimes in allen OPEC-Staaten, das Schicksal der Regierenden hängt am Öltropf.

Egal ob es nun um den besonderen Sektor der Raffinerien oder den eigentlichen Förderbereich des „upstream" geht, die internationalen Erdölkonzerne, die „international majors", werden immer stärker mit den nationalen Erdölkonzernen zusammenarbeiten müssen. Denn die großen ertragreichen Explorationen werden von staatlichen Konzernen kontrolliert: in den Golfstaaten der OPEC ebenso wie in den Nachfolgestaaten der Sowjetunion, wo wie in Russland eine Renationalisierung der Energieindustrie fast schon abgeschlossen ist oder eine Privatisierung kaum stattfand. Um daher ihre Reserven durch neue zu ersetzen, werden die internationalen Firmen den Kontakt zu den nationalen Konzernen suchen müssen. Die „international majors" stehen unter großem Druck ihrer Aktionäre und Investoren, neue Reserven zu finden. Rund sieben Mrd. Fass müssen allein für das Jahr 2005 ersetzt werden. Doch große neue Erschließungen von Erdölfeldern sind bislang ausgeblieben. Es fehlt in erster Linie an Möglichkeiten, neue upstream-Investitionen zu tätigen.

Berater des Erdölgeschäfts appellieren an die Firmen, in ihren Bemühungen, sich Zugang zu den Reserven der nationalen Konzerne zu verschaffen, „kreativer" zu sein.[11] Diese Berater vernachlässigen einen wesentlichen Aspekt: die Verstaatlichungen. Die großen Konzerne der 1950er und 1960er Jahre alias die „Seven Sisters", operierten auf Grundlage ihrer weitreichenden Konzessionen viele Jahrzehnte lang als eine Art „Staat im Staate". Getragen von dem Wunsch, ihren so wichtigen Bodenschatz Erdöl selbst zu kontrollieren, begannen die Nationalisierungen im Iran bereits 1951 im Zuge des kurzen Mossadegh-Regimes, das den Schah vorübergehend entmachtet hatte. Die wesentlichen Verstaatlichungen setzten dann Ende der 1960er Jahre ein. Die wichtigsten Funktionäre, in den Regierungen wie in

---

[10] Interview in Beirut am 1.9.2002
[11] *Daily Star* vom 2.9.2005

den nationalen Konzernen der OPEC-Staaten, können sich alle noch sehr gut an die Zeit der allmächtigen „Seven Sisters" erinnern.

Die Förderstaaten hatten die Bedeutung ihres wichtigsten Bodenschatzes und seine Begrenztheit begriffen. Sie wollten mit der Gründung der OPEC einen Gegenpol zur quasi kolonialen Bevormundung durch die multinationalen Konzerne schaffen. Firmen wie Aramco agierten aufgrund ihrer weitreichenden Konzessionen durchaus eigenmächtig. Die Förderstaaten forderten daraufhin mehr Mitsprache. Als sie diese nicht erhielten, wurden die Ölfirmen zu Beginn der 1970er Jahre von einem OPEC-Mitglied nach dem anderen nationalisiert. Seither ist der „upstream", der eigentliche Förderbereich, in Händen der Regierungen. Um Verarbeitung und Vertrieb, den „downstream", kümmern sich weiterhin die internationalen Konzerne. Die Erinnerung an die Kolonien, die ihre Fortsetzung in Gestalt der „Seven Sisters" fanden, und die aktuelle kriegerische Rolle des Westens in der islamischen Welt bestimmen derzeit das Ölgeschäft. Nur in den Geschäftsetagen wird dies mangels historischem Denken und eines anderen Zeitbegriffs oft genug ignoriert.

Geprägt von dieser Erfahrung dominieren Skepsis und Misstrauen gegenüber allen Versuchen der internationalen Konzerne, wieder ins upstream-Geschäft einzusteigen. Royal Dutch/Shell und andere Firmen versuchten dies im Sommer 2000 über die Hintertür des Erdgassektors in Saudi-Arabien und wurden mit ihren Vorverträgen sehr lange im Ungewissen gelassen. Der Iran hat das besondere Instrument der „buy-back-agreements" entwickelt, die große Konzerne teils in die Förderung hineinlassen, doch nur über sehr komplizierte rechtliche Strukturen. Alle Investoren, die in irgendeiner Form am upstream-Geschäft teilhaben wollen, benötigen daher einen langen finanziellen Atem, um die Ungewissheiten der Vorvertragszeit infolge interner saudischer Machtspiele oder parlamentarischen Filibuster, wie dies im Iran in den letzten 15 Jahren oft der Fall war, aussitzen zu können. Hatten die westlichen Firmen einst selbst das Steuer des Ölgeschäfts inne, so sind sie heute auf den guten Willen und den Kapitalbedarf der nationalen Konzerne angewiesen. An dieser Situation wird sich auf absehbare Zeit wenig ändern. Die nationalen Konzerne verfügen zweifellos über die größeren und qualitativ interessanteren Reserven als jene, die von den Konzessionen der internationalen Konzerne erfasst sind. Renationalisierung in Russland beschleunigte jüngst diese Entwicklung sowohl im Erdöl- als auch im noch wichtigeren Erdgassektor. Was den verstaatlichten Konzernen jedoch fehlt, sind Kapital und Technologie, um die teils komplizierte und damit teure Erschließung neuer Felder zu ermöglichen. Den Interessensausgleich zwischen Investoren, deren Aktionären und den politischen Bedingungen in den Förderstaaten zu finden, ist von Fall zu Fall verschieden. Bei einem Seminar der OPEC im Herbst 2006 zum Verhältnis zwischen internationalen und nationalen Konzernen wurde klar, wie dringend die IOC den Zugang zu den Feldern benötigen.

Erschwerend kommt für die „international majors" nunmehr auch die Konkurrenz der nationalen asiatischen Konzerne hinzu, ob aus China, Indien oder Malaysia, die in aller Welt auf Einkaufstour sind, unter geringeren Sicherheitsauflagen arbeiten, weniger Löhne und Abgaben leisten und zudem oftmals in den Staaten, in denen sie investieren, eher willkommen sind als die großen westlichen Konzerne. Die Geschichte der westlichen Kolonialmächte fällt bis heute ebenso ins Gewicht wie die fortschreitende Einmischung im Namen der Unternehmensverantwortung. China war nie Kolonialmacht auf dem afrikanischen Kontinent, zudem mischt sich Peking traditionell kaum in die inneren Angelegenheiten eines Staates ein – die chinesische Okkupation Tibets einmal ausgenommen. Während die Majors gegenwärtig besonderen Wert auf ihre Unternehmensethik legen und plötzlich die Infrastruktur verbessern wollen, bzw. ihre ökologische Verantwortung endlich ernst zu nehmen scheinen, haben viele asiatische Konzerne diese neue „corporate responsibility" noch nicht für sich entdeckt. Zwar hat die chinesische Führung ein Bekenntnis zu einem „grünen Bruttoinlandsprodukt" ausgegeben, doch erreichen wird sie das gesteckte Ziel nicht. Viele autokratische Regime wissen die chinesische Zurückhaltung bei sensiblen Themen wie Lage der Menschenrechte und Rechtsstaatlichkeit zu schätzen, denn sie möchten selbst darüber entscheiden, was sie mit den Einnahmen aus Konzessionen und Transitgeldern tun. Dass die Volkswirtschaft und das Wohl der Bevölkerung dabei vernachlässigt wird, lässt sich aus den Entwicklungen von Nigeria bis Ecuador mit vielen Beispielen illustrieren. Hie und da schlägt jedoch die Bevölkerung zurück, ob in Form von Streiks oder Gerichtsverfahren gegen die Unternehmen. Dies kann auch einen mächtigen Ölkonzern empfindlich treffen, wie die Prozesse gegen ChevronTexaco in Ecuador zeigen.[12]

Die großen internationalen US-Konzerne investierten 2004 rund 64,3 Mrd. Dollar, davon 15 Prozent außerhalb der USA. Interessant ist auch der bis vor kurzem noch völlig unbemerkte Aufstieg kleiner internationaler Ölkonzerne. Kleinere Firmen bemühen sich besonders um die Wiederinbetriebnahme so genannter reifer Ölfelder in Malaysia, Peru und Kolumbien. Erfahrene Geologen und Ingenieure verlassen die großen Konzerne und gründen neue Firmen wie Endeavor Natural Gas, finanziert von Privatanlegern. Ihre technische Expertise und ihre Kontakte helfen diesen start-ups rasch nach oben zu gelangen, wo sie sich vor allem um Felder mit hohen Risiken, die aber auch hohe Erträge verschaffen könnten, bemühen. Die Beratungsfirma IHS Energy schätzt, dass diese kleinen unabhängigen Firmen für rund zehn Prozent der 268 globalen Investitionsgebiete stehen.[13]

---

[12] http://www.texaco.com/sitelets/ecuador/en/
[13] *Weekly Petroleum Argus* vom 18.11.2005

5.2. Investitionsformen

Angesichts der hohen Investitionsrisiken für internationale Konzerne, die nicht Eigentümer der Bodenschätze sind, wurden einige Modelle zwecks besserer Risikoverteilung entwickelt. Die Förderstaaten benötigen Kapital und Technologie, die Konzerne wollen für ihr langfristiges Engagement möglichst viel Sicherheit, um zum Beispiel einer Enteignung vorzubeugen. Der Risk Service Contract, der im OPEC-Staat Algerien viel Anwendung findet, funktioniert folgendermaßen: Eine ausländische Firma investiert Kapital und wird bei Produktionsbeginn mit Einnahmen aus dem Ölverkauf für ihre Kosten entschädigt. Zudem erhält sie pro produziertem Fass Öl eine fixe Zahlung. Die Firma kann ihren Profit erhöhen, indem sie die Produktion erweitert, trägt aber das Risiko des Scheiterns, insbesondere wenn sie in die Exploration eingeschaltet ist. Dieses Modell wird gegenwärtig auch für die Erschließung von vier Erdölfeldern in Kuwait diskutiert.

Die schon erwähnten Buyback Contracts werden hauptsächlich im Iran eingesetzt. Das Konzept funktioniert ähnlich wie beim Risk Service Contract, doch ist die Laufzeit mit fünf bis sieben Jahren nach einer rund dreijährigen Entwicklungsphase meist geringer. In der Folge wird der staatliche Ölkonzern hauptverantwortlich für das Projekt und erhält sämtliche Einnahmen. Die Zahlung an den investierenden ausländischen Konzern erfolgt in Form von Erdöl und nicht in bar. Berechnet wird sie auf Basis der getätigten Investitionen. Der Investor trägt auch hier das Risiko, dass die Produktion wenig ergiebig ist.

Unter Saddam Hussein wurden im Irak in den späten 1990er Jahren so genannte Development and Production Contracts geschlossen. In diesem Fall entwickelte und verwaltete die Firma für einen fixen Zeitraum von durchschnittlich 12 Jahren ein Ölfeld. Danach würde es an den staatlichen Ölkonzern zurückfallen, doch die ausländische Firma würde über ein Technical Service Agreement für weitere 15 Jahre das Recht behalten, Öl zum Marktpreis oder zu niedrigeren Preisen zu kaufen.

In diesen Vertragsformen sind die Profite der Ölfirmen beschränkt. Demgegenüber wird bei den Production Sharing Agreements – je nach Vertrag in unterschiedlichem Umfang – die souveräne Verfügbarkeit des Förderstaates über seine Bodenschätze nicht eingeschränkt.

Production Sharing Agreements (PSA)
Das Erdöl verbleibt *de jure* im Eigentum des Förderstaates, die fördernden Firmen werden für ihre Investitionen in die Ölinfrastruktur und die übernommenen Risiken entschädigt. Indonesien begann Ende der 1960er Jahre erstmals solche PSA abzuschließen. Die Vertragsstruktur, die gerade

die Rechte der Ölländer wahren sollte, lässt sich jedoch auch ins Gegenteil verkehren. Vor allem die Tatsache, dass das Öl bei PSA offiziell weiter dem Staat gehört, kann leicht ausgenutzt werden. Denn der Staat wird quasi zu seinem eigenen Vertragspartner, die eigentliche Regie in der Exploration und Produktion geht an die Konzerne. Gerichtsstand im Falle von Streitigkeiten ist meist im Ausland. Vertraglich geregelt werden vorwiegend Lizenz- und Steuerfragen. Je nach Geschicklichkeit und Handlungsfreiraum können Vertragspartner auch die bestehende Gesetzeslage vertraglich verändern und Klauseln zu ihren Gunsten vereinbaren, um die geltenden Gesetze im Förderstaat zu umgehen. Dies ist so in den 1990er Jahren mehrmals bei PSA in Russland erfolgt.

War der ursprüngliche Zweck, einem Förderstaat die nicht vorhandene Technologie, die Experten und das Kapital zur Verfügung zu stellen, um die Exploration von Bodenschätzen zu ermöglichen, beinhalten PSA im Falle bekannter aber noch nicht entwickelter Erdöl- und Erdgasfelder viel weniger Risiken für den Investor. Die Profite, die ein Konzern aus einem Land, das über ein grundsätzlich gutes Niveau an Technologie und Arbeitskräften verfügt, herausholen kann, wiegen das Geschäftsrisiko der Konzerne rasch auf. Um ein PSA in seinem politischen und wirtschaftlichen Kontext zu beurteilen, ist eine Bewertung der konkreten vertraglichen Vereinbarung erforderlich. Das PSA, das Aserbaidschan 1993 mit einem Investorenkonsortium zur Exploration der Schah-Dengiz-Felder schloss, gibt den investierenden Vertragsparteien sehr umfassenden Einfluss, der die staatliche Souveränität über die Bodenschätze teils schon in Frage stellt. Der Vertragsinhalt erinnert stellenweise an die Konzessionsregime der 1940er und 1950er Jahre im Persischen Golf.

Für den Irak plante das US-Außenamt bereits 2002 auf Basis des "Future for Iraq Project" eine Neugestaltung der Erdölindustrie. Auch der Direktor des einflussreichen Londoner Centre for Global Energy Studies CGES, Fadhil Chalabi, machte sich regelmäßig für eine Privatisierung stark.[14] Das CGES wurde vom früheren saudischen Ölminister Zaki A. Yamani gegründet und wird von ihm finanziert. Die Berichte des CGES sehen die OPEC traditionell sehr kritisch. Ob persönliche Ressentiments hier eine Rolle spielen, sei dahingestellt. Für Issam al-Chalabi, den früheren irakischen Erdölminister, hingegen sollten sämtliche „development contracts" von Fall zu Fall untersucht und an die neuen Umstände angepasst werden. So hielt er eine Privatisierung der staatlichen Erdölfirma INOC (Iraq National Oil Company) für einen radikalen Weg, der wohl auf Widerstand stoßen würde.[15] Er sollte Recht behalten. Als die neue irakische Verfassung im Oktober 2005 per Referendum angenommen wurde, waren die Passagen über die Energiewirt-

---

[14] MEES vom 24.3.2003
[15] MEES vom 17.2.2003

schaft des Landes bis zuletzt Zankapfel zwischen den Volksgruppen. Eine definitive Lösung wurde auf die Zeit nach dem Referendum verschoben.

Alle Pläne für die Erdölwirtschaft eines Nachkriegsirak gingen stets von der Annahme aus, dass eine Regierung – ob irakisch oder US-Protektorat, ob föderativ oder zentral – die Sicherheit im Land unter Kontrolle habe. Dies ist jedoch nicht gegeben, der Irak ist weit davon entfernt, die angepeilte Produktion von 3,5 Mio. Fass pro Tag – seine Quote vor dem Krieg 1991 – wieder zu erreichen. Dabei hätte der Irak wohl die Kapazitäten, bis 2010 fünf bis sechs Mio. Fass pro Tag zu produzieren.[16] Voraussetzungen hierfür wären allerdings die besagte Sicherheit, eine funktionierende Verwaltung, eine neues Gesetz über die fossilen Energieträger sowie Verträge mit internationalen Erdölkonzernen. Laut einer britischen Studie unter der Leitung der Nichtregierungsorganisation „Platform" sollen angelsächsische Konzerne bereits 2006 neue PSA mit der irakischen Regierung abschließen.[17] Dieser Untersuchung zufolge würde ein „rip-off of the Iraqi oil wealth", also eine gezielte Ausbeutung der irakischen Bodenschätze, stattfinden. Demnach würde der Irak, dessen Verhandlungsposition alles andere als stark ist, die Entwicklung bekannter aber noch nicht angezapfter Erdölfelder an internationale Konzerne abtreten. Letztere bestehen aus Sicherheitsgründen auf hohen Renditen und einem besonderen Steuerregime. Angesichts der Tatsache, dass im Irak nur 15 von 73 bekannten Erdölfeldern in Produktion sind, die Reserven der anderen Felder aber als vielversprechend gelten, erscheint ein PSA im Fall des Iraks von fragwürdigem Nutzen für den Staat. Die Risiken der Investoren sind – vom normalen Alltagsrisiko der Förderschwierigkeiten einmal abgesehen – eher gering, da keine intensive Exploration erforderlich sein sollte. Das Land verfügt über 112 Mrd. Fass bekannte Reserven, die Produktionskosten liegen angesichts der exzellenten geologischen Bedingungen bei rund einem US-Dollar pro Fass.[18] Zudem ist das irakische Erdöl aufgrund des niedrigen Schwefelgehalts leicht zu verarbeiten und eignet sich hervorragend für die Herstellung von Treibstoffen.

Die Befürworter dieser PSA betonen, dass die ausländischen Investitionen der Regierung ca. 2,5 Mrd. US-Dollar ersparen würden und so Mittel für andere Zwecke freimachten. Zugleich ist aber zu bedenken, dass dem Staat wichtige Einnahmen aus Steuern und anderen Abgaben entgehen würden. Der irakische Staat würde dann nur mehr über jene Erdölfelder verfügen, die bereits in Produktion stehen, sprich einen Bruchteil seiner

---

[16] Walid Khadduri in Regime Change in Iraq: The Transatlantic and Regional Dimensions. Hrsg. Christian-Peter Hanelt u.a. 2003 (Bertelsmann Foundation); S.87
[17] Crude designs – the rip-off of Iraq's wealth, London 2005. Herausgeber Platform u.a.; siehe auch: http://www.carbonweb.org/crudedesigns.htm
[18] Khadduri S. 85

Bodenschätze.[19] Anders als Libyen, das seit der Aufhebung der US-Sanktionen Anfang 2004 eine Reihe von PSA abgeschlossen hat, hätte der Irak viel weniger Einfluss auf die Gestaltung seiner Erdölproduktion. Die geplanten PSA werden daher von Kritikern, wie den Autoren der Studie von „Platform", bereits als Knebelverträge bezeichnet. Von einer Sicherung des Wohlstands der gesamten Nation durch die Erdölwirtschaft, wie in der Verfassung verankert, wäre der Irak im Falle dieser PSA weit entfernt.

Investitionen in unkonventionelle Projekte – Ölsand und Schieferöl

Einfacher erscheinen jedenfalls die Investitionen in Kanada oder Schottland, wo weder historische Probleme noch kulturelle oder mentale Divergenzen die Geschäfte beeinträchtigen sollten. Zudem sind hier zumindest die nötige Rechtssicherheit und ideale Rahmenbedingungen für die Investoren ebenso wie für die Facharbeiter gegeben. Es geht um die nächste große Etappe im „Big Oil", von der einige Firmen und Analysten schon träumen: um die Erschließung des so genannten unkonventionellen Öls aus Schieferöl und Ölsanden (Shale oil and tar sands).[20] Das in den Ölsandvorräten enthaltene Schweröl (Bitumen) ist von schlechterer Qualität als das aus der Golfregion. Die Gewinnung ist technisch wesentlich aufwendiger, verbraucht mehr Energie und ist umweltschädigender, insgesamt also deutlich teurer. Lauert hier wirklich das große Geschäft? Einige Experten bestehen darauf, doch im Detail gelingt ihnen dann keine überzeugende Argumentation. Denn die vielen Unwägbarkeiten und hohen Kosten sprechen eher gegen diese Option.

Das „Oil & Gas Journal" nimmt jährlich eine Bewertung der Welterdölreserven vor. Gegen Ende 2002 wurden überraschende Zahlen vorgelegt. Danach waren die insgesamt noch leicht förderbaren Vorräte gegenüber dem Jahr 2001 um fast 10 Prozent auf 1,213 Bio. Fass angestiegen, hauptsächlich weil 175 Mrd. Fass zusätzliches Schweröl aus den kanadischen Ölsandvorkommen mit einbezogen worden waren. Aus Ressourcen wurden mal eben Reserven, ein Griff in die statistische Trickkiste. Damit steht Kanada jetzt auf Platz zwei der ölreichsten Länder der Erde und verfügt über 15 Prozent der „Weltreserven". Übertroffen wird es nur von Saudi-Arabien.[21] Kanada kompensiert bereits seit längerem mit Rückgang seiner konventionellen Rohölförderung durch Ölgewinnung aus Ölsanden, die derzeit etwa 30 Prozent der kanadischen Gesamtproduktion ausmacht.

Die Förderung von einem Fass Rohöl aus diesen verschmutzten Sedimenten kostet ein Vielfaches von konventionellem Rohöl. Derzeit werden Pro-

---

[19] http://www.carbonweb.org/crudedesigns.htm
[20] http://www.investincanada.com/en/946/Oil_and_Gas.html
[21] James Placke, Cambridge Energy Research Associates, beim Vortrag an der US-Botschaft in Wien am 5.10.2005

duktionskosten von rund 35-40 US-Dollar pro Fass angegeben. Dabei ist zu berücksichtigen, dass augenblicklich nur die wirtschaftlich günstigsten Ölsandvorräte abgebaut werden. Das Argument der Befürworter lautet: Angesichts des gegebenen Preisniveau würden sich die Investitionen rentieren. Als Untergrenze sind rund 40 US-Dollar pro Fass im Gespräch, vorausgesetzt der Dollar wird infolge steigender Inflation nicht schwächer. Doch wer kann tatsächlich garantieren, dass dieses Preisniveau für die kommenden zehn Jahre erhalten bleibt, um die Kosten zu amortisieren? Die Gewinnung dieser Ölform benötigt ihrerseits viel Energie, vor allem Erdgas zwecks Erhitzung des Wassers, das für die Abtrennung des Bitumens gebraucht wird. Kanada müsste sich letztlich entscheiden, ob es sein Erdgas oder seine Ölsande nutzen will.

Zudem ist beim Abbau der Ölschiefer und Ölsande die Umweltbelastung um ein Vielfaches höher als bei der konventionellen Erdöl- und Erdgasförderung. Um an die ölführenden Schichten im Tagebau heranzukommen, muss die darüber liegende Deckschicht abgetragen werden. Die Produktionskosten dürften bei dem vorgesehenen Ausbau der Produktion, der Verwendung teurer technischer Verfahren und dem damit einhergehenden Energieverbrauch deutlich steigen. Als Lösung bietet sich diese Form der Erdölproduktion wohl nur sehr bedingt an. Eine neue Gesetzgebung in den USA, die strengere Emissionsgrenzen vorsieht, könnte allerdings die geplanten Projekte für unkonventionelles Erdöl in Kanada in Frage stellen. Denn laut einem US-Bundesgesetz vom 19.12.2007 dürfe die Regierung nicht Treibstoffe beziehen, deren Herstellung höhere Emissionen verursache als dies für die konventionelle Treibstofferzeugung gilt.[22]

Zweifellos haben die großen Konzerne große Profite eingefahren. ExxonMobil allein kann für 2004 einen Reingewinn von 25,3 Mrd. US-Dollar verbuchen. Die vier größten Konzerne, zu denen noch Royal Dutch/ Shell, Chevron und BP zählen, haben insgesamt einen Gewinn von 72,8 Mrd. US-Dollar gemacht. Für 2008 werden sich die Gewinne angesichts des noch viel höheren Ölpreises weiter erhöhen, dies lassen jedenfalls die Quartalsberichte bereits vermuten. Ihre Kassen wären demnach mehr als ausreichend gefüllt, um das völlige Neuland der Ölgewinnung aus diesen unkonventionellen Ölreserven zu beschreiten.

Ölfirmen werden aber wohl nur dann in unkonventionelle, sprich teure Projekte investieren, wenn sie sicher sein können, dass die günstigen Explorationsmöglichkeiten nicht mehr ausreichen, um die künftige Nachfrage zu decken. Doch diese Sicherheit haben die Firmen nicht. Niemand weiß, wie viele konventionelle Ölfelder beispielsweise in Saudi-Arabien

---

[22] *Financial Times* vom 18.3.2008

oder im vielversprechenden Libyen und vor der westafrikanischen Küste noch zur Verfügung stehen. Neben der Reservenfrage und den hiermit verbundenen Investitionen sehen sich die traditionellen Konzerne des Westens verstärkt der starken Konkurrenz asiatischer Firmen ausgesetzt, die oftmals in staatlicher Hand sind.

Die Einkaufstour der chinesischen Konzerne

Physischen Zugang zu Energieressourcen zu erlangen, wie es die Siegermächte des Ersten Weltkriegs mit ihrer Kontrolle der ölreichen Konkursmasse des Osmanischen Reiches in Mesopotamien erreichten, ist auch das Leitmotiv der Energiekonzerne der aufstrebenden Wirtschaftsmächte. Malaysia und Indien sind zu internationalen Akteuren im Energiegeschäft geworden, so wie schon vor 30 Jahren Japan plötzlich als Konkurrent der europäischen und US-amerikanischen Majors im Golf und in Südamerika auftrat. Für das größte Unbehagen sorgen jedoch die chinesischen Energiekonzerne, die anfänglich kaum bemerkt und mit großer Beharrlichkeit weltweit Konzessionen zu erwerben begannen. Sie nahmen zuerst nur die Krümel am Weltmarkt, für die sich keiner interessierte, haben sich aber damit dennoch an die Spitze gearbeitet.

Politischer Widerstand in den USA ließ knapp vor der geplanten Übernahme des US-Energiekonzerns UNOCAL durch den staatlichen chinesischen Ölriesen CNOOC (China National Offshore Oil Company) trotz des besseren Angebots die Verhandlungen platzen. Der Vorzug wurde dem US-Konzern Chevron gegeben. Die Auswirkungen dieses US-internen Kuhhandels werden noch lange spürbar sein. Zum einen wurde für alle Welt ersichtlich, dass die Protagonisten der Liberalisierung sehr protektionistisch handeln, wenn es um ihre eigenen nationalen Interessen und heiligen Kühe, die Ölkonzerne, geht. Zum anderen werden die Chinesen aus ihren Fehlern bei dieser Geschäftsanbahnung lernen und das nächste Mal geschickter vorgehen.

Meist stößt China da vor, wo die USA wenig Einfluss haben, was auch politische Probleme aufwirft. Beispiele finden sich von Zentralasien über den Iran bis auf den afrikanischen Kontinent, wo der Ressourcenwettlauf schon längst im Gange ist und neue politische Allianzen schafft. CNOOC ist neben der China National Petroleum Corp., China Petrochemical Corp. und Shaanxi Yanchang Petroleum Group Co. einer der vier großen chinesischen Konzerne, die aus der Umstrukturierung der chinesischen Erdölindustrie nach 1999 hervorgingen. CNOOC wurde zum offshore-Experten und kooperiert seither eng mit westlichen Partnern, um seine eigene Technologie zu verbessern. Von dieser Zusammenarbeit hat das Unternehmen zweifellos sehr profitiert und arbeitet auf der Managementebene nach internationalen Standards. Die staatliche Shaanxi Yanchang Petroleum Group Co. wurde im September 2005 nach der Fusionierung von 21 Explorationsfirmen und drei Raffinerien geschaffen und gilt mit einer Jahresproduktion von über 90 Mio. Fass als der viertgrößte Erdölkonzern Chinas. Die größte private Erdölfirma ist die Great United Petroleum Holding Co., die ebenfalls im Jahr 2005 durch die Fusion von 30 Firmen geschaffen wurde. Weitere Fusionen werden den Erdölkonzernen, nicht nur in China, wohl noch bevorstehen. Treibendes Motiv hiefür sind die steigenden Explorationskosten und die wenigen Bohrmöglichkeiten im upstream-Sektor.

Mit PetroKazakhstan ist der China National Petroleum Corp. CNPC zuletzt für 4,18 Mrd. US-Dollar die bisher größte Übernahme eines ausländischen Unternehmens durch einen chinesischen Konzern gelungen, wenngleich die Chinesen sich noch an den kasachischen Realitäten die Zähne ausbeißen werden. Doch für die Chinesen ist die Diversifizierung jenseits des Golföls ebenso essenziell wie für andere große Erdölimporteure. Es war übrigens eine Produktionsstätte von CNPC, die im November 2005 die gewaltige grenzüberschreitende Umweltkatastrophe von Harbin auslöste. Dass sich China zumindest bei Russland für die Verschmutzung des Flusses Amur entschuldigte, mag zwar diplomatisch betrachtet interessant sein. Viel wichtiger erscheinen aber die daraus zu ziehenden Lektionen für die Standards in der chinesischen Energiewirtschaft, die derzeit noch extrem niedrig sind.

5.3. Aus Ölkonzernen werden Energiekonzerne

Die Plakate und Inserate der traditionellen Erdölkonzerne werden immer grüner und alternativer. Die grün-gelbe Sonnenblume als Logo von BP ist symbolisch für eine Transformation der gesamten Erdölbranche, die nicht etwa plötzlichem Umweltbewusstein entspringt. Vielmehr ist den Konzernen ebenso klar wie vielen Geologen, dass die Verknappung des Erdölangebots ihre tieferen Gründe hat. Um also nicht schon vor dem Ende der Ölzeit von der Bildfläche zu verschwinden, wachsen die Investitionen in alternative Energieträger.

British Petroleum begann 2000 mit dieser Kehrtwende, der schließlich fast alle Ölkonzerne folgten. Die Werbekampagne teilte der Welt mit, dass BP von nun an die Abkürzung für „Beyond Petroleum" sei, was so viel wie „über das Öl hinaus" bedeutet, und macht seither in teils geschickten teils aber auch recht plumpen Werbeeinschaltungen darauf aufmerksam, dass irgendwann einmal – vielleicht sogar recht bald – das letzte Fass Erdöl gefördert sein werde. BP wolle daher auf neue Energien setzen, wenngleich die Investitionen in Erdöl weiterhin um ein Vielfaches höher sind als jene in Wasserkraft, Solar- oder Windenergie. Seitdem das Kyoto-Protokoll im Februar 2005 in Kraft getreten ist, macht sich BP werbemäßig auch für dessen Umsetzung und somit eine massive Reduzierung der CO_2-Emissionen sehr stark.[22] In Großbritannien wird jedoch eingemahnt, dass die Pflichten, die sich aus dem Kyoto-Protokoll für die Vertragsstaaten ergeben, nicht ausreichen, um den Klimawandel einzudämmen.

Diesen Portfolio-Ansatz in der Energieerzeugung, nämlich ein wenig von allem herzustellen, haben nun fast alle großen Erdölkonzerne übernommen. Royal Dutch/Shell hatte neben Verwicklungen in Umwelt- und Menschenrechtsskandale in Nigeria auch in der Nordsee eine schwere Imageniederlage erlitten. 1995 hatte Shell beschlossen, die ausgediente Plattform „Brent Spar" zu versenken. Die Umweltorganisation „Greenpeace" reagierte daraufhin mit einer Besetzung der Ölplattform. Ein gewaltiges Medienecho und ein Boykott der Shell-Tankstellen sorgten schließlich dafür, dass die Firma Shell praktisch „ihr Image versenkt hatte". Der Umsatz in Deutschland und den Niederlanden ging um 20 bis 30 Prozent zurück.[23] Zu allem Überfluss wurde der britisch-niederländische Konzern – Royal Dutch Petroleum and Shell Transport & Trading – im Jahr 2004 zudem von heftigen Reservenproblemen gebeutelt, da sich die Konzernführung in der Angabe der kontrollierten Reserven verkalkuliert hatte und die Daten um ein Drittel nach unten korrigiert werden mussten. Dieser Konzern hatte daher viele Gründe, sich ein neues, in jeder Hinsicht grünes und sympathisches Image zu geben, um sich als Energiekonzern zu positionieren.

Auch ExxonMobil sprang auf diesen Trend auf. In einer millionenschweren Kampagne macht der US-Konzern den einst ignorierten Bericht „The Outlook for Energy: A 2030 View" publik. Kern der Aussage ist, dass ab 2030 die Erschöpfung der Ressourcen und der gleichzeitig um 50 Prozent höhere Energiebedarf die rasche Schaffung anderer Energieträger erfordere. Die in diesem Buch bereits kurz angeschnittene Debatte rund um das „Peak-Oil" schwingt also auch in diesen Untersuchungen mit. Die Furcht vor einem Versiegen der Erdöls wird nicht von allen Erdölexperten gleichermaßen geteilt, wie bereits dargestellt. Vieles – wenn nicht alles – hängt vom Preis ab, denn ein hohes Preisniveau würde zweifellos das Ende der Ölreserven hinauszögern. Doch die Umwandlung von traditionellen Ölkonzernen in Energiekonzerne mit einem breiteren Angebot an Exploration und Produktion ist bereits im Gange. Im Gegensatz zum allgemeinen Wirtschaftstrend konzentrieren sich die Erdölkonzerne nicht auf ihre Kernkompetenzen, sondern erweitern ihre Produktsparte gewaltig. Es handelt sich zweifellos um mehr als nur PR-Kosmetik, denn in der Diversifizierung liegt die Unabhängigkeit, vor allem wenn es um Energie geht. Das wusste schon Churchill, als er die britische Kriegsmarine von Kohle auf Diesel umsatteln ließ.

---

[23] It's time to pull the plug on carbon emissions – lautet einer der Slogans, der einseitige Werbeeinschaltungen füllt.

Der Druck auf die Ölkonzerne, mehr Verantwortung gegenüber der Öffentlichkeit zu übernehmen, kann auch durch Gewalt und Einnahmenverluste erzwungen werden. Beispielhaft ist hier wohl der jüngste Fall im südamerikanischen Nicht-OPEC-Staat Ecuador. Nach tagelangen Protesten der Indio-Bevölkerung gegen die in der Amazonasregion Sucumbios und Orellana tätigen Konzerne und der Verhängung des Ausnahmezustands durch die Regierung konnte Ende August 2005 eine Einigung erreicht werden. Zuvor hatten die Demonstranten rund 200 Förderanlagen lahmgelegt und forderten eine Neuverhandlung der Verträge. Das Abkommen sieht nun vor, dass die ausländischen Ölkonzerne von den 25 Prozent an Steuern, die auf ihre Einnahmen aus dem Ölgeschäft anfallen, 16 Prozent direkt an die betreffenden Regionen abführen. Zudem verpflichteten sich die Konzerne, in der Konfliktregion 260 Kilometer Straße zu asphaltieren. Ecuador ist Südamerikas fünftgrößter Erdölproduzent. Die Erdölproduktion steht für ein Viertel des Bruttoinlandprodukts und einen Großteil der Devisenerlöse. Mehr als die Hälfte der Exporte gehen in die USA. Im vergangenen Jahr brachten die Ölexporte dem Land Einnahmen in Höhe von 3,9 Milliarden Dollar ein. Der Großteil dieser Erlöse wird aber für den Schuldendienst des Landes benötigt. Dass sich die Zivilgesellschaft so laut und erfolgreich zu Wort meldet, ist eine Entwicklung, die sich durch viele südamerikanische Staaten zieht. Ein ähnliches Aufbegehren gegen das Verhalten internationaler Ölkonzerne ist auch für andere Staaten nicht auszuschließen. Die Konzerne müssen sich daher darauf einstellen, mehr Mittel für die Verbesserung der Infrastruktur der Menschen in den Fördergebieten zur Verfügung zu stellen. Andernfalls werden sie noch häufiger mit teuren Streiks oder Gewalt wie im Falle Nigerias konfrontiert sein.

Staatlicher russischer Gaskonzern will zum integrierten Energiekonzern werden
Am 28. September 2005 ging die lang erwartete Bestätigung des Verkaufs von Sibneft an die staatliche Gazprom durch die Nachrichtenagenturen. Mit einem Volumen von über 13 Mrd. US-Dollar handelt es sich um die teuerste Transaktion dieser Art in Russlands moderner Unternehmensgeschichte. Im Vorfeld hatte die Gerüchteküche an den Börsen und in den Konzernen lange gebrodelt. Das Gazprom-Management hatte sich mit der mehrheitlich vom russischen Oligarchen und Besitzer des Chelsea Fussballclubs, Roman Abramowitsch, kontrollierten Holding-Gesellschaft Millhouse Capital geeinigt, deren Mehrheitspaket von 72,7 Prozent der Sibneft-Aktien zu einem Preis von 13,1 Mrd. Dollar zu übernehmen. Da der Gazprom-Konzern bereits zuvor drei Prozent der Sibneft-Aktien am freien Markt aufgekauft hatte, hält er nun 75,7 Prozent der Sibneft-Aktien. Gazprom befand sich bereits zum Zeitpunkt des Erwerbs in fortgeschrittenen Verhandlungen mit westlichen Großbanken über die Gewährung eines Kredits von rund 12 Mrd. Dollar. Diesem Konsortium sollen die Investmentbanken ABN Amro, Morgan Stanley, Dresdner-Kleinwort-Was-

serstein, Citigroup und Goldman Sachs angehören. War die Ersteigerung der Yukos-Anteile im Dezember 2004 noch über einen chinesischen Kredit – den Russland bis 2010 in Form von besonders günstigen Erdöllieferungen zurückzahlt –, zwischenfinanziert, so sprangen dieses Mal westliche Großbanken ein. Die Erwartungen in diese neue Konzernstruktur müssen demnach hoch sein, bzw. rechnen die Analysten vermutlich mit einem anhaltend hohen Erdölpreis.

Gazprom ist mit der Sibneft-Übernahme nun dem strategischen Ziel, sich von einem reinen Erdgaskonzern in einen integrierten Energiekonzern zu verwandeln ein gutes Stück näher gekommen. Gazprom-Vorstandschef Alexei Miller pries den Kauf als „wichtigen Schritt auf dem Weg in den Klub der weltweit ganz großen Energiekonzerne."[24] Geht es nach den Plänen des aktuellen Gazprom-Management, soll das Erdölgeschäft zum zweiten Kerngeschäft von Gazprom werden. Die Stromproduktion soll sich als drittes dazugesellen. Die Argumente von Gazprom lauten: Da Rohstoff-Felder oft sowohl Erdgas als auch Erdöl enthalten und da in Russland der meiste Strom aus Erdgas produziert wird, würden sich wertvolle Synergien ergeben. Doch aus wettbewerbsrechtlicher Sicht verstärkt die Gazprom-Strategie nur ihre ohnehin problematische Monopolposition. Ob die Verstaatlichung von Sibneft, die im Frühjahr 2003 noch mit Yukos fusionieren wollte, nun auch dessen Effizienz stärkt, ist fraglich.

Jedenfalls hat sich der russische Staat mit diesem Streich wieder die direkte Kontrolle über gut ein Viertel der russischen Erdölproduktion gesichert. Was in den 1990er Jahren im Rahmen der umstrittenen Kredite-gegen-Aktien-Geschäfte für wenige hundert Millionen US-Dollar in den Besitz der Oligarchen Khodorkovski, Abramowitsch und anderer gelangte, hat der Staat nun für brutto mehr als 20 Mrd. US-Dollar zurückgekauft. Ironie der Geschichte ist, dass Khodorkovski aufgrund seines politischen Engagements für die nächsten acht Jahre im Straflager landete, während Abramowitsch in England zwar ein freier Mann ist, aber ein kleines Vermögen für seinen Personenschutz ausgeben muss.

Den verfemten russischen Erdöl-Oligarchen sei zugute zu halten, dass sie ihre Unternehmen sowohl auf der Ebene der Technik als auch der Verwaltung nach westlichen Vorbildern modernisierten. Anders verhält es sich mit Gazprom. Der von Gazprom beherrschte Erdgassektor war laut Daten der OECD zwischen 1997 und 2003 landesweit die einzige Branche, in der die Arbeitsproduktivität nicht zunahm, sondern stetig abnahm. Ob ein ineffizienter Staat in der Lage ist, Unternehmen effizient zu führen, ist zu bezweifeln. Bislang galt Sibneft als ein hochprofitables Unternehmen. Der

---

[24] NZZ vom 30.9.2005

Reingewinn für 2004 betrug umgerechnet 1,7 Milliarden Euro. Wie schon in Kapitel 3 dargestellt, werden sich nach der Übernahme voraussichtlich eher die Interessen des Kreml als die Marktfaktoren von Angebot und Nachfrage durchsetzen.

Gazprom spielt in seinen Forderungen und Geschäften mit westlichen Gaskonzernen ein wenig mit dem Feuer. Allein der stark unterschiedliche Verkaufspreis für exportiertes und national konsumiertes Erdgas ist langfristig kaum aufrecht zu halten. Doch vorerst wollen die Russen in der internationalen Oberliga mitspielen, und im Wissen um die Bedeutung ihrer Erdgasreserven erlauben sie sich so manchen Affront gegenüber ihren westlichen Geschäftspartnern.

Fazit

Die Aktien internationaler Erdölkonzerne sind zwar nach fast zwei Jahrzehnten Flaute wieder hoch im Kurs, ihre Kassen sind voll, die Aktionäre freuen sich, doch die Manöverfreiheit der einst auch politisch allmächtigen Majors ist heute viel geringer. Zum einen stehen sie im Wettbewerb mit den großen nationalen Erdölkonzernen, innerhalb wie außerhalb der OPEC-Staaten, um den Zugang zu neuen upstream-Förderungen. Zum anderen sind sie den eher auf Kurzfristigkeit zielenden Termingeschäften ihrer Investoren stark ausgesetzt. Im Erdöl- und Erdgasbereich müssen Investitionen aber schon aus physischen und vor allem politischen Gründen – es geht bekanntlich um die Sicherung der Allianzen mit den Regierungen in den Förderstaaten sowie in den Pipeline-Transitländern – langfristig angelegt sein. Investitionen benötigen daher mindestens drei bis fünf Jahre, um erste Ergebnisse in der Produktion vorweisen zu können. Anders als bei der Erzeugung von Mikrochips oder Telefonen lassen sich nicht Betriebsstätten auf der grünen Wiese ansiedeln, die bereits im folgenden Quartal schwarze Zahlen schreiben und nötigenfalls verlagert werden können, wenn die Kosten es erfordern. Das Erdölgeschäft ist in seiner Langfristigkeit vielleicht dem Weinbau vergleichbar: Beschleunigen lässt sich nichts, man muss den langen finanziellen Atem, viel handwerkliches Geschick und eine Portion Glück haben, um nach einigen Jahren die Erträge einzufahren. Der Vergleich hinkt wie alle Analogien insofern, als Wein in den meisten Anbaugebieten keine politisch belastete Ware ist.

Wir werden aber in der Erdölbranche noch einige Umbrüche erleben, sei es durch Fusionen oder völlig neue Akteure aus China, Indien oder irgendeinem anderen Land. „Mögest Du in spannenden Zeiten leben," lautet ein chinesischer Fluch.

Kapitel 6
Energie als Faktor der Finanzmärkte

„Die Zeiten billigen Erdöls und damit günstiger Energie sind vorüber" – diese Erkenntnis setzte sich bereits 1973 durch, als die OPEC aus politischen Gründen ein Embargo verhängte und der erste Ölschock die Wirtschaft traf. 30 Jahre später macht eben diese Einsicht neuerlich die Runde. Auslöser für die hohen Energiepreise ist dieses Mal nicht eine politisch bedingte Verknappung des Angebots. Vielmehr treiben wachsende Nachfrage, teils spekulative Termingeschäfte und geopolitische Unsicherheiten, ob im Palästinakonflikt oder am Persischen Golf, die Preise für sämtliche Ölsorten in die Höhe. Die Kassandras der Weltwirtschaft werden nicht müde, auf die möglichen Folgen dieser Energiekrise hinzuweisen. Im Jahr 2005 titelten die Wirtschaftsblätter, dass Energie der treibende Kostenfaktor für die Inflation sei. Die Gegenfrage sei erlaubt: War Energie, von den Krisenjahren 1973 bis 1985 einmal abgesehen, etwa ein von Konsumenten und Finanzmärkten gleichermaßen vernachlässigter, weil offenbar viel zu billiger Faktor? Im Sommer 2000, kurz bevor die Blase der New Economy platzte, wurde angesichts der Verdreifachung des Rohölpreises binnen 18 Monaten deutlich, dass auch Silicon Valley immer noch realen Treibstoff benötigt und nicht virtuell funktioniert.

Die Entwicklungen in der Transportindustrie, vor allem der in den 1990er Jahren stark gewachsene Gütertransport auf den europäischen Straßen, legen den Schluss nahe, dass die Erdölpreise vernachlässigt wurden. Dies gilt auch für den Personenverkehr, wie der bis 2004 noch florierende Vertrieb von Benzinfressern mit Allradantrieb zeigt. Ebenso war der Aufstieg der Billigfluglinien nur vor dem Hintergrund relativ günstiger Kerosinpreise möglich. Das Blatt wendete sich jedoch für einige Luftfahrtunternehmen im Herbst 2000 und erneut ganz deutlich im Zuge der Preisspiralen von 2004 und 2005. Ebenso musste der US-Autokonzern General Motors starke Einbußen im wichtigen Allradsektor hinnehmen. Zwei Aspekte zum hohen Preisniveau für Erdöl und Erdgas im Zeitraum 2004-2005 seien angemerkt:

- Zum einen gehen in den europäischen Staaten im Schnitt 60 Prozent des Verkaufspreises von Ölprodukten, wie Treibstoff und Heizöl, in Form von Mineralölsteuer und Abgaben an den Fiskus. In den USA hingegen ist die Besteuerung von Treibstoffen mit ca. 25 Prozent sehr gering.[1] Die Bedeutung der staatlichen Einnahmen aus der Besteuerung fossiler Energieträger für die gesamte Volkswirtschaft ist nicht zu unterschätzen.

- Hinzu gekommen ist der schwache Dollar, der die ohnehin bereits zweistelligen Inflationsraten in wichtigen Rohstoffländern noch weiter beschleunigen könnte. Der Wertverlust der Leitwährung im globalen Rohstoffhandel ist zu einem Faktor der Preishausse aller Rohstoffe geworden. Sollte sich die US-Währung wieder stabilisieren, wird dies auch den Erdölpreis dämpfen.

- Zum anderen verweisen die OPEC-Produzenten auf die relativ gute Absorptionsfähigkeit der meisten Industriestaaten. Seit 2007 zeichnet sich aber deutlicher die Konjunkturbelastung ab, die sich aus hohen Energiepreisen ergibt.

Doch wo liegt dieser faire Preis? Und mit welchen Steuerungsinstrumenten ist in einem derart volatilen Markt überhaupt ein bestimmtes Preisniveau zu halten? Der frühere Chefökonom der OPEC Adnan Shihab El-Din beantwortet diese Fragen so: „Käufer und Verkäufer bestimmen einen solchen Preis. Die Produzenten wissen um die Rolle eines ‚fairen Preises', da sonst die Konsumenten ihr Öl anderswo kaufen. Das Konzept macht Sinn. Will man es an Zahlen festmachen? Das ist eine andere Frage."[2] Langfristig greifen auch beim strategischen Rohstoff Erdöl die ehernen Gesetze von Angebot und Nachfrage. Das Ziel einer Preisbestimmung kann nicht einmal mehr ein geschwächtes Kartell vorgeben.

Auch wenn der Preisanstiege noch nicht zur globalen Rezession führte, so wirkten sich die Energiekosten doch auf die weltweite Inflation aus. Goldman-Sachs-Chef Hank Paulson warnte im Sommer 2005 vor den Auswir-

---

[1] Die forschen Energiepläne unter US-Präsident Jimmy Carter angesichts einer neuerlichen Treibstoffverknappung 1979 infolge der Revolution im Iran verfolgten eine höhere Besteuerung des Treibstoffs und die Entwicklung alternativer Treibstoffe. Unter seinem Nachfolger Ronald Reagan wurden diese Pläne jedoch wieder fallen gelassen.
[2] Interview für *Die Welt*, Ausgabe vom 16.3.2005

kungen des Hurrikans „Katrina" auf die gesamte Konjunktur: „Ab einem bestimmten Punkt werden steigende Energiepreise zur Belastung für die Weltwirtschaft." Dieser bestimmte Punkt war offenbar das kurze, aber heftige Überspringen der 70 Dollar-Marke durch einzelne Ölsorten. Galt noch im Sommer 2000 das Überschreiten der Grenze von 30 US-Dollar pro Fass Rohöl als „psychologischer Einschnitt", den sich viele Analysten ohne gewaltige Turbulenzen für die globale Wirtschaft kaum vorstellen mochten, so waren die Preissprünge des Sommers 2005 wahrlich historisch. Denn damit wurde das inflationsbereinigte Höchstpreisniveau von 1979, das heute 80 US-Dollar pro Fass entspricht, fast erreicht. Da ist guter Rat teuer. Soll man am Hebel der Leitzinsen drehen, um die Inflationsgefahr zu senken oder doch lieber die Konjunktur mit niedrigen Zinsen durchstarten lassen – auch mit der Risikoauflage einer wachsenden Inflation? Letztere ist nicht mehr zu leugnen. Der Vergleich mit der Zahnpastatube, dass nämlich Inflation ähnlich wie Zahncreme nicht mehr zurückgedrückt werden kann, wenn sie einmal aus der Tube ist, mag zwar alt sein, ist aber für eine Betrachtung der Wirtschaft zutreffend. Das Thema Inflation steht wieder auf der Tagesordnung der Zentralbanken. Um die von der Immobilienkrise getroffenen Banken zu stützen, ermöglichten die Notenbanken großzügige Finanzspritzen. Geld wurde gedruckt, um die Liquidität und damit auch das angeschlagenen Vertrauen zwischen den Banken aufrecht zu erhalten. Damit wurden die Geldmengen stark erhöht. Die steigende Teuerungsrate verunmöglicht innerhalb der Eurozone die Einhaltung der Ziele des Stabilitätspaktes. Die Inflationsrate wird sich weiter drehen, wenn es auch zu den eingeforderten Lohnerhöhungen kommt.

Ganz grundsätzlich stellt sich die Frage, welche Strategie die Verantwortlichen wählen: Geldpolitik oder Wirtschaftspolitik? Dass die Wirtschaftspolitik zugunsten der Geldpolitik in den Hintergrund tritt, lässt sich am praktizierten „inflation targeting" ablesen. Dieses sieht vor, dass die Notenbank eine Teuerungsrate allenfalls innerhalb einer bestimmten Spannweite anpeilt, die mit der Vorstellung von Preisstabilität als vereinbar angesehen wird und die Inflationserwartungen in der Öffentlichkeit verankern soll. Daraus erklärt sich wohl auch das regelmäßige kollektive Beklagen der hohen Erdölpreise bei den ECOFIN-Räten der EU ebenso wie bei den Treffen des Internationalen Währungsfonds. Die Energiepreise fallen in dieser von monetären Überlegungen getragenen Politik zweifellos stark ins Gewicht.

Die Finanzmärkte beobachten die Ölpreisentwicklung nicht nur hinsichtlich der Inflation, deren Rückkehr die Weltwirtschaft in den kommenden Jahren noch heftig beuteln wird. Die Rolle, die dieser Rohstoff an den Finanzmärken spielt, war und ist für jeden Investor, ob Konzern, Fondsmanager oder Privatanleger, von großer Bedeutung. Das folgende Kapitel wird sich daher mit dieser Investitionsfrage näher befassen.

6.1. Termingeschäfte und Energiemarkt: Börsentaktik versus langfristige Strategie

Kurz vor Wintereinbruch erkundigten sich in einem entlegenen Reservat im Norden der USA einige Indianer bei ihrem Häuptling, ob es ein kalter oder milder Winter werden würde. Der Häuptling war relativ jung und nie in die Geheimnisse seiner Ahnen zur Wetterprognose eingeweiht worden. Um auf Nummer sicher zu gehen, riet er seinen Leuten jedenfalls viel Brennholz zu sammeln, da ein kalter Winter bevor stünde. Nach einigen Tagen rief er als moderner Häuptling dennoch beim Wetterdienst an, der ihm ebenfalls auf seine Anfrage hin versicherte, dass man mit einem kalten Winter rechnen müsse. Also riet er seinen Indianern, noch mehr Holz zu sammeln, um eine Woche später neuerlich bei den Meteorologen nachzufragen, die ihm wieder tiefe Temperaturen prophezeiten. Der Häuptling stachelte seinen Stamm daher an, noch mehr Vorsorge für den Winter zu treffen. Als der junge Indianerchef neuerlich beim Wetterdienst anrief, fragte er schließlich: „Was macht Sie eigentlich so sicher, dass es ein kalter und langer Winter wird?" Der Meteorologe antwortete: „Wir sind so sicher, weil die Indianer wie verrückt Brennholz sammeln."

Dass sich Prognosen und Preisentwicklungen wechselseitig anstacheln können, erleben wir im Rohölhandel seit den späten 1990er Jahren regelmäßig mit den Termingeschäften, den so genannten Futures. Diesen Warentermingeschäften, die ursprünglich aus der Landwirtschaft kommen, liegt ein Versicherungsgedanke zugrunde. Es geht darum, eine festgelegte Menge einer bestimmten Ware in bestimmter Qualität zu einem festgesetzten Preis an einem vorher bestimmten Datum zu kaufen bzw. zu verkaufen. Bei einem Rohstoff, wie Erdöl, dessen Lagerung mit hohen Kosten verbunden ist, ist die Möglichkeit, einen Preis für die Lieferung zu einem bestimmten Zeitpunkt festzusetzen entscheidend, und auch die damit verbundene Sicherheit der fixen Abnahme übt eine besondere Attraktivität nicht nur für die Anbieter und Käufer aus, sondern auch für Investoren und Spekulanten. Ihre Kriterien sind mittlerweile durch die Börse standardisiert, was einen transparenten und raschen Marktzugang sowie geringe Handelskosten ermöglicht.

Ihren Anfang nahmen die Futures im Erdölsektor mit dem Heizöl, das erstmals 1979 über ein solches Termingeschäft in den USA gehandelt wurde. Damals erschütterte eine erneute Ölkrise die Spot-Märkte, und die Heizöl-Futures sollten die damit verbundenen Risiken besser abfedern. Was mit den Derivatgeschäften von Heizöl und Treibstoffen begann, entwickelte sich im Laufe der 1980er Jahre erfolgreich weiter. Schließlich begann die New Yorker Warenbörse NYMEX auch Rohöl in Form von Futures zu handeln. Hier trat der entscheidende Wendepunkt ein. Denn die Preise von Rohöl wurden allmählich zum Spekulationsobjekt. Spricht man von Erdöl, so sollte man korrekt spezifizieren und die Marke nennen, wie schon in der Einleitung erläutert. Um eine klare Orientierung für das an sich diffuse und mitunter widersprüchliche Preisgeschehen zu erlangen, wurden mit der Zeit Qualitätsstandards geschaffen, die sich auch an den verfügbaren Mengen orientierten. Sie bekamen Namen wie Brent, Dubai, Leona, Urals und WTI, um nur einige zu nennen.

Die Standards waren und sind vor allem für das Termingeschäft mit Rohöl von ausschlaggebender Bedeutung, denn die wichtigste Grundlage für einen geordneten Handel und die daraus folgende Preisbildung ist die genaue Beschreibung der Qualität des zugrunde liegenden Produkts. Da die Vorkommen der einzelnen Ölsorten begrenzt sind, die Qualitätsstandards aber zum Zwecke eines möglichst repräsentativen und über die Zeitläufe hinweg nachvollziehbaren Handels endlos fortgeschrieben werden sollten, können konkrete Ölsorten verschwinden, ihre Bezeichnung existiert aber fort. So trägt das in London gehandelte Brent-Öl aus dem britischen Teil der Nordsee den Namen des Ölfeldes Brent, das aber bereits weitgehend erschöpft ist. Bei WTI ist der kleine Ort Cushing (Oklahoma) der zentrale Handelsplatz. Der Terminhandel in London beziehungsweise New York gründet sich auf die Standards für Brent und WTI, wobei sich die beiden Sorten qualitativ ähneln und somit repräsentativ sind für die Preisbildung in der gesamten westlichen Hemisphäre. Für den asiatischen Raum gilt Dubai-Öl als Richtgröße.

Investitionsbanken begannen sich immer stärker für diese Termingeschäfte zu interessieren und beteiligten sich mit Hedge-Fonds daran. Anders als die eigentlichen Termingeschäfte, die der Absicherung von Risiken dienen,[3] widmen sich die Hedge-Fonds dem ständigen Kauf und Verkauf von Positionen, die auf Krediten aufbauen. Man sollte sie daher vielmehr als „risk-funds" oder „trading-funds" bezeichnen. Es sind geschlossene Fonds, die Short-Positionen auf Kredit aufbauen und sich dabei gegen Risiken absichern, indem sie eine Short-Position an eine Long-Position im gleichen Markt koppeln. Der Ertrag wird dabei vor allem durch die Qualität der gekauften Wertpapiere bestimmt. Bei der Spekulation auf unbekannte Zukunftsentwicklungen wurde das aleatorische Element, also der spielerische Aspekt, im Hedge-Fonds-Business immer bedeutender. Angesichts einer Sättigung der Fondsmärkte war und ist zunehmend die Fantasie der Hedge-Fonds Manager gefragt, neue interessante Finanzierungsinstrumente zu entwickeln.

Die Fonds verkaufen beispielsweise Aktien, die sie gar nicht besitzen, sie tätigen also so genannte Leerverkäufe. Zu diesem Zweck leihen sie sich diese Papiere von Banken oder Pensionsfonds aus, um sie zu verkaufen.

---

[3] „to hedge" heißt auf englisch einzäunen, also absichern

Dafür zahlen sie eine Leihgebühr. Die Manager der Hedge-Fonds hoffen dabei auf fallende Kurse, um die Titel dann billiger wieder zurückkaufen zu können. Genau hier liegt das aleatorische Element, das sich als Bumerang erweisen kann. Denn die Wette kann auch ganz anders ausgehen und zu großen Verlusten führen.

Weltweite Umstrukturierungen im Sozialversicherungswesen von einem Umlagesystem in Richtung von mehr Investitionspflichten der Versicherten bieten den Hedge-Fonds ein weiteres neues Betätigungsfeld, das aber über das aleatorische Risiko hinaus auch rechtliche und politische Grundsatzfragen aufwirft. Hier kommen noch die Termingeschäfte mit Rohöl zum Tragen, da sich in diesem Sektor binnen kurzer Zeit große Gewinne machen lassen. Das schwarze Gold übt nicht nur auf Politiker seit dem Beginn des 20. Jahrhunderts eine große Faszination aus, sondern zieht traditionell auch Investoren in seinen Bann.

Die Hedge-Fonds klar zu definieren, bereitet einige Schwierigkeiten. Eine Studie der amerikanischen Börsenaufsicht SEC vermerkt hierzu: „Obwohl die Anbieter von Finanzdienstleistungen, Kontrollinstanzen und die Medien häufig von Hedge-Fonds sprechen, gibt es keine genaue juristische oder universell akzeptierte Definition dessen, was hierunter zu verstehen ist."[4] Es geht in einer Bewertung der Hedge-Fonds auch nicht darum, diese als gut oder böse zu definieren, wie dies Befürworter und Kritiker in Artikeln und Interviews vermehrt tun.[5] Gut und böse sind keine Kriterien der Geschäftswelt oder Politik. Sinnvoll ist vielmehr, die Hedge-Fonds in ihrem jeweiligen Handelskontext auf ihre Rechtsnatur und wirtschaftliche Bedeutung zu untersuchen.

Aus einem naturgemäß langfristig ausgerichteten Wirtschaftssektor wie der Erdöl- und Erdgasbranche – Exploration, Produktion, Transport und alle damit verbundenen Kosten benötigen viel Zeit, Geld und oftmals auch einen langen politischen Atem – nahmen mit dem spekulativen Futures-Handel die Kurzfristigkeit und besonders eine starke Volatilität in der Preisentwicklung zu. Der Begriff der „Wall Street Refiners" war entstanden. Gemeint sind jene Personen an der Börse, die über den Handel mit Futures viel mehr auf den Erdölpreis einwirken als die Produzenten und Konzerne, die eigentlichen „refiners", die sich mit der tatsächlichen Ölproduktion und all ihren Tücken befassen. Während die Börsenhändler von den Preisveränderungen profitierten, wurden die Konzerne, die Förderstaaten und insbesondere die OPEC von den starken Preisveränderungen in ihren Investitionen und Budgetplanungen immer stärker erschüttert. Für die Konsumenten-

---

[4] Daniel Ben-Ami, Sind „Hedge-Fonds" besonders gefährlich? Novo-Magazin Nr. 78. Sept./Okt. 2005 Siehe: http://www.novo-magazin.de/78/novo7844.htm
[5] *NZZ* vom 12.6.2005: Sind Hedge-Funds gut oder böse?

seite wurde die Preisspirale, die sich aus dem Zusammenwirken von geopolitischen Unsicherheiten, der allgemeinen Angebotsverknappung und einer spekulativen Beschleunigung dieser Faktoren ergab, ebenso zur Belastung. Die Terminkontrakte hatten sich im Zuge der 1990er Jahre von ihrer ursprünglichen Funktion, nämlich Risiken aufzuteilen und den Markt vorhersehbarer zu machen, weit entfernt. Es dominiert nunmehr die Unvorhersehbarkeit, was die Treibstoffabteilung einer Fluglinie ebenso wie die Budgetplanung der Förderstaaten gehörig durcheinander bringen kann. Entstanden ist ein kurioses Spiel aus Aussagen von Analysten und Aktionen von Händlern, wobei es bei der Annahme von Preissteigerungen zu einem preistreibenden Wettlauf um die „near-term futures" kommt. Diese Rallyes auf die Termingeschäfte basieren oftmals allein auf Annahmen, dass eine bestimmte Entwicklung eintreten könnte, nicht aber auf tatsächlichen fundamentalen Marktdaten. Diese so genannten market fundamentals werden immer mehr zur Nebensache. Was zählt, ist die Annahme, das Szenario. Das komplexe Paket aus Termingeschäften für die wichtigsten Rohölsorten lässt sich nicht einfach auflösen, da zahlreiche Verträge global miteinander verknüpft sind. Vielmehr wird dieses Zusammenspiel von Annahmen und Termingeschäften zu einer sich selbst erfüllenden Prophezeiung.[6] Die Preise bewegen sich in eine bestimmte Richtung, auch wenn bei einer OPEC-Konferenz nur einzelne Nebensätze Anlass hierfür geben und dieselbe Menge Öl durch die Pipelines fließt. Binnen Sekunden verändern sich die Charts der Rohstoffhändler von Tokio bis New York, während die Ölminister in Wien noch ihre Abschlusserklärung abgeben. Zusätzlich problematisch erscheint bei dieser hausgemachten Preisspirale die Tatsache, dass die Preissteigerungen auch bei Nichteintreten der vermuteten Entwicklungen anschließend vom Markt nicht im selben Umfang – oder nur mit großer Verzögerung – wieder in Preisrückgänge verwandelt werden. Beispielhaft sind hierfür die Preissprünge im Herbst 2005, als in der Hysterie nach „Katrina" bei jeder neuen Hurrikanwarnung die Ölpreise anzogen, obwohl weder die Ölversorgung unterbrochen war noch der nächstfolgende Hurrikan, wie „Wilma" Ende September 2005, die Bohrinseln tatsächlich traf.

Das Phänomen, auf Basis von Annahmen und Szenarien anstelle von echten Fakten zu handeln, reduziert sich nicht auf die Finanzmärkte. Vermutungen statt Beweise über ein Arsenal von Massenvernichtungswaffen führten im Frühjahr 2003 zum Irakkrieg. Außen- oder wirtschaftspolitische Szenarien zu erstellen, ist sicherlich eine nützliche Übung. Alle Phasen der

---

[6] So lautet unter anderem die Kritik von Carol Crowfoot, Präsidentin der GLJ Energy Publications in Calgary. "You can't undo [the pricing] on those contracts, so it sort of becomes a self-fulfilling issue where demand grows for the near term because there's an anticipation the contracts will be worth more in the months ahead, if something or such and such happens. It makes little sense."

Entscheidung werden dabei durchgespielt und mit Manöverkritik verbessert. So wie die Feuerwehr ihre Einsätze regelmäßig übt, sollten auch Politiker und Fondsmanager für eine Krise besser gewappnet sein. Die Feuerwehr rückt aber nur aus, wenn es tatsächlich brennt. Sich für den Krieg zu entscheiden, wenn die Kriegsgründe nur auf Annahmen beruhen, ist jedoch eine äußerst gefährliche Entwicklung. Preise für wichtige Energieträger auf bloße Annahmen zu gründen, bewirkt künstliche Marktentwicklungen, die als Blase wieder platzen können.

Spekulation und psychologische Momente entscheiden anstelle der fundamentalen Marktdaten über den Weltmarktpreis, wie die OPEC regelmäßig beklagt. Für Robert Mabro, Leiter des Oxford Institute of Energy, ist der gegenwärtige Handel mit Ölfutures schlicht marktverzerrend.[7] Die Entwicklung des Ölpreises seit Winter 1998 gleicht einer Achterbahn. Lag der Preis Anfang 1999 bei unter 10 Dollar pro Fass, stieg er bis zum Sommer auf über 30 Dollar, um anschließend wieder auf einen Durchschnittspreis von 25 Dollar pro Fass zu fallen, der sich dann wiederum von Beginn 2004 an immer mehr nach oben schraubte. Die Spekulationsprämie, die die Preissprünge mitbestimmt, wurde in OPEC-Kreisen teils auf bis zu zehn US-Dollar pro Fass geschätzt.[8] Von diesen Preisveränderungen profitieren Investitionsbanken und ihre Anleger, was im freien Markt völlig legitim ist. Die Auswirkungen auf die jeweiligen Volkswirtschaften sind aber problematisch und können letztlich wieder jeden einzelnen Marktteilnehmer treffen.

Als im Winter 2000/2001 der US-Energiekonzern Enron in einer der spektakulärsten Pleiten der US-Geschichte endete, kamen auch die Hedge-Fonds neuerlich ins Visier. Enron war ursprünglich eine Gasfirma aus Houston in Texas, die jedoch bald Energie in Finanzdienstleistungen verwandelte und wie Aktien handelbar machte. Die britische Wirtschaftszeitung *The Economist* kommentierte kurz nach dem Konkurs, dass „Enron in Wirklichkeit ein Hedge-Fonds mit einer zufällig gelegten Gasleitung" geworden sei.[9]

Angriffe auf die Hedge-Fonds

Die Hedge-Fonds geraten immer stärker ins Visier der Politik und Justiz. In Deutschland und Frankreich, wo aus zahlreichen politischen Lagern eine neue Kapitalismuskritik zu hören ist, wird besonders lautstark eine Regulierung der Hegde-Fonds verlangt. Einen seiner letzten Paukenschläge unternahm Ex-Bundeskanzler Gerhard Schröder in einer Rede vor dem

---

[7] Interview in Wien am 27.9.01
[8] Interview mit dem ehemaligen OPEC-Generalsekretär Alvaro Silva Calderon am 16.3.2003
[9] „Enron's fall: Upended", *The Economist*, 29.11.01.

Bundestag am 5. September 2005, indem er die Mineralölwirtschaft scharf angriff. Die Kostenexplosion sei, so Schröder, nur bedingt auf Lieferengpässe zurückzuführen, den größten Anteil daran habe die Spekulation. Deutschland habe schon beim G-8-Gipfel im Juli 2005 ein internationales Vorgehen gegen die Spekulation im Energiesektor vorgeschlagen, sei aber am Widerstand der USA und Großbritanniens gescheitert.

Auch in den USA regt sich Widerstand gegen ein weiteres Anwachsen der völlig deregulierten Fonds. Der Vorsitzende der SEC, Christopher Cox, ließ Mitte September 2005 mit einem Plan zur verstärkten Kontrolle der Milliarden-Industrie, sprich der Hedge-Fonds in den USA, aufhorchen.[10] Cox versucht das durchzusetzen, was sein Vorgänger William Donaldson vergeblich angestrebt hatte, nämlich mehr Transparenz in den Wildwuchs der Hedge-Fonds zu bringen. Gelungen waren ihm jedenfalls rechtsverbindliche Vorschriften, wonach sich Hedge-Fonds Berater bei der Börsenaufsicht, der SEC, registrieren mussten, um „betrügerisches Verhalten" besser zu kontrollieren. Dieser mutige Streich erfolgte gegen den Widerstand des einst allmächtigen Chefs der Federal Reserve Bank, Alan Greenspan. Die SEC hat die Funktion einer Aufsichtsbehörde, die aber in den letzten Jahren immer zahnloser geworden ist. Die Hedge-Fonds sind bislang auf einen Umsatz von 817 Mrd. US-Dollar angestiegen, zugleich sind aber auch ihre Verwicklungen in Wirtschaftsskandale mitgewachsen. Nach einer außergewöhnlich langen Übergangsperiode will Cox nun das neue Regelwerk durchsetzen. Der Republikaner, der selbst von der Wall Street kommt, weiß wovon er spricht. Der Ruf nach einer Kontrolle der Hedge-Fonds war in den USA schon vor Jahren vereinzelt laut geworden; vor allem Erdölhändler beklagen die wilden Aktionen einzelner Hedger. Auch der US-Energieminister Samuel Bodman stimmt in ihren Chor ein, wenn er die Händler der Termingeschäfte für die Preishausse verantwortlich macht, da sie aus Angst vor einer allfälligen Unterbrechung der Öllieferungen die Preise nach oben treiben würden. Bodman zufolge befindet sich die Energieindustrie in den Händen dieser Händler.[11] Innerhalb des US-Energieministeriums wird die Übermacht der Hedger auf dem Rohölmarkt daher kritisch beobachtet.[12]

Einige Ökonomen sehen die Hedge-Fonds schon seit Jahren als Gefahr. Der Doyen der Energieexperten, Robert Mabro, kritisierte in vielen Studien die marktverzerrende Rolle des Handels mit Ölfutures. Mabros Analyse

---

[10] *The Wall Street Journal* vom 19.9.2005
[11] MEES vom 12.9.2005
[12] Global Energy Balance Seminar der OPEC im September 2001: Melanie Kenderdine, Ex-Strategiechefin des US-Energieministerium: „Der Papiermarkt hat sich vom realen Markt längst entfernt." Kenderdine beklagte die starke Rolle der so genannten Wall Street Refiners, der Investmentbanken im Ölgeschäft.

zufolge führt dieser unkontrollierte Handel – ob mit Derivaten oder Rohöl – zu Preisbildungen, die nichts mit den Marktdaten zu tun haben. „Entscheidend an der Börse ist die Sprache der Signale, doch meist werden sie nicht verstanden," konstatiert Mabro und fordert globale Kriterien für einen globalisierten Markt.[13]

Was mit dem Heizöl 1979 anfing, sich im Rohölsektor weiterentwickelte – und teils schon außer Kontrolle geraten ist – hat auch den Erdgasmarkt erfasst. Die USA liberalisierten die Erdgaswirtschaft bereits in den 1970er und 1980er Jahren. Die Energiebörse New York Mercantile Exchange (NYMEX) lässt auch branchenfremde Akteure Erdgas-Futures handeln. Die NYMEX generiert dabei nicht nur den Referenzpreis für nordamerikanisches Erdgas, sondern dient auch den Branchenakteuren als Handelsplattform, um sich finanziell gegen Preisschwankungen abzusichern und schafft für Finanzinvestoren die Chance, an den Preisbewegungen teilzuhaben. Die NYMEX bietet seit dem Jahr 1990 Futures auf Henry Hub-Gas an. Henry Hub in Louisiana ist ein Knotenpunkt von 16 Pipelines, die aus den Gasfeldern der Region gespeist werden.[14] Im Gegensatz zu anderen börsengehandelten Rohstoffen ist beim Erdgas die termingerechte Lieferung nicht unbedeutend. Einerseits hat das Gas in den Pipelines eine bestimmte Fließgeschwindigkeit, und anderseits bedeutet die Verflüssigung bzw. die Gasifizierung einigen Aufwand und kann nur in speziellen Terminals erfolgen, von denen es viel zu wenige gibt, wie bereits beschrieben. Der NYMEX-Preis für Erdgas hat sich seit dem Jahr 2001 versiebenfacht, erreichte allerdings schon im Jahr 2000 eine Spitze. Als ein Grund für den längerfristigen Trend zu höheren Preisen in Nordamerika gilt die Tatsache, dass die Erdgasfelder der USA ihren Zenit erreicht haben dürften. Es gilt also, nicht nur das vielbeachtete „peak-oil", sondern auch seinen Zwilling „peak-gas" bei Preisentwicklungen im Auge zu behalten.

Die europäischen Märkte sind anders gelagert als der amerikanische. Vergleichsweise stark liberalisiert ist der britische Markt, der sich aus der Nordsee-Förderung weitgehend selber speist. An der International Petroleum Exchange (IPE) in London werden Erdgaskontrakte mit Lieferung in Großbritannien gehandelt. Ein neuer Akteur mit großen Ambitionen, der den europäischen Energie- und Finanzmarkt noch gehörig durcheinander wirbeln könnte, ist der russische Erdgasgigant Gazprom. Nach der Fusion mit Sibneft will sich das Unternehmen als globaler Energiekonzern positionieren und unternimmt zu diesem Zweck bereits erstaunliche Marktoffensiven in Europa. Jenseits der langfristigen Lieferverträge mit nationalen Energiekonzernen will Gazprom auch direkt an Industriekunden herantreten und tut dies bereits recht aggressiv. Die Führung von Gazprom, die

---

[13] Interview am 21.9.2005 in Wien
[14] *NZZ* vom 27.10.2005

personell eng mit dem Kreml verknüpft ist, möchte bis 2010 den Europäern 180 Mrd. Kubikmeter Erdgas pro Jahr verkaufen. Im Jahr 2004 waren es 145 Mrd. Kubikmeter. Gazprom finanziert sich v.a. aus dem Auslandsgeschäft, wo der Erdgaspreis mit 150 US-Dollar für 1.000 Kubikmeter das Dreifache des Inlandspreises beträgt. Kontinentaleuropa bezieht sein Erdgas etwa zur Hälfte aus Russland sowie aus Holland und Norwegen. Doch die beiden letzteren Produzenten könnten trotz einzelner neuer Funde in der Nordsee bereits ihre Produktionsspitze überschritten haben. Einen geringeren Marktanteil haben Algerien und Libyen, die, ebenso wie Erdgaslieferungen aus dem Iran, als Alternativen zu Russland in Frage kommen. Wichtige Potenziale für Veränderung im Erdgasgeschäft werden sich aus der Entwicklung eines "spot market" im Bereich des LNG, also des verflüssigten Erdgases, ergeben. Bislang sind bei LNG-Projekten die Produktionsströme jeweils nur zu einem Käufer gegangen. Katar plant seine Lieferungen aus dem projekt Qatargas 2 in ein britisches Verteilernetz zu leiten, was eine weitere Diversifizierung des LNG möglich macht.[15] Die technischen und rechtlichen Grundlagen für einen komplexeren LNG-Markt werden derzeit gelegt, und auch die Händler werden die Möglichkeiten, die sich aus Termingeschäften mit verflüssigtem Erdgas ergeben, nutzen wollen. Es sei denn, es werden vorher wieder Regulierungen verankert. Ausschlaggebend für etwaige Beschränkungen wäre eine Verknappung in der Erdgasversorgung.

Dies könnte beispielsweise Großbritannien drohen, wo 40 Prozent der Stromversorgung aus mit Erdgas befeuerten Kraftwerken stammt. Doch die nationalen Gasvorräte werden seit 2000 stetig knapper – bereits 2004 wurde Großbritannien vom Erdgas-Exporteur zum Netto-Importeur – und es heißt, Tony Blair sei „am Lichtschalter der Nation eingeschlafen."[16] Anders als die meisten Staaten Kontinentaleuropas, die für Ausfälle beträchtliche Vorratslager zur Deckung von etwa einem Fünftel des Jahresbedarfs angelegt haben, beträgt die britische Reservehaltung nur etwa vier Prozent des Jahresbedarfs. Die Regierung in London macht lieber die misslungene Liberalisierung des EU-Gasmarktes als eigene Versäumnisse verantwortlich für das Risiko einer britischen Energiekrise, die man nun mit verstärktem Ausbau der Atomwirtschaft zu verhindern sucht.

6.2. Die Währungsfrage

Es mehren sich die Anzeichen, dass die Energiekrise einer Finanzkrise vorhergeht. Dies wäre nicht das erste Mal in der Geschichte. Denn auch der Ölschock von 1973 löste die Inflation des US-Dollars und die nachfolgen-

---

[15] MEES vom 12.9.2005
[16] *Die Presse* vom 28.11.2005

de Weltwirtschaftskrise aus. Der Umfang einer neuen Krisenserie bedingt durch Energieknappheit und Abwertung des US-Dollars wird sich jedoch in Umfang und Stärke von jener der 1970er Jahre klar unterscheiden. Die Weltwirtschaft ist seit dem Zusammenbruch der Sowjetunion und der intensiven Mitwirkung der Volksrepublik China am globalen Handel viel mehr verwoben als dies wohl je zu einem früheren Zeitpunkt in der modernen Geschichte der Fall war.

Der fallende Dollar spielt zweifellos bei der Preisfindung der OPEC eine wichtige Rolle, denn die Förderländer behalten die Abschwächung des US-Dollars stets im Auge. Ein schwacher US-Dollar veranlasst die in Dollar fakturierenden OPEC-Mitglieder dazu, Maßnahmen zu ergreifen, die geeignet sind, die Preise steigen zu lassen, um eine Verschlechterung ihrer Terms of Trade zu verhindern. So haben die Ölministerien zwischen Teheran und Caracas die hohe Inflation der Petrodollars in den 1970er Jahren noch in düsterer Erinnerung. Es setzte sich damals die Einsicht durch: Besser das Öl unter der Erde behalten als pumpen, was geht, um dann infolge der Inflation schwere Einnahmenverluste in den Staatskassen hinzunehmen. („Better keep your oil under the surface!") Angesichts der großen politischen und militärischen Probleme der USA und ihrer Verbündeten im Irak könnte die sich bereits abzeichnende Flucht aus dem US-Dollar verstärken und somit dessen Abwertung beschleunigen. Eine vorsichtige Umschichtung von US-Dollar-Reserven in andere Währungen, vor allem den Euro, ist bereits seit 2004 im Gange.

Kaum ein Verbraucher kauft sich jeden Monat ein neues Haushaltsgerät, doch an die Tankstelle fährt der mobile Deutsche im Schnitt fast jede Woche. Energiepreise wirken sich daher im Warenkorb völlig anders aus als die Preise sonstiger Konsumgüter. Es ist weiterhin eine Binsenweisheit, dass alle Produkte Transportkosten verursachen und diese sich damit auf die Inflationsrate viel stärker auswirken als andere Artikel im Warenkorb, die zur Bemessung des Verbraucherpreisindex dienen. Im Jahr 2005 stieg daher die Inflation im Euro-Währungsraum durch die Explosion der Ölpreise deutlich. Ausgleichend auf die Inflation im Euro-Raum wirkten die hohen Zuwachsraten auf den asiatischen Märkten, die bislang einen Inflationsgalopp verhinderten.

Mit 2,5 Prozent lag die Preissteigerungsrate im Euro-Raum im Sommer 2007 deutlich über der Marke von zwei Prozent, welche die Europäische Zentralbank EZB als Preisstabilität definiert. Im Januar 2008 lag die Inflation bereits über 3,7%. Ohne Heizöl und Kraftstoffe hätte die Teuerungsrate laut Europäischem Statistikamt nur bei 1,6 Prozent gelegen. Heizöl kostete 2005 sogar 40 Prozent mehr als im Jahr zuvor, Benzin und Diesel verteuerten sich um gut 17 Prozent. Ohne die Einrechnung der Mineralölprodukte hätten sich die Lebenshaltungskosten von August bis September 2005 dagegen nicht verändert. Doch das Gespenst Inflation geistert mittlerweile wieder öfter durch die Analysen. Mit einer Anhebung der Leitzinsen möchte die EZB der Inflationsgefahr durch die hohen Energiepreise gegensteuern, was jedoch zugleich von einigen EU-Finanzministern als Bremse für die ohnehin schwache Konjunkturentwicklung kritisiert wird. Vor dem Hintergrund, dass die Konsumentenpreise im Herbst 2005 innerhalb eines Jahres deutlich über vier Prozent gestiegen waren, ist das Thema Inflation auch in den USA wieder verstärkt ins Blickfeld der Finanzmärkte gerückt. Nennen aber die Volkswirte der Notenbanken überhaupt die korrekten Inflationsraten? Kosmetik an der Statistik ist leider nichts Neues. Angesichts turbulenterer Zeiten für die Weltwirtschaft werden derartige Angaben von der Öffentlichkeit aber etwas genauer beobachtet.

Zu den Vorschlägen für neue Berechnungsmethoden des Preisindex zählt der dynamische Preisindikator, den der US-Ökonom Ricardo Reis auf Basis aktueller und zukünftiger Preise berechnet. Reis bezieht zusätzlich zum konventionellen Warenkorb auch die Preise von Anleihen, Aktien und Immobilien mit ein, um das Konsumverhalten der Zukunft in Bezug auf die Gegenwart besser darstellen zu können.[17] Diesen Berechnungen zufolge beträgt die Inflationsrate gemäß dem „dynamic consumer price index" 7,4 Prozent und nicht 2,3 Prozent. Von einer Inflation in dieser Höhe spricht auch der Finanzanalyst Toni Straka. Bei einem Geldmengenwachstum von acht Prozent und einem Wirtschaftswachstum von einem Prozent in Deutschland, kommt er zu einer Inflationsrate von sieben Prozent. Das überproportionale Anwachsen der Geldmengen führt eben nicht nur dazu, dass Konsum- und Investitionsgüter teurer werden, sondern auch zu einem Preisanstieg der Vermögenswerte, die aber nicht im Korb der ausgewiesenen Inflationsrate enthalten sind, wie Uwe Bergold in seinen Ausführungen zur Inflationsabsicherung durch Gold darstellt.[18] Bergold sieht zudem den Anstieg der Rohstoffpreise und besonders den des Goldpreises nicht als Ursache, sondern als Auswirkung der Inflation.[19]

Klares Anzeichen dafür, dass die Entwicklung der US-Verbraucherpreise auf den Radarschirmen von Anlegern und Händlern wieder sehr aufmerksam beobachtet wird, ist zweifellos die Amtsübergabe im Vorsitz der Federal Reserve durch Alan Greenspan an seinen Nachfolger Ben Bernanke. Greenspan galt gewissermaßen als der Notenbankchef, der auch in Zeiten überhitzter Märkte die Inflation stets im Griff zu haben schien. Doch allein die Person eines Notenbankchefs – und mag sie noch so qualifiziert sein – kann nicht die wachsende Inflationsproblematik durch bloßes „inflation targeting" steuern, indem am Hebel der Leitzinsen gedreht wird. Die

---

[17] Measuring Inflation: Pricing the Future; *The Economist*, 15.10.2005
[18] Uwe Bergold und Bernt Mayer, Markt und Meinung. München 2005 (FinanzBuch Verlag 2. Aufl.) S. 201
[19] ebenda, S. 208

starken Geldmengenerhöhungen und das hohe Handelsbilanzdefizit der USA bedingen einen Geldentwertungsprozess, der primär den US-Dollar trifft. Inwieweit der Dollar noch seine Rolle als Weltleitwährung und Reservewährung behalten kann, wird von führenden Ökonomen immer lauter angezweifelt. Auch das britische Magazin *The Economist* lässt am Titelblatt eine Raupe gierig einen Dollarschein anknabbern.[20] All dies erklärt die bereits in Kapitel 4 angesprochene Hausse der Goldwerte, ein klarer Hinweis auf die Angst vor wachsender Inflation.

6.3. Welche Auswirkungen hat die Preishausse auf Investitionen in die Energiebranche?

Angesichts der von der Internationalen Energieagentur IEA und der OECD prognostizierten Nachfrage summiert sich der Investitionsbedarf der Branche bei Gas und Strom bis zum Jahr 2030 auf 12,7 Billionen US-Dollar. 62 Prozent davon entfallen auf Erzeugung, Transport und Vertrieb von Strom. Die Energieversorgungsunternehmen sind angesichts dieses gewaltigen Finanzbedarfs gezwungen, viel stärker als bisher um Investoren zu werben.

PricewaterhouseCoopers hat in seiner Studie "Under Pressure – Utilities Global Survey 2005" erstmals auch Analysten und Manager von Banken und Fonds befragt, die in die Branche investieren. Hierfür wurden zwischen Dezember 2004 und Januar 2005 in 36 Staaten 119 Führungskräfte aus 108 Energieversorgungsunternehmen sowie Schlüsselinvestoren befragt.

Wenn auch die Mehrheit der Investoren davon überzeugt ist, dass die Liberalisierung der Märkte Vorteile gebracht hat, so bezeichnen 39 Prozent der Umfrageteilnehmer aber ihr Vertrauen durch die Marktreformen als erschüttert. Als Gründe dafür nennen sie Ungereimtheiten bei der Regulierung und bei den Rahmenbedingungen im liberalisierten Bereich.[21] Die Umfrageteilnehmer erwarten, dass der relative Anteil erneuerbarer Energiequellen in den kommenden zehn Jahren weltweit nicht wesentlich steigen wird. 52 Prozent der Umfrageteilnehmer aus den Energieversorgungsunternehmen rechnen deshalb mit einer Renaissance der Atomenergie. In Europa sind es sogar 66 Prozent. Die Entwicklungsländer, in denen Nachfrage und Produktion am stärksten wachsen werden, benötigen allein schon die Hälfte dieser weltweit zu tätigenden Investitionen. Ihre Bedürfnisse sind am größten, zugleich sind aber ihre Finanzierungsmöglichkeiten aufgrund schwacher Bonität am niedrigsten.

---

[20] *The Economist* vom 4.12.2005
[21] *FAZ* vom 17.5.2005. Beitrag des PwC-Mitarbeiters Manfred Wiegand

Zur besseren Bewertung der zukünftigen Investitionen ist jedoch eine Vorfrage entscheidend: Wohin wird sich der Ölpreis entwickeln? Steigt der Preis für die knapper werdende Energieressource Erdöl, so steigt damit zwangsläufig auch der Preis für alle anderen Energieträger, seien sie fossiler Art wie Kohle und Erdgas, oder erneuerbar wie Wind, Sonne oder Biomasse. Der Geschäftsführer des Bundesverbandes der Gas- und Wasserwirtschaft, Martin Weyand, verweist zu Recht auf die Funktion des Erdöls als Weltleitenergie. Auf die wiederholte Frage im Interview mit dem Deutschlandfunk nach dem Sinn einer Koppelung zwischen dem Öl- und dem Gaspreis, wenn doch offensichtlich ist, dass ein Teil des Preisanstiegs beim Öl auf reinen Spekulationen beruht, antwortete Herr Weyand: „Es kommt hier nicht auf die Kosten an. Es kommt auf die Situation an, dass wir eine Nachfrage- und Angebotssituation auf den Weltmärkten haben, und die spiegelt sich eben auch an den Börsen wider. Die Nachfrage- und Angebotssituation bedeutet eben, dass es eine sehr starke Nachfrage von Ländern aus Asien nach dem Gas gibt, was auch wir beziehen wollen. Dieses Gas wird dann dadurch verteuert, und dieses Öl wird auch dadurch verteuert, und diese Nachfragesituation auf den Weltmärkten führt eben dazu, dass sich die Energie generell verteuert. Das haben Sie nicht nur bei Öl und Gas; Sie haben das auch bei Kohle und anderen Energiearten; Sie haben es bei Rohstoffen ganz genauso. Das heißt, wir haben eine simultane Entwicklung auf allen Rohstoff- und Energiemärkten."[22] Wie in der eingangs zitierten Anekdote sieht es ganz danach aus, dass die Indianer Brennholz sammeln, ihnen der Wetterdienst furchtsam zusieht, seine Winterprognose bastelt und sie sich hierbei wechselseitig aufstacheln.

Von der Unmöglichkeit, den Ölpreis vorauszusagen

Das Prognostizieren der Erdölpreise und der damit verbundenen Preisentwicklung des attraktiver werdenden Erdgases ist und bleibt ein Hasardspiel. Wie rasant sich der Preis zwischen 1998 und 2008 entwickelte, illustriert ein Rechenbeispiel von Bloomberg: Der Preissprung vom 6. Juni 2008 nach Handelsschluss von 10,75 US-Dollar oder 8,41 Prozent machte mehr aus als ein Barrel Rohöl am 10. Dezember 1998 kostete - nämlich 10,72 Dollar. Bei diesem Preissprung handelte e sich um den größten dieser Art, den die Erdölbranche je erlebt hat. Die Ursache für diesen außergewöhnlichen Preissprung an einem Freitagnachmittag kurz vor Börsenschluss war eine Mischung aus geopolitischen und wirtschaftlichen Faktoren: Rezessionsangst in den USA, Hinweise auf Lieferausfälle, Angst vor einem neuen militärischen Konflikt im Nahen Osten und ein gegenüber dem Euro wieder schwächerer Dollar. So löste die Aussage eines israelischen Ministers, dass

---

[22] Interview mit dem Deutschlandfunk am 8.9.2005

Israel den Iran anzugreife, falls Teheran nicht das von Israel und den USA behauptete Atomwaffenprogramm einstelle, neben den schlechten Nachricht über die Arbeitsmarktsituation in den USA eine weitere Verschiebung von Investitionen in Terminverträge für Rohöl aus. Der US-Dollar verlor an Wert, die Rolle von Erdöl als Ersatzwährung wurde hingegen auf den Finanzmärkten aktiviert. Betrachtet man die Preisprognosen der Investmentbanken, der Analysten in Konzernen und volkswirtschaftlichen Instituten, so fällt auf, dass die Zahlen und Argumente unterschiedlicher kaum sein können. Während Goldman Sachs im Frühjahr 2005 mit der Prognose von 105 Dollar pro Fass aufhorchen ließ, sehen Banken wie die Credit Suisse die Sache viel nüchterner und setzen das Preisniveau unter 30 Dollar pro Fass an. Interessant scheint im Rückblick auf so manche Prognose, wie sehr und aus welchen Gründen sie sich letztlich als falsch erwies. Da aber diese Preisdebatte das Herzstück des Rohstoffhandels an den Börsen bildet, sollen in der Folge der Einfachheit halber zwei Preisszenarien dargestellt werden, um daraus mögliche Investitionstrends in der Energiebranche abzuleiten. Diese sehr vereinfachte Reduktion auf zwei Annahmen, die im Verhältnis 50 zu 50 stehen mögen, ist nicht Ergebnis einer empirischen Untersuchung, sondern soll vielmehr die mögliche Extreme darstellen. Von festen Preisreferenzen möge Abstand genommen werden, da aufgrund des hochinflationären US-Dollar mit einer Abwertung der Währung zu rechnen, womit die Eckdaten wieder hinfällig würden.

Szenario A: Erdöl bleibt langfristig auf einem sehr hohen Preisniveau, wie einige Experten zum Beispiel in der Internationalen Energieagentur IEA behaupten. Die Ursachen hierfür sind anhaltend hohe Nachfrage vor allem aus den Schwellenländern China und Indien bei vorerst gleichbleibendem Angebot und Engpässen in der Raffinierung, da der Neubau von Verarbeitungsanlagen erst in ca. drei bis fünf Jahren für Entspannung sorgen wird. Jederzeit könnten geopolitische Unsicherheiten, wie ein Produktionsausfall des Irans oder ethnische Unruhen in Westafrika, für weitere Preissprünge sorgen.

Auf der Verbraucher- und Anbieterseite würden sich bei einem solchen Preisniveau folgende Maßnahmen rentieren:

- **Investitionen im downstream** in den (Jahrzehnte lang vernachlässigten) Sektor der Raffinierung, Bau von Förderanlagen, Ausbildung von dringend benötigten Facharbeitern und die gesamte hiermit in Verbindung stehende Industrie. Es sei daran erinnert, dass während des kalifornischen Goldrausches vor allem jene das große Geschäft machten, die Schaufeln, Siebe und reißfeste Jeans verkauften. Die Werften für neue Tankschiffe, die Produzenten von Bohrtürmen und insbesondere die entsprechenden Wartungsexperten werden in den kommenden Jahren von den Investitionen in den Erdöl- und Erdgassektor profitieren.

- **Investitionen im upstream** in die Erschließung neuer Erdöl- und Erdgasfelder sowie Verbesserung in der Exploration. Viele Erdölfelder wurden infolge falscher Bewirtschaftung beschädigt. Wenn von neuen Technologien die Rede ist, um die Nachfrage bei sinkenden Reserven zu sättigen, so geht es auch um den Umgang mit existierenden Erdöl- und Erdgasfeldern. Seitens der OPEC-Staaten wurde die Erschließung neuer Felder nicht nur aufgrund des Preisverfalls 1985-1999 unterlassen, sondern eine wesentliche Folgerung zogen die OPEC-Produzenten aus der Preishausse infolge der Krisen 1973 und 1979: Die Petrodollars verloren aufgrund der damals galoppierenden Inflation rasant an Wert.
- **Im Erdgassektor** wird der wachsende Anteil an LNG (Liquefied Natural Gas) voraussichtlich weiter zulegen. Voraussetzung hierfür ist aber eine gewisse Infrastruktur, insbesondere die Errichtung von LNG-Terminals in Europa, um die Ladung zu löschen. Öffentlicher Widerstand (Angst vor Explosionsgefahr) hat dies bislang verhindert. Setzt sich innerhalb des Erdgassegments der Anteil des LNG weiter durch – und die Anzeichen aufgrund seiner immer effizienter werdenden Verfügbarkeit sowie niedrigerer Emissionswerte (verpflichtende Schadstoffbegrenzung) sprechen dafür – so würde die damit zusammenhängende Industrie zum Beispiel der Werften (Bau von LNG-Tankern) wichtige Zuwachsraten verzeichnen.
- Die umstrittene Ausbeutung des als **Schieferöl (englisch: tar sands, shale oil)** bezeichneten „unkonventionellen Erdöls" sowie der Vorstoß in weitere ökologisch fragile Regionen, erscheint aus mehreren bereits dargelegten Gründen hingegen fragwürdig.
- Jenseits der fossilen Energieträger werden die diversen **erneuerbaren Energien im Energiemix weiter an Bedeutung gewinnen**. Die Mehrkosten an Forschung, vor allem in der künftigen Kommerzialisierung ließen sich bei anhaltend hohem Ölpreisniveau volkswirtschaftlich rechtfertigen. Ihre Attraktivität könnte auch fiskalisch bedingt wachsen. Die nach dem Hurrikan „Katrina" losgetretene Debatte und Sensibilisierung für die Folgen des Klimawandels in der US-Öffentlichkeit lassen bisherige Tabuthemen wie Energieeffizienz und Alternativen zu den fossilen Energieträgern plötzlich in einem neuen Licht erscheinen. Laut IEA und OECD dürften bis 2030 rund 1,6 Billionen US-Dollar oder beinahe 40 Prozent der Gesamtinvestitionen im Bereich Stromerzeugung in erneuerbare Energiequellen fließen, vornehmlich getragen von kleineren und mittleren Unternehmen und Finanzinvestoren. Windkraft dürfte dabei die meisten Finanzmittel auf sich ziehen, Alternativen wie die Brennstoffzelle werden zurzeit noch eher kritisch gesehen. Die Entwicklung der Branche wird aber logischerweise von ihrer Wettbewerbsfähigkeit abhängen.

Was die Rolle der erneuerbaren Energieträger grundsätzlich anbelangt, so gilt es, eine größere Komplementarität zu den fossilen Energien zu erreichen. Völlig ersetzen werden die erneuerbaren Energien die konventionellen vorerst nicht. Doch ihre Entwicklung gewinnt an Bedeutung, nicht zuletzt auch im Zusammenhang mit der Schaffung von Arbeitsplätzen. Als die deutsche Bundesregierung im Juni 2005 zum Weltkongress über erneuerbare Energien nach Bonn lud, stand neben der angestrebten Nachhaltigkeit in der Entwicklungspolitik für die Gastgeber die Rolle der Jobmaschine dieser Energien im Vordergrund. Ob diese Erwartungen erfüllt werden, bleibt für den deutschen Markt noch abzuwarten.

- **In der Transportindustrie:**
  - Luftfahrt: Wird der Airbus A-380 mit seinem Kerosin sparenden Motor zum Trendsetter in der Luftfahrt? Auf welchen Strecken lässt er sich sinnvoll einsetzen? Wie reagieren die Kunden?
  - Straßentransport: Hohe Dieselpreise könnten die Dichte im Straßentransport zugunsten des Schienentransports langfristig beeinflussen. Die europäische Bahnindustrie arbeitet bereits in diese Richtung.
  - Automobilindustrie: Die Hybridmotoren und Wasserstoffmotoren, bzw. Weiterentwicklung eines Sprit sparenden Verbrennungsmotors könnten sich lohnen.

Grundsätzlich sei angemerkt, dass im Falle eines solchen Ölpreisniveaus jedenfalls mehr Energieeffizienz, sprich Energiesparen wieder angesagt sein wird. Der Lebensstil in den Industriegesellschaften, geprägt vom hier schon beschriebenen stets mobilen „hydrocarbon man", vielleicht auch die Einstellung zu Energie im Allgemeinen, wird sich grundlegend ändern müssen. Was nach der Krise von 1973 begann, muss nun viel konkreter und umfassender werden, nämlich ein bewusster und sparsamer Umgang mit Energie.

Szenario B: Der Erdölpreis sinkt infolge eines Einbruchs der Nachfrage seitens wesentlicher Verbraucher, sprich der G-8 Staaten, sowie China, Indien und Südkorea. Diese stellen rund 65 Prozent der weltweiten Nachfrage. Ein Grund für einen Preisverfall wäre eine Rezession in wichtigen Industriestaaten und damit der Einbruch in der Nachfrage. Angesichts eines ohnehin schwachen US-Dollars hätte ein solcher Preisverfall stärkere Auswirkungen auf die Produzenten als noch vor zwei Jahren. Mittel- bis langfristig wären Preiseinbrüche unter diese Grenze ebenso möglich, da in ca. drei Jahren die geplanten neuen Angebotsmengen seitens der OPEC-Staaten auf dem Markt wären und je nach Weltkonjunktur zu einem Überangebot, also dem von den Produzenten gefürchteten „oil-glut", führen könnten. Eine Steigerung von den weltweit aktuell 85 Mio. Fass pro Tag um 20 Prozent auf 101 Mio. Fass pro Tag ist bis 2010 im Bereich des Möglichen, da die laufenden Investitionen dann ihre Resultate zeigen.

Folgende Investitionen würden bei einer solchen Preislage immer noch sinnvoll sein:

- Jedenfalls ein verstärkter **Ausbau der Erdgasindustrie**: Risikofaktor ist und bleibt die Rechtsunsicherheit in den Staaten mit den wichtigsten Erdgasreserven. Russland kann mit einem niedrigeren Preis für Erdöl und besonders für Erdgas (siehe Divergenzen zwischen Exportpreisen und nationalen Preisen) offenbar gut leben, doch die geopolitischen Unwägbarkeiten rund um die russischen und auch zentralasiatischen Erdgaslieferanten wären vom Investor in Betracht zu ziehen.

- Entwicklung des – in vielen westlichen Staaten subventionierten und damit preisverzerrten – Kohlebergbaus mit allen damit verbundenen neuen Techniken. Stichwort: Kohleverflüssigung

- Voraussichtlich in die Nuklearindustrie, um im Falle einer neuerlichen Preishausse eine Art Notreserve für die Stromerzeugung zu schaffen. Innerhalb der Europäischen Kommission deutet vieles bereits in eine solche Richtung. Nach den schweren Unfällen auf Three Mile Island in den USA 1979 und der Katastrophe im ukrainischen Tschernobyl 1986 nahmen Regierungen vom Bau neuer Atomkraftwerke Abstand. Doch das Gedächtnis der Menschheit erweist sich wieder einmal als sehr kurz. Sowohl die EU als auch die USA bekennen sich nun wieder zum Bau weiterer AKW. In seinem ersten Energieplan vom Frühjahr 2001 trat Bush bereits für den Ausbau der atomaren Energie ein. In Brüssel, am Sitz der europäischen Institutionen, ist zweifellos die Atomlobby die professionellste. Aus den Empfehlungen des Grünbuchs von 2002 ließ sich klar ein Trend in Richtung Kernenergie ablesen.

In diesem Szenario wäre eine Fortsetzung des Zustands nach 1985, jedoch unter völlig neuen weltwirtschaftlichen Rahmenbedingungen, die Folge. Es würde sich wenig Grundlegendes ändern, was wiederum nur ein Aufschieben dringender Probleme bedeutete. Die europäischen Energieimporteure, die nicht über den Zugang zu größeren Energieressourcen verfügen, würden riskieren, vom nächsten zu erwartenden Preisschock überrollt zu werden.

Fazit
Menschen in den Entwicklungsländern zahlen einen unverhältnismäßig hohen Preis für Energie, nämlich rund ein Zehntel ihres niedrigen Einkommens. Ein afrikanisches Sprichwort bringt das Dilemma auf den Punkt: „Es kostet genau soviel, den Topf zu erhitzen, wie den Topf zu füllen." Innerhalb der OECD-Staaten hat man jedoch den Eindruck, dass wir den Faktor Energie, solange er im Haushaltsbudget kaum auffiel, schmählich vernachlässigt haben. Doch inzwischen haben sich die Zeiten geändert. Energie ist ein Faktor, der die Finanzmärkte in alle Richtungen und aus vielen Gründen bewegt. Die strategischen Rohstoffe Erdöl und Erdgas

stehen im Zentrum der Aufmerksamkeit der Hedger ebenso wie der Notenbankchefs. Die einen wollen Vermögen vermehren, die anderen versuchen die Inflation zu bändigen. In welche Richtung der Erdölpreis, um dessen Achse sich die Weltwirtschaft zu drehen scheint, möglicherweise geht, beschäftigt ganze Kohorten von Experten. Für Überraschungen ist der Ölpreis jedenfalls immer gut.

Kapitel 7
Strategien angesichts neuer Umweltstandards

Manchmal kann Hollywood die Gesellschaft tatsächlich zum Umdenken bringen. Der Klimakatastrophen-Film „The Day After Tomorrow" des deutschen Regisseurs Roland Emmerich über die Vereisung Amerikas enthält eine ökologische Botschaft, die von der Leinwand aus eventuell mehr ausrichtet als viele wissenschaftliche Artikel und Umweltschützer gemeinsam es je schaffen könnten. Das Thema Klimawandel ist salonfähig geworden. Derzeit ist es allerdings weniger die Vereisung als vielmehr die globale Erwärmung, die selbst Weltwirtschaftsgipfel dominiert. Doch auch das Gegenteil kann eintreten, denn der Golfstrom, die Warmwasserheizung Nordeuropas, ist infolge hoher Süßwasserzufuhr schon jetzt gestört. Kippt der Golfstrom, so könnten Kältewellen, wie im Winter 2006, Nordeuropa weiter fest im Griff haben. Das Klima ist aus den Fugen geraten und kann nicht nur für Tier- und Pflanzenarten den Untergang bedeuten, sondern auch Kriege und Flüchtlingswellen auslösen. Die internationale Sicherheit ist bedroht, und somit handelt es sich längst nicht mehr bloß um das Thema einer Minderheit von Umweltschützern.

Bereits das *Wall Street Journal* befasst sich in seinen Titelgeschichten mit den Wetterkapriolen. Mit dem Anwachsen der Naturkatastrophen, vor allem der Hochwasser und Hurrikane in den USA und Europa, und den damit verbundenen Schäden interessieren sich immer mehr Versicherungsmathematiker und Fondsmanager für die Folgen der Erderwärmung. Versicherungen müssen beispielsweise ihre Verträge neu gestalten. Aus den Daten der großen Rückversicherer geht hervor, dass die Steigerungsrate des CO_2-Ausstoßes so hoch ist wie nie zuvor und gleichzeitig die

Schäden durch Naturkatastrophen zunehmen. Jene Klimakatastrophen, die schon vor Jahren die Sahelzone oder Bangladesch durch Dürre bzw. außergewöhnliche Monsunregen trafen, fanden hingegen wenig Beachtung. Wegen der geringen Vermögenswerte, die zudem nur selten versichert waren, traten Versicherungsschäden in diesen Erdteilen so gut wie nicht auf. Anders verhält es sich bei Hochwasser in deutschen Städten, wie im Sommer 2002 und 2005, mit Hurrikanen über den Raffinerien im Golf von Mexiko oder zuvor mit Sturmschäden in Frankreich und Großbritannien. Damit ist uns der Klimawandel näher gerückt und manifestiert sich neben den Versicherungsschäden in seinen wirtschaftlichen Auswirkungen. Dazu gehören gestiegene Ölpreise, da die Förderanlagen beschädigt und Verarbeitungsprozesse unterbrochen sind, oder die Tatsache, dass deutsche Städte tagelang wegen vereister Strommasten von der Stromversorgung abgeschnitten sind.

7.1. Politik muss handeln

Expertengruppen auf EU- oder UN-Ebene nennen das Problem immer deutlicher beim Namen: Der Klimawandel hat begonnen – und zwar aufgrund menschlichen Handelns. Der Klimawandel, als Folge menschlichen Handelns, bestimmt offensichtlich verstärkt die Energiepolitik. Die Berichte des Intergovernmental Panel on Climate Change analysieren diese Entwicklung. Gemeinsam mit dem ehemaligen US-Vizepräsidenten Al Gore erhielt das IPCC den Friedensnobelpreis 2007. Im ersten Klimareport des IPCC von 1990 war noch von einem natürlichen Treibhauseffekt die Rede, der von Emissionen des Menschen verstärkt werde. Der Report von 2001 ging wesentlich weiter: Er besagte, dass die Treibhausgas- Emissionen des Menschen für den größten Teil der Erwärmung verantwortlich sind. Auch Computersimulationen, die zur Prognose der zukünftigen Entwicklung eingesetzt werden, räumte das IPCC 2001 steigende Glaubwürdigkeit ein. Im vierten Bericht vom Februar 2007 ging das auch als Weltklimarat bezeichnete Forum in seinen Aussagen zum Klimawandel als Folge menschlichen Eingreifens noch weiter. Beides brachte dem Klimarat teils harsche Kritik von Regierungen und Industrievertretern ein. Experten gehen inzwischen davon aus, dass eine Erwärmung von weniger als zwei Grad zwar zu einer deutlichen Zunahme von extremen Wetterphänomenen führen, insgesamt aber noch beherrschbar sein wird. Bei einer Erwärmung von deutlich mehr als zwei Grad werden katastrophale Folgen befürchtet. Es geht nicht mehr bloß um die Verschmutzung der Umwelt, sondern um deren Zerstörung mit all ihren Folgen für Natur und Menschen bis hin zur Massenflucht aus betroffenen Regionen. Hiervon werden auch wesentliche Teile Europas betroffen sein. Für den Mittelmeerraum zeichnen die Klimaforscher düstere Prognosen einer Versteppung der Küsten, akuten Wassermangel mit drastischen Folgen für die Landwirtschaft und den Tourismus. Bis 2080 könnte die Durchschnittstemperatur in Europa um zwei bis vier Grad steigen. An den

Nordseeküsten könnte der Meeresspiegel infolge des Abschmelzens des arktischen Eises um einige Meter steigen und damit weite Teile der Niederlande und Norddeutschlands allen Deichbauten zum Trotz unter Wasser setzen.

Weniger apokalyptisch und fast zynisch pragmatisch sehen einige Investoren und Klimaforscher den Klimawandel, der die arktische Tundra für die Landwirtschaft freimache und Sommertourismus in Skandinavien ermögliche. Auch von der Verknappung bestimmter Rohstoffe (Weizen, Rindfleisch) infolge fortschreitender Verwüstung erhoffen sich manche Anleger neue Renditemöglichkeiten. Denn die Aktienkurse solcher Agrartitel könnten bei akuten Krisen weiter steigen. Dies ist eine legitime Sichtweise, wenngleich die Verschärfung internationaler Krisen und die Auswirkungen auf die gesamte Volkswirtschaft damit völlig außer Acht gelassen werden. Dafür fühlt sich der Investor nicht zuständig. Die entscheidende Frage, die sich Politiker, Klimaforscher und Investoren jedoch gleichermaßen stellen, lautet: Sollen wir höhere Deiche bauen, oder sollen wir dem Klimawandel durch radikale Emissionskürzungen begegnen, um so zum Beispiel das Ansteigen der Meeresspiegel in den Griff zu bekommen? Klar ist, dass die Antwort darauf eng mit der jeweiligen Wirtschaftskraft und staatlichen Organisation eines Landes zusammenhängt. Die Niederlande und Bangladesch, die beide infolge des Klimawandels von Überschwemmungen zunehmend bedroht sind, haben völlig unterschiedliche finanzielle und technische Möglichkeiten zur Verfügung. Auf den internationalen Klimakonferenzen wird viel über globale Aktionspläne diskutiert, doch wer einmal die schwierigen multilateralen Verhandlungen über die unterschiedlichen Interessen der 192 UN-Mitglieder miterlebt hat, erkennt bald die Grenzen der Umweltdiplomatie.

Die Dynamik einer Klimaveränderung mit all ihren Auswirkungen auf neue Konflikte und der unwiederbringlichen Vernichtung natürlicher Ressourcen darf nicht verharmlost werden. Ebenso wenig ist bloßer Pessimismus angesagt. Die Herausforderung Klimawandel kann sehr wohl für Innovation in Technik, Finanzwelt und Politik angenommen werden. Energiekonzerne, die teils auf erneuerbare Energien setzen, legen ebenso neue Maßstäbe an wie das US-Unternehmen General Electric. GE-Vorstandschef Jeffrey Immelt hat mit dem Konzept „Ecomagination" eine völlige Neugestaltung der Konzernpolitik unternommen. Neben drastischen Reduktionen der Emissionen (bis 2012 auf den Stand von 2004) will GE schrittweise seinen Energiemix auf erneuerbare Energien umstellen. Ob es Immelt gelingt, die Wall Street für diese Strategie zu gewinnen, ist fraglich. Denn für das Gelingen eines solchen Unterfangens müssen viele Rahmenbedingungen stimmen. Dazu gehören das wohlwollende Verhalten der Aktionäre ebenso wie das Abhängen der Konkurrenz und vor allem die Vorgaben der Politik. Der ehemalige Vorstandschef von BP, Lord Browne, stellt zu den beschränkten Möglichkeiten eines Unternehmens, auch wenn es sich um einen der größten internationalen Ölkonzerne handelt, fest: „Geschäft ist Geschäft, es kann nicht der Ersatz für eine Regierung oder den öffentlichen Dienst sein."

Wie wichtig die politischen Rahmenbedingungen für die Entwicklungen im Energiemarkt sind, liegt auf der Hand. Nur aus Sorge um die Erderwärmung werden sich Unternehmer und Privatpersonen freiwillig keinen Umweltauflagen unterwerfen. Daher meldet sich nach einigen Jahren des Primats der Wirtschaft mit den Liberalisierungen im Energiesektor während der 1990er Jahre, die Politik wieder zu Wort. Sir David King, der Umweltberater des britischen Premier Tony Blair, stellte fest: „Der Klimawandel ist das schwierigste Problem, mit dem wir heute konfrontiert sind – noch vor dem Terrorismus."[2] Das Pentagon schloss sich im Frühjahr 2004 mit einer Studie dieser Einschätzung an, wie schon in Kapitel 4 kurz dargestellt. Seither versuchen die Briten, die Rolle des loyalen Verbündeten im Irakkrieg in diplomatisches Kapital umzumünzen, sprich die USA für Maßnahmen zur Reduzierung von CO_2-Emissionen zu gewinnen. Durch Umstellung auf das weniger schmutzige Erdgas konnte Großbritannien bereits seine Emissionen reduzieren, bei gleichzeitig wachsender Wirtschaft. Das US-Argument, dass Energiesparen die Wirtschaft ruiniere, kann der britische Finanzminister Gordon Brown mit eigenen Beispielen entkräften. Es war auch Brown, der Blair zu einer großangelegten Initiative für den Klimaschutz in Verbindung mit einem Hilfsprogramm für Afrika inspirierte. So kündigte Blair bereits beim Weltwirtschaftsforum von Davos im Februar 2005 sein ehrgeiziges Programm „Hilfe für Afrika und Stopp dem Klimawandel" an. Auf dem Industriegipfel der G-8-Staaten im schottischen Gleneagles Anfang Juli 2005 zog er alle Fäden angelsächsischer Verhandlungskunst, um die US-Regierung für den britischen Kurs zu gewinnen. Mit begrenztem Erfolg. Die G-8-Staaten produzieren zwar mehr als die Hälfte der Treibhausgase, doch zu rechtlich verbindlichen Einschränkungen im Sinne des Kyoto-Protokolls oder gar darüber hinaus wollten sich die großen Industrienationen nicht verpflichten. Wie soll demnächst die OECD rasch wachsende Schwellenländer zu einer Reduzierung ihrer Emissionen bewegen, ohne sich zugleich den Vorwurf der Unglaubwürdigkeit einzuhandeln? Es ist seit mehr als 15 Jahren absehbar gewesen, dass sich mit dem industriellen Wachstum in Asien auch ein Mittelstand herausbildet, der vom Fahrrad auf den Pkw umsteigt. Auch die Nord-Süd-Problematik hat sich mit der Einforderung von Umweltstandards durch die nördlichen Industriestaaten nur weiter verschärft. Denn die Bevormundung durch die ehemaligen Kolonialmächte unter dem Titel Klimaschutz lassen sich die selbstbewussten Regierungen des Südens nicht mehr gefallen.

Einen wichtigen Kernpunkt stellt die Afrikahilfe dar. Die Ziele britischer Politik, einerseits Afrika umfassend zu helfen und andererseits Emissionen

---

[2] *Science* vom 9.1.2004

sowie den Klimawandel zu begrenzen, sind eng miteinander verwoben. Denn das Voranschreiten der Wüsten des afrikanischen Kontinents und die damit verbundenen Völkerwanderungen landloser Menschen hängen eng mit dem Klimawandel zusammen. Die Migration in Richtung Nordafrika und Europa ist neben der menschlichen Tragödie zum Sicherheitsproblem geworden, vor dem sich die EU durch die Erhöhung von Zäunen schützen möchte. Eine äußerst kurzsichtige und brutale Sichtweise auf ein Problem, dessen Ursache die Europäer jedenfalls mitverursacht haben.[3]

Abgesehen von diesen wichtigen Fragen internationaler Politik sind die Regierungen aus rechtsstaatlichen Gründen gefordert, Position zu beziehen. Es geht um die Vorhersehbarkeit und Planbarkeit. Die Wirtschaft wird nämlich nur dann massiv in neue Technologien zwecks alternativer Energiegewinnung investieren, wenn die Regierungen der großen Industriestaaten ihren Kurs zum Klimawandel gemeinsam gestalten. Warum sollte sich ein deutsches Unternehmen strengeren Umweltauflagen unterwerfen, wenn ein asiatischer oder ein US-amerikanischer Konkurrent frei von Auflagen kostengünstiger produzieren kann?

Die wissenschaftliche These, nach der die Treibhausgase als Verursacher der Erderwärmung gelten, wird – mit Ausnahme der USA – nunmehr von fast allen Regierungen der OECD-Staaten anerkannt. Auch in China und Indien macht sich angesichts der starken Umweltprobleme, vor allem in der Luftverschmutzung, ein Umdenken breit. Seitens der US-Regierung werden wissenschaftliche Aussagen zum Klimawandel jedoch ignoriert oder gar unterdrückt. Dennoch wollen die USA offenbar neuen Technologien mehr Raum geben, um in erster Linie die Abhängigkeit von Energieimporten aus dem Nahen Osten zu reduzieren. Die Rede von US-Präsident Bush zur Lage der Nation am 31. Januar 2006 widmete sich ganz dem Thema Energie, insbesondere der Förderung erneuerbarer Energien mittels neuer Technologien. Bush deswegen als neuen Bannerträger des Umweltschutzes und als „Neo-Öko" zu bezeichnen, ist jedenfalls verfrüht. Die politischen Vorgaben für einen echten Umschwung in der Energiepolitik fehlen noch, denn durch das Energiegesetz aus dem Sommer 2005 werden vorerst lediglich die traditionellen fossilen Energieformen gefördert, wie in Kapitel 4 ausführlich dargestellt.

Während sich die Umweltstandards sowohl innerhalb der OECD als auch vor allem zwischen Industrie- und Schwellenstaaten stark unterscheiden, gehen die großen Versicherungskonzerne mit großen Schritten voran, um neue internationale Umweltstandards vorzugeben.

---

[3] Die Migration hat viele Ursachen, die von politischen Konflikten über Wirtschaftsmisere bis hin zum Wunsch nach einem besseren Leben in Europa reichen. Die Zerstörung der Lebensgrundlagen durch den Klimawandel ist aber ein wesentlicher Grund.

7.2. Der Versicherungssektor und Investoren werden Energietrends mitgestalten

Laut dem Europäischen Versicherungsdachverband (CEA) ging die Zahl der Schadensfälle auf globaler Ebene im Jahr 2004 gegenüber dem Vorjahr von 700 auf 640 zurück. Das Ausmaß der wirtschaftlichen Schäden schnellte indes von 15 Mrd. Dollar im Jahr 2003 auf 145 Mrd. Dollar. Bis 2014 sei weltweit mit jährlich rund 800 Katastrophen zu rechnen, heißt es in dieser Untersuchung. Die dadurch ausgelösten wirtschaftlichen Schäden werden auf über 150 Mrd. Dollar pro Jahr beziffert. Die versicherten Schäden kalkulieren die CEA-Experten für die Zukunft auf jährlich zwischen 40 und 50 Mrd. Dollar.[4] Zusammen mit der Münchener Rück gilt die Swiss Re als Pionier in Sachen Klimawandel. Bereits 1994 hatte der Schweizer Konzern seine erste Klimastudie publiziert. Die großen Versicherungsfirmen beschreiten somit kein Neuland, wenn sie sich jetzt verstärkt mit dem Klimawandel und seinen Folgen für ihre Branche auseinander setzen. Im Gegenteil, die Versicherer sind aufgrund ihrer wachsenden Rolle im Finanzsektor dabei, zu Trendsettern für Investitionen in umweltfreundliche Finanzprodukte zu werden. Zu den neuen Geschäftsfeldern, die sich durch den Klimawandel im Finanzsektor eröffnen, gehören der Handel mit Emissionsrechten, Investitionen in erneuerbare Energien und umweltfreundliche Technik oder auch neue Versicherungsprodukte, die Kunden gegen Umweltrisiken absichern.

Für das Versicherungsgeschäft könnte der Klimawandel das Risiko von Sachschäden jährlich um zwei bis vier Prozent erhöhen. Im Juni 2005 stellte die Allianzgruppe in London ihre Studie zum Klimawandel vor, die sie mit dem World Wildlife Fund (WWF) erarbeitet hatte. Bei diesem Anlass forderte sie die großen Industriestaaten der G-8 zu klaren Maßnahmen zwecks Bekämpfung der globalen Erwärmung auf. Unabhängig davon will die Allianz-Versicherung all ihre Geschäfte künftig auf Risiken einer höheren CO_2-Konzentration in der Atmosphäre hin durchleuchten. Die globale Erwärmung ist damit zum Vorstandsthema eines bedeutenden Unternehmens geworden.

Noch vor den teuren Naturkatastrophen des Jahres 2005 – den Hochwassern in der Schweiz, in Westösterreich und in Bayern sowie den Hurrikanen in den USA im August 2005 – unterbreiteten der WWF und die Allianz-Versicherung einen „Aktionsplan für Klimawandel und Finanzsektor".[5]

Der Klimawandel bringe erhebliche Kosten für den gesamten Finanzsektor, warnte Allianz-Direktor Joachim Faber bei der gemeinsamen Präsen-

---

[4] CEA Jahresbericht 2004-2005, S. 28: Die Auswirkung der Klimaveränderung in den nächsten 10, 20 oder 30 Jahren wird auf eine zweistellige Prozentzahl des Bruttosozialprodukts geschätzt.
[5] http://www.climatepartner.com/news_allianz_ccs.php

tation in London am 28. Juni 2005. Versicherungen müssten künftig den Klimawandel einkalkulieren – das gelte für die Übernahme von Versicherungsrisiken ebenso wie für die Entscheidung über Finanzanlagen und Kreditvergaben. Eindeutige politische Rahmenbedingungen, um langfristige Investitionen und die Kreditvergabe für Banken und Anleger anpassen zu können – so lautet eine der Forderungen der Versicherer. Als erster Versicherungskonzern hat die Allianz damit einen klaren Appell an die Politik gerichtet, denn rechtliche Rahmenbedingungen, Sanktionen bei Rechtsbruch, fiskalische Anreize und vieles mehr sind politische Zuständigkeit.

Diese gemeinsame Studie von einem der weltweit größten Versicherungsunternehmen und einer Nichtregierungsorganisation, die sich dem Erhalt der Umwelt widmet, ist äußerst lesenswert. Die Autoren beschreiben die anstehenden Probleme klar und verständlich, nüchtern analysieren sie die bereits existenten und die noch bevorstehenden Folgen des Klimawandels. Dabei wird die ökologische Katastrophe an handfesten Versicherungsdaten festgemacht. Zugleich bietet diese solide Studie sehr konkrete Vorschläge, wie Investitionen in Projekte, die Schadstoffemissionen reduzieren sowie der Umwelt und Wirtschaft nützen können. Neue Finanzierungsinstrumente werden vorgestellt und in ihren langfristigen Auswirkungen auf das Klima beurteilt. Diese Studie ist offenbar zur Pflichtlektüre vieler Banker geworden, denn einige der darin enthaltenen Empfehlungen finden sich mittlerweile in den Investitionstipps diverser Banken zur Energiebranche wieder. Die Versicherungswirtschaft gewinnt – nicht zuletzt durch ihre enge Verbindung mit dem Finanzsektor – sowohl bei der Schadensabdeckung, als auch mit Blick auf künftige Investitionen zunehmend an Bedeutung. Wenn nun von großen Versicherungskonzernen derart starke Impulse zur Eindämmung der CO_2-Emissionen und zur Entwicklung schadstoffarmer Produkte in der Industrie ausgehen, so werden auch Fondsmanager bald die Folgen spüren.

Der Boom der erneuerbaren Energien, der sich im Herbst 2005 an einigen Börsen abzuzeichnen begann, ist ein Beleg dafür. Und die Angst vor weiteren Preissprüngen bei Öl und Erdgas hat sich seither weiter verstärkt, unter anderem infolge der Erdgaskrise zwischen Russland und der Ukraine sowie neuer geopolitischer Probleme zwischen den großen Produzenten fossiler Energien im Nahen Osten und den westlichen Importeuren. Die Attraktivität der erneuerbaren Energien wächst entsprechend. Während sich Klein- und Mittelstandsunternehmen bereits erfolgreich mit ihren Produkten, von der Photovoltaikzelle bis zum Biogaskraftwerk am Markt positioniert hatten, versuchen große Konzerne wie Siemens noch auf den fahrenden Zug aufzuspringen. Andere Energiekonzerne wie Royal Dutch/Shell sind bereits zum größten Solarzellenhersteller geworden und werden diese Position nicht so rasch aufgeben.

Der Boom mit den erneuerbaren Energien hat in Deutschland viele Väter. Hierzu zählt neben den derzeit hohen Energiepreisen das 2004 in Kraft getretene Gesetz für erneuerbare Energie. Dieses verpflichtet alle Netzbetreiber, Strom aus alternativen Quellen vorrangig und zu langfristig fixierten Preisen abzunehmen. Dank staatlicher Förderungsprogramme und hoher Erdölpreise nutzen viele Firmen deshalb den günstigen Zeitpunkt für einen Gang an die Börse. Rasches Wachstum bedeutet aber auch großes Risiko. Die oftmals nur spärlich veröffentlichten Kennzahlen der Kleinunternehmen unterstreichen dies: Das Kurs-Gewinn-Verhältnis ist bei den meisten Newcomern ausgesprochen hoch, so dass man sich bisweilen an den Internetboom erinnert fühlt.[6]

Speziell auf erneuerbare Energie ausgerichtete Anlagefonds sind ebenfalls im Handel. Sie sollen dem einzelnen Investor eine gewisse Diversifikation innerhalb des Sektors ermöglichen. Seit Mitte Oktober 2005 gibt es mit dem ERIX nun auch einen Index für erneuerbare Energie. An dessen Entwicklung können die Anleger über ein Zertifikat direkt teilhaben. Der Index enthält die zehn nach Börsenkapitalisierung größten europäischen Unternehmen im Bereich der erneuerbaren Energien. Je vier der Unternehmen sind in den Sektoren Solar- und Windenergie tätig, außerdem je ein Anbieter von Energie aus Wasser und Biomasse. Eine Rendite von zehn Prozent für Investitionen in dänische Windparks – dies hat sich auch bei den Kundenberatern von Schweizer Banken herumgesprochen.[7] Während sich in den USA die so genannten ethischen Fonds wachsender Beliebtheit erfreuen, ist diese Nische in Europa erst im Aufbau begriffen. Gerade von der Energiebranche wird das „grüne Geld", wie diese Investitionen in nachhaltige Produkte genannt werden, sicherlich neue Impulse erhalten. Voraussetzung ist jedenfalls ein anhaltend hohes Preisniveau für fossile Energien, um die Kommerzialisierung der erneuerbaren Energien langfristig abzusichern.

Die Sonnenenergie könnte dank neuer Siliziumgeräte, einer besseren Leitfähigkeit und neuer Technologien wie der Photovoltaik zu einer wichtigen ergänzenden Energieform für Privathaushalte werden. In diesem Bereich ist eine Vielzahl kleiner Unternehmen tätig, und Anleger sollten sich auf Anbieter mit Wertschöpfungspotenzial, wie zum Beispiel in der Gewinnung von Silizium, konzentrieren. Auch die Erdwärme wird für Anleger immer beliebter, da neue Technologien tiefere Bohrungen erlauben und dieser Prozess bei hohen Ölpreisen rentabel wird. Geothermische Energie, heute die regenerative Energiequelle mit dem dritthöchsten Anteil an der weltweiten Stromerzeugung auf erneuerbarer Basis, kann übrigens auf der

---

[6] *NZZ* vom 28.11.2005
[7] Credit Suisse Global Investor Focus „Energie" vom 29.11.2005

ganzen Welt gewonnen werden. Besonders interessant ist ihre Nutzung an Standorten, an denen die Erdwärme bis dicht unter die Erdoberfläche dringt. Die Technik ist ausgereift und robust, allerdings vergleichsweise kapitalintensiv. Durch die Nutzung dieser Erdwärmesysteme wird sich der Energiebedarf von Privathäusern von Grund auf verändern. Ziel ist ein so genanntes Null-Emissions-Haus, das mit Erdwärmesystemen, Solarpanels und intelligenter Technologie betrieben wird. Nur wenige Unternehmen bieten bislang Anlagemöglichkeiten ausschließlich in geothermische Aktivitäten, da solche Projekte vorwiegend durch die großen Versorgungsunternehmen abgedeckt werden.

Auch Aktien von Unternehmen, die sich mit der Energiegewinnung aus Biomasse beschäftigen, zeigen eine steigende Performance. Biodiesel und Bioethanol werden angesichts hoher Treibstoffpreise attraktiver. Bereits in den 1980er Jahren wurde die Herstellung eines Kraftstoffgemischs aus Benzin und Biotreibstoff aus Zuckerrohr das größte brasilianische Projekt zum Einsatz von alternativen Energien. Heute werden in Brasilien 90 Prozent der Fahrzeuge mit diesem Kraftstoffgemisch betrieben, und das Land wird wohl im internationalen Bioethanolhandel, der noch in den Anfängen steckt, eine wesentliche Rolle spielen. Ob sich die europäischen Zuckerrübenbauern mit ihren hohen Erwartungen an den Biokraftstoff Ethanol behaupten werden, ist angesichts der brasilianischen Konkurrenz eher zweifelhaft. Ebenso erhofft die europäische Landwirtschaft aus Raps- und Sonnenblumenanbau für die Produktion von Biodiesel neue Chancen. Die Kontroverse zu den Biotreibstoffen wurde bereits im Zusammenhang mit den neuen Anbaugebieten in Afrika dargestellt. Die EU wird ihre in der Energiestrategie vom März 2007 formulierten Ziele wohl revidieren müssen. War es in Deutschland die Automobilindustrie, die vor Motorenschäden warnte, so hat die OECD in Folgeberichten die hohen Emissionswerte und die Auswirkungen auf die Nahrungsmittelpreise gegen die auch als Agrartreibstoffe bezeichneten Alternative ins Treffen geführt.

In den USA wird ebenso verstärkt auf den Biotreibstoff Ethanol gesetzt. Dieser hier aus Mais und Weizen gewonnene Biotreibstoff wird als große Zukunftslösung interpretiert. Es gilt aber zu bedenken, dass der Biotreibstoff aus Zuckerrohr ungleich günstiger und von höherer Energieleistung ist. Angesichts der Regeln der Welthandelsorganisation WTO könnte zudem eine subventionierte Landwirtschaft, ob in den USA oder in der EU, ihre agrarische Energieproduktion ohnehin nicht lange aufrecht erhalten.

Die Windenergie, die in Deutschland schon heute fünf Prozent des Energieverbrauchs deckt, wird für die Nachfrage an neuen Energien voraussichtlich eine Schlüsselrolle spielen, vor allem angesichts des Baus von Offshore-Windparks, die rund um die Uhr dem Wind ausgesetzt sind.

Zunehmend leichtere und widerstandsfähigere Materialien machen die Entwicklung von Windkraftanlagen in großem Stil möglich. Zudem wird diese Energieform in Europa staatlich stark gefördert. So beabsichtigt zum Beispiel Deutschland, bis 2010 zehn Prozent des Energiebedarfs mit Windkraft zu decken. Anleger sollten solche Unternehmen im Auge behalten, die Generatoren für Windturbinen zur Erzeugung von erschwinglichem Strom für Privathaushalte und kleinere Industrieanwendungen herstellen. Angesichts der bevorstehenden Stilllegungen vieler Ölbohrinseln in der Nordsee wird die Aufstellung von Windrädern auf diesen Anlagen bereits von einigen betroffenen Firmen konkret in Angriff genommen. Unumstritten sind die Windparks dennoch nicht. Zum einen ist das Kosten-Nutzen-Verhältnis regelmäßig Gegenstand der Debatte zwischen Befürwortern und Gegnern, zum anderen sind die Windparks aus Gründen der Landschaftszerstörung oft im Visier ihrer Kritiker.

Vieles ist im Fluss und wird sich infolge technischer Entwicklungen und politischer Vorgaben sowie der Energienachfrage in wenigen Jahren neu präsentieren. Ehemals reine Erdölkonzerne, die sich bereits in Energiekonzerne umwandeln, wie Royal Dutch/Shell und BP, rechnen, dass sie im Jahr 2050 die Hälfte ihres Umsatzes mit alternativen Treibstoffen und erneuerbarer Energie machen werden. Offenbar schließt sich der Kreis sowohl seitens der großen multinationalen Konzerne als auch all jener innovativen Klein- und Mittelunternehmer, die ihre erneuerbaren Energieträger technisch und kommerziell positioniert haben.

Beobachtet man die Aufbruchstimmung für erneuerbare Energien infolge der hohen Energiepreise so fühlt man sich an die „Goldgräberjahre" Ende der 1970er und zu Beginn der 1980er Jahre erinnert. Damals beschlossen unter der Führung der USA und der IEA einige Erdölkonzerne, darunter Exxon, auf die „renewables" zu setzen. Als die Erdölpreise dann ab 1985 einbrachen, mussten jedoch viele Forschungsprogramme mangels Wettbewerbsfähigkeit wieder eingestellt werden. Die derzeit ablehnende Haltung des US-Konzerns Exxon gegenüber neuen Energieträgern erklärt sich unter anderem aus dieser geschäftlichen Bruchlandung Ende der 1980er Jahre. Nichtsdestotrotz betreibt auch Exxon eine PR-Kampagne, die die Entwicklung neuer Technologien für die Energiegewinnung ankündigt. Nicht anders erging es der deutschen Automobilindustrie, die zwar schon mit neuen Antriebstechniken in den 1990er Jahren experimentierte, dann aber nicht den gewünschten Erfolg erzielte und gegenwärtig einige wichtige Trends verschläft. Die Geschichte bestraft offensichtlich nicht nur den, der zu spät kommt, wie es Michael Gorbatschow einmal formulierte, sondern auch all jene, die zu früh kommen.

7.3. Die Transportindustrie braucht einen Neuanfang

Rund zwei Drittel Nachfragesteigerung nach Erdöl werden sich laut IEA bis 2030 aus dem Transportsektor ergeben. Dabei wächst die Mobilität besonders stark in den Schwellen- und Entwicklungsländern. In der Automobilindustrie kam es in den 1970er Jahren bereits zu wesentlichen erfolgreichen Innovationen. Der Trend zum Treibstoff sparenden Kleinwagen wurde beispielsweise von Japan richtig erkannt. Erst Ende der 1980er Jahre wurde jedoch der Geländewagen, diesmal von den USA ausgehend und dank der wieder niedrigen Treibstoffpreise, auch für europäische Städter zum erschwinglichen Prestigeobjekt. Die Autosalons im Jahre 2005 ließen aber infolge der hohen Treibstoffkosten eine neuerliche Trendwende erkennen. Wurde in den letzten 30 Jahren der Verbrennungsmotor lediglich umgearbeitet, so ist nun mit dem Hybridauto bzw. mit Prototypen völlig neuer Antriebstechniken eine ganz neue Generation von Autos im Kommen.

Die Autoindustrie möchte sich nun an der Entwicklung erneuerbarer Energien intensiv beteiligen. Hybridautos sind schon ein Verkaufsschlager, auch an Flüssiggasantrieben, Brennstoffzellen und Solarautos wird emsig gearbeitet. Kaum ein Autokonzern kann es sich gegenwärtig leisten, nicht an diesem Trend teilzunehmen. Im Nachhinein lässt sich sagen, dass DaimlerChrysler seinen Prototyp wohl einige Jahre zu früh auf den Markt gebracht hat, als noch keine ausreichende Nachfrage bestand.

Der südkoreanische Autohersteller Hyundai Automotive Group möchte zum Marktführer energieeffizienter Pkw werden. Zwar stieg der Tigerstaat mit fast 100 Jahren Verspätung in die Automobilindustrie ein, doch hängen die Asiaten mit ihrem Innovationskurs die traditionellen Autohersteller ein weiteres Mal kräftig ab. Bereits 2001 hatten die Koreaner einen Wasserstoff betriebenen Wagen vorgestellt. Diese Innovationskraft beruht nicht zuletzt auf der Tatsache, dass Korea 97 Prozent seines Energiebedarfes importieren muss. Umso relevanter ist daher die Umgestaltung der Energiepolitik. Das Korea Institute of Science and Technology arbeitet mit staatlicher Unterstützung daran, in mehreren Phasen bis 2040 die Motorenproduktion auf Wasserstoff Technologie, erzeugt durch erneuerbare Energien, umzusatteln.[8] Die geografische Lage der Halbinsel, im Norden begrenzt durch das isolierte Nordkorea, macht Südkorea zum idealen Vorreiter für ein neues Vertriebsnetz von Tankstellen und Werkstätten. Die Chancen, die sich aus einer solchen großangelegten Umstellung der Automobilindustrie für technische Innovationen, Arbeitsplätze und Stärkung der jeweiligen Volkswirtschaft ergeben, liegen auf der Hand. Angesichts der heftigen Krisen,

---

[8] Korea Times vom 5.7.2005

die viele deutsche Autokonzerne infolge schwacher Auftragslage, verfehlter Strategien in Luxus- oder Kleinwagen beuteln, wäre ein Umsatteln vom Verbrennungsmotor auf ein neues System sinnvoll. Die Stimmung in diese Richtung wird dabei nicht mehr nur von ökologischen Idealisten gemacht, sondern zeigt sich bereits auf der Kommentarseite der New York Times.[9]

Die deutsche Automobilindustrie hat offensichtlich entscheidende Entwicklungen, ob aus Arroganz oder schlechten Erfahrungen, vernachlässigt. Gerade beim Hybridmotor – einer Kombination aus Verbrennungsmotor und Elektroantrieb – haben japanische Hersteller wie Toyota die Nase vorn. An die Erfolge der Asiaten anzuschließen wird kaum noch gelingen. Vielmehr ist daher angesagt, völlige neue Wege, wie die Entwicklung der Brennstoffzelle zu beschreiten. Die Hersteller arbeiten daher mit Hochdruck an Lösungsmöglichkeiten, um die zukunftsweisende Technologie durch günstigere Preise für den Verbraucher interessanter zu machen. Experten sind uneinig, welche Antriebsart sich langfristig durchsetzen wird. Alternativen zu Benzin und Diesel wurden bisher häufig belächelt, doch nun haben sich erste Erfolge eingestellt, wie zuvor schon dargestellt. So wird in Österreich und Deutschland oft Biodiesel angepriesen. Doch dahinter verbergen sich gerade mal ein paar Prozent Öl pflanzlicher Ausgangsstoffe, der Hauptanteil ist weiterhin Mineralöl. Ganz so biologisch und umweltfreundlich sei er damit nicht, meinen Kritiker. Nicht auszuschließen ist angesichts des aktuellen Umbruchs in der Treibstoffsparte, dass der Gesetzgeber den Begriff Biodiesel zukünftig nur mehr für 100 Prozent Biotreibstoff zulässt.

Kerosinkosten und neue Flugmodelle

Steigende Kerosinkosten, strengere Umweltauflagen und die – glaubt man den Prognosen – weiter wachsenden Passagierzahlen könnten auch die Flugzeughersteller zum Handeln zwingen. Angesichts der dichten Konkurrenz seitens der Billigflieger ist das Kerosin noch mehr zum entscheidenden Budgetposten jedes Flugunternehmens geworden. Airlines kaufen ihr Kerosin immer just-in-time auf Basis von Jahresverträgen zum jeweiligen Marktpreis. Große Flugunternehmen unterhalten inzwischen eine ganze Abteilung, deren Treibstoffexperten den Markt genau verfolgen, um zum richtigen Zeitpunkt Kerosin zu kaufen. Die Aktienkurse dieser Unternehmen reagieren besonders sensibel auf Erdölkrisen.

Die Produktion des Airbus A380, dessen Entwicklung 14 Mrd. Euro kostete, versteht sich als eine Zwischenlösung der wachsenden Treibstoffkosten und Umweltprobleme, denen sich die Luftfahrt vermehrt stellen muss.

---

[9] New York Times vom 25.6.2005 Kommentar von Thomas Friedman, der die Initiative von Toyota in Richtung Wasserstoffmotoren als Vorbild nennt.

Zwar verbraucht der A380 im Vergleich zur Kapazität weniger Treibstoff als herkömmliche Flugzeuge, doch können sich diese neuen, verbrauchsärmeren Großraumflugzeuge nur sehr langsam am Markt ausbreiten, da Flugzeuge generell eine sehr lange Nutzungsdauer haben (20 Jahre und mehr). Auch die derzeit auf dem Markt neu erhältlichen Flugzeugtypen verbrauchen erheblich weniger Treibstoff und sind daher wesentlich umweltfreundlicher als Flugzeuge, die bereits seit 15, 20 oder noch mehr Jahren im Einsatz sind. Einen völlig neuen Schritt unternimmt wiederum das europaweite Forschungsprojekt Vela, kurz für „Very Efficient Large Aircraft". Es handelt sich um einen Prototypen des Flugzeugs der Zukunft, das eher wie eine Flunder als wie ein blecherner Vogel aussieht. Diese „Nurflügler" sollen den unnötig hohen Kerosinverbrauch infolge des Widerstands, den der Rumpf konventioneller Jets fordert, reduzieren. Bevor die Passagiere in diese futuristischen und umweltfreundlichen Flugflundern steigen, wird Fliegen wohl erst noch einmal teurer werden.

7.4. Zeit gewinnen

Die gegenwärtige Transformationsphase in der Energieversorgung muss sich vor allem mit einem Thema befassen: Wie können Politik, Wirtschaft und Forschung Zeit gewinnen, um mit den dringenden Problemen der Emissionsbegrenzung bzw. der Reduktion der Schadstoffe zurechtzukommen? Denn bis neue Energieträger unseren aktuellen und stets wachsenden Energieverbrauch decken können, müssen brauchbare Zwischenlösungen gefunden werden. Ein interessantes Beispiel liefert die „Carbon-Storage". Es geht um die Abscheidung und Lagerung von Kohlendioxid im Rahmen einer Klimaschutzstrategie: Das bei der Verbrennung entstehende Kohlendioxid soll zu relativ günstigen Kosten unter hohen Temperaturen abgeschieden, dann für den Transport verflüssigt werden, um in der Folge in geeigneten unterirdischen Lagern langfristig sicher gespeichert zu werden.

„Carbon sequestration" (Bindung von Kohlenstoff) ist ein Forschungsbereich, den US-Präsident Bush in diversen Energiepapieren als besonders vielversprechend hervorgehoben hatte, um die Entstehung von Treibhausgasen zu reduzieren. Es umfasst eine Reihe neuer Methoden, um Kohlenstoff aus dem Abgas von Kraftwerken zu binden oder direkt aus der Atmosphäre zu extrahieren, um es anschließend dauerhaft zu isolieren.

Wenn auch die EU bislang keine gemeinsame Energiepolitik entwickelt hat, so bestehen doch beachtliche europäische Forschungsinitiativen zur Lösung der Emissionsfrage. Das CASTOR Programm (CO_2 from Capture to Storage) ist eine solche europäische Initiative von 30 Firmen aus elf europäischen Staaten, die teils von der Europäischen Kommission finanziert wird. Ziel dieses Forschungsprojekts ist, über ein „public-private partnership" alle innovativen Technologien zur CO_2-Abtrennung und -Speicherung, der so genannten „carbon sequestration and storage", weiterzuentwickeln. Wenn auch viele technische Fragen noch unbeantwortet sind – wie zum Beispiel die ökologische Bedenklichkeit von Lagerstätten unter dem Meeresboden – so ist gegenwärtig dennoch einige Aktivität in der Kohlenstoff-Bindung, der Sequestierung von CO_2 zu erwarten. Das Marktpotential soll beträchtlich sein. Entsprechende Anleihen für diesen Markt werden bereits diskutiert. Jedes Unternehmen, das CO_2 in geologische Formationen einlagern will, muss im Wert des eingelagerten CO_2 (eingelagerte CO_2-Menge multipliziert mit dem Zertifikatspreis für CO_2) einen Bond kaufen. Findige Techniker und Investoren sehen bereits LNG-Tanker auf ihrer Rückreise von den Terminals sequestierten Kohlenstoff in die abgebauten Gasfelder transportieren, um diesen dort einzulagern.

Innerhalb ihres Energiedialogs wollen auch die EU und die OPEC in Forschung und Entwicklung dieses Verfahrens investieren. Ein wohl überambitioniertes Vorhaben, das mehr auf PR als auf Inhalt abzielt. Denn ganz grundsätzlich darf folgender Einspruch erhoben werden: Stellt man bei derartigen Projekten nicht die Pyramide auf den Kopf, wenn Mittel und Kräfte für solch experimentierfreudige Zwecke aufgewendet werden? Ein technisch und finanziell viel geringerer Aufwand würde sich nämlich aus der schlichten Steigerung der Energieeffizienz ergeben. Das Handicap liegt aber darin, dass Energie sparen eher nach Einschränkung als nach der Schaffung von Arbeitsplätzen und finanziellen Gewinnen klingt. Auch hier wäre die Politik gefragt, über fiskalische Instrumente dem großen Einsparungspotenzial durch Steigerung der Energieeffizienz neue Chancen zu geben.

Experimentierfreudig zeigen sich übrigens auch die Börsen, wenn es um den Einsatz der neuen Emissionszertifikate geht, die EU-weit im Frühjahr 2005 eingeführt wurden. Das System ist wirtschaftlich neu und stellt alle Beteiligten vor neue Aufgaben. Schnell ist die Beratungsbranche aus Rechtsanwälten und Steuerberatern rund um dieses neue komplexe Konstrukt des Emissionshandels gewachsen.

EU-Emissionshandel kommt in Schwung
Am 16. Februar 2005 trat das Kyoto-Protokoll in Kraft, nachdem Russland es im Herbst 2004 ratifiziert hatte. Damit war die erforderliche Zahl von 55 Vertragsstaaten erreicht. Das Protokoll von Kyoto war 1997 in Ergänzung zum UN-Klimarahmenübereinkommen von 1992 geschaffen worden. Bei diesem auch von den USA unterzeichneten Dokument der UNO handelt es sich um eine lose formulierte Aufforderung, die Treibhausgasemissionen der Industriestaaten auf das Niveau von 1990 zurückzufahren. Mangels klarer rechtlicher Vorgaben hatten sich die EU und Japan bereits 1995 mit

interessierten Staaten zusammengeschlossen, darunter Inselstaaten wie die Seychellen und Malediven, die von der Erderwärmung akut betroffen sind, da ihre Atolle unterzugehen drohen. Ihr gemeinsames Ziel war, viel konkretere und rechtsverbindliche Aussagen zu treffen. So zielt das Kyoto-Protokoll darauf ab, die Treibhausgaskonzentration in der Atmosphäre auf einem Niveau zu stabilisieren, auf dem eine Störung des Klimasystems verhindert wird.

Die Vertragsstaaten des Kyoto-Protokolls haben sich zur Verringerung der Gesamtemissionen in der EU verpflichtet. Dieses Reduktionsziel wird auf die einzelnen Mitgliedstaaten umgelegt. Dabei wird die Obergrenze an zulässigen Emissionen kontinuierlich gesenkt. Die Mitgliedstaaten geben an ihre betroffenen Unternehmen so genannte Emissionszertifikate aus, die zur Emission einer bestimmten Menge CO_2 berechtigen. Der Emissionshandel beruht auf der Idee, Marktmechanismen zu nützen, um bestimmte Emissionen effizient zu reduzieren. Der Marktteilnehmer soll also überlegen, ob für ihn eine Kürzung der Schadstoffemission oder der Erwerb von zusätzlichen Zertifikaten günstiger ist. Dadurch sollen die Emissionen europaweit dort reduziert werden, wo die Kosten insgesamt am niedrigsten sind. Die Unternehmer können sich entscheiden, ob sie Zertifikate zukaufen oder lieber Emissionen – durch Umweltschutzmaßnahmen oder Stilllegung der emissionsintensiven Anlagen – reduzieren. Liefert ein Unternehmer die benötigten Zertifikate nicht rechtzeitig ab, muss er Strafe zahlen (am Anfang 40 Euro, später 100 Euro pro Tonne CO_2 über der Emissionsgrenze) und zudem die fehlenden Zertifikate nachreichen. Leider führt die derzeitige Handhabung dazu, dass die reichen Industriestaaten nicht etwa ihre Anlagen modernisieren, sondern munter Emissionszertifikate aus den Schwellenländern kaufen. Die internationalen Abkommen zum Klimaschutz sind nach Berichten der Vereinten Nationen, dem Klimaschutzsekretariat, vom Herbst 2005 weitgehend wirkungslos. Die Industriestaaten werden demnach im Jahr 2010 fast 11 Prozent mehr Treibhausgase ausstoßen als 1990.

Dennoch hoffen all jene Vertragsstaaten, die sich als „Kyoto-Land" zur Reduktion der Treibhausgase verpflichtet haben, auf die Wirksamkeit des Emissionshandels. Der Handel mit CO_2-Emissionszertifikaten ist im Frühjahr 2005 in der EU angelaufen. Über 11.000 europäische Unternehmen sind daran beteiligt. Der Zertifikatehandel erweist sich als sehr volatil. Sowohl das gehandelte Volumen als auch der Handelspreis sind großen Schwankungen unterworfen. Ursprünglich bis 2012 befristet, soll das weltweit erste multinationale Handelssystem mit Emissionen dazu beitragen, dass die EU ihre Verpflichtungen gemäß dem Kyoto-Protokoll erfüllen kann. Demnach sollen die Treibhausgasemissionen bis 2012 um acht Prozent gegenüber dem Stand von 1990 gesenkt werden. Nach Schätzungen der Europäischen Kommission erfassten die nationalen Verteilschlüssel (Allokationspläne) bisher Industrieanlagen, die rund 50 Prozent des gesamten CO_2-Ausstoßes in Europa verursachen. Während in der ersten Handelsperiode 100 Prozent der Zertifikate den Unternehmen kostenlos zur Verfügung gestellt wurden, werden in der zweiten Handelsperiode in Deutschland fast 10 Prozent der Zertifikate veräußert.

Deutschland als größter europäischer CO_2-Verursacher beispielsweise hat für seine 1849 energieintensiven Industrieanlagen insgesamt 495 Mio. Zertifikate zugeteilt bekommen. Ein Emissionsschein entspricht dabei dem Ausstoß von einer Tonne CO_2. Die Zuteilungsmengen für den CO_2-Ausstoß werden im Rahmen eines Nationalen Allokationsplans NAP vorgenommen. Deutschland plant seine Treibhausgasemissionen im Zeitraum 2008 bis 2012 um 21 Prozent gegenüber 1990 zu reduzieren. Parallel sind die nationalen und auch europäischen Gerichte mit Klagen seitens der europäischen Industrie, welche die Zuteilungen anfechten, konfrontiert. Zwischen der Europäischen Kommission und einigen Mitgliedsstaaten (z.B. Großbritannien) herrschen Konflikte wegen der Mengen und der Handhabung des jeweiligen NAP. Nach Auffassung des Europäischen Gerichtshofs darf Deutschland keine nachträglichen Anpassungen an seinem CO_2-Zuteilungsplan vornehmen. Offensichtlich fehlen aber laut Rückmeldungen großer Stromkonzerne schon einige Mio. Zertifikate. Vermehrt melden sich Stimmen aus der Industrie, die gar den Emissionshandel kippen wollen. Der Hintergrund ist die fortschreitende Auslagerung europäischer Stahl- und Aluminiumindustrie nach Asien.

Als Haupthandelsplätze für den Emissionshandel gelten die Energiebörse Leipzig (EEX) und die NordPool in Oslo. Das Europäische Zentralregister (CITL) koordiniert den Emissionshandel nach gewissen Sicherheitsstandards. Ihm sind bisher registrierte Anlagen aus sieben der 25 EU-Mitgliedsstaaten angeschlossen, darunter diejenigen aus Frankreich (Powernext) und Großbritannien. Beim CITL handelt es sich um einen Mechanismus im Rahmen des EU-Emissionshandels, der die nationalen Register aller Mitgliedsstaaten der EU miteinander verknüpft und als Zentralregister Vorgänge, wie z. B. Transaktionen oder Kontoeröffnungen, überwacht und protokolliert. Erst wenn das CITL eine Transaktion bestätigt, gilt diese als abgeschlossen. Die Börse in Amsterdam will für den Emissionshandel Termingeschäfte und einen Spot-Markt anbieten.

Die USA haben das Kyoto-Protokoll nicht unterzeichnet. Die Regierung Bush will von rechtlich verbindlichen Grenzen für Emissionen nichts wissen. In Washington setzt man vielmehr auf die Entwicklung verbesserter Technik, um die fossilen Energieträger sauberer und effizienter zu verarbeiten. Ende Juli 2005 verkündete Bush den Zusammenschluss der USA mit Australien, China, Indien, Japan und Südkorea zu einem neuen Klimaschutzbündnis. Die „Partnerschaft Asiens und des Pazifiks für eine saubere

Entwicklung und Klima" (Asia-Pacific Partnership on Clean Development and Climate) habe nicht zum Ziel, das Kyoto-Protokoll zu ersetzen. Doch wollen die Mitglieder mit Hilfe neuer Umwelttechnologien eine Antwort auf den Klimawandel finden, so die Begründung des US-Präsidenten. Die Mitglieder des neuen Bündnisses wollen private Investitionen zum Klimaschutz fördern und sich bei der Entwicklung neuer Umweltschutztechniken gegenseitig unterstützen. Konkrete Ziele zur Verminderung der Treibhausgase setzt das neue Bündnis nicht; ebenso wenig sieht es Sanktionen gegen Verstöße vor. Vertreter mehrerer europäischer Regierungen, der EU-Kommission, sowie amerikanischer Bundesstaaten und kanadischer Provinzen vereinbarten im Herbst 2007 eine internationale Partnerschaft zum Emissionshandel. Ziel der ICAP, International Carbon Action Partnership, genannten Initiative ist die Vernetzung der in verschiedenen Teilen der Welt existierenden und geplanten Emissionshandelssysteme. Es war ursprünglich eine kalifornisch-deutsch-britische Initiative zum Aufbau eines globalen Kohlenstoffmarktes. ICAP steht grundsätzlich auch anderen Staaten offen, insbesondere solchen, die demnächst bindende Emissionshandelssysteme auflegen, etwa Neuseeland und Australien. Die Initiative fügt sich als Ergänzung zu den laufenden UN-Verhandlungen ein in den Prozess zur Weiterentwicklung des internationalen Klimaschutzregimes nach dem Auslaufen des Kyoto-Protokolls.

Anders verhält sich die Lage in Kalifornien, wo es bereits im Sommer 2000 schwere Stromausfälle gab. Gouverneur Arnold Schwarzenegger will nunmehr den US-Bundesstaat zum treibenden Motor für alternative Energie machen. Der kalifornischen Energiekrise lag eine misslungene Stromliberalisierung zugrunde. Anders als die Bush-Regierung, die nur von „freiwilligen Schritten" spricht, sollen in Kalifornien die Werte von CO_2-Emissionen bis 2050 um 80 Prozent unter jene von 1990 fallen.

Doch der weltweite CO_2-Ausstoß geht keineswegs zurück, sondern wird voraussichtlich bis 2010 sogar um 25 Prozent über dem Niveau von 1990 liegen. Dafür sind nur zum Teil die USA verantwortlich, die jedoch mit 1,5 Prozent der Weltbevölkerung ein Viertel der Emissionen verursachen. Auch die EU wird bis 2010 neun Prozent mehr Kohlendioxid produzieren, anstatt, wie vereinbart, acht Prozent weniger als 1990. Die EU müsste im Vergleich zu 1998 ihren CO_2-Ausstoß bis 2050 um 53 Prozent reduzieren. Nur so könnte es gelingen, den CO_2-Gehalt auf dem doppelten Niveau des vorindustriellen Standes zu stabilisieren. Die USA müssten gar eine Reduktion um 80 Produzent vornehmen.

Die reichsten OECD-Länder haben in den letzten 30 Jahren nur ein Stückwerk an politischen Maßnahmen erreicht, um die CO_2-Emissionen zu begrenzen. Unabhängig davon, was ein Umdenken in den USA und gemeinsame Maßnahmen bewirken können, um den Klimawandel im Rahmen des Möglichen zu bremsen – der entscheidende Schauplatz liegt in den Schwellenländern wie China und Indien. Die rasch wachsenden Industrien und der Individualverkehr werden in diesen Staaten bald für einen hohen Prozentsatz der Treibhausgase verantwortlich sein.

Der ausgetüftelte Emissionshandel, der sich übrigens vom US-Handel mit Schwefeldioxidemissionen in den 1980er Jahren inspirieren ließ, ist daher weit davon entfernt, eine umfassende Antwort auf die Klimaveränderung zu sein. Es sieht viel mehr nach einem Versuch aus, Zeit zu gewinnen. Die Mechanismen des Kyoto-Protokolls funktionieren also nur bedingt, nicht nur aufgrund fehlender Vertragsstaaten wie der USA, Chinas und Indiens. Auch jene Staaten, die das Protokoll mit all seinen Auflagen übernommen haben, kommen ihren Verpflichtungen nicht nach. Das ehemalige Umweltmusterland Österreich ist mangels Einhaltung seiner Vertragsverpflichtungen seit 2000 zum Klimaschlusslicht der EU geworden, so Greenpeace und WWF. Nur Spanien sei noch weiter von seinem Kyoto-Ziel entfernt. Schuld an dieser Verschlechterung ist laut Umweltschutzorganisationen ein CO_2-Rekordanstieg von 5,9 Prozent zum Vergleichszeitraum des Vorjahres. Zurückzuführen sei dieser neben dem Straßenverkehr auf den ständig steigenden Stromverbrauch und die zunehmende Kohleverbrennung in Österreichs Kraftwerken. Um die Kyotoziele zu erfüllen, muss Österreich nun bis 2011 23,2 Millionen Tonnen Treibhausgase bzw. fast jede vierte Tonne einsparen.[10]

Es hat trotz aller außenpolitischen Bekenntnisse zum Klimaschutz den Anschein, dass zugleich auf jeweils nationaler Ebene der Druck der Industrie auf die Regierungen, den Emissionshandel zu ändern, wächst. Hintergrund ist der Strompreisanstieg, für den lautstark die Auflagen zur Emissionssenkung bzw. der Handel mit Klimaschutzzertifikaten verantwortlich gemacht wird. Steigt der CO_2-Ausstoß eines Unternehmens, muss es Zertifikate zukaufen. Seit Handelsbeginn im Mai 2005 ist der Preis von rund 12 Euro je Tonne auf knapp 27 Euro zu Jahresbeginn 2006 gestiegen. Es stellt sich nun die Frage, ob die Zertifikate zu billig vergeben wurden. Ist die Nachfrage wirklich so stark, oder ist Spekulation mit im Spiel? Noch rätseln die Marktbeobachter über die Entwicklung. Kritiker der Gratisvergabe von Zertifikaten, bzw. der viel zu billigen Einstufung der Zertifikate, fordern eine Versteigerung dieser Papiere. Eine solche Auktion wäre nämlich viel näher am echten Marktwert und würde mehr Transparenz im Emissionshandel garantieren.

Zudem ist der kuriose Fall eingetreten, dass Stromkonzerne die Zertifikate, die sie gratis vom Staat erhalten haben, als Kosten im Strompreis an die

---

[10] WWF Presseaussendung vom 27.6.2005

Verbraucher weitergeben. Diese höheren Energiekosten treffen wiederum die Industrie, die den Standort Europa daher weiter gefährdet sieht. Außerdem fehlen Regeln für den Transfer von Zertifikaten, die Unternehmen durch die Errichtung klimaschonender Industrien in Drittländern erhalten.

Trotz dieser vielen offenen Fragen und Widersprüchlichkeiten plant die Europäische Kommission auch die Einbindung des Flugverkehrs in den CO_2-Handel, denn der CO_2-Ausstoß in der Flugbranche ist von 1990 bis 2003 um 73 Prozent gestiegen. Nach Ansicht der Europäischen Kommission ist die Einbeziehung des Luftfahrtsektors in das System des EU-Emissionsrechtehandels die beste Lösung. Zahlreiche andere Maßnahmen, wie etwa die Besteuerung von Flugtickets oder Startgebühren seien zwar geprüft aber unter Effizienzgesichtspunkten wieder verworfen worden. Weniger Kondensstreifen werden wohl nur dann am Himmel auszumachen sein, wenn der Flugverkehr abnimmt. In der Woche nach dem 11. September hatte sich in den USA der Ausstoß von Emissionen eindeutig verringert.

Hinzu tritt eine weitere wichtige Frage: Was kommt nach Kyoto? Neue Technologien können sich – ohne entsprechende wirtschaftliche Anreize – sicher nicht durchsetzen. Der vom Kyoto-Protokoll vorgesehene Handel mit Emissionsrechten bietet zwar solche Anreize, doch das System muss erweitert werden und vor allem eine längere Geltungsdauer haben, denn es ist nur bis 2012 gültig. Bei Klimaschutzinvestitionen muss aber klar sein, dass sie sich mindestens 30 bis 50 Jahre lang lohnen. Für die gesamte Wirtschaft wäre die garantierte Weiterführung des EU-Emissionshandels über 2012 hinaus zur langfristigen Investitionsplanung von Unternehmen von großer Bedeutung. Viele Verbesserungen, ob in der finanziellen Bewertung oder in der juristischen Handhabung, wären jedenfalls dringend geboten. Die Erfinder des Emissionshandel müssen dabei die Kritik aus der Industrie und seitens der Klimaschutzverbände ernst nehmen, um eine prinzipiell gute Idee nicht dem Verfall preiszugeben. Auf der Klimakonferenz in Montreal im Dezember 2005 versuchten die Delegationen neue Perspektiven für die Zeit nach dem Auslaufen des Kyoto-Protokolls zu schaffen. Es wurde nur ein verwässerter Kompromiss erreicht, der aber zumindest eine Richtung vorgibt. Demnach wollen die Teilnehmer von „Kyoto-Land" das komplizierte Regelwerk vereinfachen. Zudem wollen die Betreiber der Kyoto-Regeln, allen voran die EU und Japan sowie die kleinen Inselstaaten, mit den USA und China im Gespräch bleiben. Eine wesentliche Regel der Diplomatie lautet, stets das Gespräch aufrecht zu erhalten. Welche Ergebnisse sich bei den Folgetreffen noch erzielen lassen, wird sich weisen. Am so genannten Soft Law, also der Weiterentwicklung von Völkerrecht durch Verhaltenskodizes, wird in den Klimaschutzsekretariaten der UNO bereits emsig gearbeitet. Das Kyoto-Protokoll mag seltsam und bürokratisch anmuten, doch die fortschreitende Verdichtung rechtsverbindlicher Pflichten zugunsten des Klimaschutzes ist beachtlich.

Fazit

„Wie die Steinzeit nicht in Ermangelung von Steinen ihr Ende fand, so wird auch das Ölzeitalter lange vor einer Ölverknappung enden", lautet ein Spruch in der Energiebranche. Das Zitat selbst stammt nicht von Greenpeace, sondern von Scheich Zaki Achmed Yamani, vormals Erdölminister von Saudi-Arabien.[11] Die Ölkrisen der 1970er Jahren waren offenbar nicht heftig genug, um einen echten Umschwung von fossilen Energieträgern zu den alternativen Energiequellen zu unternehmen. Dabei stammte noch bis etwa 1880 – auch in den USA – ein wesentlicher Teil der Energie aus nachhaltigen Energielieferanten wie Windrädern und Wassermühlen. Die Energieerzeugung war lange dezentral organisiert. Auch die Kohleproduktion konzentrierte sich ursprünglich – bzw. ist es in Russland und China teils immer noch – primär auf den lokalen oder regionalen Markt. Erst mit dem Umstieg auf Erdöl wurde die Energieerzeugung zentralisiert und die Distanzen zwischen Konsument und Produzent wurden größer. Eine globale wechselseitige Abhängigkeit war entstanden, und sie wird, glaubt man den Prognosen der IEA, noch weiter wachsen.

Geopolitische Unsicherheiten bestimmen unsere Energieversorgung ebenso wie Preiskrisen und Spekulationsprämien. Durch den Handel mit Emissionszertifikaten versucht ein Teil der industrialisierten Welt, Zeit zu gewinnen. Zugleich hat die Dynamik des Handels hierdurch neue Möglichkeiten für gewiefte Investoren geschaffen. Ob das dahinter stehende Gesamtziel, nämlich der Klimawandel, damit erreicht wird, darf eher bezweifelt werden.

Wir verbrauchen zu viele Rohstoffe, produzieren zu viele Schadstoffe, und die Umwelt wird damit immer schlechter fertig. Der Fußabdruck, den wir dem Planeten aufsetzen, wird immer gravierender. In Zahlen ausgedrückt verbrauchen die Europäer 2,2 mal mehr an Rohstoffen, als sie aufgrund der biologischen Gegebenheiten eigentlich verbrauchen dürften.[12] Wenn sich Versicherungen als die großen Finanzdienstleister der Zukunft und Umweltschutzverbände verbünden, um Finanzierungsinstrumente auf ihre ökologische Nachhaltigkeit und ihren Einfluss auf die Schadstoffemission zu untersuchen, dann ist zweifellos ein spannender Umdenkprozess im Gange. Dieser wird sich auf die Technik ebenso auswirken, wie auf die Finanzmärkte und ganz entscheidend auch auf unsere Außenpolitik. Die derzeitigen Zweckverbindungen zur Energieversorgung wären dann tatsächlich Geschichte.

---

[11] *The Economist*, 25.10.2003; S. 11: "The Stone Age did not end for the lack of stones, and the Oil Age will end long before the world runs out of oil."
[12] World Wildlife Fund, „Europa 2005 – Der ökologische Fußabdruck".

Schlusswort

Wie ist der zukünftige Energiebedarf zu sichern?
Betrachtet man die Energieversorgung weltweit, so sind die fossilen Energieträger Erdöl, Erdgas und Kohle klar dominierend. Dabei ist Kohle vor allem für rasch wachsende Volkswirtschaften wie China und Indien, die über wichtige Kohlevorkommen verfügen, von Bedeutung. Die fossilen Energieträger werden laut IEA künftig infolge wachsender Nachfrage aus den Schwellen- und Entwicklungsländer sogar einen noch höheren Anteil haben.

Die IEA prognostiziert für ihr Referenzszenario von 2003 bis 2030 ein Anwachsen der Nachfrage nach Erdöl um jährlich 1,6 Prozent. 35 Prozent des Energiemix entfallen demnach auf Erdöl, gefolgt von Kohle mit 23,4 Prozent und Erdgas mit 21,2 Prozent. Letzteres wird aufgrund verbesserter Technologie, Transportmöglichkeiten und Liberalisierung des Erdgasmarkts mittelfristig auf 24 Prozent Anteil am Energiemix ansteigen. Die Nuklearenergie ist mit einer Verringerung von derzeit 6,4 auf 4,7 Prozent Anteil am globalen Energiemix dagegen im Rückgang. Aufsteiger sind die erneuerbaren Energien, insbesondere Biomasse, Solar- und Windenergie. Ihr Anteil könnte laut IEA bis 2030 auf ca. 14 Prozent wachsen. Bereits seit 1990 weiten die erneuerbaren Energien um jährlich 1,7 Prozent ihren Anteil im Energiemix beständig aus. Ihr Wachstum ist damit geringfügig höher als das des gesamten Energiekorbs, der als Total Primary Energy Supply (TPES) bezeichnet wird.[1]

---

[1] IEA World Energy Outlook 2005

Zusätzlich erstellt die IEA für ihre jährliche Vorausschau, den World Energy Outlook, ein alternatives Szenario. Ausgangspunkt dieser Berechnungen ist die Annahme, dass Maßnahmen zur Diversifizierung und zur Effizienzsteigerung zügig umgesetzt werden. Diese Hypothese setzt somit eine rasche politische Neuorientierung der Energiepolitik weltweit voraus. In diesem optimistischen Fall, den IEA-Generaldirektor Claude Mandil auf seinen Vorträgen zu einer nachhaltigen Energie- und Umweltpolitik regelmäßig einfordert, wäre der Anteil von Erdöl und Erdgas um rund 10 Prozent niedriger, jener von Kohle würde sich ebenso drastisch reduzieren. Stark wachsenden Anteil hingegen hätten die Nuklearenergie sowie die erneuerbaren Energieformen.

Die Rückkehr des Atomstroms im globalen Energiemix wird stark von der jeweiligen öffentlichen Meinung in den OECD-Staaten abhängen. Dabei ist ein radikaler Umschwung zugunsten der Nuklearenergie für viele europäische Staaten, Japan und die USA nicht auszuschließen. Für eine Renaissance der Atomenergie sprechen zum Beispiel die politischen und rechtlichen Vorgaben zur Begrenzung der Schadstoffemissionen, der Wunsch nach nationaler Energieautonomie sowie die Verfügbarkeit einer neuen Generation von sichereren Atomkraftwerken, der so genannten Generation IV. Die Gegenargumente lauten: weiterhin hohes Risiko von Unfall und Sabotage, begrenzte Uranvorkommen, woraus sich wiederum eine Abhängigkeit von den Lieferanten ergibt, und natürlich die ungelöste Frage der Endlagerung der Brennstäbe. Hinzu kommt die brisante Sicherheitsfrage nach der Weiterverwendung von angereichertem Uran für militärische Zwecke. So beschäftigt sich die Atombehörde IAEO intensiv mit der illegalen Verbreitung nuklearen Materials, sei es durch Staaten oder transnationale kriminelle Gruppen. Für IAEO-Generaldirektor Mohamed ElBaradei handelt es sich bei der Kontrolle des Handels mit Nuklearmaterial um einen Wettlauf gegen die Zeit.[2]

Angesichts der Bedeutung des Erdöls in den Entwicklungsländern relativieren die Statistiker der IEA jedoch ihre optimistische Hypothese, dass der Anteil des Erdöls am globalen Energiemix signifikant zurückgehen könnte. Benzin und Diesel sind vor allem in ländlichen Gebieten der wesentliche Energielieferant für Generatoren. Auch das Transportwesen nimmt weltweit zu und damit wiederum die Nachfrage nach Erdöl. Hybridautos leisten sich zwar einige umweltbewusste Hollywoodstars, doch werden diese energiesparenden Autos voraussichtlich nicht bis 2030 die dritte Welt erobert haben.

---

[2] Interview mit Dr. ElBaradei am 6.1.2005 in Wien; erschienen in *Cicero* 2/2005

Das UNO-Klimasekretariat UNFCCC (United Nations Framework Convention on Climate Change) sieht ebenso erneuerbare Energieformen und Atomkraft als Weg, die steigenden CO_2-Emissionen zu bremsen. Demnach sollen bis 2030 die globalen Energieinvestitionen um 108 Mrd. Euro zugunsten des Ausbaus von AKWs, Wasserkraftwerken und anderen erneuerbaren Energieträgern sowie der Ausrüstung kohle- und erdölbetriebener Kraftwerke mit CO_2-Filtern umgeschichtet werden.

Der gesamte Investitionsbedarf im Energiesektor würde sich nach diesem Alternativszenario sogar leicht reduzieren. Gegenüber dem Referenzszenario der Internationalen Energieagentur (IEA) sieht der UNFCCC-Bericht eine Reduktion der Investitionen in die Erzeugung fossiler Brennstoffe im Jahr 2030 um 43 Mrd. Euro vor. Dafür empfehlen die UN-Experten, die Investitionen in Atomkraftwerke von 15 auf 29,4 Mrd. Euro fast zu verdreifachen.

Diversifizierung ist wieder in Mode

Die IEA ist seit ihrer Schaffung im Jahr 1974 bestrebt, die Energieversorgung der Konsumenten auf eine möglichst breite und sichere Basis zu stellen. Dennoch dominieren die Erdöl- und Erdgasimporte aus politisch instabilen Regionen den Energiemix der meisten OECD-Staaten. Mit der nicht ganz unerwarteten russisch-ukrainischen Erdgaskrise zum Jahreswechsel 2006 wurde plötzlich wieder der Ruf nach mehr Diversifizierung laut. Experten und Politiker äußern sich seither besorgt zu einer dringenden Neugestaltung des Energiemix. Konferenzen zu diesem Thema sind in Mode, doch guter Rat ist teuer. Anders als erwartet führte nicht etwa der Ausfall nahöstlicher Lieferungen dazu, dass die Frage der Diversifizierung schlagartig aktuell wurde, sondern die Drosselung des bislang als so zuverlässig eingestuften russischen Erdgases.

Ein Staatsmann, der die Energiepolitik stets als integralen Bestandteil der nationalen Außen- und Sicherheitspolitik behandelte, war den heutigen europäischen Regierungschefs ein weites Stück voraus. Winston Churchill betrachtete die Diversifizierung stets als das entscheidende Kriterium einer verantwortungsvollen Energiepolitik, und so sagte er in seinem Amt als Erster Lord der britischen Admiralität noch vor Ausbruch des Ersten Weltkriegs: „Die Sicherheit in der Energieversorgung liegt ausschließlich in der Varietät." Waren die Briten aufgrund ihrer Kohlegruben zuvor autark gewesen, mussten sie nach Umstellung der Marine von Kohle auf Diesel – damals im Rüstungswettlauf mit Deutschland – ihr Erdöl importieren. Churchill setzte alles daran, diese britischen Energieimporte bestmöglich zu diversifizieren. Dazu gehörte auch 1920 der Zugriff auf die mesopotamischen Erdölfelder im heutigen Nordirak, die sich London als Mandatsmacht im Nahen Osten verschaffte. Weder von einem einzigen Versorgungshafen noch von einem bestimmten Produzenten oder einer Energieform wollte man abhängig sein. Die Kohleförderung wurde jedoch beibehalten. Das war vor fast 100 Jahren, als der Energiekonsum der westlichen Industriestaaten um vieles niedriger war als heute. Zwar ist die industrielle Produktion durch den Kostendruck immer energieeffizienter geworden, doch die Privathaushalte konsumieren im Jahr 2006 um ein Vielfaches mehr an Energie als noch vor 20 Jahren.

Nun haben sich die Europäer neuerlich auf ihre Fahnen geschrieben, die Sicherheit in der Energieversorgung über mehr Diversifizierung der Anbieter und der Energieformen zu erreichen. Reichlich spät erkennen politische Entscheidungsträger eine Binsenweisheit allen unternehmerischen Handelns, nämlich jene, nicht von einem Kunden – bzw. einem Lieferanten – abhängig zu sein. Im Gefolge der Erdölkrise von 1973 hatten wir die Abhängigkeit von fossilen Energien aus einer Quelle schon stärker vermindert. Damals konnte das OPEC-Erdöl durch Erweiterung der Produktion in der Nordsee ersetzt werden. Der Anteil der Nicht-OPEC-Erdölproduktion wuchs und konnte die dominierende Stellung der OPEC, die 1973 noch rund 55 Prozent der Weltproduktion kontrollierte, brechen. Auch wurden alternative Energieträger entwickelt und die Energieeffizienz gefördert. Es geschah aber zu wenig, um die Energieversorgung ernsthaft neu zu gestalten.

Die nächste große Erdgas- oder Erdölkrise, ob aus geopolitischen oder ökologischen Gründen, verknapptem Angebot oder hoher Nachfrage, kommt bestimmt. Es ist zu erwarten, dass dann alle wieder aufgeregt nach Diversifizierung rufen werden. Denn trotz der gegenwärtigen politischen Ankündigungen eines neuen Energiemix wird zum Beispiel die „russische Karte" in der europäischen Erdgasversorgung weiterhin gespielt. Der Bau der deutsch-russischen Ostseepipeline spiegelt dies klar wider. In den Pipelines konzentriert sich gewissermaßen die Geopolitik des Energiemarktes. Was als eine Art Leitmotiv schon eingangs beschrieben wurde, soll an dieser Stelle nochmals gesagt werden: Um die wesentlichen Konflikte des 20. Jahrhunderts und unserer Zeit besser zu verstehen, betrachte man die Welt durch eine Linse namens Erdöl. Die internationalen Beziehungen werden dann in einem neuen Licht dastehen.

Die Verlegung von Pipelines aus dem Kaspischen Meer, ob nach Westen zur Versorgung von Europa oder in Richtung der asiatischen Wirtschaftsmächte, illustriert das Gewicht der Energiepolitik für die internationalen Beziehungen. Die Ostseepipeline, auch Nordeuropäische Gasleitung genannt, die russisches Erdgas vom russischen Wyborg bei St. Petersburg nach Greifswald in Deutschland unter Umgehung der Transitländer Estland und Polen liefern wird, soll 2010 in Betrieb genommen werden. Gazprom hält 51 Prozent an der Ostseepipeline. Die deutschen Energiekonzerne E.ON und BASF sind zusammen mit 49 Prozent beteiligt. Die Politik der Energieversorgung hat langfristige Auswirkungen, denn Pipelines überdauern einige

Generationen. Berechnungen der Internationalen Energieagentur IEA zufolge könnte bereits 2030 die Abhängigkeit Europas von russischen Energieimporten ca. 80 Prozent betragen. Russisches Erdgas ist ein entscheidender Energieträger für Mitteleuropa: 41 Prozent der EU-Erdgasimporte kommen aus Russland. Entsprechende Schlagseite hat daher auch der Energiedialog zwischen Russland und der EU, deren Abhängigkeit von russischen Energielieferungen bereits in dem Umfang wächst, in welchem die Vorräte der Nordsee sinken. Von einem ausgewogenen Energiemix für die deutsche und mitteleuropäische Energieversorgung kann bei dieser weiterhin geplanten Abhängigkeit von russischem Erdgas keine Rede sein.

Damit die zukünftige Energieversorgung ebenso garantiert wie auch nachhaltig und umweltverträglich ist, müssen nicht nur die Verträge mit den Produktionsstaaten breiter gestreut werden. Wichtig ist auch ein gedanklich neuer Zugang zu den verschiedenen Energieträgern.

Neugestaltung des Energiemix
- **Erneuerbare Energien und Nuklearenergie** schließen sich nicht gegenseitig aus, sondern können einander ergänzen. Für die Übergangsphase erscheint es sinnvoller, die Laufzeiten bestehender Atomkraftwerke, zum Beispiel in Deutschland, zu verlängern. Diese Kraftwerke haben sich amortisiert, ihre Stromproduktion ist günstig. Anstelle der hohen Investitionen für neue Atomkraftwerke sollten die hier eingesparten Mittel in Forschung und Kommerzialisierung der erneuerbaren Energien einfließen.

- **Neue Technologien:** Die IEA hat ihre ursprüngliche Berufung, in der technischen Innovation der Energieversorgung aktiv zu sein ebenso wiederentdeckt wie die USA stark auf die Erforschung neuer Technologien setzen wollen. Es geht hierbei sowohl um die Weiterentwicklung von Alternativen, im Bereich nuklearer oder erneuerbarer Energie, von der Biomasse bis zur Solarzelle, als auch um die Effizienzsteigerung bei der Erdöl- und Erdgasförderung. Hinzu kommt auch die Erforschung völlig neuer Gebiete, wie das vielversprechende und zugleich sehr riskante Projekt der Kernfusion. Damit ist nicht nur der Wunsch nach mehr Autarkie verbunden, sondern auch die Hoffnung auf neue Arbeitsplätze. Die „Global Energy Technology Perspectives" der IEA befassen sich mit der Entwicklung von Nachfrage, Angebot und Technik auf dem Erdölmarkt bis zum Jahr 2050. Die EU hat es jedoch bislang versäumt, ihr Forschungsbudget in diese Richtung aufzustocken. In den USA könnte daher der Umschwung zugunsten neuer Energietechnologien rascher umgesetzt werden als hierzulande, obwohl in der EU schon viel länger darüber nachgedacht wird. Entscheidend dafür, ob die notwendigen Investitionen in die Erforschung von Alternativen tatsächlich erfolgen, ist und bleibt jedenfalls das Preisniveau der Weltleitenergie Erdöl. Ein

Preiseinbruch beim Erdöl wie Mitte der 1980er Jahre könnte viele Forschungsergebnisse wieder zunichte machen.

- **Energieeffizienz:** Die Einsparungsmarge beläuft sich laut IEA auf 15 Prozent oder rund 13 Mio. Fass Rohöl pro Tag. Energieeffizienz hat nicht nur mit besserer Wärmedämmung, neuen Automotoren und Flugzeugtypen oder intelligenten Thermostaten zu tun, sondern vor allem mit einer Änderung des Lebensstils. Der Komfort und die hohe Mobilität, die uns das billige Erdöl seit den 1950er Jahren ermöglichte, hängt besonders deutlich vom Preisniveau des Erdöls ab und könnte sich durchaus ändern.

- **Geografische und technische Diversifizierung jenseits der geplanten Pipelinenetze:** Eine Alternative zur Abhängigkeit Europas von russischer Energie bietet der Ausbau des Pipelinenetzes mit Nordafrika. Algerien verfügt über geografische Nähe, alte Bindungen an Europa und ist seit 1964 im Export von verflüssigtem Erdgas (LNG) tätig. Dies gilt auch für Libyen, das seit der Aufhebung der Sanktionen Anfang 2004 seinen Markt für Investitionen öffnet. Zentralasien, das westliche Afrika und off-shore Bohrungen vor den afrikanischen Küsten werden ebenfalls gerne als geografische Alternativen genannt. Zur Erinnerung: Keine dieser Regionen ist politisch stabil. Ein Ausweichen auf attraktive Nicht-OPEC-Produzenten wie Norwegen Anfang der 1970er Jahre ist wegen mangelnder Ölvorkommen nicht mehr möglich. Daher wurde LNG infolge technischer Entwicklungen und fortschreitender Liberalisierung immer mehr zum global gehandelten Energieträger, der per Tanker transportierbar ist. Angesichts der hohen Kosten für die Pipelines von der Planung bis zur Bewachung der Rohre, werden jene Stimmen immer lauter, die sich für den Tankertransport von Erdgas aussprechen. Die technischen Fortschritte im LNG-Bereich, der Bau neuer Transporter und der politische Wille, die teuren Terminals zu errichten – hier sind besonders China und Indien aktiv – machen den Tankertransport auch in der Erdgasversorgung immer interessanter.

- **Dezentralisierung in der Energieversorgung:** Das Erfindergenie Thomas Alva Edison plante für seine Elektrifizierungsprojekte die Errichtung von kleinen Generatoren oder Kraftwerken anstelle großer Netze und ging von einer lokalen Energieversorgung aus, so wie sie die Menschheitsgeschichte seit jeher kannte. Erst nach dem Zweiten Weltkrieg entstand der Boom der großen Kraftwerke. Wie anfällig diese Energiezentralen jedoch sein können, zeigte der große Stromausfall in Nordamerika im August 2003. Ursache hierfür waren herabstürzende Baumteile, die das Stromnetz zwischen Kanada und den USA mehrere Tag lang unterbrachen. In unsicheren Zeiten sind Megakraftwerke auch für Terroranschläge viel exponierter. Es muss ja nicht gleich die Rückkehr zur Wassermühle sein, doch der Trend zu kleinen Kraftwerken hat aus Gründen der Sicherheit unübersehbare Vorteile. „Micro-power" ist auch das Zauberwort der erneuerbaren Energien, vor allem mit Blick auf die Entwicklungsländer. Lokale Energieversorgung ist kostengünstiger als der Versuch, entlegene ländliche Gebiete an das schwache zentrale Stromnetz dieser Länder anzubinden. Die Tendenz, die Energieversorgung zu dezentralisieren stärkt gleichzeitig die Energieautonomie, ob aus politischen oder wirtschaftlichen Gründen.

- **Mehr Kostentransparenz durch weniger Subventionen:** Dies betrifft alle Energiesparten, denn von der Kohle bis zur Atomkraft wird durch Subventionen von staatlichen bzw. supranationalen Institutionen der Wettbewerb zwischen den Energieanbietern stark verzerrt. Die Politik muss sich daher neu positionieren, um ernsthaft Energiepolitik zu betreiben und die richtigen Rahmenbedingungen zu setzen. Halbherzige und unausgegorene Liberalisierungen, Preisabsprachen und Oligopole haben den Energiemarkt vom Gesetz von Angebot und Nachfrage weit entfernt. Zudem ist auch der Energiemarkt infolge der Liberalisierung vermehrt mit Kurzfristigkeit konfrontiert, wodurch die Planung fast unmöglich wird. Nur langfristige Vorgaben werden die Investitionen in die erforderliche Infrastruktur ermöglichen.

Erdöl und Erdgas werden den Energiemix vorerst weiterhin bestimmen
Die Argumente mit denen Marcus Samuel, Begründer von „Shell" und einstiger Muschelhändler, Churchill einst von den vielen Vorteilen des neuen Energieträgers Erdöl überzeugt hatte, gelten noch heute: Es ist leicht zu lagern und zu transportieren, unverrottbar und vor allem billig.

Weltleitenergie ist nach wie vor das Erdöl, das auch die Preise für Erdgas mitzieht und dessen Preisniveau ebenso auf die Preise der Alternativenergien ausstrahlt. Allein die Tatsache, dass laut IEA die weltweite Energienachfrage bis 2030 um 52 Prozent wachsen wird, zeigt, welche Energiekrisen und Kämpfe um Ressourcen uns noch bevorstehen. Die Energieindustrie ist die größte Industrie der Welt. Gemäß einer Berechung des World Energy Council werden bis 2020 insgesamt ca. 30 Billionen Dollar in die Entwicklung des Energiemarktes fließen. Energie als ein entscheidender Faktor für Entwicklung ist ein relativ junges Phänomen. Erst mit der Erfindung der Dampfmaschine und dem Beginn des Industriezeitalters vor knapp 170 Jahren begann die Energie sich jene Macht zu erobern, mit der sie heute über Wirtschaft und Politik herrscht. Ökonomen von Adam Smith bis Karl Marx konzentrierten sich in ihren Schriften auf Boden, Arbeit und Kapital. Energie hingegen war für ihre Theorien keine Größe. Zu unberechenbar schien der neue Faktor, der Transport und Arbeitskraft in jeder Hinsicht revolutionierte. Die Sicherung der Energieversorgung ist indes zentral für das politische und wirtschaftliche Leben geworden. Ohne

Sicherheit der Energieversorgung ist keine Stabilität mehr denkbar. Die Energieindustrie ist zugleich Teil der nationalen Domäne, dem Kern aller Souveränität, geworden. Diesen Souveränitätsverzicht will sich kaum ein Staat leisten. Die Krisen um den Iran und sein Atomforschungsprogramm oder das Fehlen einer europäischen Energiepolitik belegen dies deutlich.

Immer wieder bricht sich in der schon beschriebenen Linse des Ölmarkts der latente Konflikt zwischen Orient und Okzident. Wie weit entfernt wir in kulturellen und wirtschaftlichen Dialogen – immer noch oder schon wieder – voneinander sind, werden wir am Barometer Erdölpreis noch deutlich spüren. Denn die wichtigen Erdöl- und Erdgasreserven in der islamischen Welt könnten politisch instrumentalisiert werden.

Die beiden großen Probleme unserer Generation sind: Klimawandel und Kulturkampf. Der Klimawandel ist bereits im Gange. Die Frage lautet nicht einmal, wie wir ihn verhindern, sondern wie wir ihn zumindest bremsen können. Eine brisante Rolle in den aktuellen internationalen Beziehungen spielt der oft diskutierte Krieg der Kulturen, bei dem von Nahost bis nach Europa Fundamentalisten aller Art zusammenprallen. Kreuzzug versus Dschihad – so lautet die Kurzformel für diese gefährliche Konfrontation, die sich der Religion bedient. Der Karikaturenstreit und all die Folgen geschürter Gewalt gegen westliche Ziele sind nur die Spitze des Eisbergs. Darunter stauen sich die Kriege, welche der Okzident zwecks Ressourcenkontrolle oder neuerdings zur Bekämpfung von Terrorismus in den Orient hineingetragen hat. Doch wenn wir den Hebel des Energiemix richtig ansetzen, lässt sich vieles vielleicht entschärfen.

Empfohlene Literatur

Naji Abi-Aad und Michel Grenon, Instability and Conflict in the Middle East: People, Petroleum and Security Threats, London 1997
Anmerkung: Gute Übersicht über die politischen, wirtschaftlichen und v.a. auch demografischen Zusammenhänge in den Erdöl produzierenden Staaten des Nahen Ostens.

Colin Campbell, The Coming Oilcrisis, Multiscience Publishing & Petroconsultants 1998

Ian Seymour, OPEC – Instrument of Change, London 1980
Anmerkung: ein Klassiker, der die Rolle der OPEC zeitlos beschreibt.

Matthew Simmons, Twilight in the Desert: The Coming Saudi Oil Shock and the World Economy, New York 2005

Daniel Yergin, The Prize, London 1991.
Hinweis: Die BBC erstellte gemeinsam mit CERA (Cambridge Energy Research Associates) eine exzellente vierteilige Dokumentation zum Buch. Videos können über www.cera.com bestellt werden.

Periodische Publikationen
Arab Oil & Gas
CERA (Cambridge Energy Research Associates) Decision Brief
Die Welt
Financial Times
Financial Times Deutschland
Foreign Affairs
Geopolitics of Energy
IEA (International Energy Agency) World Energy Outlook
Le Monde Diplomatique
Middle East Economic Survey
Neue Zürcher Zeitung
OPEC Bulletin
OPEC Annual Statistical Bulletin
Petroleum Argus
Petroleum Economist
Russian Oil Monitor, Dresdner Kleinwort Wasserstein
The Economist
The Wall Street Journal

Lust auf mehr?
www.ftd.de/bibliothek

Peter Navarro
Das komplette Wissen der MBAs

ISBN 978-3-89879-264-6
Preis 34,90 Euro (D),
35,90 Euro (A), sFr. 59,00
375 Seiten

Jerry Porras/Stewart Emery
Mark Thompson
Der Weg zum Erfolg
Erfolgsmodelle von Menschen, die in ihrem Leben etwas bewegt haben

ISBN 978-3-89879-305-6
Preis 34,90 Euro (D),
35,90 Euro (A), sFr. 59,00
295 Seiten

Hans Joachim Fuchs
Die China AG
Zielmärkte und Strategien chinesischer Markenunternehmen in Deutschland und Europa

ISBN 978-3-89879-347-6
Preis 34,90 Euro (D),
35,90 Euro (A), sFr. 59,00
436 Seiten

::::: **Lust auf mehr? www.ftd.de/bibliothek** :::

Jean-Louis Bravard/Robert Morgan
Intelligentes und erfolgreiches Outsourcing
Ein kompakter Leitfaden für das rationale Auslagern von Unternehmensprozessen

ISBN 978-3-89879-377-3
Preis 34,90 Euro (D),
35,90 Euro (A), sFr. 59,00
ca. 270 Seiten

Paul Miller
Auf dem Prüfstand
Die 30 gängisten Marketing- und Managementprinzipien

ISBN 978-3-89879-375-9
Preis 34,90 Euro (D),
35,90 Euro (A), sFr. 59,00
378 Seiten

Joachim Schwass
Wachstumsstrategien für Familienunternehmen
In der Praxis getestete Langfristansätze

ISBN 978-3-89879-304-9
Preis 34,90 Euro (D),
35,90 Euro (A), sFr. 59,00
215 Seiten

Steffen Klusmann (Hrsg.)
Töchter der deutschen Wirtschaft
Weiblicher Familiennachwuchs für die Chefetage

ISBN 978-3-89879-407-7
Preis 34,90 Euro (D),
35,90 Euro (A), sFr. 59,00
304 Seiten

Goffrey A. Moore
Darwins Erben
Warum Unternehmen nur durch Innovationen langfristig am Markt überleben

ISBN 978-3-89879-284-4
Preis 34,90 Euro (D),
35,90 Euro (A), sFr. 59,00
261 Seiten

Robert L. Heilbronner
Die Denker der Wirtschaft

ISBN 978-3-89879-185-4
Preis 34,90 Euro (D),
35,90 Euro (A), sFr. 59,00
326 Seiten

::::: **Lust auf mehr? www.ftd.de/bibliothek** :::::

Leander Kahney
Steve Jobs' kleines Weissbuch
Die bahnbrechenden Managementprinzipien eines Revolutionärs

ISBN 978-3-89879-351-3
Preis 34,90 Euro (D),
35,90 Euro (A), sFr. 59,00
249 Seiten

Charles R. Geist
Die Geschichte der Wallstreet
Von den Anfängen der Finanzmeile bis zum Untergang Enrons

ISBN 978-3-89879-260-8
Preis 29,90 Euro (D),
30,80 Euro (A), sFr. 49,90
493 Seiten

Keith Goffin/Rick Mitchell
Innovationsmanagement
Strategie und effektive Umsetzung von Innovationsprozessen mit dem Pentathlon-Prinzip

ISBN 978-3-89879-348-3
Preis 34,90 Euro (D),
35,90 Euro (A), sFr. 59,00
250 Seiten

Wenn Sie **Interesse** an **unseren Büchern** haben,

z. B. als Geschenk für Ihre Kundenbindungsprojekte, fordern Sie unsere attraktiven Sonderkonditionen an.

Weitere Informationen erhalten Sie bei Sebastian Scharf unter +49 89 651285-154

oder schreiben Sie uns per E-Mail an:
sscharf@finanzbuchverlag.de

FinanzBuch Verlag